地方自治與自治立法權

Local Self-government and Self-government Legislation

林文清　著

自　序

　　本書係以我國地方自治的發展與面臨的困境，關懷台灣民主政治的深化為基礎，提出自治立法權的相關制度建構與法制整備。尤為感謝指導教授——台灣師範大學政治研究所所長陳延輝博士，對本書有關德文部分的耐心指導與改正。而授業恩師黃人傑教授、蕭行易教授在本書撰寫的過程中，更給予學生多方的鼓勵與協助，能讓本書順利完成。而陳文政教授亦提供相當多的修正意見，均為作者在求學階段完成本書的關鍵。台灣大學法律系蔡茂寅教授、林明鏘教授亦對本書提供相當多的建議與觀念上的釐清，使個人對地方自治與行政法學的瞭解能更為精進與提升更高的視野。當然，作者在求學過程中非常幸運的受到地方自治領域權威學者——紀俊臣教授、在行政法方面亦受吳庚教授相當多的啟蒙，使作者在地方自治及行政法研究領域，激發研究的興趣與動機。

　　近年公私兩忙，在近不惑之年能完成博士學位與年輕時代的夢想，不免有幾許歡欣。而愛妻美玲的付出與全心的支持，更讓全心投入在事業與學業的我，無後顧之憂。只是對於二個成長中的寶貝宜萱和群硯，做為父親的我付出的時間便相對減少，但你們無邪開懷的笑聲，卻是我最大的支持力量。

　　另外，好友羅際芳學長、閔宇經博士、陳正隆博士、王毓仁博士、鄒建中博士，不論在事業及生活哲理中，亦給予作者本人源源不斷的關懷與協助。另同窗好友沛郎、志昇、憲廷在求學時的鼓勵與支持，併同在此說聲感謝。當然，本書承學長齊光裕教授之協助與揚智文化對學術研究之熱心貢獻，不棄作者之粗淺論識而加以出

版，至為感激。

　　　　　　　　　　　　　　　　　　林文清　謹序

地方自治與自治立法權

第一章 導論

第一節　我國地方自治發展與困境

第二節　自治立法權的研究開展與限制

第一節　我國地方自治發展與困境

我國自行憲以還，實施地方自治已五十餘年，上溯自「台灣省各縣市實施地方自治綱要」、「台北市各級組織及實施地方自治綱要」及「高雄市各級組織及實施地方自治綱要」，僅以地方民意代表與地方行政首長民選的方式，對住民自治做最低限度的保障，團體自治則付諸闕如。此時期之地方自治以行政命令為依據，欠缺法律的基礎，憲法有關規定泰半束之高閣，形同具文，顯與地方自治的精神大相逕庭。地方自治的法制化與落實則始自「省縣自治法」與「直轄市自治法」的制定（一九九四年），地方自治團體被授予公法人之地位，地方自治團體之自治事項被明白列舉，地方享有立法權、執行權、自治監督、爭議解決之聲請釋憲保障，增列住民的權利保障、明定地方民意代表的言論免責權及不逮捕特權之保障。除此之外地方政府亦享有一定的組織權、人事權，並授與地方政府稅課權，都有令人肯定之處。惟就整體而言，自治二法其實距離地方自治的理想境界仍相去甚遠，我國地方自治長期以來存在的問題仍未獲解決。於是在一九九六年十二月二十八日國家發展會議作成「合理劃分中央與地方權限、健全地方自治」之結論，其內容為[1]：

1. 調整精簡省政府之功能業務與組織，並成立委員會完成規劃及執行，同時自下屆起凍結省自治選舉。
2. 取消鄉鎮市級之自治選舉，鄉鎮市長改為依法派任。
3. 縣（市）增設副縣（市）長，增強縣市政府職權。
4. 地方稅法通則、財政收支劃分法應儘速完成立法或修正，以

1　國家發展會議秘書處編，國家發展會議總結報告，1996年，頁10。

健全地方財政。

　　國家發展會議之後，一九九八年第四次修憲完成，增定憲法增
修條文第九條，為因應精省的工程落實地方政府再造，地方制度法
即在此背景下應運而生[2]。我國地方自治的落實與保障，在該法於
一九九九年元月公布施行後終於露出一線曙光。地方制度法明文規
定直轄市、縣（市）、鄉（鎮、市）為地方自治團體之公法人（第

2　台灣地區實施地方自治，最初依據「台灣省各縣市實施地方自治綱要」、
　　「台北市各級組織及實施地方自治綱要」、「高雄市各級組織及實施地方自
　　治綱要」，後來則依據「省縣自治法」及「直轄市自治法」（簡稱自治「二
　　法」），現在則依據「地方制度法」，共分三個時期，其起迄年間及原因如
　　下：
　　1.台灣省各縣（市）之地方自治依據及起迄年間：
　　(1)民國三十九年至民國八十三年：
　　　①臺灣地區實施地方自治，係依據行政院頒布之「台灣省各縣市實施地
　　　　方自治綱要」。
　　　②因應動員勘亂時期，國家動盪，但為落實地方自治，暫以「命令」為
　　　　自治依據。
　　(2)民國八十三年至民國八十八年元月：
　　　①立法院制定「省縣自治法」。
　　　②為落實「地方自治法制化」，故廢止「台灣省各縣市實施地方自治綱
　　　　要」。
　　(3)民國八十八年元月迄今：
　　　①為因應精省工程，並將直轄市之自治納入，以免分歧另訂二法作規
　　　　定。
　　　②另以「地方制度法」取代「省縣自治法」、「直轄市自治法」。
　　2.台北市、高雄市之地方自治依據及起迄年間：
　　(1)台北市：
　　　①民國五十六年升格為直轄市。
　　　②行政院頒布「台北市各級組織實施地方自治綱要」。
　　　③迄民國八十三年，立法院另以「直轄市自治法」取代，賦予地方自治
　　　　法制化之地位。
　　(2)高雄市：
　　　①民國六十八年升格為直轄市。

十四條前段），享有自治事項（第十八條至第二十條）；地方自治團體並因而享有立法權、執行權、組織權、人事權、規劃權、財政權，並且享有訴訟保障權。地方制度法相較於「自治二法」而言，實較為進步之立法，亦使我國之地方自治進入新的階段。不過我國地方自治長期以來所產生的問題與糾結，卻不因地方制度法的施行而得到完全的解決。在精省之後，地方制度法大致確立地方自治的可行架構，惟由於過去我國地方自治制度長期以往未能正常發展，以致地方自治法制與制度的建構與銜接並不完全，甚而產生若干新的爭議課題亟待解決。

　　地方自治團體係團體自治以地域團體組成公法人，自行處理地方上之公共事務，另方面地方自治團體係依住民自己意思處理地方行政事務。地方自治團體可依「自己責任」擁有一定的權能，藉以推行地方本身的公共事務，而具有不受國家侵害之各種「高權」。例如，一般計劃權（Planungshoheit），依其自己責任以形成並擬訂行政事務的範圍與目標；人事高權（Personalhoheit）；組織高權（Organisationshoheit），得自由決定其議事機關或執行機關內部組織結構的權限；財政高權（Finanzhoheit），地方自治團體得獨立自主開展其自有財源，依其責任管理其收入支出之權能；地域高權（Gebietshoheit），對其轄區內所有人與物行使公權力之權能；事務高權（Aufgabenhoheit），地方自治團體依自己的判斷就其自治區域內的有關事務加以規制之權能；立法高權（法規制定權Rechtsetzungshoheit）

---

②行政院頒布「高雄市各級組織實施地方自治綱要」。

③迄民國八十三年，立法院另以「直轄市自治法」取代，賦予地方自治法制化之地位。

④台北市及高雄市均於民國八十八年元月，以「地方制度法」取代「直轄市自治法」，而進入地方自治之新紀元。

等基本權能 [3]。上述地方自治團體之基本權能其實便為地方自治之「核心領域」，亦為地方自治團體所擁有的自治權能。

地方自治團體欲行使其自治權能，擬訂行政事務，任用地方人事，決定其立法機關及行政機關之組織結構，甚而對其自治區域內之事務加以規制，均須透過「法規制定權」（Rechtsetzungshoheit），亦即地方自治法規之一般性、抽象性規範藉以規制、形成地方自治團體之自治權能。換言之，地方自治之各種權能，不論一般計劃權、人事權、組織權、財政權、地域權抑或事務規制權能，均須經由地方立法權加以規制始能獲得實現，自治之權能亦藉此形塑。質言之，地方立法高權之法規制定權實為自治核心領域之核心（如圖 1-1）。

我國地方制度法於該法第三章「地方自治」之第三節專節規定「自治法規」（第二十五條至三十二條），賦予地方自治團體自治立法權。地方自治團體可自主制（訂）定地方自治法規計有「自治條例」、「自治規則」、「委辦規則」、「自律規則」。其中自治條例，係地方立法機關對於自治事項所通過之一般性、抽象性規範，並賦予直轄市、縣（市）之自治條例對違反自治事項行政義務者裁罰（行政秩序罰）之權；地方行政機關對於自治事項，得依法定職權、法律授權或自治條例之授權訂定自治規則（第二十七條）；地方自治團體之地方行政機關為辦理上級政府交付辦理之委辦事項，得依法定職權、法律授權或上級法規之授權訂定委辦規則；另地方立法機關對於議會內部組織、運作秩序，得訂定自律規則。地方制度法第三章第三節之規定，實賦予地方法規制（訂）定權，以自治條例規制居民之權利義務，地方自治團體之自主組織，其他重要事

3　有關地方自治團體之自治高權，依德國地方自治團體高權，包括通常事務管轄權、地域高權、立法高權、人事高權、組織高權、財政高權、計劃高權等，參閱李惠宗，《憲法要義》，元照，2001 年 8 月初版，頁 623-627。

圖 1-1　地方自治團體自治權能（核心領域）

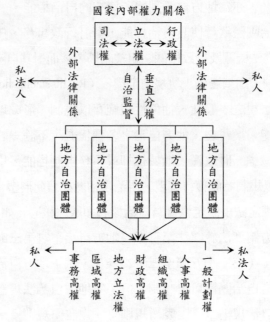

資料來源：作者自行整理

務之計劃及行政加以規制，並對自治轄區所有人與物透過自治條例行使公權力之權能。地方行政機關（有轄市政府、縣市政府、鄉鎮市公所）得依法律授權、自治條例授權或法定職權訂定涉及自治事項之自治規則，對於行政機關內部組織人事、作業裁量等亦得為一般性、抽象性之規制（我國地方自治法規之類型如**表 1-1**）。

　　然而，地方自治團體對於自治事項或委辦事項之法規範制定權，自當無可厚非。但問題在於自治事項與委辦事項之區辨，本為各國經久難治的問題，尤其，我國憲法第一○七條至一一一條之規定係抽象概括之劃分，地方制度法雖較明確，但對於自治事項、委辦事項之定義及劃分標準並未將上述問題根本解決，以致中央與地方立法權之界限範圍無法釐清，中央與地方權限爭議在地方制度法施行後更有加遽衝突之趨勢。因此，為根本解決我國地方自治的癥結，

表 1-1　我國地方自治法規體系

1.自治條例	• 對自治事項之規定。 • 名稱：直轄市稱法規、縣市稱規章、鄉鎮市稱規約。 • 地方立法機關通過，地方行政機關公布。 • 規定事項：機關組織、居民權利義務、其他重要事件。
2.自治規則	• 對自治事項之規定。 • 名稱為：規程、規則、細則、辦法、綱要、標準、準則。 • 地方行政機關依職權、法律授權、自治條例授權訂定。 • 機關內部編制、裁量基準、作業基準，以及法規命令、職權命令性質之自治規則。
3.委辦規則	• 對委辦事項之規定。 • 名稱：依性質定名為規程、規則、細則、辦法、綱要、標準、準則。 • 地方行政機關依法定職權、法律授權、中央法規授權訂定。 • 規定事項限於委辦事項之執行。
4.自律規則	• 對議會自律之事項。 • 名稱：由地方議會自行定名。 • 地方立法機關自行訂定。 • 規定事項為議會內部規範。

資料來源：作者自行整理

首要課題便為我國中央與地方權限之劃分，地方立法權之界限範圍始得加以確定，否則地方自治法規制（訂）定權無異形同具文。至於其他有關地方立法權重要之爭議點，茲列舉說明如下：

第一點，地方自治團體之立法權定位為何？其性質究係「立法權」抑或「行政權」？二者區分實益涉及位階效力問題，實有釐清之必要。

第二點，我國地方自治法規之體系為何？其中央立法權之劃分界限何在？此一問題又涉及中央與地方權限劃分的根本問題，欲斧底抽薪徹底解決此一問題，實為落實我國地方自治之首要課題。

第三點，地方立法機關對於自治事項所通過者稱自治條例，地方行政機關對於自治事項得訂定自治規則。二者之間到底何者屬於

議會保留？何者又為行政保留之界限？並不清楚，以致造成府會之間的權限爭議與衝突。

第四點，地方行政機關對自治事項或委辦事項所訂定者為地方行政立法權之性質概無疑義，問題是此類自治規則、委辦規則之內容為何？在行政程序法中的定位為何？因地方制度法之公布施行較行政程序法為先，導致地方行政機關依法律授權、自治條例授權或中央法規授權之自治規則、委辦規則在行政程序法之定位模糊難分。又地方行政機關依「職權」所訂定之自治規則或委辦規則，在行政程序法將行政命令二分法（法規命令、行政規則）之後，其存在空間為何？均有釐清之必要。

第五點，就我國立法實務觀之，地方自治團體幾無排他性的專屬自治領域，任何事項，法律均有介入的可能性。尤其，地方議會所通過之自治條例得否限制人民之權利，增加人民之負擔，地方自治法規與中央法律之垂直關係上是否有法律保留原則之適用？又憲法條文（第一一二條第一項、第一一六條、第一二二條及第一二五條）只敘明地方自治法規（規章）不得與憲法牴觸及國家法律牴觸，但是地方自治法規與中央法規相互牴觸時，其效力如何？換言之，「自治條例」、「自治規則」、「委辦規則」、「自律規則」與中央法令之位階關係為何？我國現行法制上均存有爭議。

第六點，中央與地方對於同一事項或規制之目的相同時，地方制度法之立法範圍在「中央法破地方法」之原則下（地方制度法第三十條），中央立法全面優越原則，基於國民主權原理，維護住民人權，以自治立法突破中央立法之限制是否可行？而中央立法之事項若涉及地方自治團體之權限時亦是否賦予地方自治團體參與之權？以避免中央片面之決策。

第七點，近代國家提倡以費用利益分析，以解決財政支出膨脹、官僚組織肥大等政府缺失。從而終結「大國家」之角色，並將政府

之業務移轉由民間辦理，國家或地方自治團體，不再親自執行，自己由執行者轉換成為規制者與擔保者之角色[4]。到底地方自治團體移轉民間辦理係以何種方式為之？自治條例之授權是否符合法律保留原則制度功能之要求？若以契約為之其方式程序為何？行政契約與私法契約又如何區辨？以上問題均將對我國造成挑戰並亟待建構之課題。

第八點，地方自治團體為國家與地方之垂直式權力分立（Vertikale Gewaltenteilung），依分權設計與功能分工，自國家分離而來。地方自治團體雖享有相當程度之自主性與自治權，但仍為國家整體結構之一部分。對地方自治之監督便為國家與地方自治團體之聯繫制度，一方面保障地方自治團體之獨立自主地位；另一方面必須維持國家整體法秩序之和諧，而給予持續之注意及一定之拘束。問題在於對地方自治團體之監督，將面臨兩難之困境，亦步亦趨則地方自治之精神將被淘空殆盡，鬆散放任之監督，則有形成「國中有國」破壞國家整體秩序之虞。到底上級政府對地方自治團體之監督界限為何？其法理為何？我國地方自治法規之監督方式為何？均須進一步之探討，在兩難困境之中能否尋找一個合理之共通模式？

第九點，地方自治團體對於上級政府之監督，侵害地方自治團體之權利或利益者，其救濟途徑為何？我國現行法制之設計之爭議及改進為何？

以上有關地方立法權之爭議，國內學說見解不一，實務上均有待進一步解決。其實，我國歷經五十餘年之地方自治，但並未累積相當程度的自治經驗。尤其在近十年之間國內政治、社會、經濟均產生重大的變動，對於行政之衝擊尤為至深且鉅，在自治行政領域

4　參閱許宗力，〈從政府再造看民營化的法律問題〉，收錄於《政府業務委託民間辦理相關法制問題學術研討會論文集》，2002 年 4 月，頁 23-24。

於法制化後，在理論及體系上有相當程度是繼受外國法制與理論，但卻出現許多矛盾或不足之處。本書即以地方立法權為地方自治核心為出發點，進而開展有關問題之研究，嘗試解決並釐清上述爭議，並期逐一建構我國地方自治發展的經驗理論與立法願景。

第二節　自治立法權的研究開展與限制

西方國家新地方主義聲浪的崛起，國內自一九八七年之解除戒嚴，中央與地方政府之間的關係開始產生明顯的變化，地方分權落實地方自治便成為社會各界的主要期望。反觀，我國地方自治的研究，在戒嚴時代常被視為冷門之學科領域。但隨著台灣社會地方意識與地方主義聲浪的崛起，我國地方自治研究也發生劇烈的變遷，特別是在精省工程推動之後，相關的學術研究如雨後春筍般的出現，地方自治的研究成為「新顯學」，無論是實務界與學術界都相當程度地肯定該領域的重要性，不再是停留在異例（anomie）的階段。大體上而言，國內對於地方自治之研究不外行政途徑、法律途徑、政治途徑三個面向，而這個領域的研究途徑的關聯性及同質性相當的高，但其研究的近年來範圍亦相當的廣闊，呈現多元化與分殊化的現象[5]。

但是，我國地方自治團體之自治立法權於「自治綱要」時期幾乎呈真空狀態，而「自治二法」時期地方之立法權的保障程度相對提高，但仍僅聊備一格，且在適用上備受爭議[6]。地方立法之法規

5　有關地方自治研究領域分析，參閱丘昌泰，〈台灣地方自治研究典範的變遷〉，收錄於《地方政府論叢——祝賀薄慶玖教授榮退論文集》，五南，1999 年 10 月初版，頁 61-65。

6　「自治二法」，關於省及直轄市法規，均規定於該法施行四年內，與中央法規牴觸者無效；期滿後，省（市）議決自治事項與法律牴觸者無效；議決委

制（訂）定權一直到地方制度法之公布施行始稱完備。當然，對於地方立法權之研究亦在該法施行後陸陸續續的出現，散落在各學術研究著述之中，有關地方立法權爭議問題之研究，國內並未有博碩士論文為專文之探討，或有對地方立法權加以探討者亦偏重於地方法規體系、分類或監督加以分析比較，並未述及我國地方立法權之爭議。本書所撰寫之目的，以地方立法權為研究之中心主題，嘗試對我國正處於震盪、形成時期之地方自治，參酌外國立法例與地方自治發展經驗，為我國地方自治之核心—地方立法權尋找合理適當之解決機制，以備今後地方制度改革及法體系理論的建構及解釋之用。

　　地方立法權為地方自治權之核心，而地方立法權在我國之形成發展歷史尚處於萌芽之階段，地方自治團體對於地方制度法所規定之法規制（訂）定權，亦正處於大量嘗試之階段，但卻產生適用上或理論上的爭議。因此，為落實我國之地方自治，當然對於地方自治核心領域之自治立法權勢必有解決釐清之必要性，並嘗試提出我國地方立法權之相關配套制度，以維地方立法權在制度上的保障，係為本文研究之預期目標。

　　本書嘗試對地方立法權在理論與實務操作並重方式，預期對下列之課題加以討論，首先，對基礎理論及自治立法權之前提，先為釐清。其次參酌外國立法例（主要以大陸法系國家德國及日本法制），以比較法的觀察，尋找我國地方立法權在實務操作上之癥結，並建構解決之理論與制度，課題如下：

辦事項與中央法規牴觸者無效（參照省縣自治法第十八條、直轄市自治法第十五條）。但何謂自治事項或委辦事項？該二法並未界定，且該法規究係何指？經由何機關何種程序為規定？其與中央法規之位階關係亦未明文規定，所倖地方制度法之公布施行，該自治二法之爭議已不存在。

1. 地方自治之本質為何？其「核心領域」為何？地方立法權之地位及性質在「制度保障」之下，其法律本質與定位何在？

2. 我國地方立法權之範圍與內容為何？在中央與地方權限劃分上，地方立法權之立法範圍到底應如何劃分？

3. 地方議會與地方行政機關二者之立法界限為何？

4. 我國地方自治法規之體系，定位之釐定。

5. 地方自法規得否限制人民權利義務？對法律保留原則之衝擊為何？

6. 地方自治法規與中央法令位階關係之釐清。

7. 本書擬以我國實際發生的案例，分析我國地方立法權在制度與法律之相銜接上所產生的困難加以探討。

8. 對於我國地方自治監督之界限、方法之討論，探討地方立法權在主觀權利保障的監督界限，以及受到自治監督侵害的救濟途徑。

9. 綜合上述的討論及發現，建構地方立法權之制度與法制整備。

　　本書探討地方立法權之主要範圍在地方自治法規，為求討論上的一致均以地方自治法規稱之，而不用「地方法規」、「地方規章」或「自治規章」稱之。而「地方自治法規」之內容上，本書則採狹義說之見解，係指地方議會之立法權及地方行政機關之法規制（訂）定權而言，包含自治條例、自治規則、委辦規則及自律規則之討論。

　　另，本書所稱之制度建構（Institution-Constructing）係指：我國地方自治本質由大法官釋字第四九八號、第五五〇號、第五五三號確立「制度保障」理論後，配合此一理論的制度，在結構出現銜接不足的問題，須將原有制度不足部分加以強化，或者建立新的制度而言；至於法制整備（Improving Law Institutions）係指：理論與新的制度在銜接時，須有新法的制定、原有法律的增訂或修改，以填

補（fill）理論與制度上的縫隙（seam），落實制度規範基礎及執行依據。

　　至於地方議會內部組織、運作及立法程序等次要的議題，則不在討論範圍之內，在此合先敘明。

　　本書在資料方面，有關地方立法權所參酌之比較之國家僅以與我國較相近之德國及日本法制為觀察對象。雖英國、法國、美國亦可為研究觀察之對象，然一方面因其體制上與我國相較有較多差異外，當然亦因在篇幅上無法同時對多數之國家全面論述，故予以排除。所以本書所參酌之外國法制，採取在地方自治發展經驗上與我國相近且豐富成熟之德國及日本為比較觀察對象。德國、日本亦和我國同屬大陸法系國家，其地方自治團體同樣均有制（訂）定一般性、抽象性的地方自治法規之權，尤其，我國之地方自治之發展軌跡、社會經濟發展之情況和日本地方自治發展頗為相似。我國現行之地方制度法大部分內容及設計精神與日本之地方自治法亦有許多神似之處，日本未來有關地方自治之演變和發展，實有助於我國藉以洞察未來地方自治潮流之動向。然而，在資料蒐集上，因德文能力之限制在德國著作第一手外文資料引用上，或僅能以國內學者之論著或譯著為分析之素材。對於日本相關法制，國內之論述或譯作較為缺乏，雖曾多次前往東京蒐集日本之相關論著，已力求周延審慎，然因日本論著相當豐富，遺漏之處，自恐難免。另外，國內有關地方立法權之研究，嚴格上來說正處於研究之起步階段，國內學者雖亦有開先河之研究，然或以日本法制為研究之論述，有單以德國之法制為介紹者，惟均為單篇發表之論述，且在學說見解上彼此見解不一，爭議論點所在多有。所以，筆者在整理歸納分析過程中，每遇難以解決之矛盾與理論上難以突破之處。尤其本書涉及地方政府業務移轉民間辦理、地方聯合立法問題、地方跨區域合作等課題，均為新興之研究領域，本書大膽嘗試提出研究之方向及建議，論點或有偏差之處亦望不吝指正。

第二章 地方立法權的法律本質與定位

地方自治權能之本質為何？我國過去並未提及或建構此一基本理論，不過大法官於釋字第四九八號、五五○號及五五三號解釋中均提及我國「地方自治為憲法所保障之制度」，繼受德國及日本地方自治本質之「制度保障說」，以為我國地方自治之理論基礎。

地方自治權能的法律定位的建立，涉及中央與地方事務劃分、地方立法權的定位、法律保留原則之適用、地方法規與中央法令之關係、自治監督的界限與救濟等，無不涉及地方自治的法律本質。本書係以「制度保障說」為研究之貫穿中心理論，剖析地方立法權的法律本質與定位，以為以下各章討論的理論基礎。

依「制度保障說」，地方自治之制度可分為三個保障層次，其中「客觀法制度之保障」，係保障地方自治團體自我負責處理之「核心領域」，得自我履行，而不受國家的侵害、剝奪或任意干涉。此一「核心領域」為何？又地方立法權在此一「核心領域」又處於何種地位？以上問題均係本書的理論基礎。以下便分四節對上述議題分析推論。

🌐 第一節　地方自治之基礎理論

第一項　問題之提出及概念釐清

在探討地方立法權之前，首先須探討何謂地方自治？先將地方自治之概念加以釐清，始能揭開地方立法權之真實面貌，地方自治均為民主國家，甚或非民主制度之國家，大多標舉地方自治制度。到底何謂地方自治？地方自治在制度上必要性為何？其所面臨之批評與難題為何？以上問題均有釐清之必要。

地方自治之定義繁多，因各國政治制度，歷史背景不同，地方

自治演進之因素不一,其所包含之意義便有廣狹之別。

一、地方自治詞語之來源

在我國古代典籍中「地方自治」一詞,本屬罕見,而地方自治名稱之正式使用,實始於清末光緒三十四年八月所頒布之城鄉地方自治章程、府廳州縣地方自治章程、京師地方自治章程。此章程中之詞語,係摹擬日本地方自治法制而來,而日語之地方自治一詞,殆係譯自於英國的 local self-government 一詞[1]。

二、地方自治為一種政治制度

現代民主國家,幾乎均有地方自治制度之設計。政治制度與一

---

1 參閱羅志淵,《地方自治的理論體系》,台灣商務印書館,1970 年 4 月初版,頁 57;薄慶玖,《地方政府與自治》,五南,1995 年 2 月 2 版,頁 6。我國主張地方自治者,事實上最早提出「地方自治」一語者為孫中山先生,有關地方自治之理論,自一九一二年以後在其著述演講中,曾多次提及,一再強調實施地方自治之重要性。
國父極重視地方自治,主張「政治的基礎,在於地方自治」,所以說:「國家之治,原因於地方,深望以後對於地方自治之組織,力為提倡贊助。地方自治之制既日發達,則一省之政治遂於此進步,推之國家亦然。如今做去,將來中國自能日臻強盛,與列強相抗衡於地球上。」更說:「今欲推行民治,謂宜大減其好高騖遠之熱度,而卒力於縣自治。」而且「民治萬端,而切要當急者,莫如地方自治;自治不立,則民權無自而生。」因此,國父以建屋喻建國:「地方自治者,國之礎石也。礎不堅,則國不固。」又說:「自治者,民國之礎也。礎堅而國固,國固則子子孫孫同享福利。」「今假定民權以縣為單位,吾國今不止二千縣,如蒙藏亦能漸進,則至少可為三千縣。三千縣之民權,猶三千塊之石,礎堅則五十層之崇樓不難建立。」
「辦理地方自治是人民之責任」演講詞中再說明:「蓋建設國家,譬如造屋,必先將舊材料拆去後可建造新屋。而建造新屋首重基礎,地方自治,乃建設國家之基礎。民國建設後,政治尚未完善,實由地方自治未發達。若地方自治已發達,則政治即可完善,而國家即可鞏固。」
參閱朱諶,《中華民國憲法——兼述國父思想》,五南,1994 年 11 月初版,頁 352。

國之政治環境，社會文化及經濟背景有密切關係，因此地方自治之意義，各國定義不一，學者之立論觀點各殊。

近代民主國家成立之類型，起始於防堵專制獨裁政體的復活，並藉由國家組織體制上的設計，即分權的原理，將立法權（legislation）、行政權（administration）及司法權（justice），依權力分立理論，使國家權力行使時得為物理上之相互調節與控制。此種「水平式之權力分立」，雖有助於防止權力過度集中於國家某一機關或少數人手中，但卻無法遏止中央集權，造成地方自治團體或居民權利及需要上之漠視[2]。

為了填補傳統權力分立原則之漏洞，遂有「垂直的權力分立」之導入。中央與地方之關係應走出傳統之窠臼，而以民主與法治國為準據，再建彼此間之關係。一方面經由民主化之要求，使得人民有權參與與自己密切關係之地方事務，並有自我形成與決定之自治權利，另一方面地方自治團體與上級監督機關或自治團體內部，藉由監督與制衡，形成「垂直式的權力分立」[3]。

因此，今日之立憲國家的意義應轉變為垂直式與水平式的權力分配的綜合體，政府之權力分配，除了「功能分配」（即行政、立法、司法之水平分配），尚有「地域之分配」（即中央與地方權力）之垂直劃分[4]。申言之，「垂直式的權力分立」的導入，形塑出近代意義的地方自治，藉以保障人民的權利，更落實及深化民主制度功能。

2　參閱蔡茂寅，〈地方自治〉，《月旦法學》，第 53 期，1999 年 10 月，頁 156。

3　參閱陳慈陽，《人權保障與權力制衡，憲法學基礎理論（三）》，作者自刊，2001 年 3 月初版，頁 116-117。其實近代地方自治制度，即為「垂直的權力分立」機制的導入，參閱許志雄等著，《現代憲法論》，元照，1999 年 9 月初版，頁 371。

4　Henry J. Schmandt, & Paul G. Steinbicker, *Fundamentals of Government*, (Milwaukee: The Bruce Publishing Company, 1954), P.335.

第二項　地方自治的近代意涵

　　地方自治就文義上而言，日本學者認為，地方自治係「一定的地域為基礎之自治團體（共同體），住民以自己之意思，組成機關，處理區域內之公共事務」[5]。然而，就其內涵而言，我國學者認為，「地方自治乃國家特定區域內的人民，基於國家授權或依國家法令在國家之監督之下，自組法人團體，以地方之人及地方之財，自行處理各該區域內公共事務的一種政治制度，也是一種地方民主制度」[6]。

　　然而地方自治為政治制度之一，現代民主立憲國家均有地方自治制度之設計。政治制度與一國之政治環境、歷史背景及社會、經濟、文化條件之不同而有差異，對地方自治之立論觀點各殊[7]。然綜合其說，地方自治之意義為：「地方自治，並非由國家直接處理事務，而是由國家設立法人（地方自治團體），並在國家監督下，

5　有關日本學者對於地方自治意義之論述，參閱佐藤司、小林弘人，《行政法各論 I》，評論社，1978 年 2 月初版，頁 63；俵靜夫，《地方自治法》，法律學全集 8，1990 年 1 月 3 版，頁 1-7；時岡弘，《地方行政法》，現代法學講義 10，評論社，1988 年 3 月初版，頁 32。

6　參閱薄慶玖，《地方政府與自治（上）》，華視文化，1987 年 8 月初版，頁 7-8；另有關地方自治的定義參閱董翔飛，《地方自治與政府》，五南圖書，1990 年 11 月 3 版，頁 4；管歐，《地方自治》，三民，1996 年 4 月初版，頁 11；羅志淵，《地方自治的理論體系》，台灣商務印書館，1970 年 4 月初版，頁 57-58。

7　有關英美法系之地方自治，因英美國家，在未有國家之前，既有地方自治之事實，地方自治團體先於統一的國家而存在，以住民自治為基礎，賦予地方議會法人格，擁有政策決定及自行執行之權。而以德、法為代表之大陸法系國家之地方自治發展，係國家統一後，國家為分擔統治權之需要而創設地方自治團體，並視其為國家統治機構之一部分，而必須受國家及上級機關監督之制度上設計。前者之英美法系國家概以住民自治意識及自治原理為始，而大陸法系國家，則以分擔國家統治權，以地方團體自治為設計，而開展近代之地方自治。

由地方自治團體內之人民依法組織機關，行使職權，基於自己之意志以處理其區域內的公共事務的一種地方政治制度。」[8]

綜合上述各家之見解，歸納其中文義，地方自治之意涵應包含下列要素[9]：

一、團體自治

地方自治係團體自治，以一定之地域組成公法人團體（即地方自治團體），可依自己之意思，由本身機關，自行處理地方公共事務。國家或其他權力均不得任意加以侵害、干涉，在性質上屬於「法律意義的自治」[10]。

「團體自治」係在國家領土內，設置獨立於國家之外，具有法律人格之地域團體，並可依自己的意思與目的，處理地方行政事務。申言之，團體自治係住民脫離國民之身分，而在一定地域內，組織具有法人格之團體，設置一定之機關，處理其自身之事務。因此，團體自治便導引出國家與地方行政、中央與地方事務的劃分，地方自治團體為處理其自身的事務，便具有一定的自治權能，例如自治立法權、自主行政權、自主財政權等地方自治的基本權能[11]。地方自治立法權便由團體自治的內涵中衍生而來，地方自治團體對其行

8　張正修，《地方制度法理論與實用（一）》，學林文化，2000 年 9 月 1 版，頁 16。

9　日本法對地方自治之意涵，亦以團體自治、住民自治加以闡述。參閱時岡弘，《地方行政法》，現代法學講義 10，評論社，1988 年 3 月初版，頁 38-42；室井力、原野翹編，《現代地方自治法入門》，法律文化社，1990 年 3 月，頁 1-8。

10　蔡茂寅，〈地方自治〉，收錄於許志雄等合著，《現代憲法論》，元照，1999 年 9 月初版，頁 373。

11　參閱小高剛、原野翹、阿部泰隆、村上武則著，《地方自治法入門》，有斐閣，1989 年 12 月初版，頁 13-14；原田青司，《地方自治法》，評論社，1982 年 9 月，頁 26。

政事務、財政、人事等地方事務自行立法並加以執行,享有一定之自主權限,在一定限度內並不受國家之干預。質言之,地方自治團體得在不牴觸法律之範圍內可依「自己之責任」,享有自主之決定權,而不須事事必須服從國家之意旨辦理。

二、住民自治

「住民自治」係政治意義上的自治,自治團體之構成員為確保團體意思之形成,基於構成員之合意,使其權益獲得周全之保障。在住民自治的意義下,地方自治團體之自治行政,必須充分基於住民的意思加以決定。換言之,住民自治係以民主主義之政治原理為基盤,地方事務應由住民直接、間接參加,地方自治團體之議會,住民代表機關之設置[12],地方享有自主組織權[13]。

在住民自治之下,住民得基於共同意思,組成自治立法機關自行決定、執行之權。地方立法權亦在此原理之下產生,間接代表住民決定其地方自治區域內之組織、機關組編,制定居民共同遵守之規範。

三、我國現行法制與司法實務之探討

團體自治與住民自治二者,由於各國的政治社會背景不一,英

---

12 參閱小高剛、原野翹、阿部泰隆、村上武則著,《地方自治法入門》,有斐閣,1989年12月初版,頁15。

13 地方自治制度性保障確保地方自治團體自我負責處理地方事務之權限,自主組織權則屬於自我負責處理地方事務之權限之一。所謂自主組織權係地方自治團體在憲法及法律規範前提下,就該自治團體是否設置特定機關或內部之相關職位,員額如何編成,得視各該自治團體轄區、人口及其他情形,由該自治團體立法機關及行政機關自行決定及執行之權。參閱蕭文生,〈地方自治團體之自主組織權〉,收錄於《公務員法與地方制度法》,台灣行政法學會著,台灣行政法學會出版,2003年1月初版,頁276。

美法系國家較為重視住民自治，而大陸法系國家以團體自治為主[14]。然而，就地方自治之機能而言，其實二者之間輔車相依，必須同時兼備，始能運行順暢。蓋僅有團體自治而無住民自治，則雖可避免外部之壓迫，但無住民自治，內部之壓迫所造成之痛苦可能尤有過之；反觀住民自治顯然必須以團體自治為前提，否則自治權將無所依附，故當代立憲主義國家，不分英美法系或大陸法系，二者在觀念上已趨一致，論及地方自治之意涵，其不兼含團體自治與住民自治二者[15]。

然而，就我國地方自治法制發展而言，其實並未言明地方自治的意義及內涵。甚至在我國地方自治之推展上，在這五十餘年的歷史軌跡中，團體自治係至「自治二法」時期始賦予公法人之地位。在這期間地方自治團體（直轄市、省、縣市、鄉鎮市）所享有之自治權限亦殘缺不全。例如，當時之自治人事任用權幾乎不存在，地方更毫無自治立法權可言，地方可為中央行政的延長，地方不過是輔中央之不足而已。就住民自治而言，地方住民亦僅得到選舉地方民意代表、鄉（鎮、市）長、縣（市）長之選舉投票之權而已。其他自主組織之權、地方立法權而言，地方完全聽命於中央，中央之片面決策地方只有服從而毫無參與之權。在地方制度法施行前，我國之住民自治可以說只有選舉投票而已，根本稱不上「住民自治」。

當然，並非在地方制度法施行後，我國地方自治之「團體自治」及「住民自治」之窘境立刻改觀，中央與地方權限劃分的模糊不清、

14　參閱蔡茂寅，〈地方自治之理論基礎〉，收錄於《台灣本土法學》，第 11
　　期，2000 年 6 月，頁 7；另參閱有倉遼吉，《地方自治的本旨》，日本國憲
　　法講座第 12 卷，三省堂，1982 年 2 月初版第三刷，頁 12；許志雄，〈地方
　　自治的觀念與理念〉，收錄於許志雄、許宗力等著，《地方自治之研究》，
　　業強出版，1992 年 8 月初版，頁 3-4。
15　許志雄，〈地方自治的觀念與理念〉，同前揭書，頁 4。

自主組織權亦僅擁有部分的人事任用權 [16]，地方財政、資源分配之既患寡又患不均之情形依然如故 [17]。所幸地方制度法於立法條文中

---

16 地方制度法第五十五條、第五十六條，僅賦予直轄市市長及縣（市）長部分之人事自主權，並非完全賦予完整人事任用權。有關地方制度法對於直轄市長、縣（市）長、鄉鎮市長之人事任免權，三者之人事任用權有不同之處。茲分述如下：

1. 直轄市長人事任用權：依地方制度法第五十五條之規定：
   (1)置副市長二人，襄助市長處理市政，職務均比照簡任第十四職等，由市長任命，並報請行政院備查。
   (2)直轄市政府置秘書長一人，由市長依公務人員任用法任免；其所屬一級機關首長除主計、人事、警察及政風首長，依專屬人事管理法律任免外，其餘職務比照簡任第十三職等，由市長任免之。
   (3)副市長及職務比照簡任第十三職等之機關首長，於市長卸任、辭職、去職或死亡時，隨同離職。

2. 縣（市）長之人事任用權：依地方制度法第五十六條之規定：
   (1)副縣（市）長：置副縣（市）長一人，襄助縣（市）長處理縣（市）政，職務比照簡任第十二職等；人口在一百二十五萬人以上之縣（市），得增置副縣（市）長一人，均由縣（市）長任命，並報請內政部備查。
   (2)一級單位主管：
     ①縣（市）政府置主任秘書一人，由縣（市）長依公務人員任用法任免。
     ②其一級單位主管或所屬機關首長，除主計、人事、警察、稅捐及政風之主管或首長，依專屬人事管理法律任免，一級單位主管中三人，得由各該縣（市）長以機要人員方式進用。
     ③人口在一百萬人以上，未滿一百二十五萬人者，得增置一人；人口在一百二十五萬人以上者，得增置二人外，其餘均由縣（市）長依法任免之。
     ④副縣（市）長及以機要人員方式進用之一級單位主管，於縣（市）長卸任、辭職、去職或死亡時，隨同離職。

3. 鄉鎮市長依地方制度法第五十七條之規定，並無人事任用權限。但人口聚居達三十萬人以上之縣轄市，可增設副市長一人，並由市長任命為其例外。

由上述分析可知三者之間，直轄市長有較大之人事任用權限，縣市長次之，而鄉鎮市在廢止自治之共識下，並不擴張其職權。

17 有關精省後，我國地方自治仍然面臨許多重大之問題仍未解決，學者蔡茂寅指出我國當前之問題如：

賦予地方自治團體之自治立法權（第二十五條至三十二條），明文
地方立法機關得對於自治事項制定自治條例，地方行政機關得對於
自治事項依職權、授權訂定自治規則，對於委辦事項訂定委辦規則，
屬於議會自律之範疇得訂定自律規則。這對於我國地方自治之「團
體自治」及「住民自治」無異開啟另一個落實的契機。而我國司法
院大法官釋字第四九八號解釋中，更明文指出（理由書第二段及第
三段）：

　　地方自治為憲法所保障之制度，憲法於第十章詳列中央與地方
之權限，除已列舉事項外，憲法第一百十一條明定如有未列舉事項
發生時，其事務有全國一致之性質者屬於中央，有一縣性質者則屬
於縣，旨在使地方自治團體對於自治區域內之事務，具有得依其意
思及責任實施自治之權。地方自治團體在特定事務之執行上，即可
與中央分權，並與中央在一定事務之執行上成為相互合作之實體。
從而，地方自治團體為與中央政府共享權力行使之主體，於中央與
地方共同協力關係下，垂直分權，以收因地制宜之效。憲法繼於第
十一章第二節設「縣」地方制度之專節規定，分別於憲法第一百十
八條、第一百二十一條、第一百二十八條規定直轄市、縣與市實行
自治，以實現住民自治之理念，使地方人民對於地方事務及公共政
策有直接參與或形成之權。憲法增修條文第九條亦係本諸上述意旨
而設，地方制度法並據此而制定公布。

　　基於住民自治之理念以及中央與地方垂直分權之功能，地方自

---

1. 行政區劃與城鄉差距、資源分配不均問題。
2. 中央與地方權限劃分之問題。
3. 自治組織與人事權之偏頗。
4. 地方財政問題。
5. 地方自治團體之國政參加。
　參閱蔡茂寅，《地方自治之理論與地方制度法》，學林文化，2003 年 2 月 1
版，頁 61-77。

治團體有行政與立法機關之自治組織設置，其首長與民意代表均由自治區域內之人民依法選舉、罷免之……。地方自治團體不僅依法辦理自治事項，並執行上級政府委辦事項。地方自治區域內之人民對於地方自治事項，有依法行使創制、複決之權（憲法第一百二十三條、地方制度法第十四條、第十六條第二款、第三章第二節參照）。地方立法機關行使其立法機關之職權，地方行政機關應將總預算案提請其立法機關審議。地方立法機關開會時，其行政機關首長應提出施政報告，民意代表並有向該機關首長或單位主管行使質詢之權；就特定事項有明瞭必要時，則得邀請其首長或單位主管列席說明（地方制度法第三十五條至第三十七條、第四十條、第四十一條、第四十八條、第四十九條參照）。此乃基於民意政治及責任政治之原則，地方行政與地方立法機關並有權責制衡之關係。中央政府或其他上級政府對地方自治團體辦理自治事項、委辦事項，依法僅得按事項之性質，為適法、適當與否或其他一定之監督（同法第四章參照）。是地方自治團體在憲法及法律保障範圍內，享有自主與獨立之地位，國家機關自應予尊重。

大法官釋字第五五○號解釋則更進一步指出（理由書第三段）：

法律之實施須由地方負擔經費者，即如本案所涉全民健康保險法第二十七條第一款第一、二目及第二、三、五款關於保險費補助比例之規定，於制定過程中應予地方政府充分之參與，俾利維繫地方自治團體自我負責之機制。行政主管機關草擬此類法律，應與地方政府協商，並視對其財政影響程度，賦予適當之參與地位，以避免有片面決策可能造成之不合理情形，且應就法案實施所需財源，於事前妥為規劃，自應遵守財政收支劃分法第三十八條之一之規定。立法機關於修訂相關法律時，應予地方政府人員列席此類立法程序表示意見之機會。

以上大法官對地方自治的價值除再一次肯認之外，亦同時指出

地方自治的本質與內涵，茲分列如下：

1. 地方自治為憲法所保障之制度。
2. 地方自治團體在特定事務之執行上，即可與中央分權，並與中央在一定事務之執行上成為相互合作之實體。
3. 地方自治團體對於自治區域內之事務，具有得依其意思及責任實施自治之權，對於「團體自治」加以肯認。
4. 地方自治團體為與中央政府共享權力行使之主體，於中央與地方共同協力關係下，垂直分權，以收因地制宜之效。地方自治係垂直權力分立、民意政治、責任政治之原理，與國家（中央）立於協力關係。
5. 為實現住民自治之理念，使地方人民對於地方事務及公共政策有直接參與或形成之權，在此肯定「住民自治」之內涵。
6. 應賦予地方自治團體之「國政參加權」，以避免中央片面決策之不合理情形的存在。

🌐 第二節　地方自治的本質

第一項　問題之提出

地方自治權的法律本質為何？此問題涉及地方自治團體在國家法律秩序中的地位，尤其是攸關地方自治團體與國家、人民的相互關係[18]。因為，界定地方自治權之法律本質（理論基礎），則在解釋憲法與法律時，始能釐清中央法與地方法之關係、地方立法權之

18　參閱許志雄，〈地方自治權的基本課題〉，《律師雜誌》，第 244 期，2000年 1 月，頁 92-105。

保障及地方自治團體受到侵害時的救濟，不但可以釐清糾紛，亦可維持法律內涵的單一化，特別在中央與地方發生權限爭議時，更能適切地提供裁判者在法理論上的依據。

我國地方立法權的真正落實係在一九九九年元月的地方制度法施行後，地方自治團體之自治立法權始出現契機。地方立法權之定位、法律保留之適用、法階層關係、中央與地方立法權之範圍、權限爭議等，無不涉及地方自治的本質。惟上述問題，目前係有待釐清之狀態，建構我國之本質理論實有其必要。

國內主要文獻在討論地方自治的理論基礎或地方自治的本質，主要是繼受日本學界的討論，即「固有權說」、「承認說」等學說，近來德國學者則提出「制度保障說」，以取代前二個傳統學說。日本則在面臨其社會經濟、衛生環保與工業發展的種種困境，提出「人民主權說」，至今在學說上仍有爭議。我國地方自治權之法律本質為何？本文接下來對此問題分述於後。

第二項　地方自治權法律性質之探討

一、傳統學說之見解

(一)固有權說

固有權說係起源於法國「地方權」（pouvoir municipal）的理念，法國於中世紀便有都市自治權之產生，並於一七八七年之法國大革命時期加以倡導，於一七八九年將之法制化[19]，係指地方權並非國家所賦予，而是地方自治團體本身所固有，與個人權利一般均

---

[19]　參閱羅志淵，《地方自治的理論體系》，同前揭註，頁90；蔡茂寅，《地方自治之理論與地方制度法》，學林文化，2003 年 2 月 1 版，頁23。

為自然法所當然享有之權利，性質上為「先憲法」、「先國家」而存在[20]。憲法或法律對地方自治權的保障僅具確認的意義，並無創設之效果[21]。

固有權說是從「自然法思想」及歷史發展的演進為論據。自然法思想，將地方自治團體之自治權視同人民基本權利一般，係天賦固有的權利，無待國家的承認或授權；就歷史發展演進而言，地域的社會團體先於國家而存在，從歷史或社會之觀點而論，人類組織由家庭→村落→城邦等遞次發展成為國家，地方自治團體之存在及其權力之根據是地方所固有。

固有權說可保障地方自治權，減少國家對地方自治權的干預。惟其立論基礎認為地方團體先於國家而存在，此與各國之政治形態並非完全符合，且與公法上主權單一理論、不可分性有所矛盾。

(二)承認說（傳來說）

此說認為地方自治團體之法律人格，係由國家所承認（委任），地方自治團體內涵之地方立法權、人事權、組織權、財政權，均在國家承認之前提下才有存在之餘地，自治權係國家所賦予，並非地方自治團體所固有。

承認說較能解釋各國之歷史經驗，與近代各國法制之現實相符。地方自治或地方制度皆依憲法或法律，取得其法定地位，並受國家之指揮監督，本為法律上之推理。但是此說對地方自治團體無異成為國家之附庸地位，甚或國家可經由修改憲法或法律以剝奪自治權

20　參閱鹿兒島重治，《地方自治體法》，現代法律學全集 14，ぎようセい，1984 年 9 月，頁 119；久世公堯，《地方自治法》，學陽書屋，1971 年 4 月 6 版，頁 16-17。

21　參閱蔡茂寅，〈主權與地方自治〉，《月旦法學》，第 20 期，1997 年 1 月，頁 39。

限，對地方自治團體自治權限的保障十分薄弱。

　　承認說係源自十九世紀德國的「國家主權論」，國家統制力得創設、消滅或變更地方自治團體的人格和權能，以維繫國家之存立和發展。地方自治權既然源自國家法律，地方自治團體雖具備固有權，但終究係國家的授權和委任，係屬「國家的恩惠」（Staatsgnaden），當然國家可以經由立法界定地方自治權限的範圍，干預自治權的行使。日本在明治憲法時期，日本學界均主張地方自治權的本質為傳來說 [22]，我國早期亦有學者認為我國地方自治權係國家所承認之傳來權 [23]。惟此說不利於地方自治之保障，強調國家的統一，受到近代學者之質疑。

二、近代德國、日本學說

(一)制度保障說

　　制度保障說（Institutionelle Garantie）則主張因歷史緣故而形成的各種「公法制度」，例如私有財產制度、地方自治、大學自治、婚姻制度等，當作憲法上的制度加以保障，透過憲法位階的保障，以避免「制度」的本質內容受到立法者的侵害。目前德國聯邦憲法法院及學者大抵上均採此說 [24]，其對日本及我國的影響亦相當的深遠。

22　參閱鹿兒島重治，《地方自治體法》，同前揭註，頁 119；久世公堯，《地方自治法》，同前揭註，頁 17。

23　我國早期亦有主張傳來說者，參閱林紀東，《行政法》，三民，1992 年 9 月再修訂初版，頁 192。氏認為地方自治團體之存在，係由於國家授權，地方自治團體，何以亦具有公權力，係由於國家之委託；另參閱劉慶瑞，《中華民國憲法要義》，作者自刊，1976 年 6 月，頁 241。均係受日本學說之影響，以及當時國家處於戒嚴時期，地方自治未落實之故。

24　參閱陳春生，〈司法院大法官解釋中關於制度性保障概念意涵之探討〉，《憲法解釋之理論與實務（第二輯）》，中研院社科所，2000 年，頁 274 以下。

制度保障說係德國憲法學者卡爾‧史密特（Carl Schmitt）所提出，其當時的目的係將「制度」與「基本權利」嚴格區分，以擺脫國家法律的限制[25]。惟其內涵與當初Carl Schmitt之主張有所不同。一般而言，可將地方自治制度性保障分成三個層次來理解：(1)制度性法律主體之保障，為國家組織之建構原則；(2)客觀法制度之保障，確保地方自治團體在自我負責下處理地方事務；(3)主觀法律地位之保障，在(1)與(2)受到侵害時，提供權利保護[26]。

制度性法律主體之保障：地方自治團體自我負責處理地方事務，構成國家行政體系之部分而受保障，惟個別地方自治團體之存在並非保障之重點，而係保障此「制度」不受立法者之廢除或侵害。地方自治團體之設置及廢止僅能依法律為之，除非在法律保留原則下，行政機關不得任意為之。此外，立法者對於地方自治團體地位或地域之改變，僅能基於公共利益為之，並給予地方自治團體充分參與之權。

客觀法制度之保障：地方自治制度保障重點在於客觀法制度的保障，其要件則可分為「地方公共性事務」（Angelegenheiten der oertlichen Gemeindeschaft）、「全盤管轄權」（Allzustaendigkeit）、「自我負責」（Eigenverantwortlichkeit），在法律範圍內所存在的自

---

25 有關制度保障說之論述，參閱許志雄，〈制度性保障〉，《月旦法學》，第8期，1995年12月，頁40；李建良，〈論學術自由與大學自治之憲法保障〉，《人文及社會科學集刊》，第8卷，第1期，1996年3月，頁273；陳春生，〈司法院大法官解釋中關於制度性保障概念意涵之探討〉，《第二屆憲法解釋之理論與實務研討會論文集》，中央研究院中山人文社會科學研究所，1999年3月，頁3。

26 參閱蕭文生，〈地方自治團體之自主組織權〉，收錄於《公務員法與地方制度法》，台灣行政法學會著，台灣行政法學會出版，2003年1月初版，頁270。

由，地方自治團體對其地方事務有權以自我負責方式加以處理[27]，亦即確保地方自治團體有特定、無法放棄的自治區域內事務以及承認地方自治團體得依其意思及責任實施自治[28]。因此，國家在處理事務時，應考量地方自治團體之自治義務，國家所作成之決定，尤其是自治監督，必須以友善的態度考量地方的利益，亦即睦鄰原則（Der grundsatz des gemeindefreudlichen Verhaltens）之限制；另外國家處理事務時，應賦予地方自治團體參與權，以補償地方所失去的權力。

主觀權利地位之保障：地方自治團體是國家結構的一部分，地方自治團體對其制度性法律主體保障以及客觀法制度保障之受國家侵害時，為保障其權利，在法律上不得不賦予與人民相同的主觀權利保障，提出救濟。

(二)人民主權說

由於經濟之高度成長，產生公害及環境問題，又由於都市化及工業化之結果，地方住民需要更多的社會保障及社會福利，以人民主權為基礎之人民主權說在日本於焉產生。

人民主權說是從憲法中之人權保障與主權原理為基礎，實現人民的主體性，地方自治乃不可或缺之制度。在人民主權之下，主權之行使、統治權之分配，均基於人民信託的憲法加以規定，自治權係憲法所導出的權限、憲法直接授權之權能[29]。

地方自治團體擁有「固有的自治事務」領域，其事務之處理與權限均應保留於地方自治團體，導引出「地方優先原則」。凡地方

27　參閱賴仁輝，〈地方自治權內涵之研究〉，東海大學法律學研究所碩士論文，1996 年 6 月，頁 16。

28　參閱蕭文生，〈地方自治團體之自主組織權〉，同前揭書，頁 271。

29　參閱杉原泰雄，《地方自治權的本質》，日本國憲法文獻選集，三省堂，1982 年 12 月初版，頁 70。

圖 2-1　地方自治團體與個人關係

資料來源：作者自行整理

自治團體處理事務，均為與住民關係最密切之事項，應保留予地方
住民以民主運作方式參與，地方自治團體「固有的自治事務」，上
級自治團體或國家不宜置喙。人民主權說，強調國民主權與基本人
權的保障，認為地方自治權先於國家而存在，並以個人為同心圓之
核心，區分家庭、地方自治團體及國家之主客、親疏關係[30]。如圖
2-1 所示，國家對於地方自治團體僅立於輔助之角色，當同心圓內
側無法達成照顧、保障時，始予以介入。

　　日本於二次戰後之地方自治法，重新創設「直接請求制度」，
其內容包含：(1)條例的制定改廢的請求；(2)事務的監查請求；(3)議
會的解散請求；(4)對議員、議長及主要公務員（如副知事、助役、
出納長等）之解職請求。並加入直接參政，以填補代表民主制之欠
缺，以住民之意思，直接決定地方重要的事項。

　　日本並於一九九九年通過「地方分權法」，並於二○○○年四
月一日起施行。該法將原中央集權轉化為地方分權制度，將中央事

30　參閱蔡茂寅，《地方自治之理論與地方制度法》，學林文化，2003 年 2 月 1
　　版，頁 31。

務下放予地方自治團體，國家與自治團體二者調整為對等合作關係，擴大地方之自主性。

我國近年之地方自治和日本地方自治發展軌跡，社會經濟之發展情況，有很多相似之處。我國現行之地方制度法大部分與日本之地方自治法頗為類似，日本未來有關地方自治之演變和發展，實有助於我國藉以洞察時代潮流之動向[31]。

第三項　學說爭議與我國司法實務之探討

一、有關學說爭議之探討

(一)傳統學說之檢討

「固有權說」具有濃厚之自然法思想，對地方自治權之保障有正面的意義。但固有權說對照於單一國及近代新興民主國家，其「前國家」、「前憲法」之立論難以尋找例證。況且，地方自治權並不能與基本人權相提並論，此說無法提出堅強的立論。採「承認說」者，地方自治權為源自國家的授權（委任），繫於「國家的恩惠」[32]，使地方自治團體淪為國家的附庸地位。

以上二說均有太過或者不及的缺點，對近代地方自治的保障而言，實不符地方自治的現狀在功能上的要求。

(二)新近學說之檢討

就「制度保障說」而言：此說用之於地方自治，則國家不得以

31　參閱許新枝，《現代民主政治與地方自治》，正中書局，1992 年 7 月初版，頁 70。

32　參閱吉田善明，〈地方自治保障〉，《憲法學 5——權力の分立》，評論社，1994 年 12 月 1 版，頁 270。

立法或其他方式侵越地方自治權，立法者有義務立法，積極地形成有利於地方自治發展之制度空間。此說推演之結果，地方固有事務與國家事務間，會處於原則與例外之關係（Regel-Ausnahme-Verhaeltnis）。換言之，如果各邦憲法沒有特別規定屬於國家之任務，該事務即屬各鄉鎮[33]。

德國現時通說之「制度保障說」，係聯邦制度下所發展出來，雖與單一國制度下之地方自治並不牴觸，並提供地方自治堅實的憲法基礎，但此說仍存在下列問題，值得注意：

第一，地方自治權，係為憲法所保障賦予，不得以修改法律廢止地方自治權，惟仍可透過修憲之程序，剝奪地方自治權或廢止地方自治團體。

其次，地方自治之本質或核心之內容為何？本身為一不確定法律概念，並沒有清楚之範圍界限，學者見仁見智，如果採取過分限縮之解釋，立法者之法律是否侵害制度之本質（核心），甚難判斷[34]。

人民主權說（住民主權說）：此說主張為保障人權，實現人民的主體性，地方自治係不可或缺的制度。就「國民主權」而言，地方自治團體既然由住民選舉產生，且地方自治團體在同心圓上較國家更接近人民，對人民的需求更易處理，地方自治團體在「地方優先原則」下，並非不能享有優先處理事務權，住民既為主權者，住民參政權、知的權利、直接請求權等制度的展現，均係實現人民自主決定的理念。

---

33 參閱李惠宗，〈地方自治之本質及地方自治團體法律地位之研究〉，《憲政時代》，第 23 卷，第 1 期，1997 年 7 月，頁 6。

34 何謂地方自治之「核心領域」（Kernbereich），德國聯邦憲法法院提出之方法有：1.扣除說，2.歷史法，加以認定，惟學者對上述二分法之界定仍有模糊不清之地帶，並無法清楚界定自治行政之核心領域為何。

二、我國司法實務之見解

我國憲法第十章採「均權制度」之原理，劃分中央與地方之權限。將國家事務分為中央立法並執行之事項、中央立法並執行或交由省縣執行之事項；省立法並執行，或交由縣執行之事項；縣立法並執行之事項，並以列舉式將各級政府之事項加以規定（參照憲法第一○七條至第一一○條）。至於未列舉之事項，憲法第一一一條並規定事務有全國一致之性質者屬於中央，有全省一致之性質者屬於省，有一縣之性質者屬於縣。遇有爭議時，由立法院解決之。憲法明定地方自治團體之權限，並加以保障，可視為團體自治權的一種體現。

憲法第十一章「地方制度」，就地方政府之行政機關，立法機關之體制，人員產生均以民選之住民選舉、罷免，並賦予創制、複決等權（參照憲法第一一三、第一二四、第一二六條）。顯然我國憲法對於團體自治及住民自治提供制度上的最低保障，並於憲法增修條文第九條，賦予「地方制度法」之法源依據，落實地方自治之立意甚為明確。

然而，我國地方自治權之本質為何？我國過去均從憲法的地方制度加以詮釋，在單一國的體制下加以理解。並未對上述地方自治的本質未有明確肯定的態度。不過，近年我國司法院大法官在解釋涉及地方自治團體行政機關之公務員是否到立法院備詢中，釋字第四九八號就在解釋理由書中開宗明義指出：

地方自治為憲法所保障之制度。基於住民自治之理念與垂直分權之功能，地方自治團體設有地方行政機關及立法機關，其首長與民意代表均由自治區域內之人民依法選舉產生，分別綜理地方自治團體之地方事務，或行使地方立法機關之職權，地方行政機關與地方立法機關間依法並有權責制衡之關係。中央政府或其他上級政府

對地方自治團體辦理自治事項、委辦事項，依法僅得按事項之性質，為適法或適當與否之監督。地方自治團體在憲法及法律保障之範圍內，享有自主與獨立之地位，國家機關自應予以尊重。

另外大法官釋字第五五○號解釋於解釋文中第二段亦指出：

地方自治團體受憲法制度保障，其施政所需之經費負擔乃涉及財政自主權之事項，固有法律保留原則之適用，但於不侵害其自主權核心領域之限度內，基於國家整體施政之需要，對地方負有協力義務之全民健康保險事項，中央依據法律使地方分擔保險費之補助，尚非憲法所不許。

大法官釋字第五五三號解釋中，對於台北市有關里長延選決定之撤銷，於理由書中亦附帶指出：

惟地方制度法關於自治監督之制度設計，除該法規定之監督方法外，缺乏自治團體與監督機關間之溝通、協調機制，致影響地方自治功能之發揮。從憲法對地方自治之制度性保障觀點，立法者應本憲法意旨，增加適當機制之設計。

從上述司法實務之見解可知，我國大法官之一貫立場係採「制度保障說」，並指出我國地方自治在憲法所保障之制度下，地方自治團體在憲法及法律保障之範圍內，享有自主與獨立之地位；國家施政經費之負擔涉及財政自主權之事項，固有法律保留原則之適用，但於不侵害其自主權核心領域之限度內……。最後於釋字第五五三號解釋中指出應增加自治團體與監督機關間之溝通、協調機制，立法者應本憲法對地方自治之制度保障，增加適當機制之設計。

大法官王和雄亦於釋字第五五○號提出部分不同意見書，歸納其重要之意旨為下：

第一，所謂地方自治，係指國家將部分統治權概括移轉予地方自治團體，讓地方自治團體內之居民，以自我負責之方式管理其事務。故地方自治團體之基本性質，雖係國家組織之一部分，但因地

方自治係憲法所保障之制度，地方自治團體與國家之關係，要屬垂直權力分立所合法化並分享國家統治權行使之一種制度（本院釋字第四九八號解釋參照）。在憲法所保障之特別領域，亦即憲法所概括移轉予地方自治團體之統治權範圍內，地方自治團體與國家間，係屬公法上之主體關係，而非僅是技術上協助國家行使統治權之工具性組織或中央政府之派出機關而已。換言之，在憲法所容許之地方自治權限範圍，地方自治團體與國家之關係，是對等之權利義務關係，而非上下之主從關係，因此，國家不得恣意的將地方自治事項轉變為國家行政事項，而以命令之方式要求地方服從或遵守。

第二，為確保地方自治之制度設計，憲法及法律均容許地方自治團體就自治事項享有一定之自主權限，德國學界甚至稱此種由國家所授予地方自治團體以確保能合於其任務需求而發揮功能之權能為地方自治團體之高權，此乃地方自治之「核心領域」或「核心成分」，且組織高權、人事高權、計劃高權、財政高權、立法高權，執行高權等權能乃是地方自治高權所不可缺少之部分。本院釋字第四九八號解釋亦謂：「地方自治為憲法所保障之制度。……地方自治團體在憲法及法律保障之範圍內，享有自主與獨立之地位，國家機關自應予以尊重」，其故在此。

第三，地方自治雖為憲法所保障，但並非謂地方自治團體可不受國家法律之規範，惟國家使用法律方式或法律手段控制地方自治團體或地方自治事項時，應有其根本之界限，所謂根本之界限為何？一曰地方自治核心領域之保障，即地方自治之核心領域不得予以淘空，二曰過剩規制之禁止，亦即所謂恣意禁止原則，否則，即屬違反憲法所保障地方自治之根本精神。

第四，惟地方自治既是憲法為維持地方制度之存立所設計之制度性保障，且是基於住民自治與垂直分權所合法化分享國家統治權行使之一種制度，如前所述，在憲法及法律所容許之地方自治範圍

內，亦即國家所概括移轉予地方自治團體之統治權限範圍內，地方自治團體係獨立於國家之外的另一個公法人，與國家之間係處於外部關係，其與國家間，係屬公法上之主體關係，彼此係屬對等之權利義務關係而非上下之主從關係或統治關係，地方自治最重要之特徵乃是以自主、獨立及自我負責之方式管理其地方之事務，凡屬地方自治之核心領域，既不許以立法之方式逕予剝奪，亦不容國家恣意的或當然的以之為國家行政事務而加以規範。

氏將德國之「制度保障說」加以詳細之闡述，但地方自治團體之「核心領域」，係指組織高權、人事高權、計劃高權、財政高權、立法高權、執行高權等，均為地方自治高權所不可或缺之部分。對於德國、日本自治經驗成熟之法治國而言，絕對有其適用性。但反觀我國，中央與地方權限劃分之法制不夠完整，地方財政困窘，地方制度法對組織、人事、執行之權限亦未鬆綁，致使地方立法之開展，亦受到相對的限縮，「制度保障說」在我國之採行，其實理論上的意義，大於實質，且有水土不服的情況發生。

第一，我國大法官對「制度保障說」之肯認，確實值得喝采，但制度本質的核心領域為何？此學說本就存在無法明確界定之障礙。立法者只需在「地方為配合國家整體施政需要下」，於固有「法律保留原則之適用」下，便可由中央要求地方配合，進而吸收地方自治之核心領域，在我國而言是不難想像的結局。

第二，我國中央與地方權限（事務）之劃分，本就經久難治之問題。中央與地方權限無法釐清，地方自治之核心領域之「自主、獨立及自我負責之方式管理其地方之事務」等語，無異形同具文，不禁試問我國地方自治核心領域之事權到底在那裡？中央若主張屬於其事務權限範圍領域，並以法律規制之情況，在「中央法破地方法」前提下，是否仍有自主、獨立及自我負責之事務，實令人質疑。

第三，我國憲法及地方制度法對於地方自治團體之事務，向採

二分法（即自治事項與委辦事項）。但現代國家因工業化、給付行政的擴張、衛生環保等問題的接連產生。國家與地方相互配合執行之事務亦大量增加，而地方在技術、財政不足的情形下，中央之介入及支援勢不可免，最後結果使得地方自治團體墮落成為國家計劃之執行者，造成地方事務由下而上為中央吸取的空洞化危機。

第四，釋第五五〇號解釋所透露出的警訊，其實德國及日本亦曾面對過「地方自治空洞化」的危機。例如，日本推動「地方分權推進法」，轉變中央集權為地方分權型的行政體制，打破以往中央與地方政府上下從屬關係，建立協同合作之新機制。反觀，我國對此一警訊，似仍毫無警覺，若放任上述發展趨勢，則我國地方自治之落實則永無開啟的機會。

本書上述所指出的問題，並非質疑「制度保障說」的功能，只是指出「制度保障說」在我國的適用及落實上，並未有相關的制度及法制的配套措施，而淪為空談。於是本文研究的重心即在尋找「制度保障說」在我國落實的制度建構、法制的整備。因此，本書第三章開始探討中央與地方權限（事務）之劃分，釐清地方自治之自主、獨立及自我負責之事務範圍；再以地方自治核心領域之「核心」，探討下列研究課題：

1. 地方立法權之法律定位。
2. 從中央與地方事務劃分為前提，刻劃地方事務之核心領域，進而形塑地方立法權「核心領域」的範圍與內容。
3. 為防止中央權力的恣意侵入自治核心領域，勢力釐定地方立法權與中央法令的位階關係、法律保留原則與地方自治法規適用的難題。
4. 在地方立法權之操作方面，地方自治團體行政事務之推展，面臨業務移轉民間辦理及聯合立法上之難題，在事務自我負

責之原則下，建構我國制度及法制之整備。

5.「制度保障」之自治監督，地方立法權在自我負責自主之下，國家之監督密度及手段為何？自當有建構之必要。

綜合言之，本書以大法官所建立於我國（不如說繼受德國）之「制度保障說」為理論中心，以地方自治核心領域之核心─地方立法權為主題，建構我國地方立法的銜接制度。

第三節　地方自治核心領域

第一項　問題之提出

地方自治制度保障之重點在於客觀法制度之保障，地方自治團體係以自我責任而完成地方任務的處理，以自己的意思及責任實施自治。依此，地方自治團體必須享有最少程度之自我決定與自我形成之權限，地方自治團體在憲法制度保障下，推論出所擁有的權利或配備，德國學界稱之為「地方自治團體之高權」（Hoheitsrechte; Hoheitsbefugnisse）。這些高權對地方自治之運作有重要意義，德國學界乃稱為地方自治之「核心領域」或核心成分（Kernbestand）[35]。

問題是地方自治「核心領域」為何（以下茲以核心領域稱之）[36]？

---

[35] 黃錦堂教授依德國著名地方自治學者 Rolf Stober 教授之見解，將地方自治團體之自我負責性之事務，稱為「核心領域」。參閱黃錦堂，《地方制度法基本問題之研究》，翰蘆，2000 年 8 月初版，頁 20。

[36] 我國學者對於地方自我負責之事務權限，名稱上見解不一。學者蔡茂寅教授稱之為「地方自治團體之權能」；李惠宗教授則稱之為「地方自治團體高權」；許志雄教授稱之為地方自治內涵；黃異教授稱之為地方自治團體之基本權利。參閱蔡茂寅，《地方自治之理論與地方制度法》，學林文化，2003 年 2 月 1 版，頁 37；李惠宗，《憲法要義》，元照，2001 年 8 月初版，頁 623；許志

又此「核心領域」如何加以區辨？我國大法官解釋繼受並引入「制度保障說」，讓地方自治團體，以自我負責之方式管理其事務。此事務在我國憲法及相關法制下，地方自治團體所擁有之事務「核心領域」為何？大法官其實並未指明，必須從德國學說之內涵，進而就我國憲法及地方制度法的規定加以探討。

第二項　地方自治核心領域的內涵

一、地方自治核心領域之探討

德國基本法第二十八條第二項第一句規定：「鄉鎮在法定範圍內自我負責處理地方團體事務之權利，應予保障」，Klaus Stern 教授稱此「地方自治行政憲法保障」（Verfassungsgarantie der kommunalen Selbstverwaltung）之內涵，分成三個保障層次[37]：

制度性法律主體之保障（Rechtssubjektsgarantie）：「自我處理所有地方事務」，因此地方自治團體係基本法所保障的法律主體。但德國聯邦憲法法院之裁判與學者之詮釋，制度性保障之性質，係對地方自治（也就是鄉鎮）作制度的保障，而非對個別性（Nicht individuell）地方自治團體的保障[38]。

客觀法制度之保障：德國基本法第二十八條第二項規定，其所保障者為鄉鎮有權自我負責地處理其地方團體事務，易言之，此層次的保障在於：(1)鄉鎮之地方團體事務須受保障；(2)鄉鎮係以自我

雄，《憲法秩序之變動》，作者自刊，2000 年 10 月初版，頁 410；黃異，《行政法總論》，三民，1990 年 3 版，頁 31。

37　參閱蕭文生，〈地方自治團體之自主組織權〉，同上揭書，頁 270。

38　參閱黃錦堂，《地方制度法基本問題之研究》，翰蘆，2000 年 8 月初版，頁 16-17。

之責任而完成地方任務的處理，地方自治團體執行事務的自我負責性。也就是說地方自治團體就地方生活共同體之任務，原則上應有全面的管轄權，對其自治事項地方自治團體之自治行政應受保障。並由地方自治團體自我負責方式處理，決定是否、如何從及何時處理地方事務。

這些自我負責處理之事務為何？德國傳統上以高權行為加以凸顯。惟學者之區分種類則略有不同[39]：

- Rolf Stober 之見解，共分為九項：領域高權、組織高權、人事高權、財政高權（包括財政、預算、稅捐之高權）、計劃高權、自治規章高權、行政高權、合作高權、資訊暨統計數字高權。

- Franz-Ludwig Knemeyer 則只分列出立法權、行政權、財政權與人事權四項。

- Otto Bachof則區分為[40]：(1)立法權（Satzungsgewalt）；(2)執行權（或稱為固有行政權Eigenverwaltungsrecht），尚包括：組織權（Organisationshoheit）、人事權（Personalhoheit）、計劃權（Planungshoheit）；(3)財政權（Finanzhoheit）及預算權（Haushalthoheit）。

- 李惠宗之見解則區分為：(1)通常事務管轄權；(2)地域高權；(3)立法高權；(4)人事高權；(5)組織高權；(6)財政高權；(7)計劃高權。大體上氏主張的種類與德國學者之主張大體相同[41]。

---

39 參閱黃錦堂，《地方制度法基本問題之研究》，同前註，頁 20。
40 參閱羅秉成，〈從地方自治事項與委辦事項之區分論地方自治權之保障〉，國立台灣大學法律研究所碩士論文，1994 年 5 月，頁 111。
41 參閱李惠宗，《憲法要義》，同前揭註，頁 623。

- 許志雄之見解 [42]：包括自治立法權、自治組織權、自治財政權、住民自治權等四種。
- 張正修之見解 [43]：氏以德國鄉鎮所擁有之高權加以區分為：(1)地域高權；(2)事務高權；(3)組織高權；(4)人事高權；(5)財政高權與課稅高權；(6)計劃高權；(7)立法高權；(8)財產與公共設施管理權等，另外文化高權、姓名權等皆是。

綜合上述國內外學者之看法，地方自治團體得自我負責處理的高權領域，本文於歸納後認為我國地方自治團體之核心領域應包含下列各種權能，地方自治團得自我負責、處理，並自我決定執行之權能：

- 組織高權：為地方自治團體自我責任履行之必要基礎。
- 一般計劃權：地方自治團體對地方事務得自行擬訂計劃，以完成地方公共任務一定構想或目的，自屬地方自治團體的權能。
- 財政高權：財政是一切庶政之母，地方政府必須要有法定的收入支出，並自行決定支出之權，否則地方自治將失去其獨立性。
- 人事高權：地方自治團體自行決定團體內公務員的運作、事務分配之權。
- 事務高權：地方自治團體對其區域內之自治事務，本可自行處理或如何執行的權限。至於學者所主張之合作高權、行政高權、公共設施管理之權，本係地方自治團體對其自治區域內之一般事務如何處理或怎麼執行的問題，自宜涵蓋在事務

42　參閱許志雄，《憲法秩序之變動》，同前揭書，頁 410-413。
43　張正修，《地方制度法理論與實用（二）》，同前揭書，頁 96-101。

高權範圍之內。

- 地方立法權：地方自治團體對上述權能，由其自行訂定抽象規範之權。

　　既然，地方自治團體係基於「團體自治」與「住民自治」之理念，中央與地方垂直分權之功能而來。地方自治團體在「制度保障」之下，就客觀法制度之保障層次而論，地方自享有國家不得任意干涉或侵害之「核心領域」。否則國家的統制權力得任意侵入地方之組織、計劃、財政、人事、事務及地方立法權等「核心領域」，那麼地方自治之團體自治及住民自治之意涵，垂直權力分立的功能，將被破壞，又重回地方為國家附庸之地位。

　　至於主觀法地位之保障是為賦予地方自治團體主觀的公權利，對於國家對於制度性法律主體保障以及客觀法制度保障之侵害，賦予地方自治團體防禦之權，也就是地方自治團體對於自治監督之侵害得提起行政爭訟，以保護其權利。也就是說，地方自治團體對於國家或上級政府所為之監督措施，若有違法或恣意侵害地方自治之核心領域時，憲法在制度上的保障，提供地方自治團體有其救濟之權。

二、我國地方自治團體高權的探討

　　我國地方制度法第二條第一款將地方自治團體界定為，實施地方自治，具有公法人地位之團體。直轄市、縣（市）、鄉（鎮、市）為地方自治團體，辦理自治事項，並執行上級政府委辦事項（同法第十四條）。大法官釋字第四六七號解釋則謂，凡憲法上各級地域團體符合下列條件者，(1)享有就自治事項制定規章並執行之權限；(2)具有自主組織權，方得為地方自治團體性質之公法人。是以，地方自治團體係為公法人團體，享有自主組織權及自治權限之權利能

力主體。其自治權能內涵為何？茲將本文上述所指陳之事項加以檢討如下：

自主組織權：自主組織權為地方自治團體在憲法及法律規範前提下，將視各該自治團體轄區、人口及其他情形，由該自治團體立法機關及行政機關自行決定及執行之權限（釋字第五二七號解釋）。自主組織權之依據，通說係直接來自憲法地方自治的「制度性保障」，也就是來自客觀上法制度保障中自我負責處理地方事務，對其內部、外部之組織得自行加以決定之權，更精確地說，自主組織權係地方自治團體自我責任履行之必要基礎。

一般計劃權：地方建設計劃屬於地方自治團體之固有事務。地方自治團體對其自治領域內的都市計劃、建築計劃、文化發展、道路交通之規劃等，均有作成規劃之權，甚至對中央所為規劃涉及地方自治團體配合時，地方亦有參與之權利。

財政高權：地方自治團體在法律所授予的財政範圍內，有權自我負責，而為收入支出的決定權限。若欠缺財政高權，則地方自治團體將形同虛設。

人事高權：係指地方自治團體有權對於執行任務之公務員，加以選擇、任命、晉升與解雇的決定權限，惟我國地方自治團體公務員之考試、用人權限及考銓業務，須受中央之節制（參照地方制度法第五十五條、五十六條、五十七條及第六十二條）。

事務高權：地方自治團體對其自治事項及委辦事項，在法律所授與的範圍內作成必要的決定。尤其，就地方自治事項，地方自治團體本有自行決定如何及是否執行之權，並自己負責的義務。

地方立法權：地方立法權也就是法規制定權，地方自治團體之事務，不只授與地方自治團體對於具體事件作成行政處分，同時亦可對抽象事件制定地方法規之權，藉以規制地方自治團體事務、組織、計劃及財政事務，均經由地方自治法規的意志加以展現。

惟上述地方自治團體之權能，由於憲法、地方制度法、財政收支劃分法及相關法規之規定，初步觀察發現，我國地方財政困難，財政自主權限程度不高，地方人事之考試、任用、級俸、退休、撫卹等人事行政，均悉集中於中央。至於事務與計劃高權，由於我國中央與地方權限並未有一個明顯的區分界限，地方自治團體的自我事務及計劃的擬訂，自然就受到相當的壓縮。因此，我國雖由大法官引進德國所主張的「制度保障」為我國地方自治的本質理論，但是我國地方自治的開展將面臨的下一個挑戰，應該是在制度保障之下，儘速建構相關的制度配套，進行相關法律的整備，以維地方自治的垂直分權的功能及住民自治的理念。

第四節　地方立法權之定位

第一項　核心領域之核心——地方立法權

地方自治團體之權能，依上文之分析共計有組織高權、一般計劃權、財政高權、地域高權、事務高權、人事高權及立法高權。其中組織高權為地方自治權之前提，也就是地方自治權之基礎，而財政高權則係地方自治權的支持力量。但以上地方自治高權，不論人事行政，地方行政計劃的擬訂、執行，尤其是地方事務的執行或者地方財政的收入、支出、管理，均透過地方法規制定權加以規制始獲得實現。地方自治權能藉由地方立法權形塑，亦藉由地方法規之規制表現其他權能的內容，地方立法權實為地方自治核心領域之核心。

一、我國司法實務之見解

我國過去對地方自治的法律本質，有學者採承認說之見解，或根本未曾提及我國地方自治的本質，但近年我國學界及司法實務大量引進德國公法學理論，就地方自治的本質理論，「制度保障說」亦成為我國現今學界及司法審查所支持的通說。

釋字第四九八號解釋指出，地方自治為憲法所保障之制度。基於住民自治之理念與垂直分權之功能，地方自治團體分別辦理自治事項、委辦事項，在憲法及法律保障之範圍內，享有自主與獨立之地位，國家自應予尊重。該文指出地方自治為憲法所保障之制度外，亦揭示：

1. 地方自治為基於住民自治之理念，地方自治具有垂直分權的功能。
2. 地方自治團體分別辦理自治事項、委辦事項，在憲法及法律保障之範圍內，享有自主與獨立之地位。
3. 當然，地方立法機關及行政機關綜理上述自治事項、委辦事項時，上級政府自受上級政府為適法或適當與否之監督。

釋字第五五〇號解釋則謂，地方自治團體受憲法制度保障，其施政所需經費負擔乃涉及財政自主權之事項，……於不侵害自主權核心領域之限度內，……。上述釋示，除重申制度保障外，亦同時提出，地方自治團體之財政自主權以及「自主權之核心領域」。

釋字第五五三號解釋理由書中似意有所指，地方制度法關於自治監督之制度設計，除該法規定之監督方法外，缺乏自治團體與監督機關之溝通、協調機制，致影響地方自治功能之發揮。從憲法對地方自治之制度性保障觀點，立法者應本憲法意旨，增加適當機制之設計。問題是在於此適當之機制為何？大法官只是一語帶過，並

未指出該適當機制到底為何。

不過以上司法實務之見解在「制度保障說」之下，本文依其三個保障層次分析得知，我國之地方自治之保障應有下列之建制：

法律主體之保障：地方自治團體可以「自我處理所有地方事項」，也就是能獨立自主處理其自治事項。

就客觀法制度保障層次而言：地方自治團體有權自我責任完成地方任務的處理，對地方自治「核心領域」，也就是地方事務高權，由地方自治團體自我負責方式決定「是否」、「如何」、「何時」執行之權，應加以保障。

就主觀法地位之保障層次而言：地方自治團體法律主體之制度保障、「核心領域」事務之制度保障，受到國家或上級政府之侵害時，應賦予地方自治團體防禦及救濟之權，建構有關之機制。

更具體言之，地方自治團體之制度保障應指：

1. 地方自治團體為憲法所保障之制度，除非經由修憲，否則不得廢除地方自治團體自治之制度。
2. 地方自治團體有獨立自主之核心領域事務，並得自為立法執行。
3. 地方自治團體對於自治監督機關之行為，有救濟之權。

二、我國地方制度法之探討

依地方自我負責管理之保障層次而言，地方自治團體有自行決定其「核心領域」事務如何執行之權，就我國地方制度法之規定而言，其內涵為何？茲檢討如下：

地方自治團體之自主組織權而言：

1. 地方制度法第二十八條規定，關於地方自治團體及所營事業

機構，均應以自治條例定之。

2. 地方制度法第五十二條及六十二條規定，地方議會之組織及
地方行政機關組織，分別以自治條例定之。至於地方行政機
關所屬機關及學校組織規程，亦分別由地方行政機關以組織
規程訂定之。

地方自治團體之事務高權而言：地方制度法第二十五條規定，
直轄市、縣（市）、鄉（鎮、市）得就其自治事項或依法律及上級
法規之授權，制定自治法規。自治法規經地方立法機關通過，並由
各該行政機關公布者，稱自治條例；自治法規由地方行政機關訂定，
並發布或下達者，稱自治規則。又於地方制度法第二十九條規定，
直轄市政府，縣（市）政府、鄉（鎮、市）公所為辦理上級機關委
辦事項，得依其法定職權或基於法律、中央法規之授權，訂定委辦
規則。因此，地方自治團體之民選地方立法機關及地方行政機關，
對於地方事務有訂定自治法規之權責。

財政高權而言：我國最近於九十二年通過地方稅法通則，並賦
予地方自治團體課徵地方稅之權，該法第六條中規定，地方稅之課
徵應以地方議會代表會三讀程序之自治條例加以規定。可見，我國
地方財政之課稅權限，亦以自治立法權加以體現。

一般計劃權而言：雖然地方制度法並未有明文規定，但可以就
地方制度法第十八條、十九條、二十條所規定，直轄市、縣（市）、
鄉（鎮、市）之自治事項內容可以得知，地方自治團體對其自治事
項本可自行規劃（例如都市計劃之擬訂、道路交通之規劃、災害防
救之規劃等），自當享有計劃之權。不過，地方機關對於此等事務
計劃後，自亦以地方自治法規規制，並具體加以執行，完成規劃之
行政目的。

人事高權而言：地方行政機關對於內部公務員之事務分配、業

務處理方式、人事管理，協助屬官統一解釋法令、認定事實及行使裁量權，訂定解釋性及裁量性行政規則（行政程序法第一五九條第二項參照）。

綜合地方制度法上述之規定，筆者發現無論地方自治團體之自主組織權、事務高權、財政高權、一般計劃高權及人事高權此等核心領域之事務，幾乎均由地方立法權再作一般性及抽象性之規定，以為執行、實現之基礎。質言之，地方自治高權若無地方立法權，則其自我處理負責之保障無異形同虛設，亦無法由地方自治團體加以自行決定如何執行，若地方自治團體執行「核心領域」之事務，均悉依中央法令，則地方自治之「憲法所保障之制度」，無異名存實亡。地方立法權可以說是地方自治權的代表，自治核心領域之核心。

所幸，地方制度法於立法時，幸有識之學者、立法委員、政府相關人員的全程推動與支持 44，終使地方立法權之具體規定能順利完成立法。於是我國地方自治的基礎理論係由大法官之釋示中建立「制度保障」的本質，指陳地方自治的「核心領域」的保障，立法者於地方制度法中更將其「核心領域」之核心—地方法規制定權（地方立法權），更具體地賦予地方自治團體加以實現。

不過依上述的推論是否我國地方自治在建立「制度保障」的理論基礎，實現地方立法權之後，地方自治的推展是否就沒有問題存在並得以完全落實？關於這個問題本書認為是持否定的看法，因為，在制度保障之下，依其三個保障層次的推論，便有下列的問題存在：

制度性法律主體之保障：我國憲法對於地方自治團體之制度保障，本有憲法第一一○條，憲法增修條文第九條，對於縣（市）、

---

44 有關地方自治法規推動之經過，立法院審議程序之過程，條文內容之折衝協商，可參閱劉文仕，《地方立法權——體系概念的再造與詮釋》，學林文化，2001 年 8 月 1 版，頁 79-85；黃錦堂，《地方制度法基本問題之研究》，同前揭書，頁 165-173。

直轄市之制度保障，亦透過修憲程序停止省之自治。就此一層次而言，較無問題。

客觀法制度之保障：地方自治團體自我負責處理地方事務之保障，似乎在憲法第一○七條至一一一條已劃分出地方事務自我負責領域；地方制度法第十八條至二十條亦規定各級地方自治團體之自治事項。但在初步觀察憲法及地方制度法之規定後，上述的看法似乎太過樂觀。畢竟，我國地方與中央權限（事務）的爭議存在已久，爭議時起幾乎不曾間斷。當然，地方立法權之範圍因其立法界限之不明，受到相當的限縮，其得為自我負責執行之領域，在推動時亦由於未建立相關之法制，而無由推動，致使此層次的保障，因在相關制度的未加建構，法制的整備不足之下，遺有缺漏。

就主觀權利地位之保障而言：自治監督機關雖得對地方自治團體行使監督之措施，但我國自治監督措施是否有侵害自治「核心領域」之虞，又是否在監督界限上存有一定的限制？對自治監督機關之違法措施，我國目前又是否建立一套保障其自治權能的救濟機制？

對於以上的疑問，本書將於本章之後遂一展開討論；首先本書就地方立法權之基本前提—中央與地方的權限劃分加以釐清，以確定地方立法權的範圍；次就我國地方立法權之規制內容展開討論，觀察我國地方自治法規的體系與規制內容為何；再其次將地方自治法規與中央法令，以法律保留及法位階的關係，分析地方立法權在理論及實際上所面臨的困境加以觀察，提出相關的法解釋；再就我國地方立法權的操作上，以我國最近所發生的案列做為分析，檢視我國目前地方立法權在制度及相關法制上的困境何在？最後，以地方自治團體之主觀權利的保障，分析自治團體權能的監督界限及救濟機制之制度保障，並嘗試建立我國地方立法權之相關制度建構，以維地方自治團體權能之制度保障。

第二項　地方立法權之範圍與定位

　　地方制度因國家政府體制之不同，在自主性上便有相當程度之差異[45]。單一國（unitary government）係相對於聯邦國之政府體制，單一國在中央政府體制下之次級政府單位（sub-units of government）並沒有自主職權（autonomous powers）[46]。然而在垂直式權力分立之下，地方自治係分權原理與民主原則的直接結合與有意識的憲政安排[47]。地方自治團體享有自治事項，究其自治之內容，則不外是自治行政權、自治立法權、自治財政權、自治組織權與人事權等項目。然而，在單一國之體制下，即令「地方分權」已成為世界潮流之趨向，畢竟仍未承認地方擁有得以獨立於中央之外的「地方主權」[48]。

一、地方立法權之範圍

　　地方自治立法權，係指地方自治團體基於其自治權而有自主立法之權能，與國家立法權為相對概念，表示除國家有其立法權之外，地方自治團體亦有其立法權。地方自治團體之立法權包括立法與預算，在其管轄領域內得以制定規章，為住民全體意志之表達與決定，

45　參見高永光，〈地方政府研究的理論與重構：地方立法權的分析〉，收錄於《中央與地方關係學術研討會論文集》，政大中山科學研究所，2002 年 2 月，頁51 以下。

46　Frank Bealey, *The Blackwell Dictionary of Political Science*, (MA: Blackwell Publishers Inc, 1999), P.330。

47　參見劉文仕，〈自治法規的類別、定位與法律〉，《律師雜誌》，第 244 期，2000 年 1 月，頁 19。

48　參見蔡茂寅，〈日本之地方自治──以自治立法權之介紹為中心〉，收錄於《地方自治法 2001》，台北市政府法規委員會編印，2001 年 10 月初版，頁 65 以下。

並編列預算加以執行[49]。

　　地方自治立法權為地方自治權之核心，地方自治團體享有自治事項，就其自治事項便享有自主決定權。地方立法權係由地方自主決定，係地方自治制度保障說之必然而且最重要、最直接之層次。地方立法權之本質為「形成權」，係地方居民直接、間接經由地方代議機關而為政治意志之展現。地方自治由於地方立法權始為完整，地方立法權是地方自治之同位語[50]。

　　地方立法權之範圍，究係何指，有三種學說[51]：

- 廣義說：地方立法權包括一般行政權、一般立法權及準司法權而言。
- 狹義說：包括一般立法權與議決預算權，舉凡經由立法程序之事項均為立法權之範圍。
- 最狹義說：僅指一般立法權，係指立法機關行使制定、認可、解釋、補充或廢止地方自治法規之權力而言。

　　地方立法權之立法範圍係地方自治團體得立法之事項或權限範圍，惟此立法活動之範圍牽涉國家體制、地方自治團體成立背景而有不同。地方立法權範圍散發之效果則涉及中央與地方權限劃分，各級地方自治團體之間的權限分配上的問題，為釐清地方立法權之範圍，首先須將一國之權限劃分制度加以區分，其次，就各國法制上加以探討，並嘗試瞭解我國地方立法權之界限。

49　參閱陳櫻琴，〈論地方立法權與執行中央政策之爭議——以拜耳案為例〉，《月旦法學》，第 42 期，1998 年 11 月，頁 65-66。

50　參閱黃錦堂，《地方制度法基本問題之研究》，同前揭書，頁 164。

51　參閱李文郎，〈台灣地方議會立法權之研究〉，國立政治大學中山人文社會科學研究所碩士論文，2000 年 12 月，頁 19。

(一)聯邦國家之權限劃分

聯邦國家中各邦其地位實如同國家之地位，各有其獨立自主權，但為政治上的需要而讓出一部分權力以構成聯合的組織體[52]。各邦得參與聯邦立法事項，於合乎憲法規範下，參與各邦組成之聯邦國家最高立法機關，各邦與聯邦之權限，尤其是立法權之行使，亦以憲法中以列舉方式明文定之[53]。

聯邦國家有關中央與地方權限劃分之規定方式，大致上有三種方式[54]：

1. 列舉聯邦立法的事權，而將未列舉的事權視為歸屬於各邦之權限，例如美國、瑞士等。

2. 列舉各邦之事權，而將未列舉的事權則視為屬於聯邦，例如南非聯邦即屬此制度類型之一。

---

52 聯邦國的權力劃分主張過程分隔（separation of process）及功能分立（separation of functions），其權力之劃分，常由憲法加以明文規定，聯邦政府與各邦（州）政府互相遵守，以免逾越，其目的在保障各州獨立自主的「固有權利」。相關論述詳參趙永茂，《中央與地方權限劃分的理論與實際》，翰蘆，1998 年 9 月再版，頁 17；Arthur Maass, ed., *Area and Power — A Theory of Local Government*, (Illinois: The Free Press, 1959), PP.190-197。

53 聯邦國之地方立法權限，以美國為例，係於聯邦憲法中列舉聯邦之立法權限事項，至於未列舉之事項則歸屬於各邦之立法權限。而縣（市）以下之地方自治權限，通常以州憲法或以州議會授權縣市制定自治憲章，而受法律保障。詳參趙永茂，《中央與地方分權理論之架構與整合》，五南，1991 年 3 月初版，頁 18-19。

54 地方分權論者認為，國家權力與政府職能過度集中在單一政府（single government）中，將可能產生專制的政府（tyranny）。夏普（L. J. Sharpe）亦主張政治權力分化（political decentralization），以維西方民主國家政治分權主義原則，並符合民主憲法的精神。有關中央與地方之權限劃分，參見趙永茂，《中央與地方權限劃分的理論與實際》，翰蘆，1998 年 9 月再版，頁 73-74；L.J. Sharpe, ed., *Decentralist Trends in Western Democracies*, (London: Sage Publication, 1979), PP.32-33。

3. 聯邦與邦之權限採分別列舉之方式，未列舉之事項，其性質
   有全國一致性者屬於聯邦，關係地方者則歸於各邦，如加拿
   大憲法即採此制。

聯邦國家之地方立法權，大抵上以憲法或法律明文劃分，其涉
及地方權益之事務，亦須由地方之參與方始合法，並經由司法救濟
加以保障。

(二)單一國家之地方立法權

單一制國家其地方自治團體之自治權係以憲法為保障之依據，
並以法律為地方自治為基礎，憲法中僅以少數條文概括性為概括之
規範，而以國會制定之地方自治法律為基礎。例如英國地方政府之
職權皆由國會授與，中央政府可以立法將權限授與地方，亦可以修
改法律之方式收回地方政府之權限[55]。

英國之地方自治係以住民自治為基礎發展而成，地方自治團體
先於統一的國家而存在，地方自治團體與國家之關係屬於對等關係。
地方自治團體與國家為個別存在，基於住民自治意識及自治原理，
地方議會為住民民選產生，並賦予法人格之議會，並同時擁有政策
決定及自行執行之權。

在議會主權原則之下，英國對於國家與地方之間，皆以國家個
別法律加以規定。國會對地方之授權，以列舉逐次授與方式，以一

---

55 英國地方政府之職權既皆由國會授權，其地方制度之相關法令，就難免受政
黨在國會中的競爭與互動的影響。英國地方政府權限主要依據為 Local Gov-
ernment Act 1972，而大倫敦地區則是依據 London Government Act 1963。此
外，地方政府權限之取得有時係依中央法令所規範，或由地方政府主動向國
會申請授予額外的權限，稱為「私法案」（Private Bill）者。詳參劉淑惠，
〈英國之地方自治〉，收錄於《地方自治之研究》，業強出版，1992 年 8 月
初版，頁 54；W. Thornhill, *The Growth and Reform of English Local Govern-
ment*, (London: printed by C. Tinling & Co. Ltd, 1971), PP.3-14。

般法（General Act）之方式授與地方權力。至若因地域之特殊性而有立法上之必要時，地方自治團體可個別向國會請求制定地方法或私法（Local Legislation or Private Act）[56]。原則上地方團體之立法與執行皆由議會負責，議會擁有強力的權力，但地方權限之行使，必須受「權限逾越法理（ultra vires）之拘束。不過英國之地方自治係源自於濃厚之住民自治、自治原理，地方權限雖在個別法律規定，似乎過於限縮，但實際上國家相當承認地方之自主性及獨立性，個別法律所定自治權限之範圍相當廣泛。

不過基於單一國家體制，中央不可能放任地方政府有完全之自主性，中央與地方間之關係為不陷入二種極端之困境，除了權限之劃分外，同時對地方自治團體予以自治監督，並對其侵害自治權之監督行為，設計不同之救濟途徑。

(三)小結

其實無論聯邦國家或單一國家，地方自治團體之立法權，皆源自憲法或法律之保障與授權。其間雖或有列舉或概括授權之方式不同，但國家對地方自治團體之監督，不致脫離國家統治權之外，以維國家法律秩序之整體。相對地，為維護地方自治團體之自主性，地方自治團體對國家之監督措施，若有侵害其自治權或有侵害之虞時，則可依監督措施所涉及侵害類型之不同，有其不同救濟途徑[57]。

地方自治團體在制度保障之下，既然可以自行處理其地方事務，舉凡地方的一般事務、財政、人事、計劃行政等領域，在憲法或法律的限度內，基於團體自治理念，地域的特殊需求，減輕中央立法

56　參見陳耀祖，〈英國地方政府職權取得方式之研究〉，《中國地方自治》，第 16 卷，第 8 期，頁 11-14。

57　陳慈陽，〈論地方之立法權及其界限〉，收錄於《台灣行政法學會學術研討會論文集》，台灣行政法學會，元照，2000 年 12 月初版，頁 372。

的負擔，因應地方環境變遷需要，反映地方民意及縮短立法者與人民之差距，本文認為屬於地方共同生活需要的自治事項領域，地方自治團體應有自行決定，「如何」、「是否」及「何時」立法執行之地方立法權限；至於委辦事項係上級政府交付辦理者，地方之立法權限應無「是否」執行之決定權限，但仍有「如何」及「何時」立法執行之判斷及裁量空間。

二、地方立法權之本質定位

地方立法權之性質究係「立法權」抑或行政權？此二者之區分實益涉及位階效力問題。蓋地方立法權屬於「行政權」者，地方議會未必皆有議決之權，其與中央法令之效力上便有不同之解答；反之地方立法權為「立法權」者，則地方立法行為似皆應由地方議會審議通過，地方自治法規之效力則未必低於中央之行政命令[58]。故地方立法權之本質，實有釐清之必要。

(一)行政權

地方立法權應為行政權之延伸，其主張之理由在於地方自治團體雖有制定規章之權，但制定權則屬行政權的行使。立法權僅有國家層級之民意機關始能行使，地方議會乃屬行政組織之一部分，地方議會所制定之抽象規章，仍非立法權之行使，而屬委任立法的作用[59]。地方未能與中央分享立法權，地方自治規章，本質上屬於「行政立法」，絕非「立法活動」。地方自治規章不得違反上位法規範，

---

58 參見林明鏘，〈論地方立法權——以台北市建築管理法規為例〉，刊載於台灣省政府法規委員會主辦，《「地方自治與行政法學」學術研討會記錄暨論文專輯》，1998年，頁124。

59 參見李惠宗，〈地方自治立法監督之研究〉，載於《研考雙月刊》，第26卷，第3期，2002年6月，頁77。學者黃錦堂氏亦主張之，參見黃錦堂，《地方法規定位之研究》，行政院研考會編印，1997年8月，頁40。

否則有高低不同效力之「立法」規範，在邏輯上殊難理解[60]。

(二)立法權

　　地方立法權為地方自治權之核心內容，地方自治團體享有固有之自治立法權限，乃是在理論及實際上均不可容否認的事實。我國憲法第六十二條規定，「立法院為國家最高立法機關」，但並不具有排他的「唯一性」。況且憲法第一百十條規定縣立法之事項，憲法增修條文第九條亦明文規定縣議會行使縣立法權。因此，地方立法權並非行政權之作用，而為次於國家（中央）之立法作用，絕非「行政權之一環」[61]。

(三)本文見解

　　地方立法權係地方居民以直接或間接經由地方民意機關而為政治意志之表現，地方自治團體就其自治事項享有自主決定之權，經其立法機關依法定程序，所發布之一般性、抽象性之規範，即屬立法權的行使[62]。地方立法權須受法律優位原則之拘束，國家立法權雖為單一，惟地方之立法權係「垂直式權力分立」之地方自主權，地方自治團體對其自治事項便享有立法之權，充其量其位階低於中央之法律而已。

　　然而，地方自治團體之立法高權乃依憲法或法律規定暨法律之

60　參見李建良，〈地方自治規章與中央法律的關係〉，載於《國家政策雙周刊》，第 140 期，1996 年 11 月，頁 9-10。

61　蔡茂寅，〈地方立法權之界限〉，收錄於《地方自治法 2001》，台北市政府法規委員會，2001 年 10 月初版，頁 116-117。許志雄，〈日本地方分權推進法評述〉，《國家政策雙周刊》，第 140 期，1996 年 11 月，頁 11-12。

62　林明鏘，〈論地方立法權——以台北市建築管理法規為例〉，載於台灣省政府法規委員會主辦，《「地方自治與行政法學」研討會紀錄暨論文專輯》，1998 年，頁 125。

授權，當屬行政高權之一部分 [63]。地方自治團體所享有之自治權是國家權力行使之一種，其自治規章之訂定，為自治行政主體對其自治事務所為之單方高權行為，而為「自治規章制定權」（Autonome Satzungsgewalt）[64]。

地方立法權之本質處於傳統法規範制定權之本質與行政權作用範圍之間擺盪，愈是中央集權與行政權獨大的國家，地方立法權為行政權作用範圍的色彩愈為濃厚 [65]。惟不論日本等單一國，抑或聯邦國體制之德國，地方立法權之本質似可視為規範制定權，而須受法律優位及法律保留原則之拘束。

綜上所述，地方立法權之本質，基於民主原則及地方自治權核心內容而言，其本質上為「立法權」範圍，從憲法規定之文義及體系上解釋而言，地方立法權之本質亦係立法權之一環，以維地方自治之制度保障。然而，我國地方自治之法律本質，大法官解釋將其定位為制度性保障，此種由德國之歷史、政治背景所發展而成之理論，是否可以全部移植而適用於台灣？是否可以在人民主權或者在承認說的理論下找尋適合於我國地方自治之法律本質？實有待未來在台灣地方自治累積更多的自治經驗後加以驗證。

63　參見許宗力，〈地方立法權相關問題之研究〉，載於《地方自治論述彙編》，台北市政府法規會編，1998 年 11 月，頁 30。

64　參見陳慈陽，〈論地方之立法權及其界限〉，載於《台灣行政法學會學術研討會論文集：行政救濟、行政處罰、地方立法》，元照，2000 年 12 月初版，頁 365。

65　參見陳慈陽，〈論地方之立法權及其界限〉，同前揭書，頁 373。

第三章 地方立法權之基本課題

——中央與地方權限的劃分

地方自治團體對於自治之事務享有自治之權能，對於上級政府交付辦理之事項，並負有執行之責。地方自治團體對地方之一般事務享有計劃、人事任用、政策、財政及地方政府組織之自主權限，舉凡地方事務之規制，無不透過地方自治法規為之。我國地方制度法亦賦予地方自治團體對自治事項及委辦事項之法規制（訂）定權（地方制度法第二五條至三二條參照），對於自治事項由地方立法機關通過，制定自治條例，由地方行政機關訂定自治規則；地方行政機關對於委辦事項得依法定職權、法律授權訂定委辦規則。在理論上，地方自治團體雖對其任務範圍內事務享有立法自主權，但實務上地方立法之權限何在？地方立法之事務為何？若中央與地方權限（事務）發生爭議時，又如何處理？到底地方立法權與中央立法權之界限在那？如何劃分？以上問題無不牽動中央與地方權限（事務）的劃分課題。假若中央與地方權限劃分無法釐清作根本解決，則地方立法權限將與中央之立法權限相互衝突，地方法規制定權限亦將失所附麗。

雖然，國內對中央與地方權限（事務）劃分之研究成果已相當豐富，但並未將中央與地方立法權之事務範圍二者作結合上的研究，中央與地方權限劃分、地方立法權之研究課題，均分別獨立討論。進一步而言，有關地方立法權之討論，其基本前提必須將中央與地方權限（事務）加以釐清，地方立法權始具有一明確之界限，自治立法權方能落實，不致形成空談。

因此，本章先就中央與地方權限（事務）之劃分加以討論，對於我國現行法制規範的缺失加以檢討，進而提出中央與地方權限劃分之界限，並就中央與地方權限爭議之解決機制提出制度的建構。至於中央與地方立法權之範圍與內容的實際操作，緊接於第四章再詳加分析，本章先就中央與地方權限之劃分為基本前提，展開討論。

第一節 基本概念與爭議問題

第一項 自治事項與委辦事項意涵之辨明

地方自治包含團體自治與住民自治兩個概念，而團體自治係在於國家之外，組成法人團體，自行處理區域內之公共事務。地方自治團體基於權力之分工，在憲法與法律所保障之範圍內，對於地方之事物，得自行立法並執行，而負其責任之作用領域者，係為自治事項。

自治事項本質係地方之自主，享有免於國家過度干涉之防禦權，而相對於自治事項者為地方自治團體之委辦事項。此事項並非地方自治團體本身之行政事務，而原本屬於國家或上級政府之行政事務，基於行政效率或為便利達到其行政目的之其他正當原因，而委由地方自治團體執行者，謂之委辦事項[1]。

我國地方制度法對地方自治團體所執行之事務，依地方制度法第十四條規定：

「直轄市、縣（市）、鄉（鎮、市）為地方自治團體，依本法辦理自治事項，並執行上級政府委辦事項。」

至於何謂自治事項？何謂委辦事項？地方制度法第二條第二款、

1　參閱羅秉成，〈從地方自治事項與委辦事項之區分論地方自治之保障〉，國立台灣大學法律研究所碩士論文，1994 年 5 月，頁 9；另參閱薄慶玖，《地方政府與政治》，五南，1995 年 2 月 2 版，頁 118；另有關自治事項與委辦事項之解釋，參閱張正修，《地方制度法理論與實用（二）本論》，學林文化，2000 年 9 月 1 版，頁 189-198；另參閱蔡秀卿，〈自治事項與委辦事項〉，收錄於《行政法爭議問題研究（下）》，台灣行政法學會主編，五南，2002 年 12 月初版，頁 1488。

第三款立法解釋做如下之定義：

自治事項：指地方自治團體依憲法或本法規定，得自為立法並執行，或法律規定應由該團體辦理之事務，而負其政策規劃及行政執行責任之事項。依上述之定義，自治事項可分類為如下三類：

1. 依憲法之規定得自為立法並執行之事項，係依憲法第一百一十條賦予縣立法並執行之事項。
2. 依地方制度法規定得自為立法並執行之事項，係依地方制度法第十八條至二十條賦予直轄市，縣（市），鄉（鎮、市）之自治事項。
3. 法律規定應由地方自治團體辦理而負政策規劃及行政執行之事項，係地方制度法以外之法律賦予地方自治團體辦理之事項而言。

委辦事項：指地方自治團體依法律、上級法規或規章規定，在上級政府指揮監督下，執行上級政府交付辦理之非屬該團體之事務，而負行政執行責任之事項。依上述之定義委辦事項之特徵如下：

1. 委辦事項係上級政府交付辦理，非屬該團體之事務。
2. 委辦事項係在上級政府指揮監督下為之，而負行政執行責任之事務。
3. 委辦事項交付之依據係基於法律、上級法規或規章行之。

自治事項與委辦事項劃分實係中央與地方權限劃分之一體二面。國家與地方權限、事務劃分之基準，實係一國家之地方自治等原理原則落實之判定指標，即行政事務如何劃分給國家（中央）與地方自治團體？如何劃分給地方始符合憲法上保障之地方自治理念？國家與地方之關係為如何之構造才不違反地方自治之原理原則？地方自治團體之事務若區分為自治事項與委辦事項者，二者又如何區分

等等，均直接左右地方自治之落實程度[2]，更為我國地方自治立法權面臨之首要課題。

然而，現代國家行政之複雜與多變，中央與地方之權限實難以簡單切割劃分。尤其，我國繼受外國法制之影響，有關自治事項與委辦事項之概念用語，學者主張各有不同，致使二者之區分益形困難。因此，我國地方制度法雖賦予地方自治團體處理自治事項，執行委辦事項之權限，並對自治事項制定自治條例、自治規則並執行之權，但根本上的問題在於二者如何區分，又何者為中央之立法範圍？何者為地方得為自行立法並執行之權？

第二項 自治事項與委辦事項之區分實益

在探討自治事項與委辦事項之前，必須先予區分將地方事務區分為自治事項與委辦事項之實益何在？其次再討論相關問題之爭議。以下茲綜合地方制度法及相關學理討論如下：

自治事項與委辦事項之經費負擔不同：地方自治團體辦理自治事項與委辦事項所需之經費，一般而言，地方自治團體辦理自治事項，其所生費用由該地方自治團體自行負擔。屬委辦事項者，如需交由下級政府執行，其經費之負擔，除法律另有規定外，由委辦機關負擔（參照財政收支劃分法第三十七條之規定）。

地方自治事項與委辦事項之劃分，涉及中央與地方財政之調節與分擔，若二者之區分架構不明，將導致中央與地方財政權限之爭議。不惟關係於各項地方自治事項之推行，地方財源窘困，更對地方行政效率，影響地方自治功能之發揮。

合法性監督與合目的性監督不同：地方自治團體辦理自治事項，

---

2 蔡秀卿，〈自治事項與委辦事項〉，收錄於《行政法爭議問題研究（下）》，台灣行政法學會主編，五南，2000 年 12 月初版，頁 1465 以下。

係對地方自治團體之自我任務執行，國家對其行使最低限度之監控，督促遵行法律之規範。國家對地方自治團體的合法性監督形成了國家與地方自治行政間一種關係。從國家法理論來看，就是以國家對地方自治團體合法性監督來彌補國家因承認地方自治權在管轄權方面所蒙受的損失[3]。

委辦事項係基於行政經濟性理由，委由地方自治團體的行政機關就近處理，委辦機關自得為專業上之指示，不僅能就其適法與否進行監督，也能從合目的性的角度進行審查，並予專業上之指示。不過此種合目的性之監督，對於自治權之干涉甚大，並不及於具有自主性之自治事項。

我國地方制度法上之區分實益：將自治事項與委辦事項之差異，以地方制度法加以整理，二者之差異可整理如**表 3-1**。

自治事項與委辦事項之劃分，實為地方自治之核心，二者之區分，不惟在財政上收支之區別而已。

1. 自治事項之監督手段與委辦事項二者，國家之介入之措施、界限與程度，顯有不同之處。自治事項顯然享有較寬鬆之自律、自主空間，國家對地方機關處理自治事項之監督亦以合法之監督（Rechtsaufsicht）為原則，而不及於作業之監督（Fachaufsicht）[4]。

2. 為尊重地方自治權限，自治事項享有自為立法並執行之權，

3　Jörn 著，董保城譯，〈地方自治行政與地方自治之監督——可能界限〉，收錄於《政大法學評論》，第 54 期，頁 164。另有關對自治事項之合法性監督，對委辦事項之合目的性之監督手段，我國司法院大法官於釋字第五五三號解釋，亦採此相同之立場。

4　自治事項之監督國家應僅限於監督地方行政機關措施是否合法，至於是否適當、經濟、迅速及預期、效果之實現等作業事項則不包括在內。參見吳庚，《行政法之理論與實用》，作者自刊，2000 年 9 月增訂 6 版，頁 18。

表 3-1　自治事項與委辦事項之差異

(1)自治法規： 　①直轄市、縣（市）、鄉（鎮、市）得就其自治事項或依法律及上級法規 　　之授權，訂定自治條例、自治規則。（地制法§25） 　②直轄市政府、縣（市）政府、鄉（鎮、市）公所為辦理上級機關委辦事 　　項，得依其法定職權或基於法律、中央法規之授權，訂定委辦規則。（地 　　制法§29 I）
(2)法律優位之審查不同（地制法§43）： 　①直轄市議會議決自治事項與憲法、法律或基於法律授權之法規牴觸者無 　　效；議決委辦事項與憲法、法律、中央法令牴觸者無效。（I） 　②縣（市）議會議決自治事項與憲法、法律或基於法律授權之法規牴觸者 　　無效；議決委辦事項與憲法、法律、中央法令牴觸者無效。（II）
(3)二者之監督原因不同（地制法§75）： 　①辦理自治事項違背憲法、法律或基於法律授權之法規者，由中央各該主 　　管機關報行政院予以撤銷、變更、廢止或停止其執行。 　②辦理委辦事項違背憲法、法律、中央法令或逾越權限者，由委辦機關予 　　以撤銷、變更、廢止或停止其執行。
(4)是否受司法審查： 　①第二項、第四項及第六之自治事項有無違背憲法、法律、中央法規、 　　縣規章發生疑義時，得聲請司法院解釋之；在司法院解釋前，不得予以 　　撤銷、變更、廢止或停止其執行。（地制法§75VIII） 　②委辦事項並未規定聲請司法院之解釋。

資料來源：作者自行整理

　　地方機關不論辦理自治事項，制（訂）定之自治法規，其規範之位階又顯較委辦事項為高。

3. 國家監督機關對於自治事項，抑或自治法規（自治條例、自治規則），是否有牴觸上位規範，在監督機關未函告無效或撤銷、變更、廢止或停止其執行前，自可由一定機關聲請大法官為抽象審查。

　　除此之外，自治事項與委辦事項之劃分，更為一國民主深化之程度，中央與地方關係之最佳指標。然而，我國有關自治事項與委

辦事項之劃分，卻有若干問題存在（詳論於本章之第二節），致使中央與地方權限衝突不斷，甚而掏空地方自治權限，形骸地方自治之內涵。

第三項　爭議問題之提出

我國憲法有關中央與地方權限劃分之規定，對於自治事項（第一二三條）與委辦事項（第一二七條）之劃分並不精密。有關中央事務與地方自治事項之劃分基準，實為概括抽象之規範，憲法第一一○條所列舉之事項皆冠以「縣」，其具體內容並不清楚。至於中央事項與委辦事項，憲法第一○八條之區別基準亦不明確。

我國地方制度法將地方自治團體處理之事項，區分為自治事項與委辦事項，並進一步加以界定。然而，地方制度法第一八至第二○條列舉直轄市、縣（市）、鄉（鎮、市）之自治事項，係單純冠以地方自治團體之名稱而已，且列舉事項諸多重複。此種以地方自治團體之單位為區分標準，對於直轄市自治事項、縣（市）自治事項與鄉（鎮、市）自治事項之認定，並無太大意義。

職是，我國中央與地方事務之劃分實存有諸多問題存在。二者之區分基準何在？又如何劃分？始符合保障地方自治之理念？又我國又應如何建構中央與地方事務劃分之理論，實為我國地方自治之首要課題。尤其，中央與地方權限劃分若未有一清楚簡明之劃分模式，地方雖存有自治立法之權能，則地方自治法規制（訂）定權無異形同具文。

第二節　中央與地方權限劃分
之理論與實際

第一項　我國憲法有關中央與地方權限劃分問題與討論

一、中央與地方權限劃分之理論

(一)均權制度

關於中央與地方權限之劃分，各國大抵採中央集權或地方分權制，我國則採均權制。依薄慶玖教授之說明，憲法不但關於中央或地方權限之劃分，採納了國父均權制度的主張，同時在地方制度方面，也以國父省、縣實施自治的遺教為根據，規定省、縣得召集省縣民代表大會，依據省縣自治通則，制定省、縣自治法，以實施省、縣自治。省、縣設省、縣政府，置省、縣長一人、由省、縣民選舉之。且於第一百二十七條規定：「縣長辦理縣自治，並執行中央及省委辦事項。」使均權制度的地方自治有了憲法的依據[5]。

薄慶玖教授並提出，我國均權制度的地方體制有以下幾個特徵[6]：

第一點，我國地方政府同時具有地方自治團體與國家官署的雙重地位。基於地方自治團體的地位，它可以因應各該地方的特殊需

5　薄慶玖，《地方政府與自治》，五南，1995 年 2 月 2 版，頁 118。

6　參閱薄慶玖，《地方政府與自治》，同前揭註，頁 119-120；有關均權制度之研究參閱卓播英，《均權制度研究》，國父遺教研究會，1975 年 6 月初版，頁 10-17。

要，獨立自主的處理地方公共事務，發展地方自治事業；基於國家官署的地位，它必須接受中央或上級政府命令，執力行中央政府或上級政府委辦事項，處理國家性質的事務。我們這種均權的自治體制，適可解除中央集權制與地方分權制的缺點，一方面可以因地制宜，適應各地的特殊需要；另一方面也不妨害國家的統一，可以力量集中，創造一個強而有力的萬能政府。

第二點，省、縣雖得自行制定自治法，自組政府，但須以中央政府所制定的省縣自治通則為依據，且不得與憲法牴觸（縣同時還不得與省自治法牴觸）。這樣可使我國地方政府不致如法國似的過於一致，也不致如美國般的過分分歧。

第三點，中央與地方權限的劃分採均權制，所謂「均權」，不是權力的平均分配，而是按事務的性質，合理的分配。即凡事務有全國一致之性質者，劃歸中央；有因地制宜之質者，劃歸地方。

第四點，我國的均權制度實施於各級政府間；即不但中央與地方採均權制，上級地方政府與下級地方政府間也採均權制。

第五點，我國地方自治團體「不止為一政治組織，亦並為一經濟組織」。譬如在憲法第一百零九條所定省立法並執行或交由縣執行事項十二款中，有關財經竟占了八款之多；在第一百一十條所定由縣立法並執行之事項十一款中，有關財經占了八款。

第六點，我國因施行五權憲法，政治制度採五權分立制，是以對地方政府之監督，亦立法、司法、行政、考試、監察五種監督並行。不過由於均權制度所均權者只有立法、行政兩種，所以司法、考試、監察三種監督權地方政府並不行使，而由中央行使。立法、行政二種監督權，則不但中央行使，上級地方政府亦得行使。

(二)自治事項與委辦事項之劃分理論

我國憲法本文係以「中央立法並執行」、「中央立法並執行或

交由省縣執行」、「省立法並執行或交由縣執行」、「縣立法並執行」、以及未列舉之事權，遇有爭議時，由立法院解決之。並於第一百二十三條明訂「縣民關於縣自治事項依法律行使創制、複決之權……。」，第一百二十七條，「縣長辦理縣自治，並執行中央及省委辦事項。」

我國學界大體上承認憲法有關自治事項與委辦事項之分析架構，依管歐教授之見解，並將憲法本文之規定，區分為中央事項、省事項、縣事項[7]。茲分列於下：

- 中央事項：中央事項得分為：(1)中央專屬權之事項：此指由中央立法並執行之事項（憲法第一〇七條），乃完全為國家事項，而非地方自治事項；(2)中央與地方執行權：此指由中央立法並執行或交由省縣執行之事項（憲法第一〇八條）。

- 省事項：省事項得分為：(1)省自治事項：此指由省立法並執行之或交由縣執行之事項（憲法第一〇九條）；(2)中央委辦事項：此指由中央立法而交由省執行之事項，惟其性質為國家事項，並非省之自治事項。

- 縣事項：縣事項得分為：(1)縣自治事項：此指由縣立法並執行之事項（憲法第一一〇條），乃完全屬於縣之自治事項；(2)中央委辦事項：此即由中央立法而交由縣執行之事項，惟其性質為國家事項，並非縣自治事項，而成為縣與中央均權事項之一種類；(3)省委辦事項：此指由省立法而交由縣執行之事項，其性質雖為自治事項，惟係省之自治事項，並非縣本身之自治事項，而成為縣與省均權事項之一種類；(4)縣委辦事項：此指由縣立法而交由鄉（鎮、市）執行之事項，其

---

7   參見管歐，《地方自治》，三民，1996 年 4 月初版，頁 239-242。

性質雖為自治事項，惟係縣之自治事項，而非鄉（鎮、市）本身之自治事項，而成為鄉（鎮、市）與縣均權事項之一種類。

- 剩餘權：(1)剩餘權之歸屬：關於中央與地方之權限，採均權制度，且為列舉規定，惟決難列舉無遺，此種剩餘權之歸屬，依憲法第一一一條之規定，除第一〇七條、第一〇八、第一〇九條及第一一〇條列舉事項外，如有未列舉事項發生時，其事務有全國一致之性質者屬中央，有全省一致之性質者屬於省，有一縣之性質者屬於縣；(2)剩餘權爭議之解決：憲法所未列舉之事項，其剩餘權之歸屬發生爭議時，由立法院解決之，為憲法第一一一條所明定。

另依薄慶玖教授之見解，地方事務又可區分為，自治事項與委辦事項[8]。

- 就自治事項而言，一般來說，可包括以下兩種：(1)固有事項：乃地方政府自身應辦之事項。每一個地方政府都有其存立之目的，為維持其存立目的，所以每一地方政府都有其應自行處理的事項；(2)委任事項：原非地方政府所有而係屬於國家，但因這種事項與地方人民的利害關係密切，因此以國家法律授權，委由地方政府處理，因係委任處理，故稱委任事項。這種事項，由於係經法律之授權，所以一經委任，地方政府即應視同自身事務，負有處理全權，所以亦視為自治事項。

- 委辦事項：所謂委辦事項，即委託地方政府辦理之事項。而這種事項原屬於國家，但由國家機關辦理較不經濟，或者沒

8　薄慶玖，《地方政府與自治》，五南，1995 年 2 月 4 版，頁 130-131。

有地方政府辦理來得方便，或者由於其他原因，因此乃委託
地方行政首長執行。

二、我國憲法有關中央與地方權限劃分之探討

我國中央與地方分權上採均權制度之設計，以國家主權之觀點
而言，我國係單一國而非聯邦國。然而，我國憲法第十章卻仿聯邦
國之規定，於第一百零七至一百十條詳細規定中央與地方權限，更
在一百十一條規定剩餘權劃分之標準。此種規範之模式，其立論之
基礎為何？對於中央地方權限劃分上是否具有區分上之實益，實有
討論之必要。

第一，我國憲法對於地方自治事項採明文列舉，並以均權制度
作為劃分之標準，權限並非集中於中央，而是分配於中央、省、縣。
此種中央與地方劃分劃分標準，係取範於加拿大之憲法 9。但我國

---

9 張君勱先生於國議論曾言：
「中央各自權限之劃分，計有三法，將中央之權列舉之，如美是也，將各省
之權列舉之，聯邦國法中無用此方法者，然理論上當然有此一法，將中央與
各省之權同時列舉之，如加拿大是也，依第一法，則中央之事權明確規定，
至各省之事權，則以剩餘權之意義解釋之，即凡不為憲法所禁止者，皆省之
權力也，此法也，於劃分權限，雖甚簡單，然往往剩餘之中，有關係全國利
害者，乃各省根據剩餘權以抗中央，而動搖及乎全體，譬之美之南北戰爭
時，其分裂之動機，則退出權之解釋也，近年加里罅尼省通過土地立法以排
日本，卒變為外交上之大問題者，則土地法之剩餘權之影響也，依第二法，
則各省之權列舉，而剩餘權在中央，此在中央權力強固之國，即事之應屬中
央而不列舉者，各省亦不至加以侵犯，其在此類國家中，庶幾可行此法，若
夫今日之吾國，關監督則拒絕焉，電政總理則自由撤換焉，在此情形之下，
與其貪剩餘之虛名，不若將中央事權一一列舉之為得計也，以上二法既各有
利弊，故我以為不如將雙方之權限，同時列舉之，列舉中央權者，所以保障
中央也，列舉各省權限者，所以限制各省，不得以剩餘權抗中央也，若夫雙
方列舉之上，各冠以總原則，曰全國利害之事，中央主之，地方利害之事，
各省主之，此後苟有新事權發生，則根據此原則而判其所屬，如是，不獨足

終究屬單一國體制，其所以採聯邦制的規定，並以均權制度作為劃分剩餘權之標準，旨在防止單一國之中央藉機集權之弊害，考其對省權明文保障之設計背景，應對當時省憲運動的一種妥協，並非係聯邦國與單一個外之另一種國家類型[10]。

第二，我國憲法係採中央、省、縣（市）均權之構想，三者各有其專有立法並執行之事項，中央、省並可交由下級執行之事項。由此觀之，我國憲法本文三級政府間，原則上應係各自有其職掌並且各有規劃及執行之權。然而，事實上並非如此，蓋憲法第一百零七條為國家（中央）事務，第一百零八條為國家（中央）事項或國家（中央）委辦事項，第一百零九條為省自治事項或交由縣執行事項，第一百十條為縣自治事項。均權制度之劃分中央與地方權限，其係以事務之性質為標準，但是何者為全國一致之性質，又何者為因地制宜之性質，實難以作客觀上之判斷。

第三，中央、地方權限之劃分應取決於政經結構，地方之政治生態與地方規模之大小，將各級地方自治團體之功能加以定位。憲法第一百零七條之事項，如外交、國防、國籍法、司法制度等，為與國家主權相關之事務，尚與事務一致之性質有別。甚且，憲法第一百零八條之中央事項與委辦事項之區分基準並不明確，其區分原則亦未加規定。

第四，憲法第一百零八條與第一百十條之重疊。憲法第一百零

以保障目前號令不出國門之政府，日後事權即有伸縮，亦早有確定範圍，此則加拿大之方法，而鄙意以為適於吾國者，無過是焉」。又「以我所見，權限劃分之法，莫妙於加拿大之憲法，將中央各省之權同時列舉……」參見張君勵，《國議論》，台灣商務印書館，1970 年，頁 6-7。

10 參見李惠宗，〈地方自治之本質及地方自治團體之法律地之研究〉，《憲政時代》，第 23 卷，第 1 期，1997 年 7 月，頁 8。另參見周繼祥，〈直轄市自治法暨省縣自治法通過後的省思〉，《立法院院聞》，第 23 卷，第 5 期，1995 年 5 月，頁 27-28。

八條由中央立法並執行或交由省、縣執行之事達二十款之多，但卻與第一百十條所規定由縣立法並執行之事項重疊甚多，使憲法所保障縣之自治權限完全喪失。縣所擁有憲法而不被中央立法所侵害者，只剩下未與第一百零八條未重疊之部分，例如，縣財產之經營及處分、縣公債、公益事項、縣工程、縣財政。茲將一百零八條與第一百十條之重疊如表 3-2。

綜上所述，均權制度應可視為權限劃分之基本原則，雖具有一定之指標作用，卻不足以為地方自治事務與中央事務之劃分基準[11]。易言之，均權制度毋寧是一種現象的描述，而非劃分事務的標準。

表 3-2　憲法第一百零八條與第一百十條重疊部分

重疊部分		尚可爭議之部分		未重疊之部分
中央	縣	中央	縣	1. 縣財產之經營及分 2. 縣公債 3. 縣工程 4. 縣財政
1. 教育制度 2. 公共衛生 3. 銀行制度 4. 合作事業 5. 警察制度 6. 森林、二省以上之水利農牧事業 7. 海洋漁業 8. 二省以上之水陸交通運輸	縣教育 縣衛生 縣銀行 縣合作事業 縣警衛之實施 縣農林水利、農牧（業） 縣漁業 縣交通	1. 公用事業 2. 工礦商業交易所制度航業… 3. 賑濟、撫卹失業救濟	縣公營事業 縣實業 縣慈善及公益事業	

資料來源：張正修，《地方制度法理論與實用（二）本論》，學林文化，2000 年 9 月 1 版，頁 35。

11　參見陳慈陽，〈中央與地方權限劃分問題的研究〉，收於氏著，《憲法規範性與憲政現實性，憲法學基礎理論（二）》，翰蘆，1997 年 9 月初版，頁 255；黃錦堂，《地方自治法制化問題之研究》，月旦出版，1995 年 3 月初版，頁 157-158。對此學者均持有相同之見解。

其實，單一國之地方自治事項，應以法律規定的模式作客觀化的判斷。是故，中央與地方權限之劃分，不須將二者權限均以明文劃分，僅規定縣（市）自治事項即為已足，但在規定此些事項時，有必要予以細目化，使地方自治的功能不致被掏空[12]。

第二項　我國地方自治法制關於自治事項與委辦事項之劃分及檢討

一、昔日地方自治法制之檢討

(一)地方自治綱要時期

台灣地方自治制度早期係依行政院所發布之「台灣省各縣市實施地方自治綱要」，為其主要依據。該綱要為對縣級以下之自治團體加以規定，鄉鎮市自治之法源係以上開地方自治綱要為依據。該綱要第四章規定自治事項，並於第十五條列舉縣自治事項（共三十款），第十六條列舉鄉鎮市自治事項（共十六款）。

該綱要之第十七條則規定自治事項之細目另訂之，惟關於委辦事項則未明文規定。台灣省政府就此權限劃分問題曾於民國六十二年八月廿四日訂頒「台灣省縣市自治事項細目與委辦事項劃分原則」，茲將該劃分原則陳述如下：

• 劃分原則：自治事項綱要依據「台灣省各縣市實施地方自治綱要」之規定列舉之，凡未列舉之事項原則上為委辦事項：

• 自治事項劃分原則：(1)由縣市立法，縣市執行之事項；(2)由

12　參閱李惠宗，《憲法要義》，元照，2001 年 8 月初版，頁 616-617。氏並提出地方自治團體（縣、市）自治事項之細目，明列我國縣（市）之自治事項範圍。

省依法授權縣市立法並執行之事項；(3)由省立法交由縣市執行，其經費依法由縣市負擔之事項；(4)除法令另有規定外，凡不須呈請上級核准即可執行之事項。

• 委辦事項劃分原則：(1)由省立法交由各縣市執行，其經費為依法由省負擔之事項；(2)縣市奉上級命令辦理之國家行政，其經費悉由上級負擔並對上級負責之事項；(3)未列舉事項究為自治事項或委辦事項發生疑義時，應依第二條規定原則決定之；(4)除本原則列舉事項外，凡有關人事、主計及一般行政業務未能列舉者，應依各有關法令規定辦理。

• 自治事項之細目表。

台灣省各縣市實施地方自治綱要暨劃分原則，雖明列縣市、鄉鎮市之自治事項，但卻有如下之問題：

1. 縣市之自治事項係重複憲法第一百十條所列各款之自治事項，例如該條第五款至十款、第十四款至十六款及十九款至二十款等。

2. 縣市之自治事項為憲法第一百零八條所定中央事項，例如第二款縣市所屬行政區域之調整事項（憲法第一百零八條第二款）、第二十五款縣市有關文化之古蹟、古物及古蹟保存之執行事項（憲法第一百零八條第二十款）。

3. 縣市之自治事項除重複憲法之規定外，「台灣省縣市自治事項與委辦事項劃分原則」，其劃分原則係單純以經費負擔之歸屬及是否應經上級政府核准為區辨之依據。蓋以經費為準，有淪為金錢思維之單向決定，對於政府為民服務的本意將有所損害，對於縣市之自治權之保障極為不利 [13]。此外，自治

13　黃錦堂，《地方制度法基本問題之研究》，翰蘆，2000 年 8 月初版，頁113。

行政係自我負責之行政，自治事項之執行應適用「免經核准原則」（Grundsatz der Genehmigungsfreiheit），應屬自治事項之當然解釋[14]。

4. 地方自治事項細目表之評析：(1)該細目表只列出自治事項，卻未列出委辦事項，僅列出委辦事項之劃分規則。且縣市之自治事項細目更逐一區分其自治細目達一百六十餘項之多，雖為細緻之列舉，但其事權劃分之標準，依據之法規為何，實欠缺明確之標準，而易引起爭議；(2)該細目表僅出縣市之自治事項，而未列出鄉鎮市之自治事項，其瑕疵甚多。

(二)「自治二法」時期

民國八十三年七月「省縣自治法、直轄市自治法」通過立法，並公布施行，使我國地方自治進入地方自治法制化之新里程。該自治二法大體上將憲法、台灣省各縣市實施地方自治綱要、北高二市各級政府組織綱要以及早先之省縣自治通則草案等版本中之條文加以繼受[15]。

自治二法時期對於自治事項，係以法定化列舉自治之事權，地方自治之落實亦因此得到良好的契機。然而自治二法仍有下列問題值得討論。

其一，自治二法所明列之自治事項係仍繼受憲法、台灣省各縣市實施地方自治綱要，北高二市各級組織自治綱要之規定，並未加以變更。對於前述論及之瑕疵，並無法加以解決。

---

14 參閱黃異，《行政法總論》，作者自刊，1989 年初版，頁 35。另參見羅秉成，〈從地方自治事項與委辦事項之區分論地方自治之保障〉，國立台灣大學法律研究所碩士論文，1994 年 5 月，頁 86。

15 參閱黃錦堂，〈省市政治體制之研究〉，收錄於《地方自治論述專輯（二）》，內政部編輯發行，1996 年 1 月，頁 95。

其二，自治二法所列之事項，其劃分之自治事項並不具體，且均冠以自治團體之名稱而已，對於各級地方自治團體權限之劃分上，其實並無太大之助益。

二、地方制度法有關自治事項與委辦事項之討論

地方制度法對於自治事項之規定除以各種事項加以分類之外，並於各款中，詳列其具體事件。相較於自治二法而言實為進步之立法。該法第十八條係自規定直轄市之自治事項，第十九條為縣（市）之自治事項，第二十條為鄉鎮市之自治事項。

我國不論自治綱要時期，自治二法至地方制度法，對於直轄市、縣（市）和鄉（鎮、市）皆採列舉式之規範模式，以規制自治事項。昔日立法規範過於籠統，且彼此間無脈絡可循，是一種不具良好立法技術的法制[16]，地方制度法乃分別於第十八條、第十九條及第二十條，就事務之性質分項歸類直轄市、縣（市）、鄉（鎮、市）應有基本自治權；再依其性質為細目性之規範，有如日本地方自治法的規定模式，使自治事項因為法所明定，而不易衍生權力模糊之混淆[17]，惟該法第二十一條為確立自治事項之行政責任，以及共同完成跨行政區域之工作，有其「共同辦理」之規定，以及第二十二條將訂定「施行綱要」之規定，將使制度更具健全化和作為性之機制設計，係自治事項法定化之例外[18]。

地方制度法將地方自治團體處理之事項，分為「自治事項」、

16　參閱紀俊臣，《精省與新地方制度——始末、設計、發展系論》，時英出版社，1999 年 9 月初版，頁 194。

17　參閱紀俊臣，《精省與新地方制度——始末、設計、發展系論》，同前揭書，頁 194 以下。

18　參見紀俊臣，〈我國地方自治之設計原理與制度發展〉，收錄於氏著《精省與新地方制度》一書，時英出版社，1999 年 9 月初版，頁 25 以下。

「委辦事項」，雖將憲法上權限劃分之抽象規範作一定之界定，但仍有下列問題[19]：

第一點，自治事項之定義，地方制度法第二條第二款規定：「地方自治團體依憲法或本法規定，得自為立法並執行，或法律規定應由該團體辦理之事務，而負其政策規劃及行政執行責任之事項」。此自治事項之定義型態，過度強調自治事項之法據，未提及自治本質之「自主性」、「自立性」、「綜合性」及「廣泛性」之根本原則，不但對於自治事項概念之釐清無多大助益，且不啻限縮了自治事項之範圍。

第二點，所謂「依憲法規定」，依憲法第一百十條之情形，該條充其量僅為縣之「自治事項」之抽象根據，且列舉事項中亦有與第一百零八條及第一百零九條相同或相似之事項（例如縣教育與省教育之教育制度、縣衛生與省衛生之公共衛生、縣銀行與省銀行之銀行制度等），其具體內容及與中央事項間之區分並不明確，於認定縣自治事項之基準上，並無意義。

第三點，地方制度法第十八條至二十條列舉直轄市自治事項，縣（市）自治事項與鄉（鎮、市）自治事項之規定，全冠有「直轄市」、「縣市」、「鄉鎮市」，係單純以地方自治團體之單位（或層級）為區分標準，並非以事務之性質及具體內容為區分標準，及產生同一事項，由不同地方自治團體層級甚至與中央共同處理之情形。單從地制法之規定，對於地方自治團體自治事項等規定，只不過是「原則性」、「指針性」的確認規定而已，並非為中央事項與自治事項，或自治事項與委辦事項之唯一的、創設規定的判斷標準，於認定地方自治團體自治事項之基準上，意義不大。

---

19 參閱蔡秀卿，〈自治事項與委辦事項〉，收錄於《行政法爭議問題研究（下）》，台灣行政法學會主編，五南，2000 年 12 月初版，頁 1488-1490。

地方自治與自治立法權

三、現行個別法規上權限劃分之問題

我國現行法規之立法慣例:「本法之主管機關,在中央為……,在省(市)為……,在縣(市)為……」的條文,不過為中央行政機關及地方自治團體行政機關間之權限分配之確認規定而已,並非中央與地方權限劃分之規定,自非自治事項與委辦事項之區分標準[20]。

此種立法慣例的錯誤實源於[21]:(1)中央長期以來,將地方自治團體僅視為「下級行政機關」,而非獨立可以行使職權之組織;(2)對地方自治事務的不正確理解,以中央政府為主管機關,而直接剝奪地方自治團體之自治權。

然而,立法院此種立法模式所發散之效果,其危害地方自治權之外,更無異將地方團體自治之自治權限徹底淘空。

首先,地方制度法第十八、十九、二十條有關直轄市、縣(市)、鄉(鎮、市)之自治事項而言,舉凡戶籍行政、土地、財政、稅捐、公共債務、都市計劃、建築管理、住宅業務、公園、營建、道路、交通規劃、觀光、衛生、環境保護、災害防救、有關河川、集水區保育等事項,中央已為立法,並或有為中央政府為主管機關。這樣的結果,地方制度法所法定為自治事項者,幾盡為中央法律立法所含蓋,現行個別法規中全為委辦事項而無自治事項可言。

---

20 此種立法慣例在行政作用法中尤為常見,例如建築法第二條,國民住宅條例第三條,農會法第三條,市區道路條例第四條,水利法第四條,戶籍法第二條,人民團體法第三條,工會法第三條,公寓大廈管理條例第三條,兒童福利法第六條,文化資產保存法第四條等。參見蔡秀卿,〈自治事項與委辦事項〉,收錄於《行政法爭議問題研究(下)》,台灣行政法學會主編,五南,2000年12月初版,頁1490。

21 參閱李惠宗,《省、縣、鄉(鎮、市)自治事項之研究》,台灣省政府經濟建設及研究考核委員會出版,1997年6月,頁109-111。

其次，此種規定引申出各級政府的權責不分，進而造成中央與地方權限之爭議，例如近年來之水患防治工作，發生於民國八十七年之雲林口湖鄉之水患，民國九十年台北市及基隆市之淹水事件，發生於嘉義縣之八掌溪事件，抑或有關網咖管理之立法等。其界限不清，又權責不相符合之結果，實與地方自治理念相去甚遠。

第三節　從比較法上觀察中央與地方權限之劃分基準

第一項　德國法上的觀察

德國現代的地方自治肇始於西元一八○八年的史坦恩普魯士都市規則（Steinsche Preussische Stadteordnung）。此一規則確立市民可以參與地方層級的公共行政，以地方自治作為限制國家監督的方式，用以抗拒國家對地方政府的干預，國家一旦對地方自治事務進行干預，便有違依法行政之原則 [22]。但德國地方自治之發展可說是從一九四五年之後開展新的面貌，並於德國基本法第二十八條明定地方自治法制基礎，該條規定：

1. 各邦之憲法秩序須符合基本法所定之共和、民主、社會法治國原則。各邦（Lander）、縣市（Kreise）、鄉鎮（Gemeinden）人民須有經由普通、直接、自由、平等及秘密選舉而產生之民意代表。於縣市與鄉鎮之選舉，凡具有歐洲聯盟之會

22　S. Leibholz，GG-Komm.，1995，Art.28，Rn.181 ff. 引自李惠宗，《省、縣、鄉（鎮、市）自治事項之研究》，台灣省政府經濟建設及研究考核委員會出版，1997 年 6 月，頁 28 以下。

員國籍者，依歐洲聯盟法律之規定，有選舉及被選舉權。於
鄉鎮，經由選舉所產生之代表機關得取代鄉鎮民代表大會。

2. 各鄉鎮在法定範圍內，得以自己責任規制地方團體之事務，
此種權利應受保障。各鄉鎮聯合區（Gemeindenverbaende）在
法定任務範圍內，依法定標準，享有自治行政權，自治行政
之保障包括保障財務自己責任之基礎[23]。

3. 聯邦應保障各邦之憲法秩序必須符合基本權與第一、二項之
規定。

德國基本法第二十八條為一綱要性之規定，各地方自治團體之
事權則有賴於各邦憲法及各邦之鄉鎮規則（Gemeindeordnung）詳細
規定。但德國各邦憲法除巴伐利亞邦憲法第八十三條外，皆未在其
憲法中明文列舉地方自治團體之事項[24]。

一、地方自治團體任務之二元理論（Aufgabendualismus）

自十九世紀後德國歷史上的發展，其地方自治團體處理的事務
（任務），係依地方自治行政任務與國家行政任務本質之不同，將

---

23 德國為保障地方自治財政，於一九九四年修正基本法時加入第二十八條第二
項第三款，以保障地方自治團體之財政權。

24 參見李惠宗，《省、縣、鄉（鎮、市）自治事項之研究》，台灣省政府經濟
建設及研究考核委員會出版，1997 年 6 月，頁 32-33。另外，有關德國地方
自治團體任務之劃分採「任務二元論」及「任務一元論」的分類方式，係對
德國地方自治團體所擔負之任務予以類型化。任務二元論（Aufgabendualis-
mus）係為國家任務（Staatsaufgaben）及自治任務而區分出自治事項與委辦
事項，目前德國對地方自治團體事務之分類，採取二元論的有，巴伐利亞邦
（Bayern）、布蘭登堡邦（Brandenburg）、麥可倫堡—佛波梅恩邦（Me-
cklenburg-Vorpommern）、下薩克森邦（Niedersachsen）、萊茵蘭—伐茲邦
（Rheinland-Pfalz）、薩爾蘭邦（Saarland）、薩克森—安哈特邦（Sachsen-
Anhalt），以及圖林根邦（Thuringen）。參閱 Hartmut Maurer，高家偉譯，
《行政法學總論》，元照，2002 年 9 月初版，頁 534-535。

之區分為自治事務（Selbstverwaltungangelegenheiten）及委辦事務（Auftragsangelegenheiten），稱之為事務制度之二元理論[25]。這二種地方行政事務又可細分為下列類型（如圖 3-1）：

圖 3-1　德國事務二元理論

```
┌ 1. 自治事項（又稱為自己固有的作用領域（Eigener Wirkungskreis））
│   ┌(1)自願的（任意的）自治事項。
│   └(2)義務的（強制的）自治事項。
└ 2. 委辦事項
    ┌(1)依指示辦理之義務事項。（指令委辦事項）
    ├(2)一般委辦事項。
    └(3)機關借用。
```

資料來源：作者自行整理

(一)自治事項

　　自願的（任意的）自治事項（Freie Selbstverwaltungsaufgaben）：地方自治團體就此類事務有決定與選擇之裁量，國家完全無干涉之可能，當然亦無從以國家之法律加以規範之事務。鄉鎮自治團體對此事項，不僅可以自由決定「是否」（ob）執行該項事務，亦可自由決定如何（Wie）執行該項事務。地方自治團體對此地方一般性事務，例如，公共設施之設置（圖書館、博物館、體育、休閒設施之設置經營）、地方性的經濟供給（對老人、幼兒之福利措施）、文化生活措施及對居民基本生活之照護（如地方交通、自來水、瓦斯及各種能源之供應）等，國家並無權事前加以合目的性之監督，地方自治團體可依其地方之特性，居民之需求，及本身給付能力量

25　有關二元理論參見張正修，〈人民和地方政府的參與〉，收錄於鄭先祐編，《核四決策與輻射傷害》一書，前衛出版社，1994 年 10 月，頁 112-113。另參閱羅秉成，〈從地方自治事項與委辦事項之區分論地方自治之保障〉，台灣大學法律研究所碩士論文，1994 年 5 月，頁 21 以下。

力為之。

義務的（強制的）自治事項（Pflichtige Selbstvrwaltungsaufgaben）：
義務自治行政事務亦為自治事項，此類事務係透過法律或法規命令
予以規制，仍須受法律保留原則之拘束。鄉鎮自治團體辦理此類事
務時，對於任務之達成並無裁量之餘地，亦即無決定「是否」承辦
之決定權，但「如何」達成任務則有一定之裁量空間，其達成目的
之方法，國家則不能干涉，亦只能以合法性之監督。此類事務如國
民教育，學校之興建，社會救助，河川、道路之維護，廢棄物、廢
水之處理等[26]。

(二)委辦事項

指令委辦事項：委辦事項相對於自治事項而言，係由國家加以
承擔而超越地域之重要性事項，整個國家（或者邦）的事務必須一
致性履行且具有政治上治理因素之事務。

此種指令委辦事務必須由立法者在個別法律中明白宣示，並
於個別法律中明示上級機關監督權之運作與程序，地方自治團體承
辦此一事務時，上級機關得事前加以合法性及適當性之監督。

一般委辦事項：此種委辦事務屬於大多數德國各邦所採之模式，
在此形式下鄉鎮乃立於國家下級機關之地位，國家並保有完全的指
揮與監督權，不但可施予合法性監督亦包含合目的性之監督，並使
國家與鄉鎮事務合一。

機關借用（Organleihe）：機關借用係一機關除履行自己事務
外，尚履行其他機關之事務，而作為其他機關之機關。易言之，將
本屬於國家之事務，委由地方自治團體之特定機關以執行之謂。此

26　有關德國地方自治理論參見阿部照哉等著，《地方自治大系 I》，嵯峨野書
　　院，1989 年 2 月第 1 版第一刷發行，頁 32 以下；成田賴明，《現代社會與
　　自治制度的改革》，學陽書房，1974 年 7 月初版，頁 3 以下。

種現象通常發生於個別法律之規定，並且被借用時，受借用機關之指示以及其所為之決定或行為視為借用機關之行為。其與上述委辦之區別在於受委辦機關仍屬原來之機關，但被借用時，則屬借用機關之機關[27]。

有關德國地方自治團體之任務體系，可整理如表3-3：

表 3-3　德國地方自治團體任務體系

	地方自治團體之裁量範圍	指令權	國家之監督	責任與財源	舉例
自由自治行政任務	包含決定裁量與選擇裁量	國家無指令權	僅有合法性之監督	自我責任與財源	運動場之興建
義務自治行政任務	只有選擇裁量，無決定裁量	國家無指令權	僅有合法性之監督，對決定裁量可加以監督	自我責任與財源	國小之興建
一般委辦事項	地方自治團體形成國家之機關，有執行義務	有指令權	包含專業監督	透過行政規費、一般國家財政資助、指定用途之資助或鄉鎮準備金	民生物資之監督
指令委辦事項	有執行義務	依特別法律而有指令權	僅有合法性之監督	透過行政規費、一般國家財政資助、指定用途之資助或鄉鎮準備金	戶籍登記
機關借用	有執行義務	依特別法律而有指令權	包含專業監督	由國家支給	徵兵

資料來源：參見李惠宗，《省、縣、鄉（鎮、市）自治事項之研究》，台灣省政府經濟建設及研究考核委員會出版，1997年，頁35-36。

27　參見蔡震榮，〈管轄權之意義〉，收錄《行政法爭議問題研究（上）》，台灣行政法學會主編，五南，2000年12月初版，頁15以下。

二、地方事務一元理論（Aufgabenmonismus）

德國自治事項與委辦事項的二元理論，自十八世紀末、十九世紀初之傳統區分方法，直至二次大戰後才有改變。一九四八年七月二日，德國各邦的內政部長以及地方自治團體之聯合會在 Weinheim（瓦茵海姆）共同起草「Weinheim 地方自治基本草案」，並提出「除法律另有規定外，鄉鎮領域內所有事務原則上，依自治團體之固有責任處理之。」此一原則提出後，巴登符騰堡邦即修改其邦法（即鄉鎮市法），導入事務一元理論[28]。

此說之見解認為不論自治事項或委辦事項均為公共事項，地方自治團體亦為國家組織之一環，把公共任務加以區分為二大類，並非妥當。鄉鎮市並非與國家相反之主體，二者並非對立，而是互相補充的形式[29]。一元理論將地方自治團體之任務區分為下列三種類型：

(一)自願承辦事務（Freiwillige Aufgaben）

地方自治團體在其領域內，只要法律沒有特別之規定應否承辦，地方自治團體可在其固有之責任下，決定是否及如何辦理所有的公共事務。

(二)義務承辦事務（Pflichtaufgaben）

法律得課予地方自治團體處理特定之公共事務，地方自治團體依法應予辦理，但不受上級之指令。

28　有關德國任務一元理論，參閱張正修，《地方制度法理論與實用（二）本論》，學林文化，2000 年 9 月 1 版，頁 214；另中文部分參閱 Hartmut Maurer，高家偉譯，《行政法學總論》，元照，2002 年 9 月初版，頁 535-536。

29　參見羅秉成，〈從地方自治事項與委辦事項之區分論地方自治之保障〉，台灣大學法律研究所碩士論文，1994 年 5 月，頁 23 以下。

(三)依指令承辦事務（Pflichtaufgaben nach Weisungen）

此事務係法律課予地方自治團體辦理之事務，不僅有承辦之義務，且法令應確定指示權之範圍，必須依上級之指令加以執行[30]。

三、小結

德國一元理論其實未完全普及於所有的邦，各邦地方事務之法制亦不盡相同，台灣與德國之政治環境，地方事務，人口轄區之廣狹上差異甚鉅。尤甚在地狹人稠之台灣，大縣（市）、大鄉（鎮、市）之體制，較之德國小鄉小鎮（人口不滿一萬人），縣之人口亦不滿十五萬人，地方與中央事務之繁雜重複上，二者實無法相較。但從德國之地方事務劃分類型上日後台灣地方自治的發展歷程，有下列幾點可供參考之處。

1. 對地方自治團體之自主性與自治之尊重，並賦予充分之自治高權。
2. 上級政府對地方自治團體之監督在法律保留原則之下均有一定界限與清楚之範圍。
3. 國家事務（或者邦）與地方自治團體之間，其事務之劃分均有一明顯之區分界線，不易產生權限爭議。
4. 事務二元理論抑或一元理論，均對地方自治團體任務作細膩而精緻之區分，尤為台灣現行法制從自治事務與委辦事項之區分方法具有啟發的意義，在未來立法上頗有參考之價值。

---

30 第三類型依指令承辦事務與二元理論之委辦事務二者是否相同，在學說上有不同爭議，一說認為二者係同一事務，實質並無任何改變之新標籤（Neues Etikett）。另有一說認為新型行政事務，屬於自治行政事務。另一說則採折衷說，此一事項係介於自治行政事項與委辦行政事項的中間類型（Zwischending）。

第二項　日本法上的觀察

一、日本之地方自治制度

日本近代地方自治制度的確定為明治十一年（西元一八七八年），日本制定郡區村編制法，府縣會規則及訂定地方稅規則，確定郡、市町村，設置府縣會之地方自治體制，並於明治二十三年制定府縣制與郡制，確立日本近代之地方自治體制。然而，此時期（明治維新）所建立地方行政是以府縣知事為中心，以府縣為本位，以中央集權為國家的根本方針，府縣知事為政府所任命之官吏，對地方自治團體採取保護、培育之監督措施（即監護式地方自治監督）[31]。

日本在二次大戰前的舊地方制度，基本上是採德國、普魯士式的中央集權的地方制度，建立國家→府縣→市町村之金字塔構造，中央與地方為上下指揮監督關係。二次戰後，日本憲法於第八章上定有地方自治專章，透過憲法確立地方自治之保障，其具體內容為[32]：

1. 地方公共團體之組織與營運事項，必須依地方自治之本旨，以法律定之（第九二條）。

2. 地方公共團體應依法律，設置議會為議事機關；地方公共團體之首長、議會議員及法律規定之其他官員，由地方公共團

---

[31] 參見張正修，《地方制度法理論與實用（一）》，學林文化，2000 年 9 月 1 版，頁 166-167。

另有關日本近代地方自治發展參見許新枝，《現代民主政治與地方自治》，正中書局，1992 年 7 月初版，頁 60 以下；有關日本之著作參見原田青司、三浦隆，《地方自治法》，評論社，1982 年 9 月初版發行，頁 3-9；杉村章三郎，《逐條解說自治要覽》，光文書院，1960 年 2 月再版，頁 2-4。

[32] 參閱室井力、原野翹編，《現代地方自治法入門》，法律文化社，1990 年 3 月第 4 刷，頁 15-16。

體之住民直接選舉之（第九三條）。

3. 地方公共團體有管理財產、處理事務及執行行政之權能，在法律範圍內，得制定條例（第九四條）。

4. 只適用於一地方公共團體之特別法，依法須該地方公共團體住民投票達過半數之同意，否則國會不能制定該法律。

日本憲法改變原本之中央集權制度，為了落實地方自治，培養民主政治的基礎，並於憲法施行之同年，即昭和二十二年（西元一九四七年）四月十七日制定公布地方自治法，以實現地方自治之規定與構想。除了地方自治法外，其他地方自治之相關法制，例如地方財政法、地方稅法、地方公務員法、警察法、公職選舉法亦相繼制定，使地方自治之運作陸續完備[33]。

日本地方自治法之制定乃基於憲法制定，然日後的行政運作，地方自治法在實施後仍有其缺點，或未能實現地方自治之本旨。因此，日本之地方自治法亦歷經數十次修正，昭和二十二年法律第一六九號、昭和二十三年法律一七九號、昭和二十七年法律第三〇六號等，均為落實地方自治而作廣泛之修正。但關於地方事務劃分，基本上並無太大的變革。事務劃分之重大修正，於進入平成年代，為因應日益變化複雜的行政環境，日本政府於平成二年（西元一九九〇年）成立了「臨時行政改革推進審議會」（第三次行政改革推進審議會），於平成五年六月，參眾兩院作成「推進地方分權」之決議，最後於平成七年（西元一九九五年）五月十九日制定「地方分權推進法」，並於平成十二年（西元二〇〇〇年）四月一日施行。

日本之地方分權推進法，將以地方自治法為首之四百七十五個法律，以包裹立法之方式修改通過。此一法律的制定，將日本明治

---

33 參閱西尾勝、大森彌編著，《自治行政要論》，地方公務員のための法律講座 3，第一法規出版社，1986 年 8 月發行，頁 32-39。

時期以來中央集權體制轉化為地方分權型行政體制，並使國家與公共團體長期以往的上下、主從關係改變為對等、協力關係，並擴大地方的自主性與自立性。至此開啟日本地方自治的新紀元，而日本之地方自治法勢必重寫進入二十一世紀的地方時代[34]。

以下將二〇〇〇年四月施行前的地方自治法稱為「舊地方自治法」，以後稱為「新地方自治法」分別論述於後：

二、舊地方自治法時期

日本地方自治法將地方公共團體區分為普通公共團體與特別公共團體。所謂普通地方公共團體為一般性、普遍性的團體，分為兩層構造，第一層為都道府縣，第二層為市町村。但此二層構造上，二者並無上下隸屬的關係，亦即都道府縣與市町村二者的法律性質與權能均有相當之差異[35]。特別地方公共團體之設置係為了處理由普通地方公共團體處理，卻無法充分達成目的之事務，其成立為特定的存在目的，僅具專門性、限定性的自治權。

特別地方公共團體有特別區、財產區、地方開發事業集團以及地方公共團體組合。我國地方制度法並無類似日本之特別地方公共團體，因此以下茲簡單介紹說明[36]：

特別區：日本之特別區僅東京都設置，東京都除下有市町村之外，尚有十三個特別區，特別區在法律上為特別公共團體，但實質

---

34 參見李惠宗，〈中央與地方權限劃分之研究〉，內政部委託研究報告，1997年6月，頁49。

35 參見南博方、原田尚彥、田村悅一編，《行政法（3）》，有斐閣，1996年6月發行，頁29。

36 有關日本特別地方公共團體之說明參見時岡弘，《地方行政法》，現代法學講義10，評論社，1998年3月發行，頁159-173。另參閱張正修，《地方制度法理論與實用（一）》，學林文化，2000年9月1版，頁170-175。

上其與市町村之地位是相當的。

財產區：市町村或特別區所擁有財產或設有公共設施為了管理、處分或廢止而設立之團體，即為財產區。財產區並無固定的組織，而由財產區所屬之市町村或特別區之首長及議會為執行與議決機關。

地方開發事業集團：係由兩個以上的普通地方公共團體共同實施綜合開發事業，並將事業委託其實施的地方公共團體，其組織與日本民法上的法人組織相同，設置理事長為代表機關，以理事會為意思決定機關。

事務組合：為地方公共團體對跨區域之合作方式，又可分為一部事務組合、全部事務組合、役場事務，屬於廣域行政事務之組織。日本之地方公共團體之種類歸納上述之說明，其種類區分如圖 3-2。

依日本舊地方自治法第二條之規定，普通地方公共團體之事務，可分為自治事務、機關委任事務二大類。而自治事務又可分為公共事務（固有事務）、團體委任事務與行政事務三種[37]。茲說明如下：

(一)自治事務[38]

舊地方自治法第二條第二項規定：「普通地方公共團體處理公共事務，及依法律或基於法律所發布之政令，屬於地方公共團體之事務外，於其區域內不屬於國家之行政事務」。依此項規定，普通地方公共團體之自治事務為：公共事務、團體委任事務及行政事務三種。

公共事務（固有事務）：公共事務係地方公共團體為維持其存在目的之公共事務，此種事務基本上並非權力，而以直接增進住民

---

37 參見俁靜夫，《地方自治法》，法律學全集 8，有斐閣，1990 年 1 月 3 版第 11 刷，頁 281-287。

38 有關自治事務之論述參見室井力，原野翹編，《現代地方自治入門》，法律文化社，1990 年 3 月第 4 刷，頁 112-115。

圖 3-2　日本地方公共團體之種類

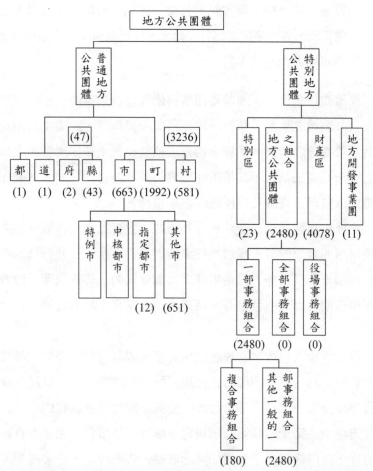

資料來源：張正修，《地方制度法理論與實用（一）》，學林文化，2000 年 9 月
　　　　　1 版，頁 171。括號內為其數目。

福利，維持地方公共團體本身存續之事務。

1. 團體存續事務：此種事務為地方公共團體之存續所必要之事
　　務，包括地方公共團體首長、地方議會議員之選舉（有關團
　　體組織事務）、條例之制定（地方立法）、地方稅之課徵等，
　　為維持團體或使團體存在之權力事務。

2. 增進住民福利事務：舉凡以增進住民福利為目的之各種公共
   設施（如學校、圖書館、公園、醫院、市場、運動場）之設
   置管理、各種事業之經營（給水、垃圾處理、公共運輸事業）
   等非權力作用之事務。

團體委任事務 [39]：團體委任事務依其性質為本屬於國家或其他
地方公共團體之事務，基於法律或內閣所發政令，而委由普通地方
公共團體處理之事務。此種事務分別依法律或依法律所發布之政令
為之，一旦委任執行，其權限即移轉為該地方自治團體，受委任之
團體則以自己之權限及責任處理該項事務。

此種事務通常以法律或政令為依據，惟實際上大多屬於地方之
必要事務。實際內容上團體委任事務與公共事務之區分甚為困難，
而且該項事務又占地方自治事務之大部分比例，經費又課予地方公
共團體負擔，因此引發是否違反憲法第九二條「地方自治本旨」之
疑義。

行政事務：行政事務屬於消極的權利規制行政，係以規制住民
之權利自由為內容，消極防止住民福祉受到妨害，對於違反社會秩
序行為以公權力取締之權力行政。此種干預行政應以條例定之，故
舊地方自治法第十四條第二項規定，處理行政事務，除法令有特別
規定外，應以條例定之，例如交通取締、公害規制、營業規制等，
至於集會示威遊行之規定、暴力行為之取締，維持地方公共秩序，
維持住民及旅居者的安全與福祉的警察取締事務，各種產品、家畜
的檢查，保護或照護未成年者與精神病患等權力行使之事務 [40]。

---

39 有關團體委任事務參閱兼子仁、礒野彌生編著，《地方自治法》，學陽書
   房，1989 年 4 月初版發行，頁 100-102。

40 參見俵靜夫，《地方自治法》，法律學全集 8，有斐閣，1990 年 1 月 3 版第
   11 刷，頁 285-286。

(二)機關委任事務

　　機關委任事務係原屬於國家或其他地方公共團體或其他公共團體之事務，依法律或依法律所發布政令，委由地方公共團體之首長、委員會或委員管理執行之事務。根據舊地方自治法第一百四十八條第一項之規定：「普通地方公共團體之首長，對於該普通地方公共團體之事務，及依法律或基於法律所發布之政令，屬於國家或其他地方公共團體或其他公共團體之事務，管理執行之」。至於地方行政首長（都道府縣知事、市町村長）應管理執行之事務，則分別規定於地方自治法第一百四十八條第二項及第三項，而各種委員會之事務（如教育委員會、公安委員會、選舉管理委員會、農業委員會）則於地方自治法第一百八十條之八第二項、一百八十條之九第三項，第一百八十六條第三項，第二百〇二條之二第六項分別加以規定[41]。

　　機關委任事務之內容並非地方公共團體存在目的之事務，係依法令處理國家事務，其他地方公共團體之事務或其他公共團體之事務、此類事務包括土地及建築行政、農田水產行政、教育文化行政、社會勞動行政、保健及環境行政、秩序行政、商工行政、秩序行政等事務，其行政領域相當廣泛。

(三)必要事務與任意事務[42]

　　地方公共團體事務方面被認為應該是依法律跟政令，由地方公共團體處理事務的同時，地方公共團體也具有自由取捨選擇處理事務的能力。前者稱為必要事務，後者稱為任意事務。大體上，固有事務跟行政事務大多屬任意事務，而委任事務屬必要事務。都道府

41　有關機關委任事務參閱室井力、原野翹編，《現代地方自治法入門》，法律文化社，1990 年 3 月第 4 刷，頁 122-123。

42　俵靜夫，《地方自治法》，法律學全集 8，有斐閣，1990 年 1 月 3 版第 11刷，頁 288-289。

縣以及鄉鎮市的必要事務，在地方自治法別表的第一跟第二上有記載，並明確指出其範圍。在必要事務中，也就是有關經費問題，對於議會刪除減額的議決，認同其拒絕權。

(四)都道府縣事務和市町村事務 [43]

地方自治法和舊制度一樣無法區分都道府縣與市町村之事務。然而，市町村是基層地方公共團體，而都道府縣是包括市町村廣大區域的地方公共團體，兩者在地位及規模的差異下，即便是以地方公共團體事務來處理，兩者間一定會產生經營機能之差異，產生都道府縣與市町村間之對立競爭現象，是阻礙自治行政順利營運的原因。依昭和三十一年之修訂，將市町村該處理的事務跟都道府縣該處理的事務作區分，並將市町村跟都道府縣的地位及機能明確化。

都道府縣處理之事務：都道府縣是包括市町村廣大區域的地方公共團體，在地方公共團體事務當中，為廣域之事務，有必要以統一處理的方式，關於國家與市町村間之聯繫、市町村的聯絡調整，在事務性質上，一定會逾越市町村的處理事務範圍。因此，除了把這些逾越範圍的事務，列入都道府縣的專屬事務之外，也不是不認同依事務性質，由市町村處理。只是，有關規模較大之事務，不適合由一般之市町村來處理，把規模較大之事務，列入屬於都道府縣的事務。因此，這種事務在規模能力大的市町村，可以當作市町村的事務來處理。在相關事務方面，都道府縣跟市町村間，無法避免產生共管事項。所以，都道府縣跟市町村在處理這種事務時，必須避免相互競爭。

市町村處理之事務：市町村是基層的地方公共團體，依其性格，除了都道府縣處理的事務之外，處理一般的地方公共事務。但是有

---

43 俵靜夫，《地方自治法》，法律學全集 8，有斐閣，1990 年 1 月 3 版第 11 刷，頁 289-290。

關規模較大而被認為不適合由一般的市町村處理的事務，配合其規模跟能力，市町村也有能力處理這樣的事務。舉列來說在指定都市（特定都市）有關社會福祉、保健衛生、都市計劃以及建築行政等十七個項目的事務被轉移。再者，福祉事務所設置在都道府縣所指定的都市以及特別區、市、保健所設置在都道府縣或一定的都市。

(五)事務處理的基準 [44]

地方公共團體在處理其事務時應該遵守指針，法律訂定了以下的原則。

法令適合原則：地方公共團體不可違反法令處理其事務。鄉鎮市跟特別區不可違反該都道府縣的條例處理事務。違反法令或條例處理地方公共團體事務的行為，視為無效。有關地方公共團體法令的規定應依地方自治的本旨而制定，以及配合各地方公共團體的特性解釋動作。

民主的營運跟效率營運的原則：地方公共團體在處理其事務時，應該致力於增進人民的福祉，同時也要以最少的經費達到最大的效果。

三、新地方自治法

日本自一九四七年施行地方自治法以降，歷經數十次之修正，惟有關地方事務之劃分，並未有重大之改變。但日本地方自治法，其實仍不脫中央集權之色彩，事務之分配先將事權分配予中央，再由中央委由地方公共團體處理，不符合地域性、效率性與總合性之原則，有違地方自治之本旨 [45]。

---

44 俵靜夫，《地方自治法》，法律學全集 8，有斐閣，1990 年 1 月 3 版第 11 刷，頁 290。

45 參見阿部照哉等著，《地方自治大系 II》，嵯峨野書院，1989 年 2 月第 1 版第 1 刷，頁 289。

(一)地方分權推進法制頒的理由

日本進入平成時代為因應行政環境之日益復雜及國內外環境的轉變，乃自一九九〇年開啟了地方分權的推進，思索地方自治之新方向。日本之所以發生地方分權運動，地方分權推進法之制頒有下列理由[46]：

- 中央集權型行政體制之制度疲勞：明治維新以來中央集權體制在戰後受到強化，行政權不斷擴張與膨脹，遂形成新的集權主義。此種集權主義將有限資源集中於中央，由中央統籌分配運用，對日本能短期成為先進國家，有著明顯的貢獻。但為了國家的統一，而限制地域社會的自治，致掏空地域經濟的根莖。中央過度集中權限、財源、物力資源，剝奪了地方的活力。

- 對變動的國際社會的反應：冷戰結束後，國際社會產生急劇的變動，國際經濟、國家之關係，甚至地域層級的市民間的國際交流皆極為活潑。然而，中央各部對此國際調整的問題卻未有正確迅速的因應。

- 改正東京一極集中的現象：日本國內由於人口、產業、金融、資訊等一直集中於東京，造成東京圈的過於密集。此不但降低住民之生活環境，而且一旦面臨重大的天然災害，更顯得面對危機之脆弱。各地亦由於人口、資源分配之不均，地域之活力更顯不足。因此，有必要實行「多極分散型國土之形成」，以推進地方分權，導正東京一級集中的現象。

- 形成具有個性的地域社會：日本在中央集權之下，過度重視

---

46 詳參李惠宗，〈日本地方自治之新發展——地方分權推進法簡介〉，台灣省政府研考報導，第 37 期，1996 年 12 月，頁 35 以下。

全國劃一的統一性與公平性，而輕視地域社會各種條件的多
樣性。為使各地域社會真正發展成熟，透過地方分權的推進，
讓各個地域社會自我決定權擴充，以展現其固有的歷史、文
化。

- 高齡社會與幼子社會的對策：日本因步入高齡化之社會，人
口結構上高齡者之醫療保健，對幼兒則須提供保育、教育相
關服務。此種行政服務，並非國家就能實現，而是需要地方
公共團體、公益法人，甚至民間企業的投入。

總而言之，地方分權的推進目的，在於改正「國家與地方」、
「國民與住民」、「全國與地域」、「全體與個別」間不均衡的狀
態，以恢復地方、住民、地域、個人為目的，將向來過度重視全國
劃一的統一性與公平性的「中央部會主導的縱向劃一行政體制」，
改為以尊重地域社會多樣個性的「由住民主導的個性的總合行政體
制」[47]。

(二)地方分權推進的過程

日本一九九〇年開始地方分權推進過程可分為三大階段：第一
階段，地方分權推進法公布施行前（一九九五年五月十九日公布，
同年七月三日施行）；第二階段，地方分權推進法公布放行後（一
九九五年五月十九日公布，同年七月三日施行）；第三階段，地方
自治法及相關法律之修正作業（一九九九年七月八日制定，一九九
九年七月十六日公布，原則二〇〇〇年四月一日施行）[48]。

47　參見李惠宗，〈中央與地方權限劃分之研究〉，內政部委託研究報告，1997
　　年 6 月，頁 46。
48　蔡秀卿，〈自治事項與委辦事項〉，收錄於《行政法爭議問題研究
　　（下）》，台灣行政法學會主編，五南，2000 年 12 月初版，頁 1479。

第一階段：地方分權推進法公布、施行以前[49]：

第三次臨時行政改革推進審議會（一九九〇年至一九九三年）：日本政府於平成二年（一九九〇年）十月內閣成立了臨時行政改革推進審議會（第三次行政改革推進審議會），並於一九九二年六月十九日提出第三次報告，其建言內容為關於中央對地方之許可認可權限及補助金制度，為提高地方之自主性、自立性，在一定範圍內，允許特例之措施，此特例制度於一九九二年十二月八日經內閣會議決議。

民間團體之建言：民間團體對地方自治改革之呼聲益高，平成五年（一九九三年）政治改革推進協議會提出「地方分權之緊急建議」，經濟團體聯合曾於一九九三年二月提出「面對二十一世紀之行政改革之基本見解，於同年四月提出「關於改善東京集中現象之見解」。同年地方自治六大團體：全國知事會、全國都道府縣議會議長會、全國市長會、全國市議會議長會、全國町村會、全國町村議會議長會，向國會及內閣提出「地方分權推進一意見書」，認為日本地方制度非有根本上的變革，否則無法因應未來的變局。

地方分權推進大綱方針：日本內閣政府於一九九四年五月在行政改革推進本部下設立地方分權部會，該部會聽取各界意見、與相關機關交換意見，於同年十二月提出「地方分權推進大綱方針」，並經內閣會議決議。其主要內容為：

1. 地方分權推進之基本理念。
2. 地方分權推進之基本方針（包括國家與地方公共團體之角色分擔、權限移轉之推進、財政基盤之整備、地方行政體制之

---

49 有關地方分權推進之三階段內容詳參黃錦堂、李建良，〈日本之中央與地方權限劃分之法制分析〉一文，收錄於《中國地方自治雜誌》，第 611 期，第 53 卷，第 7 期，2000 年 7 月，頁 15-17。

確立）。

3. 推進之方針（包括推進計劃之擬訂、委員會之設置、法律之制定）。

第二階段：地方分權推進法公布、施行後（一九九五年）：

日本總務應及自治省以「地方分權推進大綱方針為基礎，進入地方分權推進法草案之檢討。一九九五年二月二十八日經內閣會議議決該草案，並移送國會審議，四月十四日經眾議院通過，參議院於五月十五日通過成立，七月三日施行[50]。

第三階段：地方自治法及相關法律之修正作業：

由於地方分權所須之法律修正相當龐大，乃於一九九八年十一月由內閣開始進行相關法律修正案之統合作業。除地方自治法、地方財政法之外，尚包括個別法律之修正在內[51]。

(三)中央與地方事務劃分的改革

日本地方分權的推進主要在改變地方與國家之關係，提升地方自治團體之自主性與自立性，將「上下主從」的關係，轉換為「對等協力」的關係。為實現活力洋溢之地域社會，國家與地方自治團體之角色應予以明確之劃分。因此，中央與地方事務之劃分，即有全面改革之必要。

第一，機關委任事務之廢除。在中央集權之舊制下地方公共團

50　地方分權推進法之條文內容可參閱李惠宗，〈省、縣、鄉（鎮、市）自治事項之研究〉，台灣省政府經濟建設及研究考核委員會委託研究報告，1997 年 6 月，頁 58-65。其名稱為「地方分權推進法」，平成七年五月十九日法律第 96 號。

51　個別法律包含國土開發、保全行政、土地、建築行政、農林水產行政、商工行政、運輸行政、公害、自然環境行政、教育文化行政、社會、勞動行政、保健、環境行政、地方行政、秩序行政等四百七十五個法律在內，並向國會提出。

體之自治事務，常以機關委任事務，而委由地方公共團體處理。地方分權後，即將機關委任事務加以廢除，並將有關存續必要之事務，原則上作為地方地方公共團體之自治事務。重新區分為「自治事務」與「法定受託事務」。

新地方自治法規定：「地方公共團體處理之事務中，除去法定受託事務以外之事務」（第二條第八項）。此定義係廣泛賦予地方自治團體自治事務，除法定受託事務之外者均屬之。

新地方自治法將法定受託事務[52]分為以下兩種：(1)依法律或基於法律之政令，都道府縣、市町村或特別區所處理之事務中，屬於國家本應擔當之事務，惟考慮國家特別確保事務處理之適正性之必要，而以法律或基於法令規定者」（第二條第九項）；(2)依法律或基於法律之政令，市町村或特別區所處理之事務中，屬於都道府縣本應擔當之事務，惟考慮都道府縣特別確保事務處理之適正性之必要，而以法律或基於法令規定者」（第二條第九項）。

第二，自治監督關係之改變。為實施「對等協力」之關係，國家各部會對地方公共團體之監督模式，即有重新調整之必要。

自治干預之基本方式，也就是國家與地方公共團體之關係，其干預之程序、原則為：(1)法定主義原則；(2)一般法主義原則；(3)公正透明原則。對地方自治團體之干預應遵守法律保留、正當法律程序，比例原則方式為之。新地方自治法並明示自治干預之類型為：「勸告、資料提出、要求改善措施、同意、許可、認可、承認、指示、代執行、協議」等方式（第二百四十五條第一、二項）。對於自治事項之干預原則採下列方式為之：(1)技術性的勸告；(2)要求提

52　日本於一九九八年五月內閣議決通過之「地方分權推進計劃」，列出其判定指標。參見黃錦堂、李建良，〈日本之中央與地方權限劃分之法制分析〉，收錄於《中國地方自治雜誌》，第 611 期，第 53 卷，第 7 期，2000 年 7 月，頁 8-9。

出資料；(3)要求改正措施；(4)協議。

此外，代執行之限制，即對於自治事務、國家行政機關或都道府縣知事，不得代為執行。國家行政機關或都道府縣知事，對於法定受託事務，得代為執行。

而監督之救濟則為：(1)地方公共團體對於自治事務之處分，除個別法上有特別規定者外，不得國家行政機關提出審查請求；(2)對於法定受託事務，依地方自治法之規定，對國家行政機關或上級機關之處分，得依行政不服審查法提出請求。

基本上，日本國家與地方公共團體之事務劃分原則如下：

1. 國家應分擔之事務，重點式地包括以下三種事務[53]：
   (1)國際社會上國家存續之相關事務。
   (2)以全國統一規律為宜之國民各種活動之相關事務，或地方自治之基本準則之相關事務。
   (3)應以全國規模、觀點實施之政策及事業（以維持、達成最低標準、全國規模觀點之基本社會資本整備等之相關基本事項）等相關重要事項。

2. 地方公共團體應分擔之事務，以地方公共團體自主性、綜合性、廣泛地分擔地域行政為原則。

3. 為配合上述國家與地方公共團體之事務劃分原則，國家對於地方公共團體事務之角色分擔，應依下列三項原則處理：
   (1)地方公共團體之相關法令規定，應符合地方自治之本旨，及依照國家與地方公共團體事務劃分原則之意旨。

---

53 日本於一九九八年五月之「地方分權推進計劃」，明示有關國家與地方公共團體事務之劃分原則。參見蔡秀卿，〈自治事項與委辦事項〉一文，收錄於《行政法爭議問題研究（下）》，台灣行政法學會主編，五南，2000 年 12 月初版，頁 1479-1480。

(2)地方公共團體之相關法令規定，應基於地方自治之本旨，
　　及國家與地方公共團體事務劃分原則之意旨為之。

(3)依法律或基於法律之政令，定為地方公共團體處理之自治
　　事務者，國家應特別考慮讓地方公共團體得依地域實情處
　　理事務。

四、小結

　　日本之中央與地方事務劃分，大體上採三分法，即國家事務（中
央立法並執行之事務）、法定受託事務（我國稱之為委辦事項）、
地方自治事務（地方自治團體得自為立法並執行之事項）。其實日
本中央與地方事務劃分方法與我國幾近相同，兩國之基本構想應是
相同，惟日本於地方分權推進法施行後，不但實施地方自治分權，
國家與地方公共團體事務之劃分，對於地方自治干預方法之改變，
在在值得我國引為借鏡。

第三項　中央與地方事務劃分之學說爭議

一、學說見解分析

　　國內對於地方事務之劃分標準多以憲法「均權主義」之規定為
準據，即將地方事務分為自治事項與委辦事項。然而國內學者對其
概念內涵之類型及廣狹，其所指涉及內容，則頗有相異之處。茲分
類並歸納如下：

(一)林紀東 [54]

氏對憲法第一百二十七條論及「縣長辦理自治事項，並執行中央及省委辦事項」之規定，認為縣長辦理縣自治事項及執行委辦事項之內容為：

1. 縣自治事項多為憲法第一百十條規定之事項，惟不以該條規定者為限，凡應由縣自治之事項，皆屬之。又本條雖泛稱縣自治事項，實則縣長所辦理者，為縣自治行政事項，因縣立法事項，屬於縣議會之職掌也。

2. 關於中央及省委辦事項在憲法有三條規定涉及：

   (1)為憲法第一百零八條規定，由中央立法並執行之，或交由省縣執行之事項，為中央委辦事項。

   (2)為憲法第一百零九條，由省立法並執行之，或交由縣執行之事項，是為省委辦事項。

   (3)為憲法第一百十條第十一款所定，其他依國家法律及省自治法賦予之事項，是為中央或省委任事項。

3. 氏並將上開委辦事項，稱之為委任行政 [55]，此種委任行政與自治行政不同。

   (1)所謂委任行政係上下級官署之關係，上級官署所委任之事項，係確定的移轉於下級官署事務之中，下級官署對於該事務之處理，與自身固有事務同，以自身名義為之。

   (2)委任行政之行為，須依據中央法律或省法規，除中央或省就其施行之細則，為適應地方情形，委由縣自定外，不得

54　參閱林紀東，《中華民國憲法逐條釋義第四冊》，三民，1988 年 1 月第 4 版，頁 187。

55　參閱林紀東，《行政法》，三民，1992 年 9 月再修訂初版。

以縣單行規章，為行使委任行政之準繩。

(3)委任行政事項之行使，須受中央或省之指揮監督，與縣自治行政者不同。

(4)委任行政，原係中央或省之行政，而委由縣長行使，是以關於委任行政之收支，仍屬於中央或省。

依氏所述，可歸納地方事務之類型如下。

自治事項		
委辦事項 （委任行政）	中央委辦事項（憲法第一〇八條）	
	省委辦事項（憲法第一〇九條）	
	其他法律及省自治法賦予之事項（憲法第一一〇條第十一款）	

(二)薄慶玖 [56]

氏認為由於地方政府區域兼有國家行政區域與自治區域的雙重性格，地方政府機關有意思機關與執行機關二種，所以地方事務又有自治事項與委辦事項之分，茲就二者說明如下：

1. 自治事項：一般來說，可包括下列兩種：

(1)固有事項：乃地方政府自身應辦之事項。每一個地方政府都有其存立之目的，為維持其存立目的，所以每一地方政府都有其應自行處理的事項。

(2)委任事項：指原非地方政府所有而係屬於國家，但因這種事項與地方人民的利害關係密切，因此以國家法津授權，委由地方政府處理，因係委任處理，故稱委任事項。這種事項，由於係經法律之授權，所以一經委任，地方政府即應視同自身事務，負有處理全權，所以亦視為自治事項。

---

56 參閱薄慶玖，《地方政府與自治》，五南，1992 年 9 月再修訂初版。

2. 委辦事項：所謂委辦事項，即委託地方政府辦理之事項。而這種事項原屬於國家，但由國家機關辦理較不經濟，或者沒有地方政府辦理來得方便，或者由於其他原因，因此，乃委託地方行政首長執行。

3. 因此委辦事項具有下列之特點：

   (1)地方行政首長執行委辦事項乃以中央或上級政府之代理人的身分辦理，因而此時他具有國家官署官員的身分，而與上級機關構成行政上的統屬關係，所以不但要受中央或上級政府的監督，也要受中央或上級政府的指揮。

   (2)委辦事項地方行政機關一般無自由裁量權，換句話說，要完全按照中央或上級政府的意思或決定去執行，至低限度，也要依照上級政府所訂定的原則範圍內去處理，所以委辦事項的辦理，與上級機關直接辦理並無多大差異。

   (3)委辦事項由於只是一種「權限的委任」，而未經法律授權，委辦事項所需經費亦不由地方政府負擔而係由中央或上級政府（即委託機關）負擔。

依氏所述，地方事務之類型，茲歸納如下。

自治事項	固有事項
	委任事項（委任地方政府辦理）
委辦事項（委託地方首長執行）	

(三)管歐 [57]

氏認為地方自治機關有雙重職權，一方面辦理地方自治事項，一方面執行國家或上級自治機關之委辦事項。

57　參閱管歐，《地方自治新論》，五南，1987 年 5 月 8 版，頁 277。

1. 自治事項：為自治行政或固有行政，乃地方行政機關本身所固有之自治事項，其職權係淵源於地方自治之本質而存在。憲法第一百零九條「由省立法並執行」之事項、第一百十條「由縣立法並執行」之事項均屬之。

2. 委辦事項：稱為委託行政或非固有行政，乃並非地方自治機關本身固有之事務，而係上級機關執掌之一部分，為執行便利起見，因而交由下級執行之事項。依其性質又分為：

   (1)非自治事項之委辦事項：如憲法第一百零八條「由中央立法並執行之或交由省縣執行」之事項。

   (2)屬於自治事項性質之委辦事項：如憲法第一百零九條「由省立法並執行之或交由縣執行」之事項，縣所執行者為省之自治事項而交由縣時，為縣之委辦事項。

依氏所述，地方事務之類型，可歸納如下。

自治事項（又稱自治行政、固有行政）	
委辦事項（委任行政、非固有行政）	非自治事項之委辦事項
	屬於自治事項性質之委辦事項

(四)董翔飛 [58]

氏認為我國地方事務，依照中華民國憲法規定，亦有自治事務與委辦事務之別，其原則如下：

1. 自治事務：亦即固有事務，乃地方自治團體自身應辦的事務，亦即該團體為維護其存立目的，所需自行處理之事務。如憲法第一零九條、第一百十條所列由省、縣並執行的事項，在

---

58 參閱董翔飛，《地方自治與政府》，五南，1990 年 11 月 3 版，頁 123-124。

理論上應均為自治團體存在上所不可缺少的事務。

2. 委辦事務：乃非地方自治團體本身固有之事務，而係原屬於
國家的事務，由中央以法律或命令委由地方自治團體予以辦
理之事務。其特點為：

(1)事務的立法權屬於中央，執行權屬於地方，地方政府執行
此種事務時，乃係代表自治團體而活動，上級政府僅有監
督權，而無指揮權。

(2)執行所需經費，地方政府有負擔的義務，亦可請求中央予
以補助。

3. 委任事務：委任事務與委辦事務極為近似，所不同者委任事
務係委於地方自治團體首長辦理，而非委任於地方自治團體
辦理，又稱為權限的委任。其特點有三：

(1)地方首長以中央或上級政府代理人的身分辦理，而與上級
機關或行政上的統屬關係，不但受其監督，並得受其指揮。

(2)下級機關完全依照上級機關的意思去辦理而無裁量之餘
地，若於上級機關所定原則範圍內為之。

(3)地方首長執行此項事務，所需經費應由上級機關負擔。

依氏所述，地方事務可歸納如下表之類型。

自治事務——即固有事務
委辦事務——係委託地方自治團體辦理之事務
委任事務——係委任於地方自治團體之首長

(五)陳新民 [59]

氏認為地方自治所負擔之任務，可以區分為「自治事項」及「委

59　參閱陳新民，《行政法學總論》，作者自刊，1995年4月修訂5版，頁142。

辦事項」二種：

1. 自治事項：是指地方自治團體，依據本身擁有之立法權限，可以自已決定實行地方自治所要達成之任務。如憲法第一百零九條，第一百十條等事項均屬之。

2. 委辦事項：是指地方自治團體受到指定，執行非屬於本團體所有之自治任務以外之事項。此乃中央或上級自治團體不另外在地方設立行政官署及地方行政機關，來執行中央行政，與上級自治團體之自治事務，而是委由地方行政機關來執行，故稱為「委辦」或「交辦」事項。

依氏所述，地方自治團體之事務類型如下。

自治事項──憲法第 109 條、第 110 條	
委辦事項──	憲法第 108 條，省縣執行中央立法之事項。 憲法第 108 條縣受省立法所交付之執行事項。

(六)黃錦堂

氏主張地方自治團體享有一定之自主保障之地位，自治事項係指地方得自主決定之領域，所謂自主，包括自主立法、自主執行，也包括完成自主執行所應具有之組織、人力、手段、方法等，進一步也包括為完成自治事項所必須進行之廣告、規劃、公民意見詢問，架設網站，委託研究等也包括地方自己執行或在法律架構之下委託民間執行。委辦事項係指上級之事項得委託下級地方政府執行，上級政府依通說享有合法性與合目的性之監督[60]。

氏主張如欲區分自治事項與委辦事項，應分別業務性事項與事務性事項，所謂業務性事項，係指地方政府就人民或團體之食衣住

---

60 參見黃錦堂，《地方制度法基本問題之研究》，翰蘆，2000 年 8 月初版，頁 88。

行育樂各方面之業務，事務性事項則指地方政府之組織、人事、財政等橫跨每一業務領域之事項。嚴格言之，只有業務性事項才區分自治事項與委辦事項。自治事項，地方有立法權，執行權，上級只有理性監督而一般係事後監督；委辦事項地方通常沒有立法權而只有受委任執行之權，上級政府有較大之監督權。[61]

氏自德國地方自治法之學理分析地方行政事務，將地方自治事項區分為「自願辦理事項」與「義務辦理但上級無指令權之事項。」

1. 自治事項

(1)自願辦理事項[62]：地方自治團體在此有是否以及如何的決定，此種事項並無任何法律規定，也不須有任何法律規定，地方自治團體得自行發現，自行承辦。

德國各邦常見之自願辦理事項計有：文化有關的設施與活動之舉辦，例如圖書館、博物館、戲院、地方民眾補習；社會性之設施與施政，例如幼稚園、老人之家、中途之家、育兒諮詢；有關青年暨休閒有關的設施與活動，例如青年之家、登山步道等；運動有關的設施，例如室內、室外游泳池，各種運動場地；教育與休閒有關的設施，例如綠地、公園等；交通有關之設施，例如公車、街車之規劃營運等；有關居民生活照顧的設施，例如瓦斯、水、電、暖氣等；有關促進地方經銷發展之事項及觀光有關的事項；農地重劃；市地重劃；其他公共設施施，只要法律並非規定辦理之事項等。

61　參閱黃錦堂，〈自治事項與委辦事項之研究〉，收錄於內政部編印，《地方自治論述專輯》，第一輯，1995 年，頁 93。

62　參見黃錦堂，《地方制度法基本問題之研究》，翰蘆，2000 年 8 月初版，頁 94。

(2)義務辦理但上級無指令權之事項（Pflichtaufgaben ohne Weisungen）[63]：此一事項地方政府依法律必須辦理之事項，但法律保留密度不高，地方自治團體在承辦時，享有相當的自主決定空間，並不需要接受上級的任何指令。「義務辦理但上級無指令權之事項」近似我國地方制度法第二條第二款所稱法律規定應由地方自治團體辦理，地方自治團體負其政策規劃及行政執行責任之事項。在項目上，此類事項包括：鄉鎮級之選舉（包括鄉鎮民代表會、鄉鎮長、村里委員會）、廢水處理、消防、墓園、小學、種畜之飼養（Vatertierhaltung）、都市計劃之主要要計劃之擬議、鄉鎮街道的維護、兒童遊樂場所的興建與維護、市地的開發、商店營業時間管制法之執行、青年之救助、廢棄物之清理、醫院的興建維護等等，但這只限於縣與邦轄市。

2. 委辦事項[64]：所謂委辦事項，係指在整個國家（在此處係指邦）領域必須一致履行之事務。德國方面事實上也分為兩種：(1)義務辦理而且上級有指令權之事項：在此，上級機關有合法性與合法性的監督，也有事前，以及非個案之監督權限，但仍不得恣意，也不得違反誠信原則，通常此類事務必須由立法者在個別法律中明白宣示，並於個別法律申明示上級監督權之運作方法、程度；(2)機關外借：指縣（市）受邦委任執行事務者，地主原則上全面受到邦之監督，地方自治主體只是作為邦的手足延長，絲毫無自己決定的空間，又稱之為

63　參閱黃錦堂，《地方制度基本問題之研究》，同前揭書，頁 94-95。
64　參見黃錦堂，〈自治事項與委辦事項之研究〉，收錄於內政部編印，《地方自治論述專輯（一）》，第一輯，1995 年，頁 98-99。

「機關外借」。

氏並引 Richard Seeger 教授與 Hermann Wunsch 教授所合著之《巴登—符騰堡邦地方自治法——體系性之論述》一書明白列出該邦鄉鎮所執行委辦事項之法條，其委辦事項之主要項目 [65]：邦議會之選舉，聯邦議會之選舉與歐洲聯盟議會選舉之籌辦；有關住民創制，複決權之行使、地方之警察、有關星期例假日的不得工作之規定執行、武器法、邦彩券法、邦戶籍法、姓名之更改或管理、宵禁時間（Sperrzeiten）之實行、護照暨身分證的有關法律執行、工農業管制法中有關遊戲器具以及其他屬於小型而且跟地方密切相關行業之管制、防疫法、屍體衛生或存放等有關法律之執行、就食品法、酒類標售法有關的規定之執行、就高度有毒物質之管制、旅店之管制、有關漁業證照之管制、有關屠宰或肉類的查看；或依聯邦法委或邦法律所應提報的統計數字、有關地籍測量之規定、爆裂物質管理法之執行、依刑法三百八〇條以及巴登—符騰堡邦執行法第三七條有關之調解；另依聯邦社會救助法第九六條第二項以及邦就該法律之執行法；依社會法典第一五條作為消息提供之單位、依邦自然保護法第一九條第三項而指定有關土地的照顧義務人選，以及邦建築法第一八條第二項業務之執行。

德國委辦事項以屬於秩序性，規制性而且全邦一致性者為限，而且大部分管制性法律之多數業務，係由邦委託縣辦理，這點與我國相同。

依氏所述，地方事務之類型，可歸納如下。

---

[65] 參見黃錦堂，《地方制度法基本問題之研究》，翰蘆，2000 年 8 月初版，頁 95-96。

自治事項	自願辦理事項
	義務承辦但無須接受指令之事項
委辦事項	義務辦理而且須受指令拘束事項
	機關外借

(七)李惠宗 [66]

氏認為地方自治團體事務可分為「自治事項」與「委辦事項」二分法，但鑑於我國係單一國家，應先將純粹的地方自願性的自治事項與國家行政區分。地方自治團體處理自願性地方事務，不待法律明文規定，惟依行政之主動性。

氏主張國家行政事務中，有「國家直接行政」與「國家間接行政」之分。國家直接行政不在地方自治範圍內，與地方自治事項有關的是國家間接行政。在國家間接行政中，中央法律有己將之規定為地方事務者，此種事務亦應視為地方自治事務，但既由法律或法規命令所規定，乃形成地方自治團體之義務，而非其所可規避之事項。於是自治事項應包含「自願性自治事項」與「義務性自治事項」二大類。

1. 自願性自治事務，例如托兒所，幼稚園、養老院、圖書館、公園等文教設施之興辦及動態性之文教活動，如體育活動等事項。

2. 義務性自治事項，例如國民教育的興辦，建築法規之執行，垃圾的清除等。

所謂國家間接行政事項，指國家不自為執行，而委由其他法人執行之事務，國家間接行政事項縱使以法規規定由地方自治團體執

---

66 參見李惠宗，《憲法要義》，元照，2001 年 8 月初版，頁 617。

行者，未必皆屬地方自治事務，此時將成為中央與地方權限劃分的爭執焦點，此時簡單的判別標準乃：該項事務之執行，究以中央或地方自治團體之名義為之。以中央機關之名為之，固為中央事項；以地方自治團體之名為之，則為地方事務[67]。

二、學說見解之評述

我國早期學者將地方行政事務係採二分法之理論，而區分為自治事項與委辦事項。至於晚近學者大體亦以自治事項與委辦事項之概念為區分基準，然其類型化則更加精密細緻。各學者所建構之類型，因形式上用語的混淆不清，如委任行政、委託、委任、委辦等用語，更突顯學說間的爭議[68]。

是以，本書見解認為下列概念於使用上應以嚴格區分，避免產生混淆：

第一點，委任行政（委辦行政）之用語易與權限委任（參照行政各序法第一五條第一項）相混淆，中央或上級地方自治團體將其行政事務委由地方自治團體辦理，通常以委辦事項為法定用語（如憲法第一百二十七條，地方制度法第二條第三款）為宜，否則將造成委任與委辦二者概念上之予盾與混淆。

第二點，學者將中央委由地方自治團體執行者，稱為委辦事項；委由地方自治團體首長執行者，稱為委任事務。其用語上宜避免使用委任，而且以團體委辦及機關委辦事項，較能精確區分二者之相異所在。

第三點，委託與委辦二者，學者使用「委託」地方政府執行，

---

67 李惠宗，《憲法要義》，元照，2001年8月初版，頁621。氏並將中央央與地方因事權屬性不同，而區分監督密度的不同。

68 參閱羅秉成，〈從地方自治事項與委辦事項之區分論地方自治之保障〉，台灣大學法律研究所碩士論文，1994年5月，頁30。

委託行政（委辦事項）以說明中央或上級地方自治團體之事務委由地方自治團體執行之事項，二者用語實不宜加以混用。委辦為涉及中央及地方權限，立法與執行之區分問題，此與行政機關之間權限之委託（參照行政程序法第十五條第二項），行政機關容有不接受託之自由意志，而委辦係交由地方自治團體執行之強行性，其實大異其趣。宜採用「委辦」之用語，避免與「委託」制度相混淆[69]。

三、權限劃分的理論與檢討──蔡茂寅之見解

依學者蔡茂寅之分析，國內業已發展出相當數量的權限劃分基準，氏並歸納為：(1)均權理論；(2)均權理論修正說；(3)事務本質理論；(4)核心領域說；(5)功能最適理論；(6)行政類型區分說；(7)剩餘權歸屬說；(8)程序保障理論等理論。依氏主張上述之各項劃分基準均各有其利點，但亦無法否認大部分的劃分基準其實僅是在事後歸納自治事項或中央專屬管轄事項的特徵所得之結論，而難謂為具有事前釐清的真正基準性內容，遂使中央與地方權限劃分問題日形複雜而難以解決[70]。

氏所提出之建議，就結論上言之，權限劃分之指導理念為「地方優先、上升分配」原則。在人民主權說的理念之下，中央與地方之權限劃分應採同心圓的分配方式，只要地方能處理之事務，即劃歸給地方中央僅處理地方所不能或不宜處理之事務；只要下級地方自治團體能處理之事務，即不應劃歸上級地方自治團體。實則，我

69　參見陳新民，《行政法學總論》，作者自刊，1995 年 4 月修訂 5 版，頁142-143。

70　蔡茂寅對於中央與地方權限劃分問題之研究，所提出之見解相當精闢，在立論、法解釋上實令人欽讚。有關上述中央與地方權限劃分理論之歸納參閱蔡茂寅，〈中央與地方權限劃分問題之研究〉，收錄於蔡茂寅，《地方自治之理論與地方制度法》，學林文化，2003 年 2 月 1 版，頁 124-146。

國中央與地方之權限劃分，最大問題出在於將地方辦理之事項區分為自治事項與委辦事項的嚴格二分法上。氏提出在傳統二分法之另外確立「共同辦理事項」（或稱共管事項），應由中央與地方合作，各自以其責任辦理[71]。

第四節　我國中央與地方事務劃分之探討與建議

　　中央與地方權限之劃分為中央與地方各項關係之基礎，明確界定自治事項與委辦事項，地方自治團體才有真正符合地方自治本質的制度性保障。二者權限之清楚劃分，地方立法權、地方財政、地方人事、組織，及地方自治監督才能確定，而不受中央之侵害，掏空地方自治之內涵。本節之討論便以中央與地方權限劃分、中央與地方權限爭議，說明我國現行法制修正之必要。

　　我國憲法第一百零七條至第一百一十一條，係以均權制度為權限劃分之基本原則，雖具有一定之指標作用，但內容不明確，致中央常籍委辦事項而壓縮地方自治團體的自主空間。地方制度法雖較憲法及自治二法具體明確，但由於自治事項與委辦事項之定義、劃分標準等問題，未根本解決，地方制度法所劃分之模型，似無太大實益。至於中央與地方權限劃分之問題，在現行制度下宜如何劃分，本文擬提出下列之建議方案。

71　蔡茂寅，〈中央與地方權限劃分問題之研究〉，同前揭書，頁 147-148。

第一項　關於中央與地方事務之區分

　　經由跨國性之比較，大體而言，各國均將中央與地方之事務分為三種：中央立法並執行、中央立法但委由地方執行（即所謂委辦事項）、地方自治事項。大致上取決於政經結構、地方政治生態、事務之性質，視國家整體秩序及規制之需，隨著各國之歷史經驗而有不同之規範。

　　基本上，我國現行中央與地方權限劃分之模式，並不需要作根本上之變革。中央立法並執行、委辦事項、自治事項之劃分內容，並無錯誤。外國法之細緻劃分在我國現行法制架構之下，雖無相關之規範，惟其概念及區分類型於解決中央與地方權限之釐清，對我國目前實值得參考借鏡。

　　因此，有關中央與地方事務之劃分，本文認為現行制度，中央立法並執行、委辦事項、自治事項之區分，應以維持而不加變更，但內容及定位上則須重新界定。惟中央與地方共同辦理之事項，未來將可能大量增加的趨勢，賦予地方自治團體國政參與權，並增加中央與地方權限爭議的協調機制，乃勢不可免。

第二項　自治事項、委辦事項定位之重新釐清

　　現行自治事項、委辦事項之區分方式，雖不加以變更，惟二者之內涵上，宜以重新定位，始有助於中央與地方權限之劃分。

一、有關自治事項之定位

　　自治事項本質係地方之自主，享有免於國家之過度干涉。就自治事項地方自治團體有決定或裁量選擇之權。此種事務當然無從以國家法律加以規範，屬於地方之固有事項。我國地方制度法第二條

第二款規定自治事項係「地方自治團體依憲法或本法規定，得自為立法並執行，或法律規定應由該團體辦理之事務，而負其政策規劃及行政執行責任之事項」。此規定之內容，有如下之疑義：

首先，地制法所稱之自治事項，係依憲法或地制法之規定者為自治事項之範圍。此種規定，則並未包含無須法令規範之固有事務，而過度強調自治事項之法律依據。勢必形成地方自治團體之事務，只有義務自治行政事務（此類事務透過法律或法令予以規制之法定自治事項），而無固有事項之存在，無異限縮自治事項之範圍，忽視自治事項之自主性、自立性，模糊地方自治之本質。

其次，地制法強調自治事項之法律依據，係依憲法（第一百零八條至第一百一十條）及地制法（第十八條至二十條）所得自為立法並執行。惟憲法之規定，其劃分之事務均為抽象規定，具體內容上並不明確。而地制法單純以地方自治團體之層級為區分標準，並非以事務之性質及具體內容為區分標準。此種原則性之規定，只能算得上為確認規定，絕非中央事項、委辦事項、自治事項之判斷標準。

二、有關委辦事項之定位

委辦事項並非地方自治團體本身之行政事務，其於行政效率或便利，國家或上級政府及委由地方自治團體執行。德國法並將此類事項作細膩之劃分（即指令委辦事項、一般委辦事項、機關借用），至於日本新地方自治法及德國一元理論，則稱為「法定受託事務」或「依指令承辦（但上級有指令權）事務」，二國均予單純化之趨勢。

地制法第二條第三款規定委辦事項「指地方自治團體依法律或上級法規或規章規定，在上級政府指揮監督下，執行上級政府交付辦理之非屬該團體之事務，而負行政執行責任之事項。」此款規定存有下列疑義：

第一，委辦事項為國家或上級政府依法律或法令交付地方辦理之事務，在法理上並無疑義。

　　第二，委辦事項係依法律、上級法規或規章規定。但現行法規中如何之規定始為委辦事項？現行法規之立法慣例：「本法之主管機關，在中央為……，在省（市）為……，在縣（市）為……」之規定。若依地制法之規定而言，此種立法慣例之事項，則應解釋為委辦事項，而非地方自治團體得自為立法並執行之自治事項。況且，此類事項常為中央與地方權限爭議之所在，又甚為廣泛，與地制法第十八至二十條又有重複規定之處（如建築、國民住宅、道路、水利、災害防制、戶籍、人民團體、社會福利、文化資產保存、以及各種干預行政措施等事項）。此種立法慣例之事項到底是委辦事項？抑或自治事項（地制法第十八條至第二十條則規定為地方自治團體之自治事項）？實為我國中央與地方權限爭議之問題在，而且無形之中限縮了地方自治團體之自治事項範圍，為保障地方自治團體之自治權，落實地方自治之本旨，以上問題實有迫切之解決之必要。

　　第三，受託事務者為地方自治團體本身？或者為該團體之機關？依地制法第二條第三款規定，係交付地方自治團體，在上級政府指揮監督下負行政執行之事務。此款規定與大陸法系德、日、法等國之設計，交給地方自治團體之首長或機關首長為之者不同，甚且造成法理上之衝突。

1. 地制法第二條第三款之規定與很多事業法律（特別行政法規）之規定不相符合，蓋很多專業法律並未規定將其權限交付地方自治團體。

2. 不過，地制法卻於第四十三條第一項至第三項規定議會、代表會就委辦事項議決如違反憲法、法律、中央、法令、縣規章、縣自治規則者無效。顯示議會、代表會得就委辦事項有

議決之權。地制法第七十五條第三項、第五項、第七項，又規定地方行政機關辦理委辦事項不得違反憲法、法律，中央法令或上級法規或逾越權限。因此，地制法就委辦事項之規定，在法理上實有矛盾衝突之處。

第四，地方自治團體處理委辦事項，係在上級政府之指揮監督下，負行政執行之責？地方自治團體處理委辦事項是否有立法之權？依地制法第二條第三款之規定，地方自治團體係負行政執行之責，但未明確規定是否有立法之權。

不過地制法第二十九條規定，地方行政機關（直轄市政府、縣市政府、鄉鎮市公所）為辦理上級機關委辦事項，得依法定職權或基於法律、中央法規之授權，訂定委辦規則。蓋委辦事項係交付地方自治團體辦理，但卻無任何立法之權，似有違地方自治之疑義（待下章敘明）。

質言之，長期以往中央將地方自治團體視為下級行政機關，以地方政府作為國家之附庸。在中央集權之下，名義上施行地方自治，卻無地方自治之實，以致於中央與地方之權限劃分模糊不清，中央直接或間接掌握立法並執行之權。

第三項　中央與地方權限劃分基準之嘗試建構

目前中央與地方權限劃分之法源為憲法或地方制度法，但二法之劃分並不明確，以致權限爭議時起。故於民國六十二年，台灣省政府曾研擬「台灣省縣（市）自治事項與委辦事項劃分原則」；民國七十九年憲政策劃小組亦曾提出區分原則；民國八十四年內政部擬訂「自治事項與委辦事項區分原則草案」。地方制度法並於第二十二條規定「自治事項，涉及中央及相關地方自治團體之權限者，由內政部會商相關機關擬訂施行綱要，報行政院核定」。此施行綱

要迄今尚未提出，卻於地方制度法之修正草案中予以刪除，以致造成，中央與地方權限劃分上，沒有劃分之依據。因此，本書有關中央與地方權限劃分之標準，試擬下列幾種原則，說明如下：

一、中央與地方權限劃分原則

　　地方自治團體處理自治事務可分為「固有事務」（即自願辦理事項），及「義務性自治事項」二種。我國目前有關中央與地方權限之劃分，不須將中央與地方二者之權限明文劃分。職是中央之事權不必明文之規定，只須規定直轄市、縣（市）、鄉鎮市之自治事項便可[72]。由於固有自治事項根本上不須法律規定，故僅有義務性自治事項，須以法律規定模式作為客觀的判斷依據，未來立法僅規定直轄市、縣（市）、鄉鎮市之義務性自治事項即為已足。

二、中央與地方權限劃分標準──擬訂「中央與地方權限劃分法」

　　由於憲法、自治二法，現今地方制度法皆未有中央與地方權限劃分之明確標準，地制法第二十二條授權內政部研擬之施行綱要，不但為命令層次，又於送修之地制法草案中遭到刪除。故筆者建議未來研擬「中央與地方權限劃分法」，並將義務性自治事項予以細目化，作為中央與地方權限之明確劃分依據。

三、地方自治團體自治事項之細目化

　　基本上，地方自治團體為處理各種事務，自治法人團體須有立

---

72 目前地方制度法之立法模式，即採此種規範方式，明列各級地方自治團體之自治事項，惟其缺點在於事務劃分太過於籠統，以致不夠明確。

法高權、組織高權、人事高權、財務高權、行政執行權與行政處罰權、計劃高權、義務性自治事項由法律規定，地方自治團體得就該事項自為立法並執行之。因此，義務性自治事項應兼具上述之自治高權，並有自為立法並執行之權。

鄉鎮市所辦理之自治事項，大部分均為給付行政事項，又兼顧其轄區之大小，編制人力之不足，鄉鎮市所辦理之事項，宜以自願性自治事項為原則，而義務性自治事項除有存續必要之事務之外，尤其是干預行政事務，不宜交付鄉鎮市辦理，依目前之大直轄市、大縣（市）之轄區而言，義務性自治事項，必須明列及細目化之必要。並依「地方優先、上升分配」之原則，劃分歸納現行事務之屬性基於地方自治我負責、形成的理念，交由地方立法並執行。

四、現行個別法規立法技術之修正

現行個別法規之立法慣例常見：「本法之中央主管機關，在中央為〇〇〇，在省（市）為省（市）政府，在縣（市）為縣（市）政府」之模式，係長期以地方自治團體視為中央之下級行政機關，中央往往透過立法直接在個別法律上直接剝奪地方政府之主管權，造成一項事務竟有多數之主管機關，並衍生中央對地方（直轄市、縣市）執行法律時之過度監督，造成權責不清，交互責指或推卸諉過之情事。

職是，此種立法模式之個別法律，中央主管機關未來立法或修法時，必須以權限劃分為考量之要素，貫徹地方自治團體之主管權，同時整理各種法規有關主管機關之規定，如為中央權限時，必須明列中央主管機關名稱，如為委辦事項時，必須列入受委辦機關為主管機關。如此，權責才能相符，中央與地方權責始得明確。

第四章　地方立法權之範圍與內容

地方自治團體本於自治權能，對於自治事項本可自為制定規章並執行之權。但地方自治團體之立法權定位為何？關係其效力位階就須有釐清之必要。其次，我國中央與地方立法權之範圍界限何在？以上二個前提均有討論之需要。本章先就日本地方立法權及德國地方法規制定權上作比較法上的觀察，並作為我國地方自治團體法規制定權之參考基礎。尤其日本法制的發展趨勢，對「法律先占理論」修正之「上乘條例」、「橫出條例」的提出，尤值我國參考借鏡；再其次，我國地方自治法規之定位、體系加以分析探討，將我國地方制度法規制之地方自治法規加以類型化，解決區辨上的困難；第三部分，則從現行法制建構我國中央與地方立法權之劃分模式。最後有關地方專屬立法權之範圍為何？對於議會保留範圍與行政保留範圍劃分之釐清，本書在此亦提出劃分的簡明界限，並討論我國地方府會爭議之解決機制，建議引進德國、日本之「機關訴訟」制度，透過行政訴訟制度的途徑以解決爭議。至於地方行政立法權之爭議問題，其性質上為行政權之產物，其與行政程序法所規定之法規命令、行政規則的關係為何？又「職權命令」之存在之必要性及其爭議亦於最末一節詳加討論。

第一節　地方自治團體法規制定權 ── 比較法上的觀察

第一項　日本地方立法權的觀察

　　地方立法權為地方自治權之核心，係地方居民直接、間接經由地方代議機關而為意志之展現。德國、日本二國與我國均屬大陸法系國家，其地方自治團體均得制定一般抽象性的自治法規，但其彼

此之間是否容有差異存在？因此，在討論我國地方自治團體法規制定權之前，本節先從德國、日本二國法制上作比較法上的觀察，並作為我國地方自治團體法規制定權之參考基礎。

一、地方自治立法權之依據

　　日本憲法第九十二條至第九十五條明文保障地方自治，地方自治團體得制定抽象之法規範[1]，具有管理其財產、處理其事務及執行行政的權能，並且可在法律的範圍內制定條例，地方自治團體基於其自治權，所制定之「自主法」[2]，而受憲法之保障。

　　條例所規範之範圍，其內涵上包含地方公共團體首長所制定之規則（參照日本地方自治法第十五條）與地方政府之各種委員會所制定之規則（參照日本地方自治法第一三八條之四）[3]，均屬之。因此，地方公共團體之議會依憲法所保障之自治權，就自治事項（日本地方自治法第二條第二項）或法律的特別委任下制定條例，而地

---

[1]　日本憲法第九十二條規定：「有關地方公共團體組織及經營事項，依地方自治本旨，以法律定之」，第九十四條規定：「地方公共團體，有管理其財產，處理事務及執行行政之權限。並得在法律範圍內制定條例」。參閱時岡弘，《地方行政法》，現代法學講義 10，評論社，1987 年 3 月，頁316-318。

[2]　日本地方自治團體之地方自治權係為憲法所保障制度，地方自治（公共）團體基於自治權能所制定之法，為其自主法。參見蘆部信喜，《憲法新版》補訂，岩波書店，2000 年，頁331；澤野義一，「地方公共團體的權能」，收錄於小林孝輔、芹澤齊編，《基本法コンメ－タル》第四版（別冊《法學セミナ－憲法》），日本評論社，1997 年 5 月第一刷，頁50。

[3]　日本地方自治機關受美國影響甚深，其普通公共團體的執行機關採取多元主義式之行政委員會制度。此種制度係於行政機關之外設立獨立之委員會，例如，監察委員、教育委員會、人事委員會、公平交易委員會、公安委員會、地方勞動委員會等。不過為防止執行機關的分散，造成行政效能之低落，日本地方自治法乃賦予地方首長調整之權限。詳參杉村章三郎監修，《逐條解說自治要覽》，光文書院，1960 年 2 月，頁 241 以下。

方公共團體之首長,在不違反法令的範圍內,就其權限內的事務,得制定規則(日本地方自治法第十五條第一項)[4]。

二、條例

(一)條例之意義與性質

　　日本地方自治法第十四條第一項規定:「普通公共團體,在不違反法令的範圍內,就第二條第二項之事務,得制定條例」,同法第九十六條第一項第一款則規定地方議會享有條例之制定權。依據地方自治法第十四條第二項之規定,地方公共團體除了法令有特別規定之外,得就自治事項制定條例並課予人民義務,限制人民權利。依據地方自治法第十四條第三項規定,地方議會除法令另有規定外,得在條例中對於違反者賦予裁罰性之規定[5]。

　　綜上所述,條例之性質相當於國家法律,為行政法法源之一,對行政機關具有拘束力,可為裁判規範,而與國家法共同形成統一之整體法秩序[6]。其次,地方條例為地方公共團體之自主法,係地方公共團體基於自治立法權所制定之法規範,在不牴觸法律之範圍內有其權能,此點與須有法律具體明確授權之命令(亦即授權明確性原則)有所不同[7]。

4　原田尚彥,《行政法要論》,學陽書房,2000 年 3 月全訂第四版增補版,頁62。

5　條例之裁罰性規定,其性質上為行政義務違反之制裁,除行政罰之罰鍰外,尚包括刑罰性質之二年以下有期徒刑,一百萬日圓以下之罰金、拘役等。其性質上包含行政秩序罰外,行政刑罰亦屬於範圍之內。

6　室井力、原野翹編,《現代地方自治法入門》,法律文化社,1995 年第三版第一刷,頁 168。

7　行政機關基於法律具體明確之授權時,行政機關得以法規命令(授權命令)為補充之規定,並得以限制、剝奪人民生命權、人身自由以外之一般自由、權利事項。此種具體明確之授權係法律將授權之目的,範圍與內容,就法律

(二)條例之本質

　　地方條例之制定權為地方立法權之核心，為憲法位階之法保障，惟其本質日本法則有不同之主張[8]，不論直接保障說、例外說，根據說或委任立法說，地方公共團體在自治範圍內，為維持其存在之目的，得制定法規範，地方條例制定權係存在於憲法本身之規定，本應不待法律之授權為必要。況且為維持國家整體法秩序之和諧，地方條例不得與法律衝突之效力位階，則不待爭論。地方條例之制定權毋寧是立法權作用下之產物，只不過國家法律規範者為國家事務，地方條例所規範者為地方事務，並在法律範圍內所制定的自主法[9]。

(三)條例制定權之範圍

　　法制之依據：日本地方自治法有關地方條例制定權之範圍，不

　　之整體關聯性加以判斷即可，不必拘泥於特定之法條文字（參照大法官釋字313. 367. 380.390.394. 397. 402. 423. 443. 479. 497. 521. 523. 524 號解釋）。

8　有關條例制定權之本質，日本學說及判例不外下列四說：
　　1. 憲法直接保障說：地方條例之制定權係根據憲法第九十二條之規定，直接創設而來，為憲法直接保障之權。
　　2. 根據說：地方條例制定權係根據日本憲法第九十二條，而憲法第九十四條加以確認，係地方公共團體基於「地方自治的本旨」而享有的權利。
　　3. 委任立法說：地方公共團體根據法律（地方自治法、地方稅法）之授權而制定地方條例。
　　4. 憲法第四十一條例外說：此說認為國會為國家之最高，唯一之立法機關（日本憲法第四十一條），而地方議會條例之制定權為其例外。地方公共團體在法律之範圍內，具有制定條例之權。參閱室井力、原野翹編，《現代地方自治法入門》，法律文化社，1990 年 3 月，頁 144-148。

9　日本與德國之地方自治均為憲法所保障，其結構模式雖屬相同，惟日本與德國有關地方規章（Satzung）制定權之本質上卻截然不同，德國之地方自治規章之立法權為行政權之作用（行政立法），而日本之地方立法權係民選地方立法機關基於地方自治權之立法權作用，詳參蘆部信喜著，李鴻禧譯，《憲法》，元照，1995 年 1 月初版，頁 325。

但有詳盡之規定並有「附表」列舉屬於地方公共團體之事務。

1. 地方自治法第十四條第一項：「普通公共團體，在不違反法令範圍內，關於第二條第二項之事務，得制定條例。」
2. 地方自治法第二條第二項：「除公共事務及依法律或基於法律授權之政令所定、屬於普通地方公共團體之事務外，普通公共團體處理其他不屬於國家事務之行政事務。」

地方公共團體條例制定權之範圍：根據日本地方自治法第十四條第一項及第二條第二項之規定，地方條例之立法權範圍包括下列三類事務：

1. 公共事務（固有事務）：此種事務為地方公共團體之存續所必要之事務，基本上並非權力行政，而以增進住民福利之事務。例如，地方公共團體首長、議員之選舉、地方稅之課徵，增進住民福利者，如學校、圖書館、公園、醫院、市場、運動場之設置管理，各種事業之經營，如公共給水、垃圾處理、公共運輸事業等。
2. 團體委任事務：團體委任事務係本屬於國家或其他公共團體之事務，基於法律或內閣所發政令，而委由普通地方公共團體處理之事務。此種事務於地方自治法的附表一及附表二詳予列舉，亦有其他法律個別規定者，其種類較多，亦同時包含權力性與非權力性事務。
3. 行政事務：行政事務為消極的權利規制行政，係規制住民之權利自由為內容，消極防止住民福祉受到危害，對於違反社會秩序行為以公權力取締之權力行政。例如，交通取締，公害規制、營業規制、各種產品、家畜之檢查等權力行使之事務。

地方自治法例示列舉之地方事務：除上述之事務外，日本地方自治法第二條第三項例示列舉共二十二項之地方事務。茲列舉如下：

1. 公共秩序之維持及住民安全、健康之保障。

2. 公園、道路等之設置與管理。

3. 公營企業之經營。

4. 海、路運輸設施之設備與管理。

5. 教育、學術、文化機構等之設置與管理。

6. 醫院、公營當鋪、福利設施等有關衛生保健與社會福利之設施之設置與管理。

7. 有關環境衛生與風俗美化事務之處理。

8. 防災、交通安全等事務。

9. 社會救助事務等。

10. 勞工行政。

11. 林野、市場之經營等有利公益事務。

12. 治山治水、都市計劃等土地改良事業之實施。

13. 振興產業事務。

14. 文化財產之維護與管理。

15. 調查、統計。

16. 戶籍行政等。

17. 消費者保護與產品檢查等。

18. 建築行政。

19. 土地之使用或徵收。

20. 區域內公共團體等之活動的綜合調整。

21. 地方稅及其他收入之賦課徵收。

22. 基金之設置管理。

地方立法權之除外事項：日本地方自治法第二條第二項規定，

地方公共團體處理不屬於國家事務之行政事務，而地方公共團體不得處理之國家事務，則於同條第十項列舉之國家事務有八項。茲分列於下：

1. 司法事務。
2. 有關刑罰及國家之懲戒事務。
3. 郵政事務。
4. 有關國家之運輸、通信之事務。
5. 有關國立之教育及研究設施之事務。
6. 有關國立醫院及醫療設施之事務。
7. 有關國家之航行、氣象及水路設施之事務。
8. 有關國立博物館及圖書館之事務。

日本地方公共團體之立法事務涵蓋甚廣，除概括規定之自治事務（公共事務）外，亦包含第二條第三項所列舉之事項，至於上述不屬於地方立法事務，而屬於國家、國立之事務，不在範圍內。

(四)條例與憲法法律保留之關係

日本憲法第四十一條規定：「國會為國憲之最高機關，並為國家唯一之立法機關。」憲法第九十四條規定：「地方公共團體得於法律範圍內，制定條例。問題是日本憲法將某些事項劃歸由法律加以規定，屬於法律保留之範圍，例如，第二十九條第二項之「財產權法定主義」，第三十一條之「罪刑法定主義」及第八十四條之「租稅法律主義 10，分別明文該事項須以「法律」定之。此三種事項得

---

10 日本國憲法第二十九條規定：「財產權不得侵犯。財產權之內容須符公共之福祉，以法律定之。私有財產，在正當補償下，得作為公共用途之使用。」第三十一條規定：「任何人，非經法律所定之程序，不得剝奪其生命或自由，或科予其刑罰。」第八十四條規定：「租稅之課徵，或現行租稅之變更，

否以「條例」定之，日本在學界與判例上，便有不同的討論及爭議存在。

條例與財產權法定主義：日本憲法第二十九條第二項明白揭示「財產權法定主義，不過於日本地方實務上卻有許多涉及居民財產權限制之規定，如此，地方公共團體制定條例涉及限制人民財產權時，便產生合憲之疑義。日本學界有以下不同之見解：

肯定說之見解：此說認為地方條例得對地方居民課徵地方稅，並對其財產權加以規制[11]，因為地方公共團體在不違反法令之範圍內，為履行公共任務，適應地方之特殊環境（情況），其所制定之條例為憲法第四十一條立法權專屬於國會之例外。況且，地方條例係地方議會基於民主基礎所制定之法規範，其實質上與法律並無差異，條例以準法律之地位，對財產權之限制，並不違反民主原則與法律保留原則[12]。

否定說之見解：此說認為財產權之限制，對於憲法第二十九條之規定，應採嚴格之文義解釋，非有法律之個別委任，方得以條例對於財產權之內容加以限制。相較於準法律說而言，財產權之規範，涉及全國性的交易為對象，應以法律為全國一致之規範為宜。

以上二說實務見解則採肯定說，憲法第九十四條既賦予地方公

以法律或法律所定之條件為必要。」參閱俵靜夫，《地方自治法》，法律學全集8，有斐閣，1990年1月，頁306-307。

11 例如日本地方稅法第三條第一項規定，依條例之規定可課徵地方稅，並將課徵之內容委由地方的條例加以規定。

12 此說即所謂「條例準法律說」，而財產權法定主義在於行政權之行使，應以代表人民之議會之法律加以規範，不得由執行行政權之機關以行政命令為之。條例既經由地方議會以法定程序加以制定，其地位相當於法律，以條例對財產權加以限制，並不違反法律保留原則。日本學界與實務採此說之看法，詳參成田賴明，〈法律與條例〉，載於室井力編《地方自治》，三省堂，1989年9月再版，頁111；蘆部信喜著，李鴻禧澤，《憲法》，元照，1995年1月初版，頁327。

共團體條例制定權，即承認其為憲法第四十一條國會為唯一立法機關規定之例外，基於公共福祉，以地方條例對財產之禁止或處罰，並未違反憲法之規定[13]。

條例與罪刑法定主義：日本憲法第三十一條規定：「任何人非依法律所定之程序，不得剝奪任何人之生命或自由，或科以其他刑罰。」明文揭櫫「罪刑法定主義」及正當法律程序。而日本地方自治法第十四條第三項則規定：「普通公共團體，除法令有特別規定之外，得於條例中制定違反條例者處二年以下有期徒刑或禁錮、一百萬元以下罰金、拘役、或課予五萬元以下罰鍰或沒收之處分。」該規定是否違反憲法第三十一條之罪刑法定主義？對此立法權之爭議，雖有學說及判例上之不同見解，但幾乎一致主張地方自治法第十四條第三項未違反憲法第三十一條之規定[14]。

---

13 參見野中俊彥，《憲法 II》，有斐閣，1997 年新版，頁 345；長谷部恭男編著，《リーディングズ現代の憲法》，日本評論社，1995 年，頁 199（瀧谷秀樹執筆部分）。

14 日本關於此問題，採取下列不同之論述：

1. 採反對說者認為，刑罰應以法律加以規定，地方自治法若概括地委任條例得制定刑罰，則有違罪刑法定主義及憲法第三十一條之規定。

2. 惟日本學界幾乎均採肯定說之見解，對地方自治法規定以條例制定刑罰之合憲性均加以肯定，只不過在學說上有更細密的論証面向不同而已。

   (1)條例法律說：

   此說之見解認為日本憲法第三十一條及第七十三條第六款但書禁止法律對政令（即行政命令）為刑罰之委任等，係在於防止行政部門對刑罰權之濫用，並非禁止地方公共團體以自主法制定刑罰之一般委任。地方公共團體的條例係經由代表住民之地方議會議決，於法定程序及民主原則上與法律在實質上並無差異，與行政機關之行政命令概括委任之性質容有不同。關於此說參閱成田賴明，〈法律與條例〉，載於室井力編《地方自治》一書，三省堂，1989 年 9 月再版，頁 104；兼子仁，《條例をめぐる法律問題》，學陽書房，1982 年 3 月四刷發行，頁 107；有倉遼吉，《憲法》，三省堂，1977 年 1 月初版發行，頁 350。

   (2)委任要件充足說（委任要件緩和說）：

日本實務見解亦採肯定說，惟其立論之基礎，則與學說上之細部爭議相同。茲下列如下：

採憲法直接授權說：昭和三十五年一月十六日福岡地方裁判所對福岡縣風紀取締條例中有關罰則之規定，認為[15]：「本案福岡縣風紀取締條例，係根據憲法第九十二條、第九十四條、地方自治法第二條、第十四條規定所制定之條例。憲法就第九十四條規定，條例於法律之範圍內有其效力，除此之外，對於其所規定之事項並未加以特別之限制，而完全委由法律加以規定。然而，地方自治法第二條乃規定地方自治團體所得處理之事項，並於同法第十四條規定地方自治團體就前開事項得制定條例，並規定二年以下有期徒刑之罰則。依據此法律規定，地方自治團體所制定之條例縱然為罰則，

主張此說者認為委任立法不得為普遍性、概括性之委任（授權），但經地方議會議決之條例而言，其所要求之條件，即毋需似行政命令之具體性、個別性，條例之要求較為緩和。況且地方自治法第十四條第五項之規定，亦非概括之授權（委任），因地方自治法第二條第二項已將條例規範之事項明白列舉，且刑罰之範圍明確（地方自治法第十四條第五項規定處以二年以下徒刑，一百萬元以下罰金、拘役、罰鍰或沒收之刑）。此種具體明確授權之規定，並不違反憲法第七十三條第六款但書之禁止。

(3)憲法直接授權說：

此說認為，依據憲法第九十四條規定：「地方公共團體在法律範圍內，有條例制定權。」而地方自治法第十四條第三項之「處二年以下徒刑、一百萬元以下罰金、拘役、罰鍰或沒收之刑」，雖為一般授權，但為地方公共團體所制定條例之實效性，則委由法律加以自由決定。因此，地方自治法第十四條第三項之規定乃為憲法第三十一條罪刑法定主義之例外。主張此說者認為係憲法第九十四條之授權，而由法律所定之範圍，參見秋田周，《條例與規則》，現代地方自治全集 6，ぎょうやい發行，1989 年 9 月再版發行，頁 138-141；園部逸夫、田中館照橘著，《セミナ一地方自治法》，ざょせい發行，1989 年 8 月 3 版，頁 132-139。

15　參閱《日本國憲法判例》譯本第五輯，司法院秘書處發行，1983 年 6 月出版，頁 57。

尤其是有期徒刑之規定，亦不違反憲法第三十一條。誠然，憲法第七十三條第六款但書規定禁止在命令中對刑罰予以概括之授權，惟其本旨乃在防止因行政權之恣意而濫用刑罰權，而條例乃係由各該地方居民之代表機關──地方議會之決議所制定，並為保障條例之實效性而為刑罰之規定，條例本身乃直接由憲法所承認保障之立法方式。」

採「委任要件充足說」及「條例準法律說」：(1)昭和三十七年七月二十七日東京地方裁判所對東京都公安條例第五條刑罰之規定，認為[16]：「憲法第三十一條雖明文規定：任何人，非依法律所規定之程序，不得被科以刑罰。但條例既為憲法所承認之法律形式之一，在法律範圍內，得自由制定；且條例與行政命令性質不同，其乃係由地方議會所制定之民主立法，故為保障其實效性，以法律概括授權條例為罰則之制定，亦不違反憲法第三十一條之精神。從而，概括委任在條例中附加罰則之地方自治法第十四條第五項及在該條委任之範圍內所制定之本案東京都條例第五條均不違反憲法第三十一條。」；(2)昭和四十八年四月四日東京高等裁判所對東京都公安條例第五條刑罰之規定，認為並不違憲。其判決主要意旨為[17]：「刑罰原則上應以法律加以規定，此乃憲法（日本）第三十一條（即罪刑法定主義之規定）所明定，但如經法律授權，亦得以其他法令為刑罰之規定，地方自治法第十四條第五項即係將此罰則之制定[18]，授權予地方公共團體所制定之條例中為之。東京公安條例第五條乃

16　參閱《日本國憲法判例》譯本第八輯，司法院秘書處發行，1984 年 6 月出版，頁 59。

17　參閱《日本國憲法判例》譯本第八輯，司法院秘書處發行，1984 年 6 月出版，頁 401-402。

18　原地方自治法第十四條第五項已改列為第十四條第三項，故判決文中仍為第十四條第五項，惟條文內容並未加以修改或變更。

基於該條項之規定，在其授權範圍內所設之刑罰規定。惟即使得依法律為刑罰規定之授權，但亦不得為無條件之空白委任；地方自治法第十四條第五項之規定，雖其授權在一定程度內確有概括性授權之情形，但該條規範之對象，明示於同法第二條第二項第三項（同法第十四條第一項參照），而其所能制定之法定刑範圍，亦限於較輕之情形，尤有甚者，再慮及條例係經由公選議員所組成地方議會之決議所制定，與行政命令並不經由民意代表所組成議會之議決，二者畢竟不同。因此，此項程度之授權即與憲法之規定無違。」

小結：日本地方自治法規得設罰則之制定係來自憲法第九十四條之直接授權，條例由地方民意機關之議會所制定，其性質上並非法律所授權之行政命令，其所制定之罰則，實為擔保條例所不可或缺之實行要件，學界基於條例之民主性與準法律之地位，多採取憲法直接授權說或條例準法律說[19]。

條例與租稅法律主義：日本國憲法第八十四條規定：「新課租稅或變更現行租稅，應依法律或法律所定之條件為之。」而地方稅法第三條第一項則規定，地方公共團體得依條例規定課徵地方稅。後者之規定是否違反憲法之「租稅法律主義」？日本通說認為地方財政自主權為地方公共團體存立的基礎，為地方自治之核心領域，課稅權為財政權之核心，而主張其合憲性。

• 條例準法律說：主張此說者認為憲法第八十四條之法律，其涵義包含由地方議會經由民主程序所制定之條例，地方條例得對其地方住民課徵地方稅，並不違反法律保留原則[20]。

---

19 參見時岡弘，《地方行政法》，評論社，1987 年 10 月發行，頁 324。
20 採此說者基本上認為地方條例為國家法律之地位，且經由民主程序，況且地方公共團體本有財政自主權（高權），因此無須法律之授權，參見成田賴明，〈法律與條例〉，載於室井力編《地方自治》，三省堂，1989 年 9 月再

- 固有權說：此說認為地方公共團體之課稅權，係憲法第八十四條租稅法律主義所涵蓋之範圍，且為憲法所創設之地方立法權之一，故其獨立之課稅權為憲法所賦予之地方自治高權。
- 法律委任說：此說為日本之通說，認為條例課徵地方稅係憲法第八十四條租稅法律主義之例外，地方條例課徵稅捐基於地方稅法之法律委任，因此並不違反憲法第八十四條[21]。並且近年已將傳統之「租稅法律主義」，擴張為「租稅（地方稅）條例主義」，地方稅之課徵直接依據係基於條例。

(五)條例與法律之關係

日本憲法第九十四條規定：「地方公共團體……在法律所定之範圍內得制定條例。」地方自治法第十四條第一項則規定，普通公共團體，……於不違反法令範圍內，得制定條例。」是以，日本地方公共團體有條例制定權，然而條例與國家之法律兩者之關係為何？何種情況下係「違反法律」？實有討論之必要。

法律先占理論的提出：日本學界為解決上述問題於一九六〇年代末期興起「法律先占理論」（原為法令先占論）[22]，以解決地方

版，頁 206-207；北野弘久，〈自治體的財政權──憲法的基礎〉，收於室井力編，《日本國憲法文獻選集》，三省堂，1980 年 1 月第二刷，頁 145-146。

21 地方稅以地方條例加以規定，本係為保護國民避免來自行政權之恣意課稅，地方自治團體基於地方自治之本旨所為地方稅之課徵，非經住民組成之地方議會所制定之條例不得為之，係租稅（地方稅）條例主義之要求，故形成「租稅條例主義」。參閱秋田周，《條例與規則》，現代地方自治全集 6，ぎようせい發行，1989 年 9 月再版發行，頁 1142；碓井光明，《地方財政之法律問題》，公法研究第 43 號，有斐閣，1981 年，頁 208。

22 所謂法律先占理論係一事項已由國家法律加以規定（先占），且法律無明授權時，地方不得對該事項進一步以地方之條例制訂，意即在法律沒有明文或明確授權時，始得以條例加以規範。有關「法律先占理論」之探討參見室井

自治立法有無牴觸國家法令之問題。該理論認為條例之形式效力低於國家法令，只有在不違反國家法令的情況下，始得加以規定（即使國家法律所默示的先占事項，條例亦不得加以規定，否則即屬無效）。

法律先占理論承認於下述情形下地方得制訂條例[23]：

1. 法律未規範之事項，即國家法令處於空白狀態時，地方對於此種國家法令空白之狀態，條例所規範者即無違反國家法令。

2. 條例所規範之對象與國家法令規範之對象雖屬相同，惟其目的不同者[24]。

3. 條例所規範之目的與國家法令規範目的相同，惟其規範對象係國家法令所規範以外之事項（對象）。國家法令所規制之對象與條例規制之對象其實二者並不相同，此時條例即不得謂有牴觸國家法令，此即所謂之「橫出條例」[25]。

依法律先占理論，條例於下述之情形，則為違反國家法令：

1. 條例所規範者與國家法令之規定明顯牴觸。例如專屬於國家

力、原野翹編，《新現代地方自治法入門》，法律文化社，2000 年 9 月，初版第一版，頁 196；陳樹村，〈日本地方自治法規與國家法令之關係〉，《憲政時代》，第 23 卷，第 4 期，1997 年 12 月，頁 48-57。

23 一九六○年後法律與條例之劃分，係以立法之目的，旨趣及規範之對象是否相同加以區分，此種劃分基準，一般稱之為「明白性理論」。

24 此種情形，例如日本各地方所制定之家犬取締條例與狂犬病預防法，二者規範之對象均屬相同（狗），但二者目的不同，家犬取締條例之目的在於防止犬隻對人畜之危害，而狂犬病預防法其目的在於預防狂犬病之發生及撲滅而制定。

25 「橫出條例」係地方條例與國家法令之規範之目的相同，但地方條例所規範之事項為國家法令所規定外之事項，地方另以條例加以規範者而言。參閱成田賴明，〈法律與條例〉，收錄於室井力編，《地方自治》，三省堂，1980 年 1 月，頁 100 以下。

之事務，地方公共團體即不得加以規範。

2. 國家法令設有一定之規範基準，而條例與國家法令同一目的、同一對象時，條例另以更高之規範基準時，此即所謂之「上乘條例」[26]。

3. 國家法令對某一對象已為一定之規制，當條例與國家法令於相同之目的時，條例另以更嚴格，干涉之程度更強者而言。

4. 條例係基於國家法令之授權，但逾越法令授權之範圍時。

　　法律先占理論雖有一簡明之界線，用以區分國家法令與條例，惟此一理論承認國家法令之先占地位，不異限制地方之立法權，地方自治團體之自治權受到相當程度之限縮，有違地方自治之本旨及地方自治之發展，因此近來此理論已逐漸被揚棄，並加以修正。

　　法律先占理論之修正與探討：法律先占理論以國家法令之優先地位，不但獨厚國家法令，並有可能侵害地方公共團體之自治本質。該理論雖可提供國家法令與地方法規之關係及效力位階，但隨著日本經濟之成長，公害之發生對於住民之生存環境構成嚴重之危害。故在環保法令、公害行政領域，居民之生存權，環境與企業財產權之衝突上，除非國家法令明文禁止，否則地方條例可另以更嚴格之規定，以維護住民之權益。此種「上乘條例」（超越性條例）之合法性，係基於公害對居民之生存環境之侵害，從而企業自由便應受到制約，基於公害現象之地域性，積極行政之要求，國家法令所規範者係為全國地域，全民之規範，應為管制的「最低基準」，地方公共團體為各地域之公害特性，自可制定較國家法令更高之基準，以維護地方居民之權益，論者更主張除公害行政之外，地方公共團

---

26 「上乘條例」係較國家法令為更嚴格之規制，而逾越國家法令所規制之基準而言。參閱室井力，《現代行政法的原理》，勁草書房，1981 年 3 月，頁 199 以下。

體對其自治事項，本為地方自治之核心領域，憲法將自治事項之第一次責任與權限賦予地方自治團體，就此而言國家法令之先占規制，當為「國家之最低基準」，從而「橫出條例」及「上乘條例」之規定是可以准許的。至於立法之限制為最大限度之規定時（稱為規制限度法律），由於該法律對於規範之事項已有最高之限度，此時地方條例之規制超越法律所規定之最高限度，則該上乘條例即屬違法，係對人民基本權之過度侵害。[27]

　　條例的發展與特徵：日本在環保法令上允許上乘條例之存在，例如日本最高法院在昭和五十年（一九七五年）的德安公安條例事件判決（最判昭 50.9.10 刑集二十九卷八號第四八九頁）中，該判決中明白揭示「國家之法令未必均為全國一律的，同一內容之規制。若地方公共團體依地方之情況，其規制有特別規制之容許時，則不生條例違反國家法令之問題，而自治立法是否違反國家法，並非只考慮兩者之規範對象及規定之文言即為已足，尚須分別比較其旨趣、目的、內容及效果，並據以判斷兩者之間有無矛盾牴觸之情形。」[28]

27　「國家最低基準說」與「規制限度法律說」，前者主張國家法令為最低基準之規定，地方公共團體可以為更高之規制；後者係主張國家法律若已規定全國之最高標準（或限度），在此領域內地公共團體不得制定上乘條例。二者如何判斷，依學者之見解，其判斷之指標如下：
　　1. 上乘條例之規制係由於地域特殊性之考量，應自憲法尊重對地方自治自主權之立場，對此種行政領域應加以積極的考慮。
　　2. 自憲法上各種人民權利之價值排列其優先順序，條例對人民權利有優先性，保護之必要性而區分其緊張關係。
　　3. 上乘條例之承認，必須就地域具體的必要性，限制的合理性，比例原則、技術進步的程度與國家法律制度罰則之關係等因素整體加以考量。參閱室井力、原野翹編，《現代地方自治法入門》，法律文化社，1990 年 3 月 4 刷，頁 160 以下。
28　有關「最低基準法律」，「規制限度法律」理論，自治立法在牴觸後者時才會被解釋為違法無效。有關論述參閱蔡茂寅，《日本之地方自治——以自治立法權之介紹為中心》，收錄於《地方自治法 2001》，台北市政府法規委員

至於「規制限度法律」，日本最高法院對於高知市普通河川管理條例事件之判決（昭和五十三年十二月二十一日，民事判例集第二十二卷第九號第一七二三頁）。該判決認為，對河川法所規制之財產權解為「規制限度法律」，對河川法訂有更強力之高知市河川管理條例，相較於憲法第二九條財產權之保障後，認為「無論有無同意，都不能強加限制」，致條例違反國家法令而無效。上乘條例在判例上被實務上所肯認，惟在環保法令之領域外，其他之行政領域是否有「最低基準法律」之存在，並無共識而有待進一步釐清。[29] 日本近年普通公共團體的條例蓬勃發展，其規制之對象及領域，包含政治倫理、住民投票、環境、造街、消費者保護、社會福利、教育及特種營業等個別行政領域，呈現多采多姿的風貌。整體而言條例的發展有下列特色：[30]

1. 多數富有特色之條例，皆肇因於住民的意思與運動。
2. 諸多條例，如東京都公害防止條例。滋賀縣琵琶湖優氧化防止條例，皆冠有前言，此等前言宣示住民之權利，住民與地方公共團體的關係，並表明地方公共團體充滿自主性與創意的政策取向。
3. 條例的內容，往往超脫國家法令，並且增加指導、勸告等非強制性方式為規制手段。
4. 條例往往領先國家法令，發揮先導之功能。

會編印，2001 年 12 月初版，頁 72-74。

29 自治立法之範圍在環保法領域上被肯認，惟其他之干涉行政領域，給付行政是否適用，尚容有爭議存在。參照兼子仁，《地方自治法》，岩波書局，1984 年 2 月 1 版，頁 145 以下。

30 參見許志雄主持，《強化台北市立法權及人事權之研究》，台北市政府研考會委託，1998 年 6 月，頁 57-58。

三、規則

(一)規則之意義與性質

　　日本地方自治立法採取二元體制，廣義之條例亦包含規則在內，地方自治法第十五條規定：「普通公共團體之首長，於不違反法令之限度內，就屬其權限之事務，得制定規則。」此處之規則與條例均為地方公共團體之自主法，惟規則由地方行政首長裁決後公布、施行，而條例為地方立法機關議決後公布施行。

　　地方公共團體之首長係由住民直接選出，於不違反法令的範圍內，就其權限內之事務，得制定規則；除法令別有規定外，對違反規則者，亦得明定科以五千日圓以下之罰鍰。在法之形式上，規則之制定權者為首長，乃基於總統制之原理由住民直接選舉產生，並對住民負責，地方行政首長係基於職權，制定有關住民權利義務之法規，不論國家法令或條例有無授權，首長皆可獨立訂定規則[31]。

(二)規則訂定權之範圍

　　條例與規則均為地方公共團體之自主法，二者屬於憲法對地方自治保障的範圍，條例與規則僅制定程序之差異而已。問題是地方公共團體之首長就其權限範圍內所屬事務，得制定規則，該事務自包含自治事項，機關委任事務。而自治事務亦得以條例定之，因此，規則與條例於法令未確定由條例抑或規則制定之事項時，如何解決二者所共管之事項，遂成爭議。

　　條例事項與規則事項如何劃分之問題，學說上可分成下列四種

31　參閱蔡茂寅，〈日本之地方自治——以自治立法權之介紹為中心〉，收錄於《地方自治法2001》，台北市政府法規委員會編印，2001年12月初版，頁80。

情況[32]：

1. 議決事項限定說——其他則為規則專管事項：
   此說主張條例制定之事項限定於地方自治法第九十六條規定的議會議決事項，此外則屬於規則專管之事項。惟此說無異限縮地方議會之立法權，難以得到廣泛之認同。

2. 住民關係一般規定說——承認條例與規則之共管事項。此說又可區分為下列三個學說：

   (1)條例、規則專管事項區分說：此說為近年行政機關所採取之有力說，以行政事務為條例專管事項，以法定規則專管事項及首長之權限內事項為規則專管事項，而其他之「公共事務」則為條例與規則之共管事項[33]。

   (2)住民權利義務條例事項說：此說認為涉及住民之權利義務事項為條例專管之事項，以外之住民相關事項則均為條例與規則之共管事項。

   (3)住民關係非權力規律共管事項說：此說主張地方公共團體所為之權力行政作用為條例專管事項，其他之住民關係事務，則均屬共管事項。

   採取承認條例與規則之共管事項，則條例與規則之規範對象或

32　參閱蔡茂寅，〈日本之地方自治──以自治立法權之介紹為中心〉，收錄於《地方自治法 2001》，台北市政府法規委員會編印，2001 年 12 月初版，頁 81。

33　所謂法定規則專管事項，係自治團體行政組織之內部事項，而與住民之權益無直接關係者，例如職務代理人之指定（地方自治法第一五二條第三項、第一七〇條第六項）權限委任（地方自治法第二八一條之三第三、四項），負賠償責任之財務輔助職員之範圍（地方自治法第二四三條之二第三項）、自治體財務事項（地方自治法施行令第一七三條之二）等。參見蔡茂寅，〈日本之地方自治──以自治立法權之介紹為中心〉，同前揭書，頁 87。

目的重疊，二者將成為競合關係。論者主張，當條例與規則發生競合時，條例之效力應具有優先性。蓋條例係地方議會制定，其立法程序較為公開、嚴謹，並調和各種利益之衝突，亦具有民主性及正當性，條例應具備其優先性。

事實上，條例與規則之共管事項，條例基於「機關最適功能」應較具優越性，惟地方公共團體之首長對於條例制定程序亦有相當之參與權，例如首長對條例有提案權（地方自治法第一四九條一款），對預算及其他地方公共團體的事務有提出說明書之義務（地方自治法第一二二條）。對條例之議決有再議權（地方自治法第一七六條第一項）等，地方公共團體之首長對地方條例參與制定程序，若規則與條例相牴觸時，首長依權限訂定之規則，其效力當然屬於條例之下。相較於我國地方立法機關與行政機關之地方法規制（訂）定權之劃分，地方制度法第二十八條第四款之規定，其他重要事項，亦屬自治條款專管事項。如此，議會與行政機關對某一事項，究以自治條例定之抑或以自治規則為規範基礎，便引發爭議。日本學界之爭議，亦可提供我國地方議會保留與行政保留劃分界限之簡明依據。

第二項　德國地方立法權的觀察

一、地方自治體系

德國基本法第二十一條第一項規定：「德意志聯邦共和國為民主、社會之聯邦國家。」基本上，德國為聯邦國家並無全國統一的地方制度，只能依各州（邦）所定的地方自治法規（Gemeindeordnung）來分別觀察，惟各邦之制度仍具有相當多之相似法[34]。德國在國家

34　參見許志雄主持，「強化台北市立法權及人事權之研究」，台北市政府研考會委託研究報告，1998 年 6 月，頁 17。

結構上是由十六個邦（Lander）所共同組成的一個聯邦國家（Bundesstaat），聯邦（Bund）與邦之間同時均具國家之性質，因此德國法所討論之地方自治，並非聯邦與邦之間，而是存在於各邦與所屬之鄉鎮而言。

由於德國地方制度具有複雜而多樣性，因此地方團體的種類甚多，而且各邦之間亦有不同之處，基本上其地方自治團體之分類，大致上可區分如圖 4-1 及圖 4-2[35]。

基礎的地方自治團體是各邦共通所具有而且是各地區之行政基幹，聯邦德國之行政體制分為三級，即國家、邦和鄉鎮，在存在縣之情況下是四級，即國家、邦、縣和鄉鎮。聯邦和邦的垂直分權在鄉鎮（或縣）中延續，而政治上水平分權的爭議，亦在鄉鎮中得以補充[36]。

德國之地方自治團體係指各邦所屬之「鄉、鎮」而言[37]，德國基本法第二十八條第一項規定：「鄉鎮在法定範圍內自我負責處理地方團體事務之權利，應予保障。」因此，鄉鎮為憲法所保障之法律主體，其自治係為憲法所保障。此種制度性保障，係對於鄉鎮制度之保障，並對鄉鎮市賦予自主執行其任務的主觀權利，在程序上鄉鎮對上級政府之行為，若認為侵害其權利時，事前應給予陳述意見之機會。在訴訟上依基本法第九十三條第一款之規定，得提起憲

---

35 參見張正修，《地方制度法理論與實用（一）》，學林文化，2000 年 9 月 1 版，頁 84。

36 參見 Hartmut Maurer 著，《行政法學總論》，高家偉譯，元照，2002 年 9 月初版，頁 523。

37 德國之地方自治團體除鄉鎮之外，尚包含由數個鄉鎮所組成之「鄉鎮聯合」，此種鄉鎮聯合僅具有限制之自治權，依法律所規定之事務基於自己責任實施自治。此外鄉鎮以上的自治團體「縣」亦為地方自治團體，不過其性質上相同於鄉鎮聯合，不似鄉鎮有全權性之自治它僅有限定之自治權。因此，一般討論德國法所稱之地方自治團體，通常係指鄉鎮而言。

圖 4-1　自治團體之分類

1. 基礎地方自治團體 ─┬─ 縣
　　　　　　　　　　└─ 鄉鎮市

2. 特殊地方自治團體 ─┬─ 上級地方團體聯合縣
　　　　　　　　　　└─ 鄉鎮市聯合

圖 4-2　德國地方自治組織圖

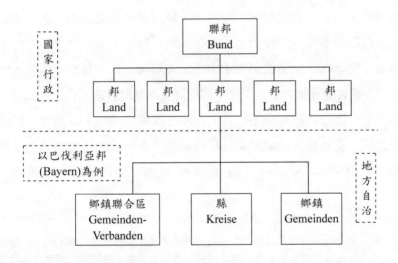

資料來源：李惠宗，「中央與地方權限劃分之研究」，內政部委託研究報告，
　　　　　1997 年 6 月，頁 28。

法訴願，在財政方面，基本法第一〇六條第五款至第八款並賦予鄉鎮一定之稅收份額。

　　不過鄉鎮自治行政之自治係在法定範圍內自我負責，為「法律範圍內之自治」，惟立法者在具體形塑鄉鎮自治行政的內涵時，不得觸及鄉鎮自治行政之「核心領域」（Kernbereich），而使該核心領域受到貶抑，至於在核心領域外之「外緣地帶」（Randbereich），

則可以立法加以規制[38]。另外「外緣地帶」立法機關之法律限制，亦仍須遵守比例原則，禁止恣意原則之界限。

二、地方制定自治規章問題之探討

(一)自治規章之性質

德國的地方自治係在各邦之下的鄉鎮、縣或鄉鎮聯合中進行。德國基本法僅承認聯邦及邦，始有立法權之存在，是以立法權僅存在於國家層級之立法機關才能行使。地方議會雖由各地方人民透過民主程序選舉產生，並對地方事務制定一般性、抽象性之地方自治規章（Satzung），惟鄉鎮並未與國家（聯邦、邦）分享立法權。因此地方議會並非權力分立下之立法機關，而屬於行政組織之一部分，其制定之地方自治規章，性質上仍為行政權的領域，而屬於委任法的作用。蓋德國自治權是屬於行政權之一環，並不及於狹義之立法權（Legislative Gewalt），自治團體雖有「制定規範之權力」

---

38 此主張為德國聯邦憲法法院之見解，為保障地方自治團體之自治行政不受立法機關透過法律掏空自治行政之內涵，而提出此說。惟何謂「鄉鎮自治行政之核心領域」，德國聯邦憲法法院僅表示：「所謂鄉鎮自治行政之核心、領域（重要內涵），並不是指具體而特定的任務，而是指地方自治團體處理其一切事務之權能（Befugnis）而言。至於那些事務可以劃歸核心領域，其方法有：第一種是扣除法（Subtraktionsmethode），將某一事務自鄉鎮之自我負責中扣除，則鄉鎮所剩之事務尚有那些，從而探討扣除事務之性質是否為核心領域；第二種是歷史法（Historische Methode），亦即某一事務是否歸類為鄉鎮自治行政之核心領域，應考量其在歷史上的發展以及呈現之形式而加以認定。
但以上二說之界定上仍存有模糊不清之地帶，扣除法及歷史法均存有缺失，扣除說只不過是鄉鎮任務之數量之差異而已，而歷史法則造成新興事務因欠缺歷史意義，而被排除在核心領域之外，以上參見謝碩駿，〈地方法規定位與監督之研究〉，國立政治大學法律研究所碩士論文，2002 年 5 月，頁45-47。

（Rechtsetzungsgewalt），但其規範制定權仍是行政權之一部分，而地方議會（鄉鎮議會）所制定之地方自治規章，其地位並非狹義立法權下之「法律」（Gesetz），而是行政權下之產物[39]。

(二)自治規章制定權的範圍

依德國基本法第二十八條第二項之規定，鄉鎮在法定範圍內有處理其地方一切事務之權能，當然亦享有規範制定權能，以制定地方自治規章，對地方事務作一般性、抽象性之規制。因此，地方對於自己區域內的行政事務（自治事務）之規章制定權，亦為地方自治團體之自治權，並透過各邦的自治基本法加以具體化，加以確認。地方自治團體除對其自治事務享有規章制定權外，依立法者之決定賦予地方自治團體於執行委辦事務或指令事務，得制定相關的自治規章。

(三)地方自治規章的類型

自治規章之訂定（Die Rechtssetzung der Gemeinden）為自治行政主體所為之行政行為，為自治行政主體對其自治事務所為之單方高權行為，而被稱為自治規章制定權（Autonome Satzungsgewalt），此乃地方自治團體作為自我負責地處理自己事務的典型手段[40]。

德國地方立法高權源自基本法第二十八條第一項第二段對地方自治權保障的概括規定。地方之自治規章，自為地方立法權之表現，

39　參見許志雄主持，「強化台北市立法權及人事權之研究」，台北市政府研考會委託，1998 年 6 月，頁 25。

40　自治行政主體係依基本法第二○條第一項第一款之國家權力中之執行權，地主自治團體所行使的乃屬國家之行政高權。地方自治團體在法律範圍內，自我負責處理本身事務，地方立法權為地方自治團體基於法律授權，自己處理領域內之行政事務的制定權。參見陳慈陽，〈論地方之立法權及其界限〉，收錄於《台灣行政法學會學術研討會論文集：行政救濟、行政處罰、地方立法》，元照，2000 年 12 月初版，頁 364-365。

不僅包含對行政內部生效之行政規則，亦包括對外部生效拘束人民之規章在內。依德國學者 Hartmut Maurer 之見解，自治規章以規範事務之不同可區分為下列四種類型[41]：

一般抽象之外部性自治規章：此種自治規章規範之對象為鄉鎮之住民以及與該鄉鎮發生一定關係的人民，並且為一般性、抽象性對外發生法律效果之自治規章。例如，有關稅收之規章，鄉鎮公共設施使用的規章，有關垃圾清理的規章等[42]。

制定自治規章的權力係源自國家法律的授權，因此自治規章與法規命令二者，均為行政法的淵源之一[43]，不過法規命令與自治規章仍有不同，法規命令是規範國家的事務，且經由法律之授權，位於立法和行政的交界地位，既是立法又是法律之執行。法規命令之制定發布機關原則上僅限於國家層級（聯邦、邦）之機關，且受法律授權之拘束，其性質上為「衍生之國家法」（Abgeleitetes staatliches Recht），頒布法規命令是「他治的立法行為」。自治規章的制定不需要法律的特別授權，基本法第八十條第一款之規定，

41　有關 Hartmut Maurer 之見解參見 Hartmut Maurer 著，高家偉譯，《行政法學總論》，元照，2002 年 9 月初版，頁 59-61；謝碩駿，〈地方法規定位與監督之研究〉，國立政治大學法律研究所碩士論文，2002 年 5 月，頁 51-54。

42　此種對外部效力之自治規章，如在鄉鎮是由直接選舉產生之鄉鎮代表大會（鄉鎮代表大會、鄉鎮議會等）所制定。鄉鎮代表大會雖由居民直接選舉產生的代表性機構，但鄉鎮代表大會卻不是原始的立法機關，不能誤認為分權意義上的機關。其雖有權制定規章，惟從質與量兩方面來看，主要在執行行政任務，而與鄉鎮同屬行政權之一部分。參見 Hartmut Maurer 著，《行政法學總論》，同前揭書，頁 528 以下。

43　德國法上之法規命令是指行政機關（聯邦政府、聯邦閣員或邦政府）依據法律發布之命令，其與正式法律之區別是制定機關的不同，而不在於內容和效力之差異。法規命令是根據法律之授權，且基本法第八十條第一款要求從範圍、目的、內容等方面限制法律授權，行政機關必須在法律確定的範圍和框架內確立規制。但在民主原則及法律保留原則之下，法規命令涉及人民權利、義務之規定時，仍須法律之具體明確之授權方可。

並不能直接適用或類推適用於自治規章。自治規章係由自治團體自己的立法領域，經由民主選舉之機關授予制定。因此，自治規章並不需要法律之特別授權，為鄉鎮代表大會所制定，在自治之範圍內「自治的立法行為」。

規章權又稱為「自治」或者「規章自治」，規章是自治的組成部分，但受有如下之一般限制[44]：

- 內容方面：規章權限於相應法律規定的任務和管轄權。
- 對象方面：自治規章規範對象只對自治團體之成員或者公共設施之使用人。
- 法律保留原則的要求：應由地方民選之機構（鄉鎮代表大會、鄉鎮議會）自己決定重要事務，對於基本權利之規制尤須遵守法律保留原則之拘束。

不過，自治規章和法規命令在具體案件中有時仍難以區分，如鄉鎮代表大會被授權制定法規命令，其規範為國家之事務，屬於委託行政，該規範為法規命令。而與鄉鎮代表大會所規範之自治事務，所規範之自治規章，有時仍存在模糊和疑難之處，實不易區辨。

計劃性自治規章：此種類之自治規章其性質上為行政計劃行為[45]，德國實務上最常見便是「建設實施計劃」，此種建設實施計劃係根據鄉鎮計劃主權，其法律性質上具有「具體」、「特定」之特質在內。鄉鎮建設實施規劃的法律依據是建設法典，使用地僅限

44　參見 Hartmut Maurer 著，行政法學總論，同前揭書，頁 61 以下。

45　計劃行為是指「預先確立目標，以及設計為實現目標所需要的措施之行為」。在行政領域可以區分計劃性行為和執行性行為：

　　1. 執行性行為是指執行特定的法律規範或者政府綱領的行為。

　　2. 計劃性行為是指立法機關或政府確定目標和實現目標之行為。這種典型的二分法大多是交叉的，二者並不否認實踐中存在界限模糊。

於本鄉鎮區域，但是應充分考慮城市建設發展的用地需要（建設法典第五條）；具體用地計劃根據用地面積計劃制定，是鄉鎮部分地區建設用地或者其他用地的法律依據（建設法典第八條）。此類之計劃性自治規章，其性質上為行政計劃之法律行為，不過因兼具行政處分與自治規章的雙重特性，以致產生爭議[46]。

預算性自治規章：鄉鎮的財政計劃、預算計劃，其性質上亦屬於行政計劃行為，鄉鎮的預算計劃以自治規章之形式加以確認（如巴登－符騰堡邦鄉鎮組織法第七十九條），作為自治規章的具體建設計劃（建設法典第十條），作為行政行為的計劃確定裁決（參見聯邦行政程序法第七十四條）。預算計劃與一般自治規章之不同係在於一般自治規章是權利形成性的行為，具有外部之效力，而預算計劃只是授權行政機關可以作一定的支出，並不為公民設定權利義務，只分別在行政主體內部具有拘束力，而且是有條件的，法律只是授權執行機關有權限執行預算內之資金，只具有內部之行政意義[47]。

組織性自治規章：此種組織性自治規章係對鄉鎮內部組織之規定，例如鄉鎮內部機關之組織規章（Hauptsatzung）、鄉鎮經營企業

46　此種計劃性之行為，其規制之對象通常係可以確定範圍之多數人，又為具體個別之事件，所以其性質上與一般處分相近，但自從德國「建築法典」（Baugesetz）第十條明文規定將鄉鎮建設計劃以自治規章加以發布，其性質上屬於自治規章之類型則為通說。在個案中認定計劃的法律性質非常困難，例如用地計劃係由鄉鎮代表大會通過，並經由法律監督機關批準（建設法典第六條）；其不僅拘束鄉鎮本身，尤其拘束未來具體建設計劃的制定，而且拘束其他行政主體（建設法典第七條）。用地計劃對公民沒有直接法律效果，而是間接對外效力，而是一種獨立主權措施即一種特殊形式的計劃，必須符合規章的形式要求，才能認定為規章。參見 Hartmut Maurer 著，高家偉譯，《行政法學總論》，元照，2002 年 9 月初版，頁 392。

47　預算性自治規章（Haushaltssatzung）之效力，僅具有行政主體內部之效力，屬於指令性計劃。參見 Hartmut Maurer 著，高家偉譯，《行政法學總論》，同前揭書，頁 391-392。

組織規章、鄉鎮銀行組織規章，有時此種組織性自治規章亦對於參與鄉鎮行政事務之私人加以規範[48]。不過這些規定通常是概括性的規定，而有待鄉鎮透過自治規章進一步加以補充和具體化，當然其規範係對於行政主體內部之組織加以規定而已，並不對外發生法律效果[49]。

(四)自治規章與依法行政原則

德國之自治規章雖有上述不同之面貌，其制定之程序並未有法律之明確規定，均取決於各邦自治基本法對各鄉鎮內部運作之規定。德國之地方自治在基本法第二十八條第二項第一句的規範下，其性質為一種自治行政，鄉鎮代表大會所制定之自治規章被定位為行政權下之產物，自治規章之制定權為地方自治團體之代表機關所享有，自然受到鄉鎮代表大會之議事規則相當程度的影響。

自治規章除法律有特別之規定，原則上不須經自治監督機關之核准。當然自治規章監督機關亦只能為適法性之審查，不能進行合目的性之監督。因此，自治規章自須遵守法治國原則之要求，其與

48　有關組織性自治規章，參見謝碩駿，〈地方法規定位與監督之研究〉，同前揭註，頁 54-55。

49　依德國學者 Rolf Stober 之分類，德國地方自治法規可分下列之分類：
　　1.組織法上之自治規章（Organisationsrechtliche Satzungen），係對地方自治團體之一般事務為規制對象，其內容上可分為：
　　　(1)組織自治規章（die Hauptssatzung）
　　　(2)預算自治規章（die Haushaltssatzung）
　　　(3)企業自治規章（die Betriebssatzung）
　　　(4)儲蓄銀行自治規章（die Sparkassenssatzung）
　　2.營造物利用規則（Anstaltssatzung）
　　3.有關稅務之地方自治規章，地方政府關於消費稅、奢侈稅、娛樂稅、飲料稅等地方稅務規章。
　　4.建設法性質之地方自治規章（Baurechtliche Satzungen）。
　　5.有關街道利用性質之地方自治規章。

依法行政原則之關係，實有討論之必要[50]。

自治規章與法律優越原則：法律優越原則無條件且無限制的適用於一切行政領域（干預行政、給付行政，或公權力行政與私經濟行政領域），德國基本法第二十條第三項規定：「立法權受憲法的限制，執行權和司法權受法律和權利之限制。」因此，自治規章牴觸法律者無效[51]。

自治規章為行政權下之產物，自須遵守法律優越原則，更為基本法第二十條第三項所確認。至於德國之法律規範（Rechtsnorm），基於國家形式可區分為聯邦法（Bundesrecht）、邦法（Landesrecht）。聯邦法律係由聯邦議會制定，邦法律由邦議會制定。法規命令部分，聯邦機關根據聯邦法律授權所訂定者，屬於聯邦之法規命令；邦機關依據邦法律授權訂定者，自屬邦之法規命令，二者取決於訂定機關及授權之法律為判斷標準。自治規章通常被視為自主法，與國家法（聯邦法、邦法、法規命令）相對稱。但自治規章並非聯邦法和邦法之外的第三個法律領域，自治規章制定在行政權屬性下，法律效果之主體，應為聯邦，非屬聯邦法者，自治規章自屬於邦法。德

---

50 依法行政原則包含兩項內容，即法律優越原則（Gesetzesvorrang）與法律保留原則（Gesetzesvorbehalt）而言，法律優越原則是行政應受現行法律之約束，不得採取違反法律之措施；法律保留原則之下，行政機關只能在法律授權之情況下才能實施相應的行為。法律優越原則係要求（消極地）禁止違反現行之法規範，而法律保留則要求行政行為不但不能牴觸上位法規範，尚進一步要求具有法律之依據。當法律未規定之狀態，法律優越並不禁止為行政行為，而法律保留則要求不得為行政行為。

51 德國基本法第二十條第三項規定之法律，尚包括實質意義上的法律，違法之自治規章原則上無效。法律優越原則確立的是上位階規範效力的優先性，而不是其適用的優先性，惟法規範之適用來自法律規範更為具體和可供操作的法律約束力，法規範在適用上往往是優先適用下位階的規範，例如法律有規定之情形，行政機關就沒有必要直接適用憲法，只有在憲法規範缺位之情況下，才有必要適用憲法。

國法之法規範位階，其體系上位階井然有序，自基本法而下，其位
階為：

- 基本法——聯邦法律——聯邦法規命令
- 邦憲法——邦法律——邦法規命令
- 自治團體之自治規章（對外部或內部效力）

　　自治規章係自治行政權之結果，其效力源自法律（聯邦法、邦
法），當然適用法律優越原則，不得牴觸法律，此部分可說無爭議
之處。憲法（聯邦基本法和邦憲法）優於其他一切法律規範，正式
法律優於法規命令和自治規章，法規命令優於自治規章，聯邦法又
優於邦法，請見圖 4-3（參照德國基本法第三十一條）。

圖 4-3　德國成文法律淵源之位階

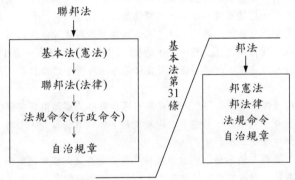

資料來源：參見 Hartmut Maurer 著，高家偉譯，《行政法學總論》，元照，2002
　　　　　年 9 月初版，頁 70-71。

　　自治規章與法律保留原則：法律保留原則係自民主原則、法治
國家原則及基本權利所導出，因此限制人民自由、權利之規範自當
為法律及法律具體明確授權之法規命令方可。依德國聯邦憲法法院

發展出來的「重要性理論」（Wesentlichkeitstheorie）[52]，不僅干涉人民自由、權利之行政領域，應有法律保留原則之適用，在給付行政之領域，凡涉及人民之基本權利之實現與行使，以及公共利益之重大決定，應由具有直接民主基礎之國會，以法律自行規定。

問題是這種階層式判斷法，難有明確標準可循，極易流於恣意，因不夠精密而難以獲致實用[53]。尤其是地方自治行政在適用重要性

---

[52] 所謂重要性理論（德國聯邦憲法法院及學者通說）：行政行為須否適用法律保留原則，應以該行為是否具有「原則上之重要性」為斷。是否重要，由國會自行認定。法律保留之程度，依事項之重要性分為三個層次：

1. 極端重要者：限於國會保留。
2. 一般重要者：國會得授權行政機關以授權命令定之，惟須符合「授權明確性」原則。
3. 不重要者：不須以法律規定之事項。

   例如，教育領域中需以法律規定之事項，包括教育內容、學習目標、專業學科範圍、學校基本組織結構及學生的法律地位（如入學、開除、考試、升級等），均屬重要的事項，不問其具有干預或給付之作用，都必須法律加以規定作為根據。詳參陳清秀，「依法行政與法律的適用」，收錄於翁岳生編，《行政法（上冊）》，翰蘆，2000 年 7 月 2 版，頁 154 以下。

[53] 依學者許宗力主張，改從消極衡量標準著手，亦即下述事務不適用國會保留原則：

1. 不適用法律保留的事務，亦即在基本權利與公共事務兩個關聯上被認定屬「不重要」的事務、緊急事故以及規範不能的事務即是。
2. 須作彈性反應的事務。
3. 發展、變遷中的事務，例如涉及科技或其他專業知識的規定。
4. 事務本質上固有的自主規律性的部分，例如學校教育行政中，如教學科目及活動的安排與實施、生活教育的輔導與成績考查的辦理等規定，都須從教育學的專業知識考慮出發，不適當由立法者介入。又傳統特別權力關係領域內的事務，如軍人或受刑人關係中為指揮軍隊與管理營造物所需的許多規定，也屬此類情形。
5. 試驗：由於試驗的特殊性，立法者對試驗的實施與方式充其量也只能作原則性的決定，進一步所需規範則非出自命令方式不可。
6. 有因地制宜需要的事務。
7. 施行或細節性規範。
8. 自治保留（Selbstverwaltungsvorbehalt）：憲法保障的自治領域如地方自治

原則時，何者為極端重要而屬於國會保留？何者又為一般重要而以授權之命令為之？其界限何在？這些問題之根本在於法律保留原則之下，自治規章對人民自由、權利之限制必須法律之依據或明確授權，以免人民的基本權利受行政權之恣意侵害，但以地方自治權之保障而言，若地方自治規章，均須法律之依據或授權，則地方自治權在法律保留原則之下，其自我形成、決定之空間，無異被淘空而無所依附。因此，如何在人民基本權保障與地方自治保障二者之中維持均衡，實為德國法上，難以解決之爭論。

基本上，德國聯邦政府、聯邦部長或邦政府，得依據法律之授權發布法規命令。該授權之內容、目的及範圍，應以法律定之。行政機關訂定之法規命令須在法律保留原則之下，且須法律授權明確性原則之遵守。不過這些規定（德國基本法第一項第二款）係就國家直接行政之法規命令而言，對於地方自治規章並不適用。蓋地方自治團體之自治規章，係由自治團體成員透過直接民主程序選舉出來之代表，組成代表機關所制定，具有直接民主之正當性，不同於國家行政機關之法規命令。

一般咸認為，地方自治規章若在干預行政領域，自治規章之內容有干預、侵害人民之自由或財產權領域，必須符合法律保留原則之要求，亦即必須法律之依據或授權才得以制定地方自治規章。地方自治規章在干預保留領域中，必須在各邦自治基本法中明文規定，或各邦之自治基本法中授權地方自治團體制定干預基本權效力之自治規章方可。

至於侵害行政（干預行政）領域外之給付行政措施，法律保留

或大學自治者，縱無法免除法律保留的適用，但若要保有存在意義，即不能由得立法者就自治事務大小鉅細靡遺一一皆以法律明定。以上詳參許宗力，〈論法律保留原則〉，收於氏著，《法與國家權力》，月旦出版，1994 年 10 月 2 版，頁 139 以下。

之密度自不若侵害行政之嚴格。職是,地方自治團體基於形成自由、自我負責之特性,給付行政措施除涉及重大的公共利益之重要事項外,對於地方自治團體之自願辦理之自治事項,應賦予地方自治團體更大之空間為是。但除上述干預行政領域,德國有較一致之看法外,其實地方自治規章適用法律保留之層級與規範領域之密度,並無獲致一定之結論,此問題仍有待觀察。

第三項　我國地方自治法規體系與內容

　　不同的國家之間在憲法上對地方自治的保障雖均採取制度性保障,但就地方立法權之性質而言,卻有不同之定位,德國對地方自治規章,其性質上認為是國家法的衍生,而是行政權下之產物。就日本法而言,地方自治法規則為立法權之作用,並在法律範圍內所制定之自主法。我國之地方自治法規,在地方制度法之規定後有粲然大備之勢,但就其本質、自治法規體系,立法範圍,與中央法律之範圍、自治法規之監督、法律保留原則之適用上,尚有待釐清之處甚多。本項所討論者,首先就我國之自治法規之性質先為敘明,並就我國之地方自治法規體系加以分析說明,其他爭議問題部分,另就下一章加以討論。

一、我國地方自治團體法規制定權之性質

　　我國為單一國體制,惟從憲法之規定加以觀察,分別列舉中央與地方之立法並執行之權限,地方自治團體與中央共同分享立法權。憲法第六十二條規定「立法院為國家最高立法機關」,此便說明立法院為全國之最高立法機關,但並非唯一僅有之立法機關,在國家立法權之外,並不排除地方立法權的存在。另外憲法第一○七條及第一○八條,列舉由中央立法並執行或交由省縣執行的事項,第一○

九條及第一一〇條則分別列舉省及縣立法之事項，均有明文規定「縣立法」、「縣之立法權」，因此地方自治團體在我國享有固有之自治立法權限，在理論上與實際上均不容否認之事實[54]。

二、我國地方自治法規體系

(一)憲法相關規定之探討

憲法第一百零九條省立法並執行或交由縣執行之事項、第一百十條縣立法並執行之事項、第一百十二條省民代表大會之召集與省自治法之制定及第一百二十二條縣民代表大會之召集與縣自治法之制定，乃為地方自治法規之依據。至於直轄市在憲法第一一八條規定，直轄市之自治，以法律定之。並未對直轄市之地方法規加以進一步之規定。因此，憲法條文之規定，僅就縣（市）之規章加以規定而已，並未就地方自治團體（直轄市、縣市、鄉鎮市）之地方法規加以完整規範。欲從憲法及憲法增修條文中建構我國地方自治法規之體系，實有困難，頂多可視為地方自治立法權之權源。有關地方自治法規之全貌，應從現行地方制度法中加以理解[55]。

(二)地方制度法規定之探討

一九九九年一月二十五日制定公布之地方制度法，在該法第二五條至三二條將地方法規作較詳盡，具有體系性之規定。不過論者

---

54 蔡茂寅，〈地方自治立法權的界限〉，收錄於《地方自治法 2001》，台北市政府法規委員會發行，2001 年 10 月初版，頁 116-117。基本上，我國地方立法權並不似德國聯邦制度，其鄉鎮自治規章制定權為自治行政權，性質上為委任立法之狀態。

55 憲法增修條文（民國八十六年七月二十一日總統令公布）第九條第一項凍結憲法本文第一百零八條第一項第一款、第一百零九條、第一百十二條至第一百十五條及第一百二十二條之規定。

依整理方式而有不同 [56]，本文擬以自治事項、委辦事項，自律規則三個面向加以整理分析，並就其範圍加以歸類說明。

(三)地方法規之體系

廣義之自治法規：廣義之自治法規係指地方制度法第二十五條之自治條例、自治規則（二者均就自治事項加以規定者），地方制度法第二十九條之委辦規則（地方自治行政機關就委辦事項加以規定者），及地方制度法第三十一條之自律規則（對地方立法機關之內部議事之規範）者而言。茲說明如下：

- 自治條例：自治法規經地方立法機關通過並由各該行政機關公布者稱自治條例。

- 自治規則：自治法規由地方行政機關訂定並發布或下達者稱自治規則。

- 委辦規則：直轄市政府、縣（市）政府、鄉鎮市公所為辦理上級委辦事項，得依其法定職權或基於法律、中央法規之授權，訂定委辦規則。

- 自律規則：地方立法機關得訂定自律規則。此類自律規則係地方立法機關行使法定職權時，必要之成文行為規範。議事機關如有周延之議事規則即不必受制於不成文行為規範之羈絆，將有利於議事程序之進行 [57]。

---

56 有將地方法規區分為就自治事項所為規範之「本質的自治法規」，包括委辦規則與自律規則之「附加的自治法規」，以及「真正的行政規則」者。參見劉文仕，〈自治法規的類別、定位與法律〉，《律師雜誌》，第 244 期，2000 年 1 月，頁 19 以下。

57 參閱紀俊臣，《精省與新地方制度──始末、設計、發展系論》，時英出版社，1999 年 9 月初版，頁 221。另有關地方法規體系參閱蔡茂寅，《地方自治之理論與地方制度法》，學林文化，2003 年 2 月 1 版，頁 155。

狹義之自治法規：係就地方自治團體對於自治事項、委辦事項所制定之法規而言，包含自治條例、自治規則及委辦規則而言。

最狹義之自治法規：專就地方制度法第二十五條，就自治事項所為規定之自治法規而言，僅包含自治條例及自治規則而已。因此，地方法規之體系（依範疇）可依廣義、狹義、最狹義，區分整理如圖 4-4。

圖 4-4　地方自治法規之體系（以範圍區分）

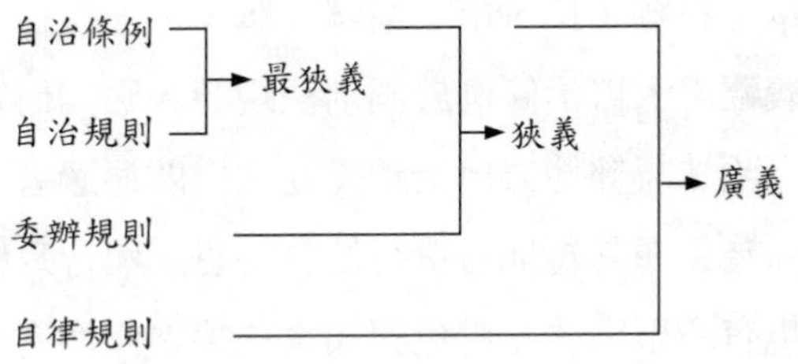

資料來源：筆者自行整理

(四)自治條例

自治條例係地方自治團體就其自治事項，經由地方立法機關通過，並由該行政機關公布者，稱自治條例。自治條例之制定，由地方立法機關經三讀立法程序，並由地方行政機關加以公布，其程序上經由民主選舉產生之代表所制定，經由公開、嚴謹之程序，此種自治法規，當具有民主性、正當性及合法性。因此，地方制度法第二十八條規定，下列事項以自治條例定之：

1. 法律或自治條例規定應經地方立法機關議決者。
2. 創設、剝奪或限制地方自治團體居民之權利義務者。
3. 關於地方自治團體及所營事業機構之組織者。
4. 其他重要事項，經地方立法機關議決應以自治條例定之者。

自治條例所規定之事項與中央法規標準法第五條之立法內容上相當類似，將創設、剝奪或限制居民之權利義務之事項（採干涉保留）、地方自治團體及所營事業機構組織（制度保留）、法律或自治條例規定應經地方立法機關議決者（採議會保留），以自治條例加以規範。至於其他重要事項，則採取「重要性理論」，透過民主代議機關之議決加以認定[58]。

　　有關自治條例之名稱，地方制度法第二十六條規定自治條例應分別冠以各該自治團體之名稱，在直轄市稱直轄市法規，在縣（市）稱縣（市）規章，在鄉（鎮、市）稱鄉（鎮、市）規約。

　　就上述文義觀之，自治條例於個別法規時，應如何定名，按地方制度法規定自治法規經地方自治團體立法機關通過者，稱自治條例，立法意旨係為彰顯其為地方單行法之特質，與行政機關訂定之授權或職權法規有所區別，並避免與國家法律之條例發生混淆。故依同法第二十六條規定，輔以第五十四條及第六十二條之規定：適用於各直轄市法規時，其名稱應定為「○○市……自治條例」，如「高雄市（里民大會及基層建設座談會）自治條例」、「高雄市（政府組織）自治條例」等。至行政機關訂定並發布之自治規則，其名稱應稱「○○市……辦法（規程、規則、細則、綱要、標準、準則）」[59]。

58　何謂「重要事項」？內政部對該規定之釋示見解認為：按地方制度法第二十八條第四款規定「其他重要事項，經地方立法機關議決應以自治條例定之者」，其所稱「重要事項」，應由地方立法機關依該事項性質，以議決的方式加以認定，除地方制度法或其他法律另有特別規定屬地方行政機關職權，由地方行政機關定之者外，凡經地方立法機關議決認屬重要事項應以自治條例定之者，地方行政機關應即依該議決辦理。參見《地方制度法及解釋彙編》，內政部編印，2002 年 6 月，頁 49-50。

59　自治條例之定名按內政部之釋示，曾加以解釋，例如美濃鎮民代表會通過之「美濃鎮公所基層建設工程執行監督條例」之法規名稱，其應冠以地方自治

我國地方制度法第二十六條亦賦予直轄市法規、縣（市）規章裁罰權，但其處罰之性質為違反自治事項行政義務之行政秩序罰，並不似日本之地方自治法賦予地方公共團體有行政刑罰之裁罰，其規定如下：

　　直轄市法規、縣（市）規章就違反地方自治事項之行政義務者，得規定處以罰鍰或其他種類之行政罰。但法律另有規定者，不在此限。其為罰鍰之處罰，逾期不繳納者，得依相關法律移送強制執行。

　　前項罰鍰之處罰，最高以新臺幣十萬元為限；並得規定連續處罰之。其他行政罰之種類限於勒令停工、停止營業、吊扣執照或其他一定期限內限制或禁止為一定行為之不利處分。

　　由上述之規定可知自治條例之規範，其規定內容可分析如下：

　　第一，地方制度法第二十八條規定：創設、剝奪或限制地方自治團體居民之權利義務者，須以自治條例訂之。是以，地方自治法規得有關人民自由權利之限制者係經直轄市、縣市議會完成三讀，始可有行政罰之規定。

　　第二，自治規則及委辦規則，係由各該地方行政機關訂定者，亦未由地方立法機關通過，故不得有罰則（行政罰）之規定。

團體名稱「美濃鎮」而非「美濃鎮公所」，另規約名稱應以「自治條例」定名，不得以「條例」定名。至地方自治團體自治條例，不得牴觸憲法、法律或基於法律授權之法規或上級自治團體自治條例，係地方制度法第三十條所明文，有關　貴縣各鄉（鎮、市）規約送貴府備查時，自應依地方制度法上開規定，並審酌相關業務法規處理之。另外，為避免與中央法律之條例相混淆，自治條例條文中之文字不得稱「本條例」。按中央法規標準法第二條規定：「法律得定名為法、律、條例、通則。」另地方制度法第二十五條規定：「……自治法規經地方立法機關通過，並由各該行政機關公布者，稱自治條例。……」為區別中央法律中之「條例」與自治法規中之「自治條例」，自治條例中之條文文字不宜逕簡稱為「本條例」，以符法制用語，並避免造成一般人民之混淆。以上參見地方制度法及解釋彙編，內政部編印，2002 年 6 月，頁 30-31。

第三，直轄市法規，縣（市）規章賦予裁罰權：

1. 違反地方自治事項之行政義務之行政罰：直轄市法規、縣
   （市）規章就違反地方自治事項之行政義務者，得規定處以
   罰鍰或其他種類之行政罰。但法律另有規定者，不在此限。
   其為罰鍰之處罰，逾期不繳納者，得依相關法律移送強制執
   行。

2. 行政罰之種類：

   (1)前項罰鍰之處罰，最高以新臺幣十萬元為限；並得規定連
      續處罰之。

   (2)其他行政罰之種類限於勒令停工、停止營業、吊扣執照或
      其他一定期限內限制或禁止為一定行為之不利處分。

第四，鄉（鎮、市）規約不賦予裁罰權：

1. 鄉（鎮、市）經由各該鄉鎮市民代表會通過之鄉鎮市規約，
   其規約亦為自治條例，但內容規範卻和直轄市、縣（市）不
   同。

2. 立法者鑑於鄉鎮市幅員不大，如果賦予裁罰權，將因有一縣
   數制的混亂現象發生，而影響法秩序之維持，而予排除裁罰
   權之賦予[60]。

60　參見紀俊臣，〈地方自治法規的分類與效力定位〉，收錄於《地方政府論叢
　　——祝賀薄慶玖教授榮退論文集》，五南，1999 年 10 月初版，頁 139 以下。
　　另外內政部亦曾釋示認為：
　　查地方制度法第二十六條第二項規定：「直轄市法規、縣（市）規章就違反
　　地方自治事項之行政義務者，得規定處以罰鍰或其他種類之行政罰……。」
　　其立法意旨係為確保地方自治法規之規範效力，故賦與地方自治法規得處以
　　適當之處罰，使地方自治團體居民確實遵守地方自治法規之規定。惟鑑於地
　　方自治法規得否有罰則規定，草擬時各界意見不一，考量現行法制及實務情

此外，自治條例與行政程序法第一五〇條之法規命令，容有差異，以制定之機關而言，自治條例係由地方立法機關通過，各該地方行政機關公布者，而法規命令係由法律授權，由行政機關經由法定程序（參見行政程序法第一五一條至一五七條）所訂定；就其規範基礎而言，自治條例乃基於自治事項所為之規制，法規命令係基於法律之授權對於不特定多數人對外發生法律效果之一般性、抽象性規定；就名稱之定名而言，直轄市之自治條例稱直轄市法約，縣（市）自治條例稱縣（市）規章，鄉鎮市之規約稱鄉鎮市規約，而法規命令之名稱，則依性質定名為規程、規則、細則、辦法、綱要、標準、準則，二者名稱不同；最後就監督而言，有罰則規定之自治條例，須函送上級機關（行政院、中央各該主管機關）核定後發布，而法規命令由行政機關發布後，亦函送上級機關核定後發布（行政程序法第一五七條），並刊登於政府公報或新聞紙，除國家機密事項外，法規命令須符資訊公開之程序，行政機關應主動公開為之（參見行政程序法第四十五條）。當然，法規命令發布後，原頒訂之機關並即送立法院（立法院職權行使法第六十條），而受立法機關之監督[61]。二者相同點則均為一般性、抽象性之規定，並均可涉及人

形，宜作較嚴格之規範，故條文規定僅直轄市、縣（市）之自治條例得規定有罰則，鄉（鎮、市）則尚無制定有罰則之自治條例之權限。至同條第四項有關訂有罰則之自治條例報請核定之規定，其中有須經「縣政府」核定乙節，係屬贅文，當於未來修法時一併修正。參見《地方制度法及解釋彙編》，內政部編印，2002 年 6 月，頁 31-32。

61 關於國會對行政命令的監督模式，大體上可區分為四種：同意權之保留；廢棄請求權之保留；課予單純送置義務；國會聽證權之保留。說明如下：

1. 同意權之保留：立法者於授權之母法中規定，行政機關依本授權法之授權所訂之行政命令應先送國會，待國會同意後，始得公布或生效，係對行政命令之一種「事前監督」。

2. 廢棄請求權之保留：立法者在授權母法中規定，行政機關有義務將依本授權法之授權所訂之行政命令於公布後送國會審查，國會保留嗣後請求行政

民之權利義務之規定，對外發生法律效果。

(五)自治規則

自治規則為地方行政機關（直轄市政府、縣市政府、鄉鎮市公所）依職權或法律授權、自治條例之授權所訂定者。其制規之範圍，

機關廢棄命令之權，係對行政命令之一種「事後監督」。

3. 課予單純送置義務：行政機關須在授權之母法中，有義務將依授權之命令送置國會審查，至於先送置或以送置為命令之生效要件，則由立法者決定之。

4. 國會聽證權之保留：行政機關依授權母法所訂之行政命令，非經國會之聽證程序，不得公布。

就我國法制而言，過去實務我國係採「課予單純送置義務」，而現立法院職權行使法之規定，另改採「廢棄請求權之保留」。

1. 過去實務：

(1)我國過去主要是採「課予單純送置義務」，其規範基礎為中央法規標準法第七條規定：「各機關依其法定職權或基於法律授權訂定之命令，應視其性質分別下達或發布，並即送立法院。」

(2)以及（舊）立法院議事規則第八條規定：「各機關送本院與法律有關之行政命令，應提報本院會議。但有出席委員提議，二十人以上連署或附議，經表決通過，得交付有關委員會審查。審查結果提報本院會議，如認為有違反、變更或牴觸法律者，或應以法律規定之事項而以命令規定之者，經議決後，通知原機關更正或廢止之。」

(3)上開規定雖提供立法院監督行政命令的手段，惟在實務運作上，立法院對於行政院所函送的命令，大部分都以「查照案」通過，少有通知原機關更正或廢止者；即使有被認為牴觸法律者，亦因立法院的決議僅具有單純決議的效力，而無法課予行政機關更正或廢止該行政命令的義務。

2. 現行規定（廢棄請求權保留的監督模式）：

為強化立法院對行政院命令的監督，立法院於一九九九年一月初制定「立法院職權行使法」，於第十章對於行政命令的監督有所規範，其內容如下：立法院職權行使法第六十條規定：「各機關依其法定職權或基於法律授權訂定之命令送達立法院後，應提報立法院會議。出席委員對於前項命令，認為有違反、變更或牴觸法律者，或應以法律規定事項而以命令定之者，如有三十人以上連署或附議，即交付有關委員會審查。」

以上參閱李建良，〈行政命令與國會監督〉，收錄於《台灣本土法學》，第6期，2000年1月，頁159-161。

亦為自治事項。其名稱則定名為「規程、規則、細則、辦法、綱要、標準、準則」。地方制度法第二十七條之規定如下：

　　直轄市政府、縣（市）政府、鄉（鎮、市）公所就其自治事項，得依其法定職權或基於法律、自治條例之授權，訂定自治規則。

　　前項自治規則應分別冠以各該地方自治團體之名稱，並得依其性質，定名為規程、規則、細則、辦法、綱要、標準或準則。

　　直轄市政府、縣（市）政府及鄉（鎮、市）公所訂定之自治規則，除法律或自治條例另有規定外，應於發布後依下列規定分別函報有關機關備查：

1. 其屬法律授權訂定者，函報各該法律所定中央主管機關備查。
2. 其屬依法定職權或自治條例授權訂定者，分別函送上級政府及各該立法機關備查或查照。

　　由以上可知，自治規則係地方行政機關於自治事項範圍內，依其職權或授權而訂定之地方法規，其性質上屬於地方行政機關所訂定之行政命令，係屬行政權之作用，與地方立法機關所制定之自治條例屬於立法權之作用在性質上有所不同[62]。另外，地方制度法第

---

[62] 自治條例與自治規則二者除上述之區辨外，二者均係地方自治團體，對於自治事項所訂定之自治法規。二者之區別如下：

1. 規範事項之區別：
   (1) 自治條例：係就地方政府組織，涉及居民之權利義務等事項所為之規定，並得就居民違反自治義務處以裁罰，屬於「地方性法律」之性質（地制法二六、二八）。
   (2) 自治規則：係就地方行政機關內部運作、秩序之規定，並非直接對外發生效力，並不得就居民之權利義務加以裁罰，性質上屬於行政程序第一五九條之行政規則。
2. 訂定機關不同：
   (1) 自治條例：自治法規經地方立法機關三讀通過，並由各該行政機關公布者稱自治條例（地制法二五）。

二十七條第一項將地方行政機關所訂定之自治規則訂定權分為「依其職權」及「基於法律、自治條例之授權」二種，自將自治規則區分為「職權自治規則」及「授權自治規則」二種類型[63]。

(六)委辦規則

委辦規則為地方行政機關（直轄市政府、縣市政府、鄉鎮市公所）為辦理上級機關委辦事項，得依其職權或基於法律或中央法規之授權，訂定委辦規則。地方制度法第二十九條規定：

直轄市政府、縣（市）政府、鄉（鎮、市）公所為辦理上級機關委辦事項，得依其法定職權或基於法律、中央法規之授權，訂定委辦規則。

委辦規則應函報委辦機關核定後發布之：其名稱準用自治規則之規定。

依上述規定，委辦規則所辦理之事項為委辦事項，其皆屬國家或上級政府之事務，基於行政效益或行政上之便宜，交付地方行政機關辦理。地方行政機關基於其「法定職權」或「法律，中央法規

---

(2)自治規則：自治法規由地方行政機關訂定發布或下達者稱自治規則（地制法二五）。

3. 名稱的區別：

(1)自治條例：自治條例分別冠以各該自治團體之名稱，在直轄市稱法規，在縣市稱規章，在鄉鎮市稱規約（地制法二六）。

(2)自治規則：分別冠以各該自治團體之名稱，並得依其性質，定名為規程、規則、細則、辦法、綱要、標準、準則（地制法二七）。

4. 效力不同：自治條例效力高於自治規則，二者於法律之位階不同：

(1)自治條例：自治條例與憲法、法律或基於法律授權之法規或上級自治團體自治條例牴觸者，無效。

(2)自治規則：自治規則與憲法、法律、基於法律授權之法規、上級自治團體自治條例或該自治團體自治條例牴觸者，無效（地制法三〇）。

63 黃錦堂主持，李建良協同主持，「中央與地方權限劃分暨相關法制調整之研究」，行政院經濟建設委員會委託，2000 年 6 月，頁 112。

之授權」訂定委辦規則，故其類型上亦可區分為「職權委辦規則」、「授權委辦規則」二種類型。

另就委辦規則之名稱而言，其名稱準用自治規則之規定，依其性質定名為規程、規則、細則、辦法、綱要、標準、準則。因此，自治規則與委辦規則，雖規範之事項不同，在概念上極易區分。但二者定名相同，以致難以從名稱上加以區辨到底是自治規則抑或委辦規則，尤其自治事項與委辦事項二者之區分本來就極為不易，欲從二者所規範之內容區分自治規則與委辦規則，將進一步造成區辨上之混淆。

(七)自律規則

地方制度法第三十一條第一項規定「地方立法機關得訂定自律規則」。地方議會，代表會基於職權範圍內之事項，具有自治、自律之權責，得自行訂定規範，履行其職務，自律規則係基於「議會自律」，就議會議事程序（例如提案方式，開議法定人數，讀會程序，表決方式等）。關於議會內部事項（例如議會內部人員配置，編制及其職掌等），有關議會內部秩序，紀律及懲戒事項之規定。[64]

自律規則不得與憲法、法律或中央法規或上級自治法規牴觸，牴觸者無效。其實自律規則規定事項除議員自律之外，亦包括議會代表會內各種規則之制定，例如各種委員會之設置辦法、議會旁聽

---

[64] 有「議會自律」部分，大法官在釋字第三四二號解釋理由書中指明：「依民主憲政國家之通例，國家之立法僅屬於國會，國會行使立法權之程序，於不牴觸憲法範圍內，得依其自行訂定之議事規範為之，議事如何踐行係國會內部事項。依權力分立之原則，行政、司法或其他國家機關均應予以尊重，學理上稱之為國會自律或國會自治」，而釋字第三八一號解釋理由書亦指出：「民意代表機關其職權行使之程序，於不牴觸憲法及法律範圍內，得依其自行訂定之議事規範為之，學理上稱為議會自律或議會自治」。
以上解釋雖係對立法院及國民大會之內部自律，至於地方自治團體之立法機關當有其適用。

規則、人民請願案處理辦法、議員質詢辦法等，均為適例。

(八)小結

我國地方制度法規制地方法規體系，賦予地方自治團體更具自治意義之立法權，在尊重地方自治團體事權之範圍之自主，自律與自我負責之表現。依上述之規定，地方制度法之地方法規體系，可詳細區分如圖 4-5 所示。

圖 4-5　地方自治法規體系

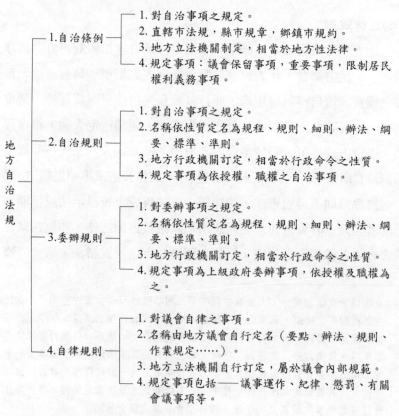

地方自治法規

1.自治條例
1. 對自治事項之規定。
2. 直轄市法規，縣市規章，鄉鎮市規約。
3. 地方立法機關制定，相當於地方性法律。
4. 規定事項：議會保留事項，重要事項，限制居民權利義務事項。

2.自治規則
1. 對自治事項之規定。
2. 名稱依性質定名為規程、規則、細則、辦法、綱要、標準、準則。
3. 地方行政機關訂定，相當於行政命令之性質。
4. 規定事項為依授權，職權之自治事項。

3.委辦規則
1. 對委辦事項之規定。
2. 名稱依性質定名為規程、規則、細則、辦法、綱要、標準、準則。
3. 地方行政機關訂定，相當於行政命令之性質。
4. 規定事項為上級政府委辦事項，依授權及職權為之。

4.自律規則
1. 對議會自律之事項。
2. 名稱由地方議會自行定名（要點、辦法、規則、作業規定……）。
3. 地方立法機關自行訂定，屬於議會內部規範。
4. 規定事項包括──議事運作、紀律、懲罰、有關會議事項等。

資料來源：作者自行整理

第二節　我國中央與地方立法權限範圍之釐清

第一項　爭議問題之提出

　　地方自治團體對地方事務享有制定規範之立法權，但國家事務與地方事務之歸屬權限，必須釐清才能刻劃地方立法權之範圍，充分展現地方立法之功能。[65] 問題是我國中央與地方權限之劃分，因憲法第一百零七條至一百十一條之規定內容並不明確，地方制度法雖較明確，但由於自治事項與委辦事項之定義，劃分標準等問題未根本解決，以致地方制度法所劃分之模型，無太大之實益。因此，中央與地方立法權之範圍之劃分，根本上解決之源頭，乃在於中央與地方權限之劃分，此一問題不解決，地方立法權之範圍根本上無法確定，中央可以藉委辦事項而壓縮地方自治團體之自主空間。

　　我國憲法有關中央與地方立法權之劃分，原有聯邦國色彩，但經憲法增修條文之演變，則趨向於單一國體制。在現行法制下，我

65　地方立法之優點，依陳清秀之見解，其功能有：

1. 減輕立法者制定法律的工作負擔。
2. 縮減立法者與人民間的差距，地方民意代表較瞭解地方民眾的需要，較能反映民意。
3. 顧及地區性之差異：各地方自治團體對其地方事務之特殊性，制定地方法規。
4. 因應地方環境變遷需要：地方政府為第一線之執行者，比較能迅速掌握地方的問題，並擬定法規加以因應。參見陳清秀，〈地方立法權〉，收錄於《行政法爭議問題研究（下）》，台灣行政法學會主編，五南，2000 年 12 月初版，頁 1432 以下。

國有關中央與地方立法權之模型，大致可區分為下列範圍，[66] 並分述如圖 4-6。

圖 4-6　我國中央與地方立法權之範圍

1. 中央專屬立法權 —— 中央獨占。
2. 中央框架立法 —— 大綱性原則性立法。
3. 中央與地方共同立法事項 —— 立法權共享。

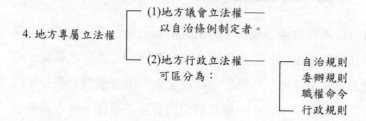

4. 地方專屬立法權
　　(1)地方議會立法權 ——
　　　　以自治條例制定者。
　　(2)地方行政立法權 ——
　　　　可區分為：
　　　　　自治規則
　　　　　委辦規則
　　　　　職權命令
　　　　　行政規則

第二項　中央立法權與地方立法權範圍與模型之探討

一、中央專屬之立法權

此種事項為全國一致性之性質，而由中央立法並執行之事項，原則上專屬於中央立法權之範圍，依憲法第一百零七條規定之事項，應屬於中央立法之範圍。[67] 而地方制度法第二十九條之規定，訂定

66　學者有主張中央與地方立法權的劃分方式為，中央獨占 —— 中央框架立法 —— 立法權共享 —— 地方立法權限 —— 剩餘權歸屬的選擇 —— 爭議之解決。此說大致上參考德國基本法有關聯邦與邦的立法權劃分模式。詳參陳慈陽，〈論地方之立法權及其界限〉，收錄於《台灣行政法學會學術研討會論文集：行政救濟，行政處罰，地方立法》，社團法人台灣行政法學會編，元照，2000 年 12 月初版，頁 404 以下。

67　憲法一○七條之規定，即屬中央立法並執行之事項：
　　1. 外交。
　　2. 國防與國防軍事。
　　3. 國籍法及刑事、民事、商事之法律。
　　4. 司法制度。

委辦規則，此種委辦規則為直轄市政府、縣（市）政府、鄉（鎮，市）公所辦理上級政府委辦事項，得依法定職權或基於法律，中央法規之授權，訂定委辦規則。

二、中央立法框架——中央大綱性、原則性立法

此一範圍係為維持法律秩序與經濟秩序的統一性、尤其為維持全國生活水準的統一性，以及各地方政府提供行政服務之基本水準的統一性，有必要中央統一立法，制定全國性的法律，以便一體適用。[68] 但為考量地方自治團體彼此之差異及特殊性，中央仍只作大綱性、原則性之立法，而容許各地方自治團體享有一定程度之立法空間。

此為地方自治團體對於中央大綱性、原則性之法律加以補充性之立法空間，便屬於「地方自治團體執行中央法律」之自治事項（地方制度法第二條第二款），並非委辦事項之範圍。現行地方制度法有關此種大綱性、原則性之立法事項，茲說明如下：

(一)自治條例之行政罰

地方制度法第二十六條規定：

---

5. 航空、國道、國有鐵路、航政、郵政及電政。
6. 中央財政及國稅。
7. 國稅與省稅、縣稅之劃分。
8. 國營經濟事業。
9. 幣制及國家銀行。
10. 度量衡。
11. 國際貿易政策。
12. 涉外之財政經濟事項。
13. 其他依本憲法所定關於中央之事項。
以上事項之立法權自歸屬於中央所獨占部份。

68 陳清秀，〈地方立法權〉，收錄於《行政法爭議問題研究（下）》，台灣行政法學會主編，五南，2000 年 12 月初版，頁 1437-1438。

直轄市法規、縣（市）規章就違反地方自治事項之行政義務者，得規定處以罰鍰或其他種類之行政罰。但法律另有規定者，不在此限。其為罰鍰之處罰，逾期不繳納者，得依相關法律移送強制執行。

　　前項罰鍰之處罰，最高以新臺幣十萬元為限；並得規定連續處罰之。其他行政罰之種類限於勒令停工、停止工營業、吊扣執照或其他一定期限內限制或禁止為一定行為之不利處分。

　　地方制度法賦予各地方自治團體（直轄市法規、縣市規章）就違反地方自治事項之行政義務者，得規定處以罰鍰或其他種類之行政罰。地制法為大綱性、原則性之立法，地方自治團體在其範圍內，得視其需要及各地區之特殊性另以細節之補充性規定。

(二)地方政府組織準則

　　依地方制度法第五十四條及六十二條之規定，地方議會及地方行政機關之組織準則係由內政部分別訂定地方立法機關組織準則及地方行政機關組織準則，並由地方議會，地方行政機關再按組織準則之規定，自行規定其組織、人員編制。

(三)地方財政

　　地方制度法第六十七條規定：

　　直轄市、縣（市）、鄉（鎮、市）之收入及支出，應依本法及財政收支劃分法規定辦理。

　　地方稅之範圍及課徵，依地方稅法通則之規定。

　　地方政府規費之範圍及課徵原則，依規費之規定：其未經法律規定者，須經各該立法機關之決議徵收之。

　　另地方稅法通則規定直轄市政府、縣（市）政府、鄉（鎮、市）公所課徵地方稅，第二條規定：

　　1.財政收支劃分法所稱直轄市及縣（市）稅、臨時稅課。

2. 地方制度法所稱直轄市及縣（市）特別稅課、臨時稅課及附加稅課。

3. 地方制度法所稱鄉（鎮、市）臨時稅課。

(四) 地方預算收支

地方預算收支之籌劃、編制及共同性費用標準地方制度法第七十一條規定：

直轄市、縣（市）、鄉（鎮、市）年度總預算、追加預算與特別預算收支之籌劃、編製及共同性費用標準，除其他法律另有規定外，應依行政院訂定之中央暨地方政府預算籌編原則辦理。

以上事項係屬於中央大綱性、原則性立法範圍，而地方自治團體則可在中央立法框架下考量地方彼此之特殊性及需求，容許自治團體享有一定程度加以補充之立法空間，就以地方制度法所規定之自治事項（第十八至二十條）而言，其與中央之立法框架，地方容有補充規制之範圍，茲整理如表 4-1。

表 4-1　中央法律與直轄市、縣（市）相關自治事項

直轄市、縣（市）　自治事項		中央相關法律
一、組織及行政管理事項	1. 直轄市、縣（市）公職人員選舉、罷免之實施	公職人員選舉罷免法
	2. 直轄市、縣（市）組織之設立及管理	地制法第 6、7、19、54、60、62 條
	3. 直轄市、縣（市）戶籍行政	國籍法 戶籍法 戶口普查法 姓名條例
	4. 直轄市、縣（市）土地行政	土地法
	5. 直轄市、縣（市）新聞行政	出版法 廣播電視法 有線電視法

（續）表 4-1　中央法律與直轄市、縣（市）相關自治事項

直轄市、縣（市）　自治事項		中央相關法律
二、財政事項	1. 直轄市、縣（市）財務收支及管理	地制法第 67 條 財政收支劃分法 預算法 決算法 國庫法、地方稅法通則
	2. 直轄市、縣(市)稅捐	稅捐稽徵法、規費法 地制法 63-65 條
	3. 直轄市、縣（市）公共債務	公共債務法
	4. 直轄市、縣（市）財產之經營及處分	國有財產法
三、社會服務事項	1. 社會福利	兒童福利法 少年福利法 老人福利法 殘障福利法
	2. 公共慈善事業及社會救助	社會救助法、傳染病防治法
	3. 人民團體之輔導	人民團體法 工業團體法 商業團體法 農會法 漁會法 教育會法
	4. 宗教輔導	監督寺廟條例、人民團體法
	5. 殯葬設施之設置及管理	墳墓設置管理條例
	6. 市調解業務	鄉鎮市調解條例
四、教育文化及體育事項	1. 直轄市、縣（市）學前教育、各級學校教育及社會教育之興辦與管理	教育基本法 幼稚教育法 國民教育法 中等教育法 大學法 私立學校法 社會教育法
	2. 直轄市、縣（市）藝文活動	藝術教育法
	3. 直轄市、縣（市）體育活動	國民體育法
	4. 直轄市、縣（市）體育活動	文化資產保存法
	5. 直轄市、縣（市）禮儀民俗及文獻	墳墓設置管理條例
	6. 直轄市、縣（市）社會教育、體育與文化機構之設置、營運及管理	地制法 社會教育法

直轄市、縣（市）　自治事項	中央相關法律
五、勞工行政事項	1. 直轄市縣（市）勞資糾紛	勞動基準法 勞資爭議處理法 兩性工作平等法
	2. 直轄市縣（市）勞工安全衛生	勞工安全衛生法 礦場安全法 勞動檢查法 就業服務法
六、都市計劃及營建事項	1. 直轄市縣（市）都市計劃之擬訂、審議及執行	都市計劃法 都市更新條例 土地徵收條例 促進產業升級條例
	2. 直轄市縣（市）建築管理	建築法
	3. 直轄市縣（市）住宅業務	國民住宅條例 公寓大廈管理條例
	4. 直轄市縣（市）下水道建設及管理	下水道法
	5. 直轄市縣（市）公園綠地之設立及管理	都市計劃法
	6. 直轄市縣（市）營建廢棄土之處理	廢棄物清理法
七、經濟服務事項	1. 直轄市縣（市）農、林、漁、牧業之輔導及管理	農業發展條例 三七五減租條例 森林法 漁業法 畜牧法
	2. 直轄市縣（市）自然保育	野生動物保護法 動物保護法 山坡地自然保育條例 國家公園法
	3. 直轄市縣（市）工商管理及輔導	商業登記法
	4. 直轄市縣（市）消費者保護	消費者保護法
八、水利事項	1. 直轄市縣（市）河川整治及管理	水利法
	2. 直轄市縣（市）集水區保育及管理	水土保持法
	3. 直轄市縣（市）防洪排水設施興建管理	水利法
	4. 直轄市縣（市）水資源基本資料調查	水利法

（續）表 4-1　中央法律與直轄市、縣（市）相關自治事項

直轄市、縣（市）　自治事項		中央相關法律
九、衛生管理及環境保護事項	1. 直轄市縣（市）衛生管理	食品衛生管理法 健康食品管理法 飲用水管理條例
	2. 直轄市縣（市）環境保護	環境影響評估法 水污染防治法 空氣污染防治法 噪音防治法
十、交通及觀光事項	1. 直轄市縣（市）管道路之規劃、建設及管理	公路法
	2. 直轄市縣（市）交通之規劃、營運及管理	公路法 市區道路條例 道路交通管理處罰條例
	3. 直轄市縣（市）觀光事業	發展觀光條例
十一、公共安全事項	1. 直轄市縣（市）警衛之實施	警察法 警察勤務條例
	2. 直轄市縣（市）災害防救之規劃及執行	消防法 災害防救法
	3. 直轄市縣（市）民防之實施	國防法
十二、事業之經營與管理事項	1. 直轄市縣（市）合作事業	合作社法
	2. 直轄市縣（市）公用及公營事業	停車場法 民營公用事業監督條例 電業法 自來水法 飲用水管理條例 國營事業管理法
	3. 轄市縣（市）公共造產事業	地制法第 73 條 公益彩券發行條例
	4. 直轄市縣（市）與其他地方自治團體合辦之事業	地制法第 19 條第 12 項
其　他		

資料來源：作者自行整理

三、中央與地方共同立法事項

此類事項亦屬中央立法權，但因涉及地方事務，此時應歸屬於中央與地方共同立法事務之範圍。但問題是此類事項之範圍，界限何在？容有爭論之處，若為地方制度法第十八、十九、二十條屬於直轄市、縣（市）、鄉（鎮、市）之自治事項時，中央得否以法律規定；另方面地方自治團體對自治事項已為規定時，中央法律再作規定時，自治法規之效力為何？茲分別討論如下：

依地方制度法第十八、十九、二十條之規定，直轄市、縣（市）、鄉（鎮、市）對其自治事項制定自治法規，但地制法此三條之規定事項，中央已絕大部分由中央立法[69]，若有中央與地方共同立法之權限時，此時中央之法律應有先占之權。由理由如下：

- 依地制法第四十三條規定：

  直轄市議會議決自治事項與憲法、法律或基於法律授權之法規牴觸者無效；議決委辦事項與憲法、法律、中央法令牴觸者無效。

  縣（市）議會議決自治事項與憲法、法律或基於法律授權之法規牴觸者無效；議決委辦事項與憲法、法律、中央法令牴觸者無效。

  鄉（鎮、市）民代表會議決自治事項與憲法、法律、中央法規、縣規章牴觸者無效；議決委辦事項與憲法、法律、中央

---

[69] 地制法第十八、十九、二十條之事項，其實中央已為立法者相當的多，例如選罷法、戶籍法、土地法、各種稅捐法、人民團體法、各種教育法規、文資資產保存法、勞動基準法、勞工安全衛生法規、都市計劃法、建築法、各種經濟服務之法規（農業、漁業、森林、漁業、畜牧）、消費者保護法、水利法、河川管理法規、衛生環保法規（食品衛生管理法、水污法、空污法、廢棄物清理法），另外有關公共安全之法規等，中央幾乎已作成綿密規定。

法令、縣規章、縣自治規則牴觸者無效。

- 依地制法第七十五條之規定：

直轄市政府辦理自治事項違背憲法、法律或基於法律授權之法規者，由中央各該主管機關報行政院予以撤銷、變更、廢止或停止其執行。

直轄市政府辦理委辦事項違背憲法、法律、中央法令或逾越權限者，由中央各該主管機關報行政院予以撤銷、變更、廢止或停止其執行。

縣（市）政府辦理自治事項違背憲法、法律或基於法律授權之法規者，由中央各該主管機關報行政院予以撤銷、變更、廢止或停止其執行。

縣（市）政府辦理委辦事項違背憲法、法律、中央法令或逾越權限者，由委辦機關予以撤銷、變更、廢止或停止其執行。

鄉（鎮、市）公所辦理自治事項違背憲法、法律、中央法規或縣規章者，由縣政府予以撤銷、變更、廢止或停止其執行。

鄉（鎮、市）公所辦理委辦事項違背憲法、法律、中央法令、縣規章、縣自治規則或逾越權限者，由委辦機關予以撤銷、變更、廢止或停止其執行。

因此，地方立法機關之議決自治事項，地方行政機關辦理之自治事項違背憲法、法律，或上位法規範時無效，或由上級監督機關予以撤銷、變更、廢止或停止其執行。職是，地方自治由團體所「議決」之自治事項，若與中央之法律牴觸時，便違反法律優位原則，此時以中央之法律為主，自治法規自屬無效，此時不論是中央法律先占抑或中央之法律後占，均以中央之法律為準據。

依現行地制法之規定，地方自治團體之立法範圍在「中央法破地方法」之原則下，地方自治團體之立法空間即相當有限，亦即

在下列範圍內自當有自治立法權限：

1. 中央法規未對某些事項加以規定者，此時中央立法空白之情形，地方自治團體得以地方法規加以規制。

2. 中央法規與自治法規規範之事項（對象）相同時，但二者目的不同時，此時日本法上所稱之「上乘條例」即有其適用，地方法規可以為更高，更強或更嚴格之規制。

3. 中央法規與地方法規二者規制之目的相同，但規制之事項（對象不同時），亦可參考日本法上之「橫出條例」之學理，地方法規可以另行規制。

其實參照德國、日本之立法例可以得知，地方立法之法規制定權，均有「中央法破地方法」問題之存在，為維持國家統一之不墜，法律秩序的和諧，不致形成國中有國，中央法優先之情形，自可理解。問題在於如何兼顧地方自治之地區特殊性，兼顧地方需要，尊重團體自治之本旨下，兩者均得兼顧。本文認為日本法上之「法律先占理論」、「上乘條例」、「橫出條例」值得我國參考採用之處。

第三節　地方專屬立法權之爭議問題

第一項　爭議問題之提出

依地方制度法第二十八條之規定，下列事項為地方立法機關議決，由各該地方行政機關公布者，也就是應以自治條例規定事項：

1. 法律或自治條例規定應經地方立法機關議決者。
2. 創設、剝奪或限制地方自治團體居民之權利義務者。
3. 關於地方自治團體及所營事業機構之組織者。

4.其他重要事項，經地方立法機關議決應以自治條例定之者。

就上述文義而言，地方立法機關之立法範圍係屬於自治事項而言，當然有關地方立法機關之範疇即在於：

1. 地方自治團體之固有事項，屬於自願辦理之自治事項，而無待法律之授權者。

2. 基於法律或自治條例規定應經地方立法機關議決者，此種事項係屬於議會保留之事項。而依據法律之授權或上級政府法規之授權，地方議會亦可以自治條例定之，例如身心障礙者保護法、都市計劃法中授權地方政府另行規制之權者亦屬之。

3. 此外，由法律規定由地方自治團體辦理之事務，亦屬於自治事項之一環，地方自治團體當有立法規制之權。

地方立法機關對於以自治條例規範之事項，似乎簡單明確，但自治條例及自治規則二者均係對自治事項之規定，問題在於何種事項以自治條例規定？何者以自治規則定之？其間之界限不明確致常有爭議存在。而且二者之區分實益已於上節中敘明，其效力位階，制定機關不同之外，對於規範審查之聲請機關亦有區別 [70]，茲舉下列實務爭議為例 [71]：

---

[70] 大法官釋字五二七號解釋（解釋文第二段）：

地方自治團體對函告無效之內容持不同意見時，應視受函告無效者為自治條例亦自治規則，分別由該地方自治團體之立法機關或行政機關，就事件之性質聲請本院解釋憲法或統一解釋法令。有關聲請程序分別適用司法院大法官審理案件法第八條第一項、第二項之規定，於此情形，無同法第九條規定之適用。

亦即自治條例受函告無效時，由地方立法機關聲請解釋憲法或統一解釋法令，而自治規則係由地方行政機關聲請解釋憲法或統一解釋法令，亦不必由上級機關層轉。

[71] 參見《地方制度法及解釋彙編》，內政部編印，2002 年 6 月，頁 49-51。

一、自治法規應以自治條例或自治規則訂定疑義

依據地方制度法第二十八條規定：「下列事項以自治條例定之：(1)法律或自治條例規定應經地方立法機關決議者；(2)創設、剝奪或限制地方自治團體居民之權利義務者；(3)關於地方自治團體所營事業機構之組織者；(4)其他重要事項，經地方立法機關議決應以自治條例之者。」是以有關縣（市）自治法規究應以自治條例或自治規則制（訂）定，仍應視該自治法規之具體內容是否符合上開規定而定，並由地方自治團體本自治權限審酌辦理。

二、學校出勤請假之管理規定應否以自治條例定之疑義

按地方制度法第二十八條第二款規定，創設、剝奪或限制地方自治團體居民之權利義務者，應以自治條例定之，其規範之對象為該地方自治團體居民，至於本案縣（市）政府所屬各級學校教師出勤請假之管理規定，係規範學校及其教師間內部之權利義務關係，屬學理上之特別法律關係（特別權力關係），無必要以自治條例定之。

三、縣政府辦理補助案件，應否制定自治條例以為依據之疑義

按地方制度法第二十八條第二款規定「創設、剝奪或限制地方自治團體居民之權利義務者」，以自治條例定之。係參照中央法規標準法第五條第二款規定，並予以限縮及具體化其適用範圍，亦即並非凡涉及地方自治團體居民之權利義務者均須以自治條例定之，而係有「創設」、「剝奪」或「限制」地方自治團體居民之權利義務者，始應以自治條例定之。所詢有關補助特定人民經費案件，性質上屬「給付行政」措施，參照司法院釋字第四四三號解釋，關於

給付行政措施受法律規範之密度，自應較限制人民權益者寬鬆，倘涉及公共利益之重大事項者，應有法律或法律授權之命令為依據之必要。是以，法律或中央法規如對於補助之對象、構成要件或其他重要事項已予規定，其既已有法律之授權依據，縱使補助之金額並未規定（實務上因須考量政府財源及個案差異情形，亦多無法明定），惟該補助事項如有預算上之依據，自無須再依上開地方制度法第二十八條第二款規定以自治條例定之必要，地方政府實際執行，如有必要，自得參照地方制度法及行政程序法相關規定，審酌以自治規則或行政規則定之。

其實，地方立法機關對於某些事項之制定與地方行政機關，由於認知不同，以致常有爭議。在府會關係和諧之地方政府中，地方立法機關與地方行政機關甚或以透過協商之方式進行爭議，但在府會關係不和諧，甚至對立情形時，二者訂定範圍之爭議，更為製造彼此衝突之導火線。

第二項　議會保留與行政保留範圍之釐清

一、議會保留之範圍與內容

地方制度法第二十八條規定：「下列事項以自治條例定之：(1)法律或自治條例規定應經地方立法機關議決者；(2)創設、剝奪或限制地方自治團體居民之權利義務者；(3)關於地方自治團體及所營事業機構之組織者；(4)其他重要事項，經地方立法機關議決應以自治條例定之者」。

地制法第二十八條之規定屬於議會保留之範圍，亦即以自治條例保留事項。其中第二款創設、剝奪或限制地方自治團體居民之權利義務者，第三款有關地方自治團體及所營事業機構之組織者，其

清楚具體的規定係以自治條例加以規範的事項。惟第一款（法律或自治條例規定應經地方立法機關議決者）及第四款（其他重要事項，經地方立法機關議決應以自治條例定之者）所規定之事項則未必具體清楚。依文義解釋，地制法第二十八條第一款、第四款所規範之事項，綜合歸納如下：

1. 法律規定應經地方立法機關議決者。
2. 自治條例規定應經地方立法機關議決者。所謂「自治條例」自包括上級地方自治團體之自治條例，以及地方自治團體本身之自治條例規定，應經地方立法機關議決之事項。
3. 其他重要事項，經地方立法機關議決應以自治條例定之者。對於「重要事項」係以重要性理論為判斷基準，完全交由地方立法機關決定，某一事項一經地方議會議決認定其為重要事項，便歸屬於自治條例保留之範圍，不得以自治規則加以規範。

　　依地制法第二十八條之規定，由地方立法機關議決之事項，以自治條例專屬保留之範圍相當廣泛。反面觀之，自治規則與自治條例二者均係對自治事項（例如地制法第十八條、第十九條、第二十條）所為規範之地方法規，自治條例之廣泛延伸，當然對地方行政立法權之法規制定權，造成一定之壓縮，亦必然造成府會關係矛盾與衝突。

二、行政保留之範圍與內容

　　自治規則為地方自治團體，對於自治事項由地方行政機關以首長之名義所發布下達之自治法規，性質上為行政立法權。依地制法第二十七條規定，自治規則係依其職權或法律、自治條例之授權而訂定，既然其性質為行政權之產物，基於禁止再授權之原則，自治

規則縱有自治條例之授權，亦不得對違反地方自治事項之居民予以裁罰。涉及創設、剝奪或限制居民之權利義務者應屬於自治條例之專管事項，至於地制法第六十二條有關地方政府所屬機關之組織規程及學校之組織規程，由直轄市政府、縣（市）政府、鄉鎮市公所定之，應為專屬於地方行政機關以自治規則專管事項。

三、自治條例與自治規則之共管事項

至於地制法第二十八條自治條例專屬事項，地制法第六十二條自治規則專管事項之外，其他在這以外之自治事項便為自治條例與自治規則之共管事項。對於自治條例與自治規則之共管部分，係地方立法機關與地方行政機關產生衝突之處。此共管領域為不清範圍，究以自治條例為之抑或以自治規則定之，府會衝突便難以避免。

四、議會保留與行政保留範圍與內容之釐清

地方制度法第二十八條之規定基本上係移植中央法規標準法第五條之內容而來，中央法規標準法此四款規定之事項，賦予立法機關對於法律保留之範圍極為廣泛，而地制法第二十八條所規定之事項，地方立法機關亦可以「其他重要事項」為主張，侵入地方行政機關之行政立法權領域。在地制法第二十八條設計下，地方立法機關之立法權享有優勢之地位，其實地方行政首長與地方民意代表均由民選產生，二者具有同等的直接民主正當性，基於民意政治及責任政治之原則，地方行政與地方立法機關並有權責制衡之關係。既然，我國地方政府採權力分立之二元模式，地方立法權歸屬於議會，地方行政權歸屬於地方行政機關，彼此權力分立相互制衡，自治條例大部分均由地方行政機關所提案，再由地方立法機關加以審查議決。因此，何謂「重要事項」？其認定上並不可能全然由地方立法機關片面決定或自行加以認定。況且，行政權在權力制衡關係下本

應受立法權的拘束[72]，地方立法機關不但具有民主正當性，其立法權之行使經過較為公開，嚴謹之立法程序，地方議會之「機關功能最適」自較地方行政機關具有優先性，當然地方議會所通過之自治條例與地方行政機關所訂定之自治規則競合時，自治條例應優先於自治規則，方符行政與立法二權分立之原則。

本文認為，究其實自治條例與自治規則之界限模糊，日本與我國均面臨相同之窘境。就我國現行法制而言，地方制度法第二十八條之規定已為進步之立法，並提供一簡明合理之界限。地方立法機關之立法程序當可確保不同利益，不同意見在同等平台上有充分辯論及被考慮的機會，自非地方行政機關以行政效能趨向[73]，裁量便宜達成行政任務所能比擬，涉及干預侵害居民之權利義務，尤其基本權之限制，應保留予地方立法機關透過自治條例為規範基礎。至於地方政府組織、議會保留以自治條例制定者，地方立法機關基於民主原則，屬於議會保留之範圍較無爭議。至於「其他重要事項」，

---

72 大法官釋字四九八號解釋理由書中（第二段）指稱：
「地方立法機關行使其立法機關之職權，地方行政機關應將總預算案提請其立法機關審議。地方立法機關開會時，其行政機關首長應提出施政報告，民意代表並有向該機關首長或單位主管行使質詢之權：就特定事項有明瞭必要時，則得邀請其首長或單位主管列席說明（地方制度法第三十五條至第三十七條、第四十條、第四十一條、第四十八條、第四十九條參照。）此乃基於民意政治及責任政治之原則，地方行政與地方立法機關並有權責制衡之關係。」

73 蔡茂寅氏認為在地方議會立法效率不彰的前提下，是否因其有害行政機關之效率運作，轉而不利於公益目的之達成，地方立法權有關自治條例專管事項範圍，應有再行檢討之必要。參閱蔡茂寅，〈地方制度法之特色與若干商權〉，《律師雜誌》，第244期，2000年1月，頁43。另紀俊臣氏亦認為，當前府會運作關係的欠缺合理，甚至肇致議事不彰，預算案拖延不決、工程官商勾結等情形言之，府會關係之惡質化或非民主化、泛政治化，卻是不爭的事實。參閱紀俊臣，《精省與新地方制度——始末、設計、發展系論》，中國地方自治學會發行，時英出版社，1999年9月初版，頁309。

在尊重地方立法機關之前提下，應交由地方議會決定是否以自治條例定之。至於地方行政機關內部組織編制，依其職權所為之裁量性、作業性等一般性事項、機關內部之人事管理，或不涉及對外之規制效果者，應屬行政保留之範圍[74]，地方行政機關甚或對於有關給付行政事項、行政計劃之裁決，自可以自治規則為之而受地方立法機關之尊重。日本有關條例及規則之劃分界限，係採「住民關係一般說」，頗值得我國地方府會立法權限劃分之參考。

第三項　府會衝突之解決機制

　　涉及自治事項到底以自治條例抑或以自治規則訂定？地方立法機關與地方行政機關各自堅持立場而有衝突時，其解決機關為何？依地方制度法之規定其解決機制不外由府會之間以覆議（地制法第三十九條）及報請自治監督機關予以函告無效二種機制，如圖4-7。

---

[74] 有關行政保留之概念，參閱吳庚，《行政法之理論與實用》，作者自刊，2001 年 8 月增訂 7 版，頁 135-141，氏認為，我國憲法在功能或運作上採取與西歐國家相當之法律保留制度，若干法律（如中央法規標準法）甚至將法律保留之範圍予以擴大，與其他國家相較，有過之而無不及。

因此，行政部門在決定施政方針、擬定各項建設計畫、應付緊急事故、執行軍事及外交事務，以及人事任用權等方面，雖有相當自主之權限，但若欲在憲法架構下，確定絕對不受侵犯之行政保留，亦與其他國家遭遇相類似之困難。

民國八十六年夏季國民大會修憲，於憲法增修條文第三條第二項及第三項分別規定：「國家機關之職權、設立程序及總員額，得以法律為準則性之規定」；「各機關之組織、編制及員額，應依前項法律，基於政策或業務需要決定之。」

其目的即在放鬆法律對機關組織層次之羈束，俾能因應實際需要調整中央機關之組織結構，彈性運用編制員額，不必處處受制於立法機關。修憲者顯然有意在組織法之領域，降低法律的規範密度，僅作「準則性規定」，保留行政權自主之空間。就此而言，謂增修條文已提供行政保留之憲法依據，亦不為過。

茲討論如下：

圖 4-7　自治條例與自治規則於府會衝突時之解決機制

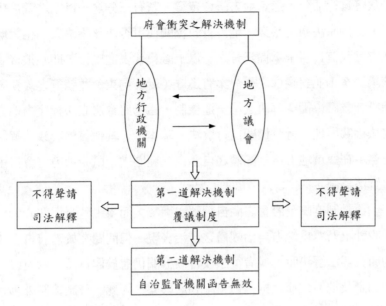

資料來源：作者自行整理

一、地方議會覆議機制之討論

　　地方立法機關議決之自治條例，若地方行政機關認為應屬於行政保留之領域者，依地方制度法第三十九條第一項及第二項之規定，地方行政機關對於地方立法機關之議決案若認為窒礙難行者，應於該議決案送達地方行政機關三十日內，就窒礙難行部分敘明理由送請地方議會覆議。依地方制度法第三十九條第四項之規定，覆議時有出席議員，代表三分之二以上維持原決議，地方行政機關即應接受該決議[75]。

75　覆議制度源自總統制國家之總統否決權（Veto Power）而來。另外日本地方
　　自治法為調整首長與議會間的衝突，設有再議制度，地方行政首長對議會制

地制法第三十九條之覆議機制基本上係交由府會之間自行重新表決，經由地方立法機關與地方行政機關之折衝、協調對於議決案之窒礙難行部分，送請地方議會覆議。若有三分之一以上之議員代表不支持原決議之議案，地方行政機關便可否決該議決案，相對地地方行政首長若未掌握三分之一以上議員代表之支持，即必須接受該議決案，並對議會之議決案有遵守（受其拘束）並執行之義務，此設計為府會衝突解決之第一道機制，透過府會之立法程序由地方立法機關與地方行政機關自行解決。基本上，其性質屬於政治解決途徑，在尊重地方自治團體之自治自主範圍內，賦予地方府會自主之解決機制。

覆議制度賦予府會之間自行解決衝突，而不由監督機關介入，在設計上乃尊重地方自治團體之自治表現。但問題在於若府會之間的衝突無法解決時，或者覆議後行政機關仍怠於履行時，對府會之間和諧及地方政務之推行仍有不利之影響。因此，覆議機制外仍宜有第二道之解決設計[76]。

定、修正、廢止之條例或是對議會就預算所為之議決，有異議時，除地方自治法另有特別之規定外，首長於收到議決之日起十日內，得附上理由交由議會再議，稱為地方首長之「一般性否決權」。參閱張正修，《地方制度法理論與實用（二）》，學林文化，2000 年 9 月 1 初，頁 469-471。

[76] 覆議制度之外可否同時採用不信任制度及解散議會權，關於此見解，因我國地方自治團體內部組織體制採取總統制之設計，地方行政首長係直接民選產生，對選民負責。地方議會雖對地方行政機關有監督之權，但議會若向地方行政首長行使不信任權，而地方行政首長亦有解散議會之權，不但於體制上不符，在現行地方議會生態下，將製造府會更多衝突矛盾，並無助於彼此爭議之解決。至於可否提交公民複決，透過直接民主之機制加以解決，倒不失為落實大眾諮商，擴大人民參與的方法。但困難在現行法制並未有「創制複決法」或「公民投票法」之法律依據，若採行此制目前須先克服者當為立法機關能研擬相關法制，以為施行依據。

二、自治監督機關解決與司法院解釋

地方議會之議決案若地方行政機關認為不屬於以自治條例規範之範圍時，第二道之解決機制，則可透過監督機關及司法院解釋之外部解決，依地方制度法第三十二條之規定，自治條例經地方立法機關議決後，地方行政機關收到後，除法律另有規定外，或依地方制度法第三十九條規定提起覆議及第四十三條報請上級政府予以函告無效或聲請司法院解釋外，應於三十日內公布。是以，自治條例可以經由監督機關予以函告無效（依地制法第三十條及第四十三條），而是否有牴觸上位法規範則可報請司法院解釋。

上級監督機關對於下級議會通過之自治條例是否逾越權限侵犯地方行政機關之權限自可依地制法第三十條之規定予以函告無效，當然對於地方議會議決之自治事項是否牴觸上位法規範，監督機關亦可依地制法第四十三條之規定，於地方機關函送上級機關核定或備查時進行合法性審查，若認為有牴觸上位法規範或侵害地方行政機關之保留領域時，予以函告無效。

至於府會之間對於自治事項究以自治條例抑或自治規則訂之爭議，可否聲請司法院解釋？若可以應由何機關聲請呢？本文見解認為，地制法第四十三條之規定，地方議會議決自治事項與憲法、法律、中央法規、縣規章有無牴觸發生疑義時，不得聲請司法院解釋之。究其實係中央與地方權限劃分之問題，地方議會議決之自治事項有無逾越中央立法並執行之專管事項，或中央立法框架之事項而發生抵觸之情形。至於自治事項若涉及到底以自治條例或自治規則規定，實質上為地方行政機關對同級立法機關議決事項之爭議，應依地制法第三十八條及第三十九條等相關規定處理，尚不得逕向司法院聲請解釋。依禁反言之法理地方議會對通過決議事項或自治法規之各級地方立法機關，本身亦不得通過決議案又同時認該決議有

牴觸憲法、法律、中央法規或上級自治團體自治法規疑義而聲請解釋[77]。

綜上所述，有關自治條例與自治規則之爭議解決機制，應以地制法第三十九條之規定由地方行政機關向地方議會提起覆議，或由監督機關介入干預進行合法性之審查，並予以函告無效，尚不得逕向司法院大法官會議聲請解決。

第四項　機關訴訟制度之引進

地方府會衝突之機制就以自治事項以何種自治法規為之發生爭議時，不外以政治途徑及行政監督之方法解決，其實我國地制法之規定對府會權限衝突之解決機制，亦不外乎上述二種途徑而已。本文建議，涉及府會之間的權限衝突爭議，可以引進德國及日本之「機關訴訟」制度，透過行政訴訟的途徑以解決爭議。

一、「機關訴訟」之概念

日本行政事件訴訟法第六條規定機關訴訟係指國家或公共團體之機關相互間，就有關權限的存在與否或其行使的紛爭所提出的訴訟。機關訴訟依其請求內容，可分為：(1)處分或裁決之撤銷請求；(2)處分或裁決之無效確認請求；(3)其他請求，並分別準用撤銷訴訟、確認訴訟及給付訴訟之規定（日本行政事件訴訟法第四十三條）[78]。

77　依大法官釋字第五二七號解釋，地方議會通過之決議案或自治法規，不得聲請解釋，蓋由地方議會通過，其本身又認為有牴觸上位規範之疑義，豈不矛盾？況且地制法或大法官審理案件法亦未規定類似立法委員行使職權聲請釋憲之規定允許部分地方議員聲請釋憲。參閱吳庚，《行政法之理論與實用》，作者自刊，2001 年 8 月增訂 7 版，頁 72。

78　參閱張正修，《地方制度法理論與實用（二）》，學林文化，2000 年 9 月 1版，頁 724。

相較德國之行政法院法對於機關訴訟則並未有明文規定，而是透過學說的倡導及法院實務的累積逐漸發展而成。德國通說及判例承認機關訴訟，對於公法人或公共營造物之內部之間的權限爭議提起訴訟，以解決地方自治機關間的權限爭議（同一個地方自治團體內部機關與機關之權限爭議，甚至包含同一個地方自治團體內部合議機關與成員之間的權限爭議）[79]。

　　機關訴訟乃對於行政組織內部的權限爭議，性質為公法上爭議，但地方自治團體內部之爭議是否具有行政訴訟當事人能力，地方自治團體內部機關是否權利受侵害而具有訴訟權能，雖在學說上仍有爭議[80]，不過自治機關內部之權限爭議解決並非以個人權利救濟為目的，而在確保行政的客觀公正維護公益為目的。此種訴訟類型並非當然歸屬法院的權限範圍，而由法律特別規定允許例外可提起訴

79　機關訴訟之當事人並不限於地方自治團體，其他營造物公法人（大學）彼此之爭議及機關內部之爭議，亦承認得提起機關訴訟加以解決。但涉及機關內部之職務分工，則並非機關訴訟之兩造機關，不在提起機關訴訟之列。又機關訴訟與自治監督之訴訟兩者有別，自治監督訴訟係地方自治團體對監督機關之措施不服而提起之訴訟，性質上屬於國家與地方自治團體之外部法律關係。

80　有關行政訴訟當事人能力，通說認為德國行政法院法第六十一條第二款，具有權利之社團，透過擴張解釋或類推適用的方法，使行政法院第六十一條第二款成為機關訴訟當事人取得訴訟當事人能力之依據，參閱彭鳳至，「德國行政訴訟制度及訴訟實務之研究」，行政法院八十七年度研究發展項目研究報告，1998 年 6 月，頁 11；另參閱謝碩駿，〈地方法規定位與監督之研究〉，國立政治大學法律研究所碩士論文，2002 年 5 月，頁 165-167。至於訴訟權能為機關訴訟最難克服的問題，目前學者間較明確之共識為地方自治團體內部機關欲提起行政訴訟，必須其權限受到同一地方自治團體內部其他機關之侵害，等於類推適用德國行政法院第四十二條第二項之規定，法律別無規定者，起訴須原告主張權利受侵害始得提起，只要有法律規定即可無須主張權利受到侵害而提起行政訴訟。參閱彭鳳至，「德國行政訴訟制度及訴訟實務之研究」，同前揭書，頁 86；謝碩駿，〈地方法規定位與監督之研究〉，同前揭書，頁 169。

訟 [81]。機關訴訟為特殊之訴訟形式，其訴訟標的與行政處分並無關聯，而排除撤銷訴訟與課予義務訴訟之適用，原告應採取確認訴訟與一般給付訴訟，請求行政法院確認被告機關之措施違法，或請求行政法院判決被告為特定行為，不作為之給付 [82]。所以機關訴訟係在法律有特別規定情形，限於法律所規定之當事人才能提起 [83]。

二、機關訴訟在我國行政訴訟引進之探討

我國行政訴訟法對於地方自治團體機關內部之權限爭議並未規定可提起機關訴訟，然而，機關訴訟制度在我國現行府會關係爭議解決上，本文之見解認為有採行之必要性及可行性。

就地制法所設計之府會衝突解決機制，不外覆議制度及上級監督機關解決二種途徑。覆議為政治手段並賦予府會自行折衝解決之設計，屬於內部機制，至於外部機制則為上級政府之監督機制。地制法第三十二條及第四十三條對於地方議會議決之自治事項及自治條例，監督機關得予函告無效，以解決府會之權限爭議，惟不得聲請司法院解釋。上述之設計機制雖稱完善，惟監督機關之介入並不可能對下級政府之府會衝突完全消弭，府會機關其中有一機關難以甘服時，可能進而加劇彼此衝突，由司法審判機關為中立第三人裁

---

81 張正修，《地方制度法理論與實用（二）》，學林文化，2000 年 9 月 1 版，頁 725。

82 機關訴訟之訴訟類型，究應提起撤銷訴訟、給付訴訟或確認訴訟，德國的學說見解不一。一般而言，系爭機關的標的為行政處分時，則應提起撤銷訴訟或課予義務訴訟。若未涉及行政處分者，則應提起一般給付訴訟，無法提起一般給付訴訟時，則可提起一般的確認訴訟，但在無行政處分之情形下，追加確認訴訟之訴訟類型在機關訴訟中並不適用，有關行政訴訟之類型參閱吳庚，《行政爭訟法論》，作者自刊，1999 年 5 月修訂版，頁 96-136。

83 機關訴訟在訴訟類型上為無名訴訟，對於機關內部權限爭議之解決並不涉及對外法律效力，故為特殊的訴訟形式。

判府會衝突，機關訴訟自為上述機制外具有公信力之解決機制。

　　我國行政訴訟法之訴訟類型係採多種訴訟形態，對於公法上爭議，均得視其性質而提起撤銷訴訟、給付訴訟（包括課予義務訴訟及一般給付訴訟）及確認訴訟。地方自治團體機關與機關之爭議係屬內部法律關係，與行政處分之涉及對外法律關係不同，故機關訴訟並不涉及撤銷訴訟、課予義務訴訟及追加確認訴訟，當事人可以一般確認訴訟及一般給付訴訟解決府會之權限爭議[84]。至於暫時權利之保護亦有行政訴訟法第二九八條有關假處分之適用。新修正之行政訴訟法已給予機關訴訟制度引進提供了良好而且成熟的時機，未來相關機關修訂地制法及行政訴訟法時應可考慮機關訴訟制度在我國之引進實施[85]。

 # 第四節　　地方行政立法權之爭議問題

第一項　爭議問題之提起

　　地方立法機關對於自治事項以自治條例通過者為地方議會之專屬範圍，至於地方行政機關對自治事項或委辦事項所訂定者，其性質上為行政權之產物。這類自治規則、委辦規則之內容為何？在行

84　關於機關訴訟之提起，其訴訟類型除確認訴訟、一般給付訴訟外，亦有學者
　　認為亦可提起撤銷訴訟。參閱陳清秀，《行政訴訟法》，作者自刊，1999 年
　　6 月初版，頁 113。惟機關內部之權限爭議於何種情形時涉及行政處分，而
　　須提起撤銷訴訟，則未進一步之討論。

85　機關訴訟之事件係屬於行政法之爭議，屬於行政法院裁判權之範圍，其爭議
　　核心在於保護機關地位免於受侵害的主觀權利。其事件如議會內有關委員會
　　之組成；議會內部選舉之撤銷；地方議會與地方議員之爭議；地方議會與議
　　會內黨團之爭議；地方民選首長與地方議會之間；地方行政機關與地方立法
　　機關之權限爭議均屬之。

政程序法中的定位為何？訂定程序為何？因地方制度法之制定較行政程序法先公布施行，致地方行政機關依法律授權，自治條例授權或中央法規授權之自治規則、委辦規則是否在行政程序法所規定之行政命令涵蓋範圍中？便有釐清探討之必要。又地方行政機關「依職權」所訂定之自治規則或委辦規則，因行政程序法將我國行政命令體系採取法規命令，行政規則二分法，其存在之空間為何？均有待進一步加以討論區分之必要。

　　基本上，地方行政機關依授權或依職權所訂之自治法規，此部分並非地方自治團體之立法權，而係地方行政權之結果，本文依其性質並加以類型化如下展開討論如（圖4-8）：[86]。

圖 4-8　行政權性質之自治法規

行政權性質之自治法規
1.自治規則
2.委辦規則

1. 法規命令性質
　　(1)具有法規命令性質（法律授權）之自治規則。
　　(2)具有法規命令性質（法律授權）之委辦規則。
2. 行政規則性質
　　(1)具有行政規則性質（依職權對內部效力）之自治規則。
　　(2)具有行政規則性質（依職權對內部效力）之委辦規則。
3. 職權命令性質
　　(1)具有職權命令性質（依職權訂定且對外效力）之自治規則。
　　(2)具有職權命令性質（依職權訂定且對外效力）之委辦規則。

資料來源：作者自行整理

---

86 此種自治法規為行政機關所訂定者，與經由地方立法機關議決之自治條例性質上有所不同。此項分類係依是否法律之授權，中央法規或自治條例之授權，及是否對外發生效力以這兩項變數區分為六大類型，加以分析說明。

第二項　自治規則、委辦規則在行政程序法中之定位

一、法規命令性質之地方自治法規

　　此一類型之自治法規係基於法律或自治條例之授權而訂定，故其性質上相當類似行政程序法第一五〇條之法規命令的性質。茲分別討論如下：

(一)規範基礎

　　地方制度法第二十七條規定：「直轄市政府、縣（市）政府、鄉（鎮、市）公所就其自治事項，得……基於法律、自治條例之授權訂定自治規則。」此種自治規則性質上便屬於行政程序法第一五〇條所稱之法規命令。

　　地方制度法第二十九條規定：「直轄市政府、縣（市）政府、鄉（鎮、市）公所辦理上級機關委辦事項，得依……基於法律授權、中央法規之授權，訂定委辦規則。」地方政府就委辦事項基於法律所授權者其性質上相當於行政程序法第一五〇條之法規命令。

(二)問題討論

　　此種自治規則及委辦規則，其地位上類似法規命令之性質，其實彼此之共通點乃在法律之授權而已，在本質及功能上其實存在相當程度之差異。

　　行政程序法之法規命令：係指行政機關基於法律授權，對多數不特定人民就一般事項所作抽象之對外發生法律效果之規定：

- 就其為法規範之意義：法規命令得設定、變更或消滅人民之權利義務，其重要性不亞於制定法。

- 就其為行政手段之意義而言：公行政為適用法律及執行任務，

對於涉及地域遼闊、人數眾多以及時間長久之事項，以法規命令予以規定，從事行政之形成。

因此，法規命令為行政機關基於法律之授權，所訂定之對外發生法律效果之一般性，抽象性規範。在此之「法律」當指處理中央事務之法律而言，法規命令所處理者係涉及國家事務，係國會之授權依據分權原則，對於法律無法具體詳盡規範之事項，由行政機關加以補充[87]。

自治規則與委辦規則（地制法第二十七條、第二十九條）二者均係法律之授權，而由地方行政機關加以訂定者而言。首先，就自治規則而言，係法律就地方自治團體之自治事項授權予地方行政機關另以地方法規為執行規範。因此，法規命令係國會授權而處理國家事務之中央法，而自治規則乃法律授權，對於地方自治團體處理地方事務之地方法，二者之本質及功能上迥然不同。

至於委辦規則係經法律之授權，既對國家事務之委辦行政，由地方行政機關對地方區域內執行上級政府之事項，是故經法律授權之委辦規則，符合行政程序法第一五○條法規命令之本質。地方行政機關對於此種委辦規則之訂定應適用行政程序法第一五一條至第一五七條所規定之程序[88]。

---

87 法規命令是現代國家不可或缺之手段，以減輕國會對於專業性、技術性事項之負擔，其次法規命令可以使行政管理精神適應不斷變化之環境，亦使下級區域之差別得到充分的照顧。但法規命令缺乏法律的直接民主基礎和立法程序之保障，這個「缺陷」的彌補乃透過「授權明確性」原則之聯結，解除立法重心向行政機關移轉之危險。以上參見 Hartmut Maurer 著，高家偉譯，《行政法學總論》，元照，2002 年 9 月初版，頁 59 以下。

88 有關法規命令之制頒程序分別規定於行政程序法第四章，茲整理如下：
  1.訂定法規命令之提議：
  (1)行政機關訂定法規命令，除關於軍事、外交或其他重大事項而涉及國家機密或安全者外，應依本法所定程序為之（行政程序法一五一）。

其次，法規命令係對外發生法律效果，其內容得設定變更或消滅人民之權利義務，故在實際操作時，將對人民權利產生實質影響，應有法律保留原則之適用。換言之，對人民權利產生影響之作為應有法律之依據，行政機關始能依此作出法規命令。單有立法者授權行政機關仍屬不足，尚須符合明確性之要求，至少要明定授權範圍，使得法規命令之內容不得逾越此範圍且不違背立法精神[89]。法規命

---

    (2)法規命令之訂定，除由行政機關自行草擬者外，並得由人民或團體提議之，前項提議，應以書面敘明法規命令訂定之目的、依據及理由，並附具相關資料。

    (3)受理提議之行政機關，應依下列情形分別處理（行政程序法一五三）：
      ①非主管之事項，依第十七條之規定予以移送。
      ②依法不得以法規命令規定之事項，附述理由通知原提議者。
      ③無須訂定法規命令之事項，附述理由通知原提議者。
      ④有訂定法規命令之必要者，著手研擬草案。

2. 擬訂法規命令的公告（行政程序法一五四）：
    (1)行政機關擬訂法規命令時，除情況急迫，顯然無法事先公告週知者外，應於政府公報或新聞紙公告，載明下列事項：
      ①訂定機關之名稱，其依法應由數機關會同訂定者，各該機關名稱。
      ②訂定之依據。
      ③草案全文或其主要內容。
      ④任何人得於所定期間內向指定機關陳述意見之意旨。
    (2)行政機關除為前項之公告外，並得以適當之方法，將公告內容廣泛周知。

3.舉行聽證（行政程序法一五五、一五六）：
    (1)行政機關訂定法規命令，得依職權舉行聽證。
    (2)政機關為訂定法規命令，依法舉行聽證者，應於政府公報或新聞紙公告，載明下列事項：
      ①訂定機關之名稱，其依法應由數機關會同訂定者，各該機關之名稱。
      ②訂定之依據。
      ③草案之全文或其主要內容。
      ④聽證之期日及場所。
      ⑤聽證之主要程序。

[89] 此種委任立法事項之內容為防止行政機關恣意侵害人民自由與權利，因此委任立法之內容、範圍及目的均須由立法者自行規定，使行政權在範圍內行

令涉及設定、變更或消滅人民之權利義務者，必須法律為具體明確之授權始足以當之 [90]。反觀自治規則，係中央法律授權地方自治行

使。參閱陳慈陽，《行政法總論、基本原理、行政程序及行政行為》，神州圖書出版，2001 年 10 月初版，頁 535 以下。

90 有關授權明確性原則之實務見解：

1. 實務上流行之一項觀點：「依法律授權發布之命令，與法律有同一效力，不發生牴觸法律問題」，顯屬混淆法規位階之錯誤概念，久已為大法官所不採。將法律授權訂定之施行細則，以牴觸母法為由，宣告其違憲（釋二一○、二六八及二七四）。

2. 有關授權內容限制：

直至釋字第三一三號解釋才非難「空白處罰規定」：罰鍰之構成要件及額度，應由法律明定，若法律就其構成要件，授權以命令為補充規定者，授權之內容及範圍應具體明確。

釋字第三四五、三四六號解釋：其後第三四五號宣告稅捐稽徵法授權訂定之「限制欠稅人或欠稅營利事業負責人出境實施辦法」合憲，以及第三四六號宣告國民教育法及財政收支劃分法關於徵收教育捐之授權合憲，分別提出「並未逾越法律授權之目的及範圍」，或「法律基於特定目的，而以內容具體、範圍明確之方式，就徵收稅捐所為之授權規定，並非憲法所不許」。顯然是受到德國基本法的影響，該法第八十條第一項要求法律授權行政部門發布法規命令時，必須有明確之內容（Inhalt）、目的（Zweck）及範圍（Ausmass）。

釋字第三六七號解釋：上述目的、內容及範圍明確性之判斷標準，釋字第三六七號中，再度加以利用。此號解釋對授權命令之合法要件，並區分其性質，作不同論斷：

(1) 特定授權：即解釋理由書所稱：「法律之授權涉及限制人民自由權利者」，其授權之目的、範圍及內容必須符合具體明確之條件，亦為憲法之所許。

(2) 概括授權：即解釋理由書所稱：「法律僅概括授權行政機關訂定施行細則者」，其合法要件首須「符合立法意旨且未逾越母法規定之限度」，其次係「就執行法律有關之細節性、技術性之事項」加以規定。

釋字第三八○、三九四、四○二及四五六號解釋：

(1) 釋字第三六七號所建立之審查標準，為釋字第三八○號（關於大學法施行細則超越母法授權之解釋）、釋字第三九四號（關於營造業管理規則超越建築法授權之解釋）、釋字第四○二號（關於保險代理人經紀人公證人管理規則超越保險法授權之解釋）及釋字第四五六號（關於勞工保

政機關處理其自治事項，其性質上並非權力分立下之結果，其性質上為地方法之地位為行政權之產物，故自治規則與委辦規則自不宜涉及居民權利義務之創設或剝奪，其規制之事項，自屬於細節性、技術性之事項而已。

二、行政規則性質之地方自治法規

行政程序法第一五九條第二項，行政規則包括下列各款之規定：

1. 關於機關內部之組織、事務之分配、業務處理方式、人事管理等一般性規定。
2. 為協助下級機關或屬官統一解釋法令、認定事實，及行使裁量權，而訂頒之解釋性規定及裁量基準。

依行政程序法第一五九條之規定，行政規則係指上級機關對下級機關，或長官對屬官，依其權限或職權為規範機關內部秩序及運作，所為非直接對外發生法規範效力之一般、抽象之規定。而行政規則依上述之規範事務之類別可區分為下列四種類型之行政規則：[91]

- 組織性：如各機關之辦事細則、處理規程。
- 作業性：如行政機關處理人民陳情案件改進要點、工作簡化實施要點。

險條例施行細則違反母法之解釋）所遵循。

(2)而所謂目的，範圍及內容須符合具體明確之要件，釋字第三九四號亦有所闡釋：「固應就該項法律整體所表現之關聯意義為判斷，而非拘泥於特定法條之文字」，以避免對授權命令之審查過分刻板或嚴苛。

參見吳庚，《行政法之理論與實用》，作者自刊，2001 年 8 月增訂 7 版，頁 268-269。

91 吳庚，《行政法之理論與實用》，作者自刊，2001 年 8 月增訂 7 版，頁 45-46。

- 裁量性：如商標近似審查基準。
- 解釋性：如內政部對工廠法「工人」定義之解釋，又如財政部對海關緝私條例所稱「私運」或「管制」之解釋等。

　　行政規則（Verwaltungsvorschriften）係填補法律或法律中高度的不確定法律概念具體化或補充性的行政內部基準或規定，對人民並不產生任何拘束力。因此，行政規則不被視為具外部法條意義之法規範，此一內部規範為相對於法律與法規命令外之內部規範，為行政機關對下級機關或其所屬公務員所為之抽象普遍的規範（Generell-abstrakte Regelungen）。其規範對象或是機關內部秩序，或是專業技術性的行政行為。依此，行政規則被歸屬於行政自我事務（Hausgut der Verwaltung）之一部分，亦有被稱為原始行政法。行政規則為行政法法源之一部分，但涉及人民權利義務事項，仍受法律保留與法規命令須被明確授權之限制，而不得以行政規則加以規定，其內容仍必須遵守裁量與構成判斷餘地原則[92]。

92　參閱陳慈陽，《行政法總論：基本原理、行政程序及行政行為》，神州圖書出版，2001 年 10 月初版，頁 547-550。另外有關行政規則之效力是否為對內效力抑或對外效力，其學說上之爭議如下：
1. 對內效力說：行政規則不具備直接之對外效力。理由如下：
　(1)行政規則係規律行政系統內部之事項，與人民權利義務無關，故不能直接對人民生效。
　(2)不得成為裁判上依據，對法院無拘束力。
　(3)行政規則既非創設或規定人民權利義務之法規範，人民依據該規則不能主張任何權利。
2. 直接對外效力說：行政機關在其功能範圍內，有「原始之制法權」，在此範圍內所公布之行政規則，為一種具有對外效力之原始行政法。
3. 間接對外效力說或稱事實上對外效力說（通說）：
　(1)內容：行政規則原則上無直接對外效力，惟在某些情況下，有間接對外效力。
　(2)依據：

相較於地方制度法之規定，地制法第二十七條及第二十九條所規定之自治規則及委辦規則，係地方行政機關依職權所訂定之地方法規，為處理機關內部組織，事務分配、業務處理方式、人事管理之一般性規定，為協助下級機關或屬官統一解釋法令、認定事實，及行使裁量之基準等，均為行政規則性質之地方法規。此等地方法亦應遵守行政程序法第一六〇條之規定，行政規則應下達下級機關或屬官，有關裁量性、解釋性之行政規則，應由其首長簽署，並登載於政府公報發布之。

第三項　職權命令性質的自治規則與委辦規則

地制法第二十七條及第二十九條規定地方行政機關依職權得對自治事項訂定自治規則，對委辦事項亦得依職權訂定委辦規則，與

---

①行政慣例（行政自我拘束原則）：

雖上級機關或首長對其下級機關或屬官所為行為指示之規定，諸如就法規加以解釋（釋示），或就裁量之原則及標準做進一步規定等，原本僅對內，即機關內部間發生作用，但行政機關常依據該釋示、原則或標準等對外為其行為，因而足以引起人民信賴行政機關亦將繼續遵守此行政規則之拘束。

從而行政機關由於內部行政規則之拘束，對外即產生對人民有「一貫性作為之職務義務」，如無正當理由，違反其內部具有拘束作用之行政規則而改變其對外之作風或態度而使第三人受害者，即違反禁止恣意之原則，亦構成其對於第三人應執行職務之違背。

②平等原則：「行政機關既訂定該規則而願自我拘束，則基於平等原則，對於同一性質之事件，即應做相同之處理。」

③在行政規則具有對外效力之情形，如行政機關無正當理由而違背者，將會構成違法。

參閱林國彬，〈論行政自我拘束原則〉，收錄於城仲模主編，《行政法之一般法律原則》，三民出版，1994 年 8 月初版，頁 255-261；另參閱城仲模，〈論依法行政〉，收於氏著，《行政法之基礎理論》，三民出版，1991 年 10 月增訂初版，頁 12；新井隆一，《行政法》，成文堂，1989 年 3 月 4 版，頁 47-48。

前述論及之行政規則性質之自治規則及委辦規則，其概念上極為類似。行政規則亦為一般、抽象之規定，同樣毋需法律之授權，惟二者仍有不同。行政規則為內部基準或規定，是一種內部法，以下級機關或屬官為拘束對象；職權命令則仍然是法規命令，是一種外部法，拘束一般人民。

職權命令係基於法定職權所訂定之命令，引申為職權命令，乃各機關本於法定職權，不待法律授權所制頒之命令。然而，職權命令因行政程序法之施行，將德國法上之「法規命令」、「行政規則」二分架構移植我國，對於建構依法行政與確保人民基本權利有積極意義，但卻使職權命令沒有法律授權或僅能對行政機關內部訂定之行政規則，致頓失依據。就我國行政法制而言，涉及人民權利義務之事項，應以法律而不得以命令定之（中央法規標準法第五條、第六條），但在實務運作上無法律授權情形下，行政機關依職權訂定之職權命令，其數量龐大難以計算，不僅行政法規在所多有，在民法或刑法亦可見其軌跡 93。

職權命令多半為行政院或其所屬機關本於行政作用，地方機關也向來承認法規命令與行政規則之外，另有職權命令的存在。地方的職權命令早在地方制度法立法以前就已相當之龐雜，而且和其他行政命令相混淆。這種情形在地方制度法實施後，總算得到初步釐清。將地方立法機關議決通過者稱「自治條例」，行政機關訂定者稱「自治規則」，惟自治規則及委辦規則中又可區分為法律授權或依職權而訂定者，致使法規命令和職權命令仍然並存。此種職權命

93　參閱董保城，〈本土化職權命令法理建構之嘗試〉，《台灣本土法學》，第11 期，2000 年6 月，頁94 以下。另參閱法治斌，〈職權命令與司法審查〉，《台灣本土法學》，第11 期，2000 年6 月，頁101 以下。法治斌氏亦認為，職權命令之存在為不容否認之客觀事實，職權命令於我國憲政體制中，應非全然無立足之處。

令雖未在行政程序法中明文規定，但中央法規標準法的規定未變，和行政程序法先後通過之立法院職權行使法第六十條，有關行政命令之審查，亦維持中央法規標準法的規定，涵蓋職權命令和法規命令，致使職權命令之存在更添爭議性[94]。

大法官釋字第四四三號解釋之理由書中表示：

「至何種事項應以法律直接規範或得委由命令予以規定，與所謂規範密度有關，應視規範對象、內容或法益本身及其所受限制之輕重而容許合理之差異：諸如剝奪人民生命或限制人民身體自由者，必須遵守罪刑法定主義，以制定法律之方式為之；涉及人民其他自由權利之限制者，亦應由法律加以規定，如以法律授權主管機關發布命令為補充規定時，其授權應符合具體明確之原則；若僅屬與執行法律之細節性、技術性次要事項，則得由主管機關發布命令為必要之規範，雖因而對人民產生不便或輕微影響，尚非憲法所不許。又關於給付行政措施，其受法律規範之密度，自較限制人民權益者寬鬆，倘涉及公共利益之重大事項者，應有法律或法律授權之命令為依據之必要，乃屬當然。」

意謂行政機關為執行法律之必要，得發布有關細節性、技術性次要事項之職權命令，雖對人民產生不便或輕微之影響，尚非憲法所不許[95]。再以行政程序法第一五八條之規定而言，並未否定行政

---

94 職權命令於行政程序法施行後，對其存在容有疑義。學者或因行政程序法第四章並未規定有對外效力之職權命令，因此國內不少學者因此據以否認職權命令存在之可能性。參閱陳清秀，〈地方立法權〉，收錄於《行政法爭議問題研究（下）》，台灣行政法學會主編，五南，2000 年 12 月初版，頁 1449以下。陳清秀氏主張，行政程序法只是普通法性質，如法律另有特別規定時，自應從其規定。中央法規標準法第七條，立法院職權行使法第六十條及地方制度法第二十七條第一項之規定亦明文承認職權命令，且有關職權命令之規定，性質上為特別規定，自應優先適用。

95 職權命令之制頒，其內容須限於對細節性、技術性事項加以規定。司法院大

機關依職權訂定之命令，只要不涉及限制、剝奪人民自由權利之事項，或依大法官釋字四四三號解釋，不涉及公共利益之重大事項者，便不須有法律或法律授權之命令為依據之必要，而以法定職權訂定職權命令加以規範。此等命令主要考慮或基於立法者不具專業技術或時空環境變化多端不易掌握，立法者不可能鉅細靡遺以法律明定，而由行政機關基於專業與客觀環境考慮訂定命令，亦具有減輕立法者負擔之功能。再者，無論授權命令或職權命令對於行政機關處理個案時，均能提供正確認定事實，適用法律之衡量標準，並促進行政裁量權之運用臻於合理及具有效率，以避免公務員因個人主觀因素，發生偏頗或濫用職權之效果 96。況且，職權命令之訂定程序，比行政規則較為嚴謹而慎重，以台北市為例，台北市的職權命令應由主管機關擬訂草案，送市政會議討論通過，始能發布實施。反之，行政規則僅由市政府所屬主管機關訂定（必要時簽會法規會，並呈報市長核定）即可函頒實施，可不經市政會議討論通過，其程度較為簡略，職權命令仍應受上級機關與議屆民意機關之監督，亦應分別函送上級機關與地方立法機關備查或查照（參照中央法規標準法第七條及地方制度法第二十七條第三項第二款），立法機關若有不

法官一貫之立場認為「行政機關依其職權執行法律，雖得訂定命令對法律為必要之補充，惟僅能就執行母法之細節性、技術性事項為之，且不得逾越母法之限度」。參照大法官釋字三六七、三九〇、四四三及四五四號解釋。

96 參閱孫森焱，有關司法院大法官釋字第四五四號解釋協同意見書。判斷職權命令與授權命令在法效上仍有程度上之不同，授權命令是法律明文授權行政機關發布之命令，因而只要符合授權明確性原則，授權命令亦可為「裁罰性」之規定。至於職權命令僅屬於執行法律之細節性、技術性次要事項，則得由主管機關發布命令為必要之規範，雖因而對人民產生不便或輕微影響，尚非憲法所不許。與其放任不如容忍職權命令作執行性或補充性規定接受公評，更能避免裁量權之濫用，具有積極性作用。參閱董保城，〈本土化職權命令法理建構之嘗試〉，《台灣本土法學》，第十一期，2000 年 6 月，頁97。

同意見，可要求制定為法律或自治條例，或要求修正內容以符民意。倘若不承認職權命令，則行政機關勢必本於職權大量制訂行政規則，間接對外發生效力，又不必送上級機關及地方立法機關備查或查照，逃避民意機關之監督，其結果反而對人民不利[97]。只是大法官歷年之解釋，將重點集中在人民權利之保障上，對於分權的問題，職權命令的權力基礎，並未做出論斷。地方行政機關的職權命令，更因為在分權結構上，處於垂直和水平分權之交界，而在人權保障上，又有國會和議會雙重保留的問題，實際上需要列為精微的分析，相關解釋卻從未區隔中央與地方機關的不同。至於理論與實務上均呈現高度混亂的職權命令與行政規則，大法官亦未嘗試作概念的釐清，或提出不同的審查基準[98]。

　　本文見解認為，地方行政機關對於自治事項依職權所訂定之自治規則，其未經立法機關之授權，係對於自治事項為之細節性、技術性之次要事項，雖對於人民產生不便或輕微影響的干預行政領域，自有「層級化保留體系」之適用。地方行政機關所訂定之職權命令性質之自治規則及委辦規則，其訂定程序亦較嚴謹且受監督機關之備查、查照及核定（委辦規則受委辦機關之核定），促進行政裁量權之運用臻於合理，提升行政效率，以避免行政機關偏頗或濫用職

97　參閱陳清秀，〈地方立法權〉，同前揭書，頁145。氏亦認為我國立法機關議事效率不彰，立法產能有限，根本無法滿足行政業務之需要，故為因應社會情勢發展之急迫需要，於法治未完備之前，應容許行政機關以職權命令為必要之規範以維護公共利益。

98　參閱蘇永欽，〈職權命令的合憲性問題——地方自治是否創造了特別的合憲存在基礎〉，《台灣本土法學》，第11期，2000年6月，頁118以下。氏主張合理的調整，不是修改三法（行政程序法、中央法規標準法及立法院職權行使法），明確刪除職權命令，就是修改行政程序法，增列職權命令的程序規定。如何決定，只有從更高的憲法角度，檢驗職權命令繼續存在的合法性。

權之積極效果，職權命令之存在確有其必要性及必然性。

　　至於中央主管機關所訂定之職權命令，地方政府辦理該職權命令所訂事項，自應遵守該職權命令。有疑問者，在於假若中央主管機關所訂定職權命令，係對於地方之自治事項者，則地方政府有無遵守之義務？在此情形可分下為二種情形加以觀察[99]：

1. 地方政府就同一事項訂有自治法規（自治條例或自治規）時，因自治法規只有在牴觸法律或法律授權之法規（法規命令）時，才無效（地方制度法第三十條）。如僅牴觸職權命令，仍然有效。因此，為尊重地方自治，地方政府似應優先適用自治法規，再補充適用中央的職權命令。

2. 地方政府就同一事項並未訂定自治法規時（自治條例或自治規則），則地方政府仍應有遵守職權命令之義務。

　　惟中央主管機關與訂定之職權命令對於自治事項所為之規定與地方行政機關所訂定之職權命令性質之自治規則，二者競合時應如何處理，本文見解認為，依地方制度法第三十條之規定，自治法規（自治條例或自治規則）與憲法、法律、基於法律授權之法規牴觸者，無效。自治法規不得牴觸法律，法理上當然不能牴觸中央法律所延伸之法規命令。至於中央主管機關所訂定之職權命令，並非法律之授權，其規制之內容若涉及地方之自治事項者，職權命令並非中央法律之延伸範圍，地方政府自不須遵守中央主管機關之職權命令之義務。至於委辦規則係地方行政機關辦理上級政府之委辦事項，其依職權所訂定之職權命令性質之委辦規則，依地方制度法第三十條之規定，地方政府仍遵受中央主管機關（委辦機關）所訂定職權

99　參閱陳清秀，〈地方制度法問題之探討〉，收錄於《公務員法與地方制度法》，台灣行政法學會出版，2003 年 1 月初版，頁 315 以下。

命令之拘束，乃屬當然。

第四項　地方自治法規之整備與制度建構

　　綜觀本章之討論，我國地方立法權之地方自治法規，存有若干法制上的缺失有待解決，並建立解決之機制。以下茲先以我國法制缺失加以討論，次就制度之建構加以說明。

一、法制缺失

　　我國地方制度法所規定之自治法規，給予各種不同的名稱（地方制度法第二五條、第二七條、第二九條參照），反複重疊多達十二種之多。其次，就自治法規之性質區分，又可區分為自治條例（有罰則、沒有罰則）、自治規則（又可區分為法規命令、職權命令、行政規則三種性質）、委辦規則（又可區分為法規命令、職權命令、行政規則三種），自律規則等四種，其體系可稱極為複雜，在實務操作上行政機關之業務或執行單位分辨不易，地方居民更一無所知。

　　除上述之名稱混亂及體系龐雜外，地方自治法規之制（訂）定程序不明，亦為其設計上之缺失。申言之，中央之法規命令之訂定程序，從提案（人民或團體可以提議訂定法規命令），至草案之公告，舉行聽證程序，至函報上級機關核定，均有一法定程序。反觀，地方制度法之自治條例，人民是否有提議之權？涉及行政罰之自治條例可否舉行聽證？自治條例應否資訊公開，並刊登於政府公報或新聞紙公告之？地方制度法除規定送上級機關核定或備查外，其他蓋未規定，至於自治規則或委辦規則之訂定程序，依其性質又可區分為法律授權之法規命令、依法定職權訂定之職權命令，以及地方行政機關對內部事務處理之行政規則等三種體系，除體系龐雜外，其訂定程序亦未在地制法中加以規定。料想當時提案主張之版本甚

多，政黨協商折衷匆促，並未顧及其他相關法律之規定，尤其是行政程序法關於法規命令、行政規則之訂定程序，以及職權命令何去何從等問題。

另外，中央與地方立法的範圍與界限，現行地方制度法有關自治事項之明列，並無法提供地方立法權一個清楚界線，是故於第三章本文所建議之「中央與地方權限劃分法」，實需有增訂之必要。中央與地方立法權之架構，即中央專屬立法——中央大綱性、原則性立法——中央與地方共同立法——地方專屬立法範圍，始得釐清。

自治法規體系龐雜外，另一個重要問題即在於此等自治法規與中央法令之位階關係，更是難以分辨，國內學者所區分之效力位階，更是南轅北轍，甚而有相互矛盾之外，爭議不可謂不大（待第五章第二節詳加討論）。綜合言之，我國地方自治法規現存有下列之缺失及問題：

1. 地方自治法規名稱混亂。
2. 地方自治法規體系龐雜。
3. 地方自治法規制（訂）定程序規定不夠清楚或不備之情形。
4. 中央與地方立法權限劃分不清，中央立法居於先占或優勢之地位，地方立法權之範圍受到極度壓縮。
5. 中央與地方之共同立法事項，地方並未有參與權，導致中央之片面決策，相形之下地方立法權之地位將加速流失。
6. 地方自治法規與中央法令之位階關係不明，致在中央法破地方法之前提下，地方僅存在中央立法空白下，始有立法之餘地。
7. 議會保留範圍與行政保留之間，尚存爭議，目前解決機制，未臻理想。

二、制度之建構與法制整備

對於上述存在缺失，本文之建議宜就法制的建立或修改上著手，另外建立制度及機制解決。

第一，建議修改地制法，將地方自治法規之體系僅劃分為二種，一為地方立法機關通過之自治條例，一為地方行政機關所訂定之自治規則。類似日本地方自治法之體系，僅有「條例」、「規則」之區分，清楚簡單。

第二，至於名稱，統一將名稱定名為直轄市、縣（市）、鄉（鎮、市）〇〇〇〇自治條例，冠以地方自治團體名稱即可，不須別稱直轄市為「法規」，在縣（市）稱「規章」，鄉（鎮、市）稱「規約」。對於自治規則部分，對自治事項及委辦事項由行政機關訂定者，對自治事項僅須在名稱中加上直轄市、縣（市）、鄉（鎮、市）〇〇〇〇自治規則，至於委辦事項所訂定之自治規則，僅在名稱中稱「直轄市、縣（市）、鄉（鎮、市）〇〇〇〇委辦自治規則」，加註委辦即可，不僅可以解決名稱、體系混亂的問題，更有助於解決目前自治規則、委辦規則難以區辨之困擾。

第三，至於中央與地方立法權範圍之區辨，本文在建議以中央專屬立法──中央框架立法──中央地方共同立法──地方專屬立法之模式為未來中央與地方立法之界線範圍，並儘速擬訂「中央與地方權限劃分法」。

第四，有關中央與地方間，地方間，地方府會衝突之解決機制，地方制度法中除第七十七條有關中央與直轄市、縣（市）權限爭議，由立法院院會議決之條文刪除外，其餘機制，仍予保留。本文建議參酌日本及德國之立法例，對於府會衝突之設計機制建議以「中央與地方權限爭議處理委員會」，先行解決有關中央與地方間之權限爭議、地方自治團體間之權限爭議及上級政府對自治機關所為監督

措施不服之爭議，為內部衝突解決機制後，提起行政爭訟或司法解釋前之先行程序，填補目前被動消極之制度設計機制。

第五，為避免中央片面決策模式的不合理現象，應於地制法中明訂地方自治團體之國政參與權。

第六，另訂「地方法規標準法」，將地方自治法規之名稱、體系、制（訂）定程序，修正廢止，施行生效等於該法中予以明定，不但可以中央法規有明確之區分，亦可解決上述名稱、體系、程序不備等缺失。

第五章 地方立法權對依法行政之衝突與挑戰

第四章及第五章均為地方立法權於操作面向之探討，第四章討論之重心在於地方立法權操作之「內涵」上，也就是地方立法權在範圍與內容上之釐清與制度建構。而本章所探討之重心，則在地方立法權之「外延」上，也就是地方自治法規在垂直關係中，探究自治法規與法律保留原則之關係、自治法規與中央法令之位階關係。此二部分我國雖有現行法制之規範，但自治法規與法律保留原則，在理論之建構上仍有疑義。而地方自治法規與中央法令之關係，憲法雖有規定，但係為憲法、法律與地方自治法規之位階關係而已，並未就地方自治法規與中央法令之位階關係加以規定，再加上地方制度法第三十條之規定不明，國內學者之論述又眾說紛紜，因此於第三節中討論地方自治法規與中央法令之位階關係，並嘗試加以釐清。

第一節　地方自治法規與法律保留原則之爭議

第一項　爭議問題之提出

　　依我國憲法第二十三條規定，人民的自由與權利，除為防止妨礙他人自由、避免緊急危難、維持社會秩序或增進公共利益所必要者外，不得以法律限制之。另外中央法規標準法第五條第二款亦規定，關於人民之權利、義務事項，應以法律定之。而憲法第一七〇條則規定，所謂法律係經立法院通過，總統公布之法律。我國法制所建構之法律保留原則，在地方自治團體實現其自治之權能時，是否亦具有限制居民之基本權利或課予義務之權。換言之，地方自治法規得否限制人民之權利，增加人民之負擔，地方法規與中央法律

在垂直關係上是否有法律保留原則之適用，便產生爭議。我國司法院大法官於釋字第三十八號解釋對前述之問題便嘗試作出解釋，其認為：

「憲法第八十條之規定，旨在保障法官獨立審判不受任何干涉。所謂依據法律者，係以法律為審判之主要依據，並非除法律以外與憲法或法律不相牴觸之有效規章均行排斥而不用；至縣議會行使縣立法之職權時，若無憲法或其他法律之根據，不得限制人民之自由權利。」

在此限制人民權利義務的「法律」，究何所指？憲法所稱之法律保留之密度為何？地方制度法之「自治條例」是否已滿足法律保留原則之要求？

一、概念的釐清——法律保留原則的憲法根據

為釐清上述之爭議，首先必須先就法律保留之概念加以討論，並將法律保留的範圍界限加以劃分。基本上，法律保留原則（Grundsatz des Vorbehalts des Gesetzes）的發展根植於民主原則、權力分立原則與法治國原則。所謂法律保留原則通說（又稱積極依法行政），即要求行政須有法律明文依據，才可對人民的自由權利有所限制，在法律保留之下，行政機關受嚴格之羈束，只有在法律明確規定或授權之下，行政行為始具有合法性。

(一)民主原則（Demokratieprinzip）

基於權力分立原則，行政權與立法權之權限分配，立法權屬於國會，因而涉及人民基本權利或自由財產事項，應由人民選舉之代表所組成，具有直接民主合法性之國會議決之。申言之，涉及人民自由權利限制之事務，須獲得人民形式上的同意，如憲法已明文規定之事項應由法律規定，而適用法律保留原則，憲法未規定之事項，

立法者無法就專業、技術性及技術事項自為決定時，至少應於法律明確授權行政機關應如何限制人民自由權利[1]。

(二)法治國原則（Rechtsstaatsprinzip）

法治國原則要求國家與人民間之法律關係，應以一般性法律加以規範，俾使人民有預見可能性與計劃可能性，並排除濫用及恣意[2]。干預行政領域，應適用法律保留原則，即使給付行政之領域，基於追求正義與公平之要求，法律保留原則對給付行政應有一定程度之適用[3]。

(三)基本權利（Grundrechte）

憲法保障人民基本權利，對人民自由權利，須有法律之根據，始得加以限制。由此可知憲法要求凡行政機關之行為涉及侵犯人民自由權利之事項，應適用法律保留原則，至為明確。

二、法律保留原則適用範圍與難題

法律保留最根本上的問題在於，到底是那些事務或是何種行政

---

1 有關法律保留原則之概念，可參見陳敏，《行政法總論》，作者自刊，1998年 5 月初版，頁 131-134；陳慈陽，《行政法總論：基本原理、行政程序及行政行為》，神州圖書出版，2001 年 10 月初版，頁 88-92；李惠宗，《行政法要義》，五南，2000 年 11 月初版，頁 42-46。有關日文書籍部分，參閱蘆部信喜，《憲法新版》，岩波書局，2000 年 5 月，頁 80 以下；塩野宏，《行政法 I》，有斐閣，1995 年 2 月 2 版，頁 23 以下；大橋洋一，《行政法──現代行政過程論》，有斐閣，2001 年 1 月，頁 17。

2 陳清秀，〈依法行政與法律的適用〉，收錄於《行政法 2000（上冊）》，翁岳生編，翰蘆，2000 年 7 月 2 版，頁 152。

3 有關法律保留從憲政史的發展，法律範圍廣狹與內容，常視人民欲為限制的程度與欲參與決定的程度如何來決定，法律保留與法律概念是隨著歷史演進，在一定歷史時期有其不同之定義，取決於當時政治狀態與憲法結構。參見陳慈陽，《行政法總論：基本原理、行政程序及行政行為》，神州圖書出版，2001 年 10 月初版，頁 94 以下。

領域必須由立法者保留，且須由制定法律之方式為之，有各種理論，
茲分述之：

(一)侵害保留說（一部保留說）[4]

傳統學說認為法律保留係干預保留，法律保留適用之範圍僅於
干涉行政，僅在行政權侵害人民之自由權利或課予人民義務負擔等
不利益之情形，才有法律根據之必要。

(二)全面保留說（無限制保留說）

此說依據民主原則，認為一切國家權力源自人民，不論干涉行
政（Eingriffsvorbehalt）或給付行政；不問公權力行政或私經濟行
政，一切行政行為均須國會之同意。全面保留係市民法治國之餘緒，
此說之缺點在於所有行政領域之法律保留，若實定法上欠缺根據，
行政機關勢必無法適應複雜多變的現代行政需求，或者為迴避此一
要求，而造成概括授權立法的結果[5]。況且基於權力分立原則，全
面保留（Total Vorbehalt）勢必使行政權完全居於立法權之下而違反
權力分立之原則，實際上窒礙難行。

(三)重要性理論說

德國學說配合聯邦憲法法院之判決[6]，發展出所謂「重要性理

4　此說認為法律係君主立憲下之產物，為保障人民之自由及所有權，防範不受
　　君主（行政）權所侵犯，應「保留」由法律加以規定。參閱陳清秀，〈依
　　法行政與法律之適用〉，收錄於翁岳生編，《行政法（上冊）》，翰盧，
　　2000 年 7 月 2 版，頁 153。

5　陳清秀，〈依法行政與法律之適用〉，同前揭註，頁 154。

6　重要性理論最初見諸 1972 年 3 月 14 日關於監獄受刑人之事件，其後聯邦及
　　各邦法院在審理學校與學生關係案件中，常予援用。此項理論謂在行政範圍
　　內之重要決策，應受法律保留原則之支配，國會並有義務制定所需要之法
　　律，不得委諸行政機關自行決定，是故「重要性理論」乃「國會保留」之別
　　稱。至於如何區分重要性與非重要性之事項，聯邦憲法法院則未能建立明確

論」（Wesentlichkeitstheorie），認為有關公眾及個人之基本及重要的決定，應由立法者為之，並由立法者負責（國會保留Parlamentsvorbehalt）。至於判斷特定事項是否具有重要性，大體而言其規範密度（Regelungsdichte），對基本權利之干涉愈持續性的影響或侵害，對公眾之效果愈大，對國家社會憲法秩序，具有重要的作用存在時，此種極為重要之事項，自應法律之根據（國會保留）。重要性較小之事項，立法者得以法律授權以法規命令定之。至於不具重要性之事項，則不適用法律保留原則。

(四)機關功能說

此說為重要事項引起憲法上討論，但不能作為界限的標準。「重要性」的概念是空洞無內容，對具體爭議，對於法律保留的界限似無助益[7]。此說認為宜採「符合功能之機關結構」（funktionsgerechte Organstruktur）之標準，俾使法律保留學說更加完備。

就立法與行政兩權間的權限分配而言，關鍵在於究竟立法者擁有那些特殊之組織、程序或其他性質，足以令人期待其作成的決定將比行政權作成者更臻「儘可能正確」的境地。國會的立法程序與行政程序相比較，國會立法程序有下述三項行政程序所無之特徵：(1)少數黨的參與作成決定；(2)繁瑣、謹慎、分別於大會與委員會進行討論的讀會程序；(3)議事程序的公開與透明化。這種複雜的程

之判別標準，祇能由「人民之法律地位、所涉及之生活範疇以及受規律之對象的性質加以衡量」；或者謂「在何種範圍內，國家之作為須有法律之依據，惟有視事件之性質及所必須加以規律之強度而定，基本法之各項原則與基本法所承認或默認之基本權利，乃首要之憲法上的價值標準。」由於無法提供簡明可行準則，故學者批評，以重要性理論界定國會保留之範圍，無非係由憲法法院法官自由決定而已。而「重要性理論」雖非周延，但已打破以干涉行政或給付行政，作為有無法律保留原則適用之區分標準。參閱吳庚，《行政法之理論與實用》，作者自刊，2001年8月增訂7版，頁87-88。

7 許宗力，《法與國家權力》，月旦出版，1994年10月2版，頁147-149。

序，其存在的意義，便是在於儘可能提升依此程序所作成決定的實質正確性。因此，如果於個案能夠證實某特定領域之事務，唯有透過立法程序，始能達到儘可能有效保護與實現基本權利之目的，則應有法律保留的適用[8]。

依此說理論，立法程序相較於命令訂定程序，明顯較為正式、嚴謹，尤其在討論方面更是較為公開、深入與徹底，且立法機關有比行政機關更寬廣的民意基礎，立法程序擁有較高的民主正當性。因此，重要的、原則性事務適合保留予立法者以法律規定之。又國會議員的專長並非在於個別專業或技術領域方面的知識，而是政治上的整合、協調與判斷能力，故適合由此種「政治」專家所組成國會決定的事務，自然是具有政治性的國家事務，至於不具政治性，亦即無關價值判斷、毋須作合目的性考量的專業業務（尤其是單純科技領域內的事務），則宜由行政系統的專家處理，而不適當由國會決定。原則上，外交行為應屬行政權限，因其人力、物力與組織較完備，對國際狀況較了解，而能作適當之反應，最能實現有效處理國際事務之國家任務。

8　此說又稱為「功能結構取向的解釋方法」，德國聯邦憲法法院曾指出，對國家之決定而言，不僅以最高度的民主合法性為依據，尤須要求儘可能正確，亦即依照機關之組織、編制、功能與程序方式觀察，由具備最優良條件的機關來作國家決定。其主要目的無非在於要求國家決定能夠達到「儘可能正確」的境地，由具備最佳條件的機關來擔當作成。參見陳清秀，〈依法行政與法律的適用〉，同前揭註，頁155。

第二項　我國繼受理論與實務見解

一、我國有關法律保留之實踐

(一)憲法有關法律保留之規定

1. 憲法第八條有關人身自由權之保障。
2. 憲法第十九條規定：「人民有依法律納稅之義務。」
3. 憲法第二十條規定：「人民有依法律服兵役之義務。」
4. 憲法第二十三條規定：「以上各條列舉之自由權利，除為防止防礙他人自由、避免緊急危難、維持社會秩序或增進公共利益所必要者外，不得以法律限制之。」

(二)中央法規標準法有關法律保留之規定

1. 中央法規標準法第四條規定：「法律應經立法院通過，總統公布。」
2. 中央法規標準法第五條第二款規定：「關於人民之權利、義務事項，應以法律定之。」
3. 中央法規標準法第六條規定：「應以法律規定之事項，不得以命令定之。」

由以上規定內容可知，我國憲法及中央法規標準法之規定與德國規定不同，我國憲法位階上僅存在形式法律保留；相反地，德國基本法除規定形式的法律保留外，另外依德國基本法第八十條第一項規定，在憲法位階上亦可以在一定要件下，亦即在法律具體明確之授權下，以法律授權制定之法規命令為之。因此，在德國而言，

依其基本法規定，法律保留意味行政機關須法律上的依據，包含法律與形式法律授權所制定法規命令，而我國憲法所規定的應僅限於形式法律[9]。綜觀中央法規標準法第五條各款之內容，法律保留已不限於干涉行政，尚包括機關組織之保留及其他重要事項之保留。其中第二款關於人民之權利義務，在文義上已較憲法第二十三條限制人民之自由權利含蓋為廣，再加上第三款及第四款概括性補充，在理論上法律保留之密度甚至已超過德瑞等國。尤其立法院以法律劃定法律保留之範圍，而非直接以憲法為依據或因為釋憲機關課予制定法律之義務，而構成「國會保留」，且第三款將行政部門之組織權限（Orgainsationsgewalt）剝奪殆盡，是否與憲法所欲建立之依法行政體制完全相符，並非毫無疑義[10]。

二、法律保留最近趨勢與演變

　　不過自民國七十六年解嚴後，由於回歸憲政之常態運作，依法行政原則之實踐，亦產生與往昔不同之結果，司法院大法官積極對於過去法制之「無差別主義到嚴格主義」[11]，對法律合憲性及行政

9　陳慈陽，《行政法總論：基本原理，行政程序及行政行為》，神州圖書出版，2001 年 10 月初版，頁 92 以下。

10　以上引自吳庚，行政法之理論與實用，作者自刊，2001 年 8 月增訂 7 版，頁 93。至於國會保留與法律保留之概念，德國聯邦憲法法院所作成之詮釋，係國會保留要求立法者就特定事務無論如何必須「親自」立法，以法律決定，亦即國會必須自行立法，不得委由他人代勞。而法律保留則允許一般重要或不重要之事務，授權行政機關訂定授權命令補充。

11　吳庚大法官以德國哲人康德（Immanuel Kant）哲學兩項概念：嚴格主義（Rigorismus）及無差別主義，將法律保留與法律優越原則之勾法審判加以歸類。

　　1.嚴格主義：指對憲法及法律所揭櫫之法治主義或依法行政原則，要求貫徹實施，嚴格執行之各種解釋或解釋或裁判所表示之見解。

　　(1)關於人身自由之保障，縱然以法律規定，亦認為與憲法第八條之規定不符。例如大法官釋字一六六號、第二五一號解釋、釋字三八四號解釋之

命令合法性之審查態度愈發嚴格，並建立不同之審查基準。

宣告違憲。

(2)行政命令不得有科處沒入，罰鍰或其他制裁之規定。科處沒入或罰鍰等
應以法律定之，否則即屬違背法律保留原則，命令定有沒入處分或罰鍰
者，行政法院常予以拒絕適用。

(3)屬於租稅法律主義之事項，不得以命令定之。租稅法律主義可謂法律保
留中「高密度」之部分，大法官審議多採嚴格審查之立場，諸如大法官
釋字第一六七號、第二一〇號、第二一七號、第三六七號解釋。

(4)授權命令不得超出法律授權之範圍，我國法律授權行政機關發布命令，
通常皆未明確規定其範圍，而遭大法官會議宣告其失效者。例如，大法
官釋字第二六八號解釋、第二七四號解釋。

(5)爭訟程序不得以命令定之：司法訴訟程序，則應屬國會保留事項，如釋
字第二八九號解釋。

(6)民意代表之待遇亦屬法律保留事項，大法官分別於釋字第二八二號及第
二九九號解釋。

2. 無差別主義：指對依法行政尤其法律保留之貫徹，視事件之性質，採許容
許之態度，而非嚴格審查之立場。

(1)有組織法即有行為法。

(2)執行法律之命令具有合法性。

(3)過渡性法規合法性之承認：若干依法本應以法律規定之事項，因其非屬
干涉行政範圍之措施，或以試辦性質而未及制定法律，或因涉及制度之
根本變革，或因某項爭議迄未解決，而致立法遲延，乃由主管機關以命
令行之。

(4)以公益作為維護行政措施合法性之理由：行政法院於少數案例中，為維
護行政措施之合法性，有時便以公益或公共利益之必要作為理由，使其
不致因為違反法律保留原則而無效。

(5)以「特別權力關係」或類似之概念使行政行為合法化：傳統特別權力關
係理論下，行政機關訂定之特別規則（特別命令），向來視為係法律保
留原則之例外。

(6)將依法行政縮減為法律優越：因行政事務性質之不同，行政措施或須積
極的有法律明文之依據，或祇須消極的不牴觸法律即可。以往實務上對
二者並未嚴格區分，僅強調依法行政中消極之因素——法律優位原則。

以上參閱吳庚，《行政法之理論與實用》，作者自刊，2001 年 8 月增訂 7
版，頁 97-108。

(一)建立「層級化之保留體系」

我國大法官以法律規範密度為理論基礎,建立如同德國之層級化保留體系(或稱分別等級之保留 System des abgestuften Vorbehalts)[12],其結構如下[13]:

1. 憲法保留:憲法第八條之部分內容。

2. 絕對法律保留:即必須由法律規定,諸如剝奪人民生命或限制人民身體自由之事項,又請求權之消滅時效亦應以法律定之,法律本身若未加規定,而由施行細則訂定者,即屬違憲(釋字第四七四號解釋)。

3. 相對法律保留:由法律直接規範或由有法律明確依據之行政命令加以規範,其對象包括關係生命身體以外之其他自由權利的限制,以及給付行政措施涉及公共利益之重大事項。

4. 非屬法律保留範圍:屬於執行法律之細節性、技術性次要事項,則不在法律保留之列。

民國八十六年十二月二十六日公布之釋字第四四三號解釋,除宣告內政部訂定之役男出境處理辦法有關規定違憲外,在理由書中亦建立層級化保留體系之見解。分述如下:

1. 憲法所定人民之自由及權利範圍甚廣,凡不妨害社會秩序公共利益者,均受保障。惟並非一切自由及權利均無分軒輊受

---

12 德國基本法對於基本權利之限制採取所謂分別等級之保留(System des abgestuften Vorbehalts),係視人民基本權利種類的不同,保留程度即有差異。參見陳新民,《憲法基本權利之基本理論(上冊)》,三民,1992 年 1 月初版,頁 203 以下。

13 有關層級化保留之見解,詳參吳庚,《行政法之理論與實用》,作者自刊,2001 年 8 月增訂 7 版,頁 109-110。

憲法毫無差別之保障：關於人民身體之自由，憲法第八條規定即較為詳盡，其中內容屬於憲法保留之事項者，縱令立法機關，亦不得制定法律加以限制（釋三九二解釋理由書），而憲法第七條、第九條至第十八條、第二十一條及第二十二條之各種自由及權利，則於符合憲法第二十三條之條件，得以法律限制之。

2. 至何種事項應以法律直接規範或得委由命令予以規定，與所謂規定範圍密度有關，應視規範對象、內容或法益本身及其所受限制之輕重而容許合理之差異：

   (1)諸如剝奪人民生命或限制人民身體自由者，必須遵守罪刑法定主義，以制定法律之方式為之；涉及人民其他自由權利之限制者，亦應由法律加以規定，如以法律授權主管機關發布命令為補充規定時，其授權應符合具體明確之原則。

   (2)若僅屬於執行法律之細節性、技術性次要事項，則得由主管機關發布命令為必要之規範，雖因而對人民產生不便或輕微影響，尚非憲法所不許。

   (3)又關於給付行政措施，其受法律規範之密度，自較限制人民權益者寬鬆，倘涉及公共利益之重大事項者，應有法律或法律授權之命令為依據之必要，乃屬當然。

關於大法官所建立之層級化保留體系，其規範層級茲以圖 5-1 表列如後。

(二)貫徹正當法律程序

正當法律程序係源自英美法之概念[14]，大法官起初援用於人身

---

14 所謂「正當程序」（Due Process），或稱「正當法律程序」（Due Process of Law）：其理念源於英國法上的「自然正義法則」（Rules of Natural Justice）。

圖 5-1　層級化保留體系之保留差異

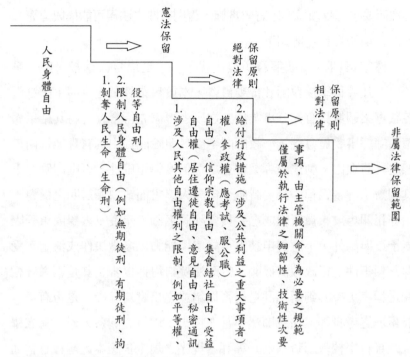

資料來源：依大法官釋字第四四三號解釋，作者彙整

所謂：

1.「自然正義」，顧名思義，即任何人不假思索，依其固有的理性即可判斷為正當者。

2.按 Ridge V. Baldwin 案的見解，「自然正義」包含三項要素：

　(1)在公正的法庭前聽證的權利（the right to be heard by an unbiased tribunal）。

　(2)獲悉指控的權利（the right to have notice of charges of misconduct）。

　(3)就指控為答辯的權利（the right to be heard in answer to those charges）。

3.上述三項要素又可歸納為兩句法諺：

　(1)「任何人不得自斷其案」（no man shall be a judge in his own cause, Nemo judex in causa sua）。

　(2)「兩造兼聽」（both sides shall be heard. Audi alteram partem）。並可進一步化約為「公正」（Impartiality）與「公平」（Fairness）兩個原則。

以上參見湯德宗，〈行政程序法〉，收錄於翁岳生編，《行政法（下冊）》，翰蘆，2000 年 3 月 2 版，頁 916 以下。

自由之保障（釋字三八四號）及司法相關程序（釋字三九六號），再進而要求行政領域亦應有效實施，否則有關之法規可能構成違憲。大法官司法實務見解如下：

　　釋字第四六二號解釋（理由書）：「是以各大學校、院、系（所）及專科學校教師評審委員會，本於專業評量之原則，應選任各該專業領域具有充分專業能力之學者專家先行審查，將其結果報請教師評審委員會評議。教師評審委員會除能提出具有專業學術依據之具體理由，動搖該專業審查之可信度與正確性，否則即應尊重其判斷；評審過程中必要時應予申請人以書面或口頭辯明之機會；由非相關專業人員所組成之委員會除就名額、年資、教學成果等因素予以斟酌外，不應對申請人專業學術能力以多數決作成決定。受理此類事件之行政救濟機關及行政法院自得據以審查其是否遵守相關之程序，或其判斷、評量是否以錯誤之事實為基礎，是否有違一般事理之考量等違法或顯然不當之情事。現行有關各大學、獨立學院及專科學校教師資格及升等評審程序之規定，應本此解釋意旨通盤檢討修正。又行政法院五十七年判字第四一四號判例，業經本院釋字第三三八號解釋不予適用在案，併此指明。」對於教師升等之決定，雖屬判斷餘地，但評審過程中必要時應予申請人以書面或口頭辯明之機會。

　　釋字第四八八號解釋：「法律授權行政機關訂定之命令，為適當執行法律之規定，尤須對採取影響人民權利之行政措施時，其應遵行之程序作必要之規範。前述銀行法、信用合作社法及金融機構監管接管辦法所定之各種措施，對銀行、信用合作社之股東（社員）、經營者及其他利害關係人，即皆有重大影響，該等法規僅就主管機關作成行政處分加以規定，未能對作成處分前，如何情形須聽取股東、社員、經營者或利害關係人陳述之意見或徵詢地方自治團體相關機關（涉及各該地方自治團體經營之金融機構）之意見設

置明文。」

釋字第四九一號解釋：認定公務人員考績法第十二條第一項第二款規定各機關辦理公務人員之專案考績，一次記二大過免職，其構成要件應由法律定之外，尚認為對公務人員之免職處分，自當踐行正當法律程序。解釋文內容謂：「對於公務人員之免職處分既係限制憲法保障人民服公職之權利，自應踐行正當法律程序，諸如作成處分應經機關內部組成立場公正之委員會決議，委員會之組成由機關首長指定者及由票選產生之人數比例應求相當，處分前應給予受處分人陳述及申辯之機會，處分書應附記理由，並表明救濟方法、期間及受理機關等，設立相關制度為妥善之保障。」

(三)明確性原則之確立

行政程序法第五條：「行政行為之內容應明確」，殆係將學理上之明確性原則予以條文化。按明確性係從憲法上之法治國原則導出，為依法行政原則之主要成分，乃憲法層次之原則，故所謂內容明確並不限於行政行為（行政命令及行政處分等）而已，更重要者，在法律保留原則支配下，法律及法規命令之規定，內容必須明確，涉及人民權利義務事項時，始有清楚之界限與範圍，對於何者為法律所許可，何者屬於禁止，亦可事先預見及考量[15]。

法律本身之明確性：抽象法規範本身須明確而具有預見之可能性，方符合明確性原則。大法官釋字第四三二號解釋稱[16]：「專門

15　參見吳庚，《行政法之理論與實用》，作者自刊，2001 年 8 月增訂 7 版，頁65。對於法律明確性原則之判斷標準，可歸納為三點：1. 對於法律構成要件，須非難以理解。2. 對於法律效果，具有預見之可能性。3. 對於法律事後救濟，具有審查可能性。參見陳慈陽，《行政法總論：基本原理、行政程序及行政行為》，神州圖書出版，2001 年 10 月初版，頁 108。

16　大法官之司法實務上見解，除釋字第四三二號解釋外，尚有釋字第四三三號、第四九一號、第五二一號、第五二二號、第五二三號、第五二四號解釋

職業人員違背其職業上應遵守之義務，而依法應受懲戒處分者，必須使其能預見其何種作為或不作為構成義務之違反及所應受之懲戒為何，方符法律明確性原則。對於懲戒處分之構成要件，法律雖以抽象概念表示，不論其為不確定概念或概括條款，均須無違明確性之要求。法律明確性之要求，非僅指法律文義具體詳盡之體例而言，立法者於立法定制時，仍得衡酌法律所規範生活事實之複雜性及適用於個案之妥當性，從立法上適當運用不確定法律概念或概括條款而為相應之規定。有關專門職業人員行為準則及懲戒之立法使用抽象概念者，苟其意義非難以理解，且為受規範者所得預見，並可經由司法審查加以確認，即不得謂與前揭原則相違。」

　　法律明確性之要求在於法律不可能具體詳盡，但立法者仍得衡酌法律所規範生活之複雜性及個案之妥當性，立法上適當運用不確定法律概念或概括條款而為相應規定。若其意義非難以理解，受規範者能預見，並經由司法審查加以確認者，便符合法律明確性原則[17]。

加以重申。至於釋字第五四五號解釋亦加以說明：「醫師於業務上如有違法或不正當行為，得處一個月以上一年以下停業處分或撤銷其執業執照。」所謂「業務上之違法行為」係指醫師於醫療業務，依專業知識，客觀上得理解不為法令許可之行為，此既限於執行醫療業務相關之行為而違背法令之規定，並非泛指醫師之一切違法行為，其範圍應屬可得確定；所謂「業務上之不正當行為」則指醫療業務行為雖未達違法之程度，但有悖於醫學學理及醫學倫理上之要求而不具正當性應予避免之行為。法律就前揭違法或不正當行為無從鉅細靡遺悉加規定，因以不確定法律概念予以規範，惟其涵義於個案中並非不能經由適當組成之機構依其專業知識及社會通念加以認定及判斷，並可由司法審查予以確認，則與法律明確性原則尚無不合，於憲法保障人民權利之意旨亦無牴觸。」

17 法律明確性原則，我國憲法並未明文規定，其法理基礎在於法治政治之精義。蓋立法者依合憲秩序定制法律，司法者依法律獨立審判，行政者則依法行政。後者於依法行政時，自應遵守法律優位及法律保留之原則，而法律保留之核心內容，即在於限制或干預人民自由或權利之規範，應「保留給法律規定，不應以行政命令定之」，不僅如此，法律之規定還不能模糊帶過點到

法規命令之明確──授權明確性原則：行政程序法第一五○條規定，法規命令之內容應明列法律授權之依據，並不得逾越法律授權之範圍與立法之精神。並於行政程序法第一五八條規定，無法律授權之命令限制人民權利義務者無效。可見我國行政程序法已將德國基本法第八十條第一項規定之精神於行政程序法中加以明文。

　　由上述司法實務上見解之轉變，透過憲法的解釋，使憲法及中央法規標準法之法律保留概念，賦予「當代化意義」。基本上，法律保留原則之意義已不能再從憲法條文或中央法規標準法等刻板條文去理解。制憲當時之意義，歷經釋憲者之解釋，更賦予高度的時代適應性。因此，法律保留原則，除形式意義的法律規定外，但仍不排除法律可以授權行政機關以法規命令定之。在符合「授權明確性原則」之下，亦即在授權之目的、範圍、內容必須明確可預見要件下，亦符合法律保留原則。至於法律保留之範圍何種事項應以法律定之？何種事項以法規命令為之？我國亦摒棄給付行政或干預行政二分法之傳統窠臼，而繼受德國聯邦憲法法院之見解，以「重要性密度」為判斷之基準。並建立層級化保留體系，依分別等級之保留，刻劃法律保留之界限與層級。在法規範運用之層次上，並建立「正當法律程序」之要求，以貫徹依法行政，提升人民對行政的信賴，確保人民之權益。雖然，「重要性理論」在理論層次上仍有不完備或模糊不清之地帶，然而以行政法學在如此短短數十年間發展，已可稱得上粲然大備。

為止，即該法律之構成要件與法律效果應明確，易言之，必須合乎明確性原則。若法律違反上述原則，即違反憲法第二十三條之法律保留原則，從而違依法行政原理，自難以有效建構法之安定性，將形骸化法治國原則。參見李震山，〈行政法意義下之法律明確性原則〉，收錄於《月旦法學》，第57期，2000年2月，頁14以下。

第二節　法律保留與地方自治法規

第一項　問題之提出

　　法律保留原則，係由憲法中之國會民主原則、法治國原則及基本權利所導出者。基於法律保留原則，凡有關人民之自由及權利，須有法律根據，始得限制之，或視其性質不同，除有法律依據外，亦許法律授權行政機關制定法規命令加以補充，而不致違反法律保留原則之要求，問題則在於地方自治法規若無法律之依據及授權，而限制人民之自由權利或課予人民義務，似不符法律保留原則的要求。反觀，地方自治團體為憲法承認之地方自治制度，又授與各級自治團體某種程度之自主權（憲法第一百零八條至一百十條），不涉及居民之權利義務，乃不可想像之事[18]。這兩難之困境在於人民基本權利之保障與地方自治保障之衝突，假設由地方自治團體以地方自治法規限制人民之權利義務，勢必衝擊法律保留原則。雖然高度尊重自治權，但人民基本權卻可能在無法律之根據或授權之下被限制或剝奪；而地方自治團體分享國家一部分之公權力，其自治領域內自治事務，均須法律之依據、授權，地方自治法規本身不得涉及居民之權利義務事項之規制，則地方自法無異形同具文，況且，地方法規建構在均須法律保留之範圍內，則無異開放中央法規侵入地方自治之「核心領域」，進而掏空地方自治之內涵。

　　地方自治法規得否限制人民權利義務？地方自治法規是否須法律依據或授權？到底「法律」之範圍是否為憲法第一七○條之法律

18　吳庚，《行政法之理論與實用》，作者自刊，2001 年 8 月增訂 7 版，頁 91。

而已？法律保留與地方自治之關係為何？又兩者之範圍各何在？其實以上之疑問國內學者、司法實務早有爭論，惟見解不一。然而，地方制度法施行後，該法「概括授權」地方自治團體，對於自治事項，經地方立法機關議決通過之「自治條例」創設、剝奪或限制居民之權利義務事項，並得對違反自治事項之行政義務者，處以裁罰之權。以上之爭議似乎在地制法明文規定後，均歸於圓滿解決，其實不然。上述問題之理論建構，其實在我國尚處於未加區分的階段，根本上之爭議問題，並未釐清。

第二項　有關地方自治法規與法律保留原則之爭議

一、持否定說之見解者——採嚴格之法律保留說

(一)學者見解

薩孟武認為：「蓋憲法乃國家的基本法，不但拘束別的機關，且亦拘束立法機關，縱令號稱政權機關的國民大會亦受憲法的拘束。凡憲法條文若有『以法律定之』，『依法律有⋯⋯』，『非依法律不得⋯⋯』的字句，此種條文皆所以拘束立法院，不許立法院放棄權責，而授權其他機關以政府命令、省法規、縣單行規章定之。至於憲法第二十三條所定『以上各款列舉之自由權利，除為⋯⋯所必要者外，不得以法律限制之』則其拘束立法院更嚴格。所以大法官會議所謂『其他法律之根據』七字對於人民自由權利的限制，根本不得適用。」[19]

陳敏則認為：「基於法治國家法律保留之要求，國家之重要事項，尤其人民基本權利之限制，應由立法機關以法律定之，自不得

19　薩孟武，《中華民國憲法新論》，三民，1990 年 11 月 9 版，頁 525 以下。

以自治規章取代法律。惟經國家法律之特別授權，地方自治團體仍得制定限制人民自由權利之規定。司法院大法官會議亦一再重申此一意旨。此外，自治規章應限於公法人權限範圍內，對其成員或利用人為規定。在此等限制下，自治規章得規定人民之權利、義務，而成為行政法之法源。」[20] 基本上，氏認為自治規章涉及人民之權利義務者，仍須法律之授權為依據，採法律保留嚴格說之立場。

(二)行政法院之判決

行政法院四十八年度判字第五十二號判例認為：「臺灣省政府為配銷化學肥料，藉以增加農產，充實民食，特於民國三十八年間訂定化學肥料配銷辦法，公布施行，固可認為省單行規章之一種。惟其所定沒收之罰則，既與人民之財產權有關，即必須經過立法程序，方能發生法律之效力。在未完成立法程序前，尚難遽予適用。」

行政法院四十九年判字第六號判例謂：「人民之財產權，應予保障，為憲法第十五條所明定。又關於人民權利義務之事項，應以法律定之，應以法律規定之情事，不得以命令定之，法律應經立法院通過並由總統依法公布之，此在中央法規標準法第五條第二款及第六條，亦規定甚明。是關於剝奪人民財產權之處罰，不問其性質為刑罰抑或行政罰，應由中央立法，以法律規定之。查台灣省化學肥料配銷辦法，為台灣省政府頒行之單行法規，非經立法院通過由總統依法公布之法律可比。此被告官署自不得依據該辦法第十五條第三款之規定，處分沒收原告之肥料，為剝奪人民財產權之處罰。」

有關娼妓職業之管理，由於此項業務中央並未立法加以管理，因此地方政府係以「台北市管理娼妓辦法」、「高雄市管理娼妓辦法」及「台灣省各縣市管理娼妓辦法」，加以規範。而行政法院對

---

20 陳敏，《行政法總論》，作者自刊，1998 年 5 月初版，頁 63-64。

此職業管理之地方法規之判決相當混亂，其中採嚴格法律保留之立場者如下：

行政法院七十二年判字第一〇四八號判決謂：「妓女戶許可證固係本於台灣省各縣市管理娼妓辦法之規定而發給，而許可之性質屬於禁止之解除，然經許可，受許可者既得合法經營所許可之營業（或行為），如再予禁止（撤銷許可、吊銷許可證），難謂非屬於人民之權利義務，依中央法規標準法第五條第二款或第七條之規定應有法律之根據為必要。」

行政法院判字七十五年度判字第一〇八六號判決則謂：「但查中央法規標準法第四條規定，法律應經立法院通過、總統公布、同法第五條第二款復規定關於人民之權利義務者，應以法律定之，上開辦法（台灣省各縣市娼妓管理辦法）尚與中央法規標準法所稱法律不符。」此後在七十七年度判字第一〇九七號、七十七年度判字第一六七四號仍採此立場，認為地方法規應受中央法規標準法之限制，不得據以限制人民權利義務。

(三)司法院大法官解釋

釋字第三十八號解釋後段：「縣議會行使縣立法之職權時，若無憲法或其他法律之根據，不得限制人民之自由權利。」此號釋示依當時之時空背景下均將地方政府視為下級機關，因此地方法規不外為中央法律之補充，從而若無憲法或法律之授權，即不得限制人民之自由權利。

釋字第二七七號解釋則謂：「財政收支劃分法第七條後段關於省及直轄市、縣（市）（局）稅課立法，由中央制定各該稅法通則，以為省、縣立法依據之規定，係中央依憲法第一百零七條第七款為實施國稅與省稅、縣稅之劃分，並貫徹租稅法律主義而設，與憲法尚無牴觸。因此中央應就劃歸地方之稅課，依財政收支劃分法前開

規定，制定地方稅法通則，或在各該稅法內訂定可適用於地方之通則性規定，俾地方得據以行使憲法第一百零九條第一項第七款及第一百十條第一項第六款賦予之立法權。目前既無地方稅法通則，現行稅法又有未設上述通則性規定者，應從速制定或增訂。在地方未完成立法前，仍應依中央有關稅法辦理。」

此號解釋亦重申釋字第三十八號解釋之立場，認為地方稅課涉及人民財產權之限制，應有憲法或法律之根據，地方應依中央有關稅法辦理。

釋字第三六三號解釋前段稱：「地方行政機關為執行法律，得依其職權發布命令為必要之補充規定，惟不得與法律牴觸」。地方行政機關依職權發布之命令為執行法律之補充，除不得與法律牴觸外，自不得增加法律所無之限制，而認為台市獎勵投資與建零售市場須知，其中有關「持有市場用地內全部私有土地之私人或團體」為申請之條件，係增加都市計劃法第五十三條所無之限制。從而地方自治法規限制人民自由權利者，仍須有法律之依據，受法律保留原則之拘束。

釋字第四四四號解釋指出（理由書）：「中華民國八十四年六月七日修正發布之台灣省非都市土地容許使用執行要點第二十五點規定：『在水質、水量保護區規定範圍內，不得新設立畜牧場者，不得同意畜牧設施使用。』係為執行自來水法第十一條及水污染防治第二十八條第四款，而按本項但書意旨，就某種使用土地應否依容許使用之項目使用，或禁止或限制其使用為具體明確之例示規定（本例示規定已於八十六年八月六日經內政部內地字第八六八四八三三號核定刪除），此亦為實現前揭立法目的所必要，並未對人民權利增加法律所無之限制，與憲法第十五條保障人民財產權之意旨及第二十三條法律保留原則尚無牴觸。」

地方法規得否限制人民之權利義務，仍堅持以是否有法律之具

體明確之授權為判斷之基準，此與大法官釋字第四四三號之解釋立場相同，「至何種事項應以法律直接規範或得委由命令予以規定，與所為規範密度有關，應視規範對象、內容或法益本身及其所受限制之輕重而容許合理之差異：諸如剝奪人民生命或限制人民身體自由者，必須遵守罪刑法定主義，與制定法律之方式為之；涉及人民其他自由權利之限制者，亦應由法律加以規定，如以法律授權主管機關發布命令為補充規定時，其授權應符合具體明確之原則；若僅屬與執行法律之細節性、技術性次要事項，則得由主管機關發布命令為必要之規範，雖因而對人民產生不便或輕微影響，尚非憲法所不許。又關於給付行政措施，其受法律規範之密度，自較限制人民權益者寬鬆，倘涉及公共利益之重大事項者，應有法律或法律授權之命令為依據之必要，乃屬當然。」

釋字第五四二號解釋：「人民有居住及遷徙之自由，憲法第十條設有明文。對此自由之限制，不得逾憲法第二十三條所定必要之程度，且須有法律之明文依據，業經本院作成釋字第四四三、四五四號等解釋在案。自來水法第十一條授權行政機關得為『劃定公布水質水量保護區域，禁止在該區域內一切貽害水質與水量之行為』，主管機關依此授權訂定公告『翡翠水庫集水區石碇鄉碧山、永安、格頭三村遷村作業實施計劃』，雖對人民居住遷徙自由有所限制，惟計劃遷村之手段與水資源之保護目的間尚符合比例原則，要難謂其有違憲法第十條之規定。」行政機關以命令限制人民之自由權利，須由有法律之明文依據，而主管機關依法律之授權，雖對人民居住遷徙自由有所限制，尚不違法律保留原則。

綜上所述，採否定說之見解者，係主張於法治主義及依法行政原則下，限制人民之自由權利，僅得以中央法律為之。憲法第七條、

第二十二條所稱之人民，包括全國所有人民而言，不分中央及地方[21]。限制人民之權利義務，須有法律之依據或法律具體明確之法規命令方得具有合法性及合憲性，而地方自治法規並不與焉，進而剝奪地方自治團體之立法權限。

二、持肯定說之見解者

(一)學者之見解

國內學者對於地方自治法規是否得限制人民之權利義務，多數均採肯定之見解，不過其間立論之依據，則有不同。茲分別列舉如下：

林紀東：氏主張「吾人以為此問題之解決，宜求諸憲法第十章之規定。按憲法一百〇八條規定：『……』，列舉十二款之多，第一百一十條規定：……均與人民之自由權利有關，如不能以省法規或縣單行規章限制之，勢不能達到其規定之目的。且具有自主立法權，為地方自治要義之一，立法之結果，勢必影響人民之自由權利，故由地方自治之本義言之，尤其由我國憲法，賦予省縣以高度自治權言之，似應承認省縣於憲法授權之範圍內，因實施地方自治之必要，可以省法規或縣單行規章，限制人民自由權利，憲法第一百〇九條及第一百一十條之規定，即其成文之根據也。」[22]

吳庚：氏認為「憲法既承認地方自治制度，又授與各級自治團體團體某種程度之自主權，行使自主權時，不涉及居民之權利義務，乃不可想像之事。若凡事均須國家法律授權，不僅不符因地制宜之

---

21 黃錦堂，「地方法規定位之研究」，行政院究發展考核委員會委託研究，1997年8月，頁101。

22 林紀東，《中華民國憲法逐條釋義（一）》，三民，1993年1月修訂7版，頁350。

旨，抑且事實上難於貫徹，故憲法對地方自治之保障，可視為對法律保留之例外」[23]。

許志雄：氏主張「地方自治團體必須具備立法權，地方自治方能發揮應有之功能，……地方自治法規性質相當於中央法律，對住民之自由權利有所限制時，應毋庸法律個別授權」[24]。又司法院釋字第三十八號解釋指出：『縣議會行使縣立法之職權時，若無憲法或其他法律之根據，不得限制人民之自由權利。』此號解釋嚴格限制自治立法權，恐非妥適[25]。

許宗力：氏認為「德國法只承認聯邦與邦議會是立法機關，地方自治團體的民意代表機關即便有權訂定自治規章，仍非權力分立意義下的立法機關，而依然是行政權的一部，履行的還是行政任務，而不是立法任務，所以如同行政機關所訂定的法規命令般，非有法律進一步授權，否則無權限制人民權利。德國前述之理由明顯與我國憲法之規定並不相容，因增修條文第九條第一項第四款已明定，屬於縣之立法權，由縣議會行之，則縣議會屬立法機關，所訂定的縣規章屬議會立法，而非行政立法等等事實，都應不容置疑。……則從體系解釋觀點，層級更高之直轄市議會屬立法機關，自亦屬理

23　吳庚教授認為，若從另一觀點言，承認地方自治團體得任意限制居民之自由權利，豈非謂自治規章之效力高於國家法律，或地方自治團體之權限大於國家乎！是故基於政治原理與規範層級（Normenhierarchie），應認法律保留原則於地方行政之範疇，與國家行政有同等之適用。參閱吳庚，《行政法之理論與實用》，作者自刊，2001 年 8 月增訂 7 版，頁 96。

24　許志雄，〈地方自治權的基本課題〉，《月旦法學》，第 1 期，1995 年 5 月，頁 13-14。

25　參閱許志雄，《憲政秩序之變動》，元照，2000 年 10 月初版，頁 411-412。氏主張之見解較傾向於日本學界所採之學說，認為地方「條例」為「自主法」，其地位與中央法律相當，即「條例準法律」之地位，當可限制人民之自由權利。鴨野幸雄，〈地方自治論的動向與問題點〉，《公法研究》第 56 號，1994 年，頁 14。

之當然」[26]。

　　蔡茂寅：氏認為「地方自治團體藉由制定自治立法，限制住民自由的手段，以追求公益目的的作法，其合憲性、正當性，固然應予肯定，從而在擔保其實效性之「合目的思考」的前提下，自治立法得設罰則，亦屬自明之理。」因此，「既然肯認地方自治立法得作為限制人民自由權的法源之一，則自治立法亦得設罰則以擔保其實效性，自目的論的觀點而言，乃是一種不容置疑的當然解釋[27]。」

　　陳慈陽：氏認為「從自治條例與自治規則之制定、規範事項之內容及是否牴觸上位階規範而無效的規定中，可以得知，自治條例非是傳統自治行政下均共用規範制定權，而是獨立由民意代表所組成地方立法機關所制定的規範，屬於立法權所獨占（Monopol der Legislative），且其權源本質與國會之『規範制定權』（Normsetzungsgewalt）無異。」[28]

　　李惠宗：「而我國是主權單一的國家，立法權是國民全體所委託行使的國家權力，屬原始的權力。地方自治團體的『立法作用』雖名之為立法權，實質仍應屬國家授權。亦即地方自治團體的立法是國家透過立法授權所產生的行政權。蓋理論上，國民全體既然已委託國家行使立法權，即不應再委託其他團體行使立法權。是以憲法第一百零七條至第一百十條所稱之『立法』，意義並非完全相同。本文認為，憲法第一百零七及第一百零八條所稱之『立法』，係指原始的國家立法權，但第一百零九條、第一百十條所稱之『立法』

26　許宗力，〈地方立法權相關問題之研究〉，《憲法與法治國行政》，元照，1999 年 3 月初版，頁 303-304。

27　蔡茂寅，〈地方自治立法權的界限〉，收錄於《地方自治法 2001》，台北市政府法規委員會編印，2001 年 10 月初版，頁 126-127。

28　陳慈陽，〈論地方之立法權及其界限〉，收錄於《行政救濟、行政處罰、地方立法》，台灣行政法學會主編，元照，2000 年 12 月初版，頁 403。

及第一百十三條、第一百二十四條之『省立法』及『縣立法』乃屬法律授權的『行政立法』，作用內容雖屬抽象法規的制定，但其本質則屬行政權。故地方法規如有法律授權，亦可如法規命令一樣，可限制人民權利。」[29]

陳清秀[30]：地方自治法規是屬於法律保留中之法律的範圍，學者間見解不一。或從憲法第一百七條規定認為憲法第二十三條關於人民自由權利之限制，僅得依立法院通過總統公布之法律為之，如無法律根據，不得逕以地方自治法規限制人民自由權利。惟我憲法採中央與地方均權制度，地方自治團體依憲法第一〇九條、第一一〇條規定，亦有自主立法權，民國八十六年憲法增修條文第九條第一項第四款亦規定屬於縣之立法權，由縣議會行之。故地方自治團體基於地方自治之本旨，為執行自治事務，似亦得於憲法第二十三條所定要件下，由地方議會依據省縣自治法以及直轄市自治法規定，制定地方自治法規，限制地方自治團體居民之自由權利。

就此司法院大法官會議釋字第三十八號解釋謂：「縣議會行使縣立法之職權時，若無憲法或其他法律之根據，不得限制人民之自由權利。」因此，若有憲法或其他法律根據，縣自治法規亦得訂定有關地方居民權利義務之法規。

我國地方制度法第二十六條第二項及第三項即規定：「直轄市法規、縣（市）規章就違反地方自治事項之行政義務者，得規定處以罰鍰或其他種類之行政罰。但法律另有規定者，不在此限。其為罰鍰之處罰，逾期不繳納者，得依相關法律移送強制執行。前項罰鍰之處罰，最高以新台幣十萬元為限；並得規定連續處罰之。其他

---

29 李惠宗，〈地方自治之監督〉，收錄於《地方自治法2001》，台北市政府法規委員會編印，2001年10月初版，頁298。

30 陳清秀，〈依法行政與法律之適用〉，翁岳生編，《行政法（上冊）》，翰蘆，2000年7月2版，頁161。

行政罰之種類限於勒令停工、停止營業、吊扣執照或其他一定期限
內限制或禁止為一定行為之不利處分。」

(二)行政法院之判決

行政法院七十二年判字第一四三六號判例：台北市政府松山區
公所在既成道路上所為側溝改善，係以私有土地實際供公眾通行者，
應認為已有公用地役權存在，土地所有權人不得違反公眾通行之目
的而為使用，道路管理機關並得為必要之改善，此觀台北市市區道
路管理規則第十四條規定甚明，同規則第十五條並規定「既成道路
在不妨害其原有使用之原則下，埋設地下設施物時，得不徵購其用
地」，原告指為未經徵收，非法使用，自非可採。

行政法院七十三年判字第一五八○號判決：查「台北市特定營
業管理規則」係再審被告機關本於法定職權，為維護社會秩序、公
共安全及善良風俗，依據中央法規標準法第七條規定所制定之地方
單行法規，於六十二年二月八日以府秘法字第三○○四號令所公布
施行，核其內容，並不牴觸憲法或法律。依同法第十一條之反面解
釋，自具法律之效力，再審原告經營戲院之營業，既由再審被告機
關依該規則發給許可證，嗣因其違反該規則之規定，乃依同規則撤
銷其許可證，在法理上並無不合。

綜上所述，肯定說之見解均肯認地方自治法規得限制人民之權
利義務。不過所持之立場有異，立論學說寬嚴廣狹各有不同，對地
方自治的理解差異甚大，主要原因在於我國正式實施地方自治之時
間甚短，學者所引介之外國法制經驗各有不同，當然理解便各有差
異，致無法累積足夠自治經驗，架構我國地方自治之理論與共識。
採肯定說之見解者，所採之立論分析如下：

民主保障說：我國憲法第一○九條及一一○條均明文規定省、
縣之立法權之設計，既然地方享有立法權，當然對憲法所規定自治

項目，得規範人民的權利義務。蓋認有關人民權利義務之規定，除憲法第二十三條外，尚有憲法第一○九條及一一○條，在此產生法規競合之問題，基於民主原則之考量，後者應屬特別法，得優先於前法而為適用。因此，地方原得為限制人民權利或處罰之規定，無須中央之特別授權。此外，依據我國憲法之規定，中央對地方自治，仍擁有制定規範之權限，因此不致造成地方過分擴權之隱憂。既然憲法給予地方立法權，地方就其自治事項當然得訂定法規要求人民遵守，若遵守嚴格法律保留之要求，而不能對違反法規者予以處罰或強制，如此，豈非使憲法地方自治立法權之規定形同具文。故地方自治之立法權屬獨立之立法權，不受中央法律保留原則的限制[31]。

　　法律依據或授權下容許地方法規得限制人民之自由權利：地方法規之立法權係法律授權之行政立法權，原則上不得限制人民之自由權利，而處罰性之規定自屬限制人民權利之行為，所以不得逕依職權由地方自治團體以地方法規定之。故地方法規如有法律授權，並且在符合授權明確性原則前提下，亦可如法規命令一般，可限制人民權利。此說意見係延續歷年來大法官解釋所持法律保留原則之立場，自治法規涉及人民之自由權利者，自當有法律之依據或具體明確之授權，方符憲法第二十三條之意旨。

31　黃錦堂，「地方法規定位之研究」，行政院研考會委託，1997 年 8 月，頁102。民主保障說之見解，可以再細分不同之立論，例如，(1)地方立法權係法律保留之例外；(2)地方議會為民主、正當性之民選議會，具有立法權存在；(3)地方立法不可避免涉及人民權利義務等見解。

第三項　我國現行法制與理論建構之嘗試

一、現行法制之檢討

自治法規得否限制人民之自由權利？得否創設對人民不利益或課予義務之處分？地方自治法規是否受法律保留原則之拘束？隨著地方制度法第二十六條第二項及條三項，第二十八條之「概括授權」之規定而得到肯定之回應，惟學理應憲法上的爭議，並不因此而消弭。地方立法權與法律保留之理論，界限及範圍，有待進一步加以釐清。

依地方制度法第二十八條第二項之規定，創設、剝奪或限制地方自治團體居民之權利義務應以自治條例為之。又地方制度法於第二十六條第二項、三項規定：

1. 違反地方自治事項之行政義務之行政罰：直轄市法規、縣（市）規章就違反地方自治事項之行政義務者，得規定處以罰鍰或其他種類之行政罰。但法律另有規定者，不在此限。其為罰鍰之處罰，逾期不繳納者，得依相關法律移送強制執行。

2. 行政罰之種類：
   (1)前項罰鍰之處罰，最高以新臺幣十萬元為限；並得規定連續處罰之。
   (2)其他行政罰之種類限於勒令停工、停止營業、吊扣執照或其他一定期限內限制或禁止為一定行為之不利處分。

上述之規定概括授權地方自治團體得於自治條例處以行政罰之法源依據。由於憲法第一〇七條第三款規定「刑事之法律」為中央

立法並執行之事項，地方立法僅能規範「行政秩序罰」之種類，不能涉及刑法法典及其他刑事犯之特別法。至於其構成要件，必須是對違反地方自治事項之行政義務者始得科罰，如涉及違反國家事務，則非自治條例所處罰之範圍。處罰之種類僅於行為之限制罰，而不包含權利的剝奪，且其種類上有一定之範圍。實施上，地方法規若訂定罰則之權，若僅有「構成要件」，而無處罰之法律效果，此種地方法規於人民沒有強制力，致無法發揮其成為法應有之功能，將形同具文，上述地制法之規定，尚屬合理。

二、理論建構之嘗試

地制法賦予地方有罰則之立法權，係基於「憲法業賦予地方自治團體就其分配事項，有立法並執行之權；本法復規定地方自治團體居民有遵守自治法規、繳納自治稅捐等義務，是以賦予地方自治法規就這些行政義務之違反者為適當處罰，實有必要[32]」。地制法之規定，將實務及法規範層面加以釋疑，問題在理論架構上仍有不同之立論，學理上主張差距仍大，本文嘗試加以建構。

(一)制度性保障、住民自治與團體自治

制度性保障之對象為「先於憲法存在」之制度，依Carl Schmitt 的見解，主要為婚姻制度、財產權制度、大學自治以及地方自治制度等。我國司法院大法官釋字第三八○、第四五○號、第五五○號解釋已建立制度保障說。釋字第四六七號已指出自治事項，自主組織權為地方自治之主要內涵[33]。釋字第四九八號則指出，「地方自

---

32 參見「地方制度法草案」，立法院議案關係文書，院總字第一五四四號，政府提案第六三五七號，1998 年 12 月 9 日印發，頁 103。

33 制度性保障（Institutionelle Garantie）理論源於德國威瑪憲法時代之 Carl Schmitt 加以體系化，受到學界採納而成為通說。日本戰役引進制度制保障

治為憲法所保障之制度，基於住民自治之理念與垂直分權之功能，地方自治團體設有地方行政機關及立法機關，其首長與民意代表的由自治區域內之人民依法選舉生，分別綜理地方自治團體之地方事務，或行使地方立法機關之職權，地方行政機關與地方立法機關間依法並有權責制衡之關係。」可見地方自治為憲法所保障之制度，早經大法官解釋所肯認。

因此，地方自治係制度性之保障，就「團體自治」而言，地方自治團體具有獨立法律人格，並可就其組織、人事、立法、行政、財政等享有最終之自主決定權。就「住民自治」而言，地方自治團體之自治行政，必須充分基於住民之意思加行執行，住民自治排除中央政府對地方行政之干涉，而基於住民自主意思，來處理地方的行政事務。由此可知地方之自治立法權，就其組織、人事、財政及行政等事項，除牴觸其他法律者外，並無法律保留原則之適用。申言之，地方自治為憲法所保障之建制範圍，地方立法權，無待於法律之授予，基於團體自治及住民自治之本旨，在不違反中央法律之前提下，地方對其自治領域有裁罰之自主決定權。若凡事均須中央法律之依據及授權，對於憲法之地方自治設為制度性保障之規範價值有必然蕩然無存。

(二)民主原則、多元主義與垂直權力分立

地方立法權為地方居民以直接或間接民主之形式，經由地方民意機關而為政治意志之表現，地方自治團體就其自治事項享有自主決定之權，經其主法機關依法定程序，發布之一般性、抽象性規範，符合民主性及正當性之價值。況且，依我國憲法之規定，地方自治團體與中央共同分享立法權，在國家立法權之外，尚有地方立法權之存在，地方自治團體之自治立法權，係民主化與法治國下「垂直式權力分立」之當然結果。再者，基於地域之特殊性、各種環境、

財政、文化、風俗習慣上之差異，基於多元主義（Pluralism）的價值，應予肯認地方自治團體制定「地域性效力」之自治法規，依地域性之差異，對其自治事項根據本身之需求，而有合理差異之區別規範。

(三)層級化保留與基本權利之限制

反觀，地方立法權之擴張是否因對地方自治之制度保障，而造成人民基本權受到地方自治機關之恣意侵害。換言之，地方法規限制居民之權利義務，是否人民之基本權利因而受到侵害，導致人權與制度之主從關係逆轉，而削弱人權保障[34]。關於這點係「地方自治立法權」與「法律保留原則」最大矛盾與衝突所在。

不過，我國大法官以法律規範密度為基礎，已建立如同德國之「層級化保留體系」，地方立法涉及法律保留之人民基本權利之範圍，其實僅於「相對法律保留」之領域，即涉及人民人身自由，限制身體自由及生命權之外的其他自由權利而已。因屬於國家專屬立

理論，戰後解釋新憲法時，針對大學自治、政教分離、地方自治及私有財產等問題，常訴諸制度性保障，我國憲法與日本憲法相同，並無制度性保障之明文，大法官透過解釋方式，於司法院釋字第三八〇號解釋中導入制度性保障概念，顯係直接間接受德日二國學說之影響。參見許志雄，〈制度性保障〉，《月旦法學》，第 8 期，1995 年 12 月，頁 40；李建良，〈論學術自由與大學自治之憲法保障〉，《人文及社會科學集刊》，第 8 卷，第 1 期，1996 年 3 月，頁 273。

34 制度性保障之內涵係指一種典型、傳統制度之擔保，即憲法以一定既存制度為前提，就制度之核心部分為客觀之保障，制度保障的對象在於制度本身，而非個人的自由權利，因而理論上制度性保障與基本權利是相互割裂的，制度的目的極為可能僅為制度而存在，反而疏離了基本權利之保障，極端者因過度強調制度，反而導致憲法中基本權利與制度主從關係的逆轉；許志雄，〈制度性保障〉，收錄於《月旦法學教室（3）公法學篇》，元照，2002 年 2 月初版，頁 78；陳春生，〈司法院大法官解釋中關於制度性保障概念意涵之探討〉，第二屆憲法解釋之理論與實務研討會論文集，中央研究院中山人文社會科學研究所，1999 年 3 月，頁 3。

法之事項，既經中央以法律或法規命令之法律保留領域，地方自治團體本無置喙餘地。地方立法之範疇係其自治事項之自主核心領域（固有事項或自願性辦理之自治事項），或為中央立法空白之領域，經由地方民意機關依法定程序制定，進而剝奪或限制居民之權利、義務，尚不與法律保留原則有矛盾或衝突之處。反而，經由住民之共同意思並由其民意機關所制定之法規，更可符合地域之特殊性需求，為維護居民之基本權利（對其生存權、環境權）之侵害，地方立法更可發揮保障人民基本權利之功能[35]，從而制度性保障或可強化人權保障，以收補偏救弊之效。

第三節　地方自治法規與中央法令之位階關係

第一項　爭議問題之提出

依法律秩序位階理論（Der Stufenbau der Rechtsordnung），不僅憲法、法律、命令及自治法規為規範之一環，即依法律或命令、規章所作成之具體行政行為（或執行措施）亦具有規範效力。因此，從頂端之憲法以至底層無數具體行政行為，形成一座金字塔型之規範秩序，我國現行憲法之法律建制，當亦有其適用。按我國憲法第

---

[35] 例如，日本學者在環保法領域內承認「上乘條例」，對於人民權利的創設比法律為更嚴格之管制標準，乃因在公害事件中，受害者的「生存權」相較於加害者的「財產權」而言，在法益的衡量上具有優越性，而允許地方自治團體得在條例中制定比法律更嚴格的公害管制標準，以保障人民的生存權。參見黃錦堂主持，蔡震榮、陳愛娥協同主持，行政院研考會委託，「地方法規定位之研究」，1997年8月，頁22。

一七一條規定，法律與憲法牴觸者無效，第一七二條規定，命令與憲法或法律牴觸者無效。中央法規標準法第十一條之規定，中央法規範之位階乃循序由憲法、法律和命令三者高低排列而成，上位規範決定下位規範產生之條件，下位規範則為執行上位規範之具體化規定。

「法階層理論」自應包括各級地方法規之位階問題，憲法第一一二條第一項後段規定省自治法不得與憲法牴觸。第一一六條規定省法規與國家法律牴觸者無效[36]；縣法規之位階效力，憲法第一二二條規定，縣自治法不得與憲法及省自治法牴觸。第一二五條又規定，縣單行規章，與國家法律或省法規牴觸者無效，以上規定說明憲法、國家法律及地方法規之位階效力。問題在於上述憲法條文只敘明地方法規不得與憲法牴觸及國家法律牴觸，但是地方法規與中央法規相互牴觸時，其效力如何？「自治條例」、「自治規則」及「委辦規則」與中央法令之位階關係為何？憲法並未規定，實有探討及釐清之必要[37]。

---

[36] 民國八十六年七月二十一日總統公布憲法增修條文第九條第一項之規定以後，省不再為地方自治團體之公法人（釋字四六七號解釋），省政府為行政院之派出機關，而省之立法機關──省議會裁撤改制為省諮議會，不再為省之立法機關，改制為具有諮詢性質之行政機關，業已凍結其自治立法之權，故精省後之省法規，其性質上為中央法令，不具有地方法規之性質，在此合先敘明。

[37] 地方法規之位階效力，係指中央法令與地方法規對同一規範事項相互衝突競合時，何者具有較高效力之問題，即上位規範之效力優於下位規範，而下位規範牴觸上位規範則歸於無效。問題就在於中央法令其實係對於國家事務本身之事項所為規定，與地方法規就自治事項所為之規範，理論上其實不可能對同一規範事項有衝突競合之虞。但其實不然，我國憲法第一〇八條所規定之事項，與地方制度法所規定之直轄市、縣（市）、鄉（鎮、市）之自治事項，多所重複（已於第三章中敘及），致而造成中央法令與地方法規出現規範競合，必須將中央法令與地方法規之位階關係加以釐清。

第二項　有關學說見解之討論

一、傳統學說上之見解

(一)採有效說者

此說認為，所謂國家法律，原則上以應指憲法、及中央立法機
關制定之法律而言，而不包括行政機關制定之規章在內。蓋省既實
行地方自治，於一定限度內，具有自主立法權，省法規牴觸國家法
律者，固應無效，其僅牴觸行政機關制定之規章，似不必定為絕對
無效。惟如上所述，緊急命令雖屬行政命令之性質，其在法律體系
上之地位，實在普通法律之上；委任立法，則以命令具有法律之效
力，故省法規如與緊急命令或委任立法牴觸時，亦屬無效也。由尊
重國家法令之統一性言，省法規與國家命令牴觸時，亦應認為無效；
由尊重省之自主立法權言，則應依照憲法本條之文字，僅限違反國
家法律者，始為無效 38。

(二)採無效說者

採無效之主張者認為，中央政府之命令，其效力普及於全國各
地，中央對地方有指揮監督之職權，省法規與中央之命令，既有所
牴觸，自應認為無效，中央所頒行之命令，不得與憲法及法律牴觸，
始得生效，如地方之省法規牴觸中央命令時，即不啻間接與法律牴
觸，自應認為無效 39。

38　參閱林紀東，《中華民國憲法逐條釋義第四冊》，三民，1981 年 3 月初版，
　　頁 74。氏主張地方自治團體於一定限度內，具有自主立法權，故由尊重省之
　　自主立法權而言，應依憲法之文義，僅限違反國家法律者，始為無效。
39　管歐，《中華民國憲法論》，三民，1990 年 1 月修訂 5 版，頁 226。

二、新近學說見解

(一)採否定說之見解

採此說者多數認為，地方法規不得與中央法令牴觸，牴觸者，皆應一律無效。

許宗力：氏主張，任何層級之地方議會所議決通過之地方法規，無論規範內容屬自治事項或委辦事項，只要牴觸中央之法規範，且無論所牴觸之中央法規範是法律抑或法規命令，皆應一律無效。理由在於避免出現「地方法破中央法」的矛盾情況，以維護國家整體法秩序之統一。因既然中央之命令係基於各該中央法律之授權所訂定，且又都有具體化法律抽象概念與補充法律規定之不足的功能，則在其未牴觸母法的情形下，倘允許地方法規破中央法令，難道不是無異於允許地方法規破中央法律。地方法規除不得牴觸法律與中央命令，亦不得牴觸中央主管行政機關就中央法規所為法規釋示的函令。基本上，法規釋示的令函，其實是中央的一種適法監督的手段，中央機關自亦得透過法規釋示，指導地方如何「正確地」適用中央法，且在發現地方法規牴觸該法規釋示時，得以牴觸中央法為由，函告該法無效[40]。

黃錦堂：氏認為在單一國之中，地方所訂定之法規並不稱為「法律」，而且其不得違反中央之「法律」，其只能在一定限度內訂有罰則或不利人民之處分。地方法規在法位階上，不及中央法規，其效力低於憲法、中央之法律與法規命令[41]。

---

40 參閱許宗力，《憲法與法治國行政》，元照，1999年3月初版，頁297-301。
41 黃錦堂，「地方法規定位之研究」，行政院研究發展考核委員會委託研究，1997年8月，頁35。

(二)採肯定說之見解

吳庚：氏認為省法規不得牴觸國家法律，省法規原則上亦不得牴觸中央之命令，但省法規如係直接基於憲法中央與地方權限劃分之規定而來，性質上為其固有之自治事項而非委辦事項，則省法規與中央法規是否牴觸可能成為憲法爭議，與單純行政法上規範位階問題有別。倘省法規係基於憲法與法律授權而訂立，則並非中央命令之下位規範，不因與中央命令牴觸而失效[42]。

陳慈陽：氏認為憲法第十章所規定由省或縣（市）可以立法並執行之自治事項（稱之為憲法上的自治事項），若地方議會就此等自治事項所制定出來的自治條例，其位階應與法律具有同一位階之效力。倘自治條例是以憲法所規定之地方立法權或執行權為其規範內容，則該自治條例是否無效，應視其內容有無牴觸憲法基本精神或其他相關條文而定，如有其為無效，至於地制法第十八條以下規定之自治事項，並不表示其即為法律的自治事項，其中與憲法重複或重申憲法意旨之自治事項，仍屬憲法上的自治事項。因此，就地制法或其他法律規定之法律的自治事項所制定之自治條例，如與地制法或相關法律或憲法有發生牴觸之情形，則為無效。如為自治規則，則應更往下包括憲法、法律、基於法律授權之法規以及上級自治團體之自治條例等一層次一層次的作分析，似乎較為妥當，也較合乎憲法基本之規定。而非簡單地依地制法第三十條之規定，從字義上予以粗率認斷自治條例和法律牴觸者無效[43]。

---

[42] 吳庚，《行政法之理論與實用》，作者自刊，2001 年 8 月增訂 7 版，頁 69。

[43] 參見《地方自治法 2001》，台北市政府法規委員會編印，綜合討論部分，2001 年 10 月，頁 96。另參閱陳慈陽，《行政法總論：基本原理、行政程序及行政行為》，神州圖書出版，2001 年 10 月初版，頁 169。氏亦主張自治法規依其效力來源根據之法規範而定位階。換言之，若其依據憲法所制定者，則其地位同於法律，若其係依據法律而制定者，則其地位同於命令。

三、我國地方制度法之檢討

我國憲法之基本決定，地方法規之位階低於憲法、國家法律，不得牴觸憲法與中央法律[44]，但地方法規與中央法令之效力位階，則未有進一步之規定。地方制度法對於地方法規與中央法令之間的位階關係則作成規定，並細分為四種類型：

1. 自治條例：自治條例與憲法、法律或基於法律授權之法規或上級自治團體自治條例牴觸者，無效。
2. 自治規則：自治規則與憲法、法律、基於法律授權之法規、上級自治團體自治條例或該自治團體自治條例牴觸者，無效。
3. 委辦規則：委辦規則與憲法、法律、中央法令牴觸者，無效。
4. 自律規則：自律規則與憲法、法律、中央法規或上級自治法規牴觸，無效。

自治條例、自治規則發生牴觸無效者，分別由行政院、中央各該主管機關、縣政府予以函告。委辦事項發生牴觸無效者，由委辦機關予以函告無效。

地制法上述之規定雖較憲法作成更細緻之劃分，並重申「中央法破地方法」之基本精神。但地制法條文中並未再說明自治條例、自治規則、委辦規則與自律規則在法律體系中之位階。因此，學者在此提出不同之詮釋：

紀俊臣之見解[45]：氏認為由於地方制度法所設計之地方法制架

---

44 例如憲法第一一二條第一項後段規定：「省法規不得與憲法牴觸。」憲法第一一六條規定：「省法規與國家法律牴觸者無效。」憲法第一二二條規定：「縣自治法不得與憲法及省自治法牴觸。」憲法第一二五條：「縣單行規章，與國家法律或省法規牴觸者無效。」

45 參閱紀俊臣，《精省與新地方制度——始末、設計、發展系論》，時英出版

構史無前例，為便於民眾適用之方便，分別說明於後：

1. 自治條例具地方性法律效力（類同法規命令）：
    (1)自治條例具地方性法律效力，類同行政程序法所規定之法規命令。
    (2)但法規命令比之於地方制度法之自治條例，似有格格不入之處。
    (3)基本上其法律效力，勉強視之如同法規命令，但其法形式則應以「地方性法律」看待。

2. 自治規則具行政規則之效力：
    (1)自治規則係地方行政機關所訂定，須送各該立法機關查照。
    (2)自治規則應無涉及人民權利義務，僅係行政機關依法行政之內部作業規定，視之為「行政規則」，當屬較合目的性之推論。

3. 委辦規則具行政規則之效力：
    (1)類同行政程序法之行政規則。
    (2)委辦規則係地方行政機關基於法定職權或授權所定之規範，其效力類同行政規則。
    (3)在效力上不得牴觸憲法、法律甚至中央法令。

張正修之見解[46]：氏認為廣義自治法規可整理出幾個特色（見表5-1）。

社，1999 年 9 月初版，頁 225-227。

46 張正修，《地方制度法理論與實用（二）本論》，學林文化，2000 年 9 月 1 版，頁 303-304。

表 5-1 廣義自治法規不得牴觸之對象整理表

不得牴觸之法規 ＼ 自治法規之種類		自治條例	自治規則	委辦規則	自律規則	議決自治事項	議決委辦事項
憲　　法		✓	✓	✓	✓	✓	✓
法　　律		✓	✓	✓	✓	✓	✓
委任命令		✓	✓	✓		✓	✓
職權命令				✓	✓		✓
行政規則				✓			✓
單純之行政命令							
上級自治條例		✓ (僅鄉鎮市適用)	✓ (僅鄉鎮市適用)		✓	✓ (僅鄉鎮市適用)	✓ (僅鄉鎮市適用)
上級自治規則	委任自治規則				✓		✓ (同上)
上級自治規則	職權自治規則				✓		✓ (同上)
自己團體之自治條例			✓				
自己團體之自治規則	委任自治規則						
自己團體之自治規則	職權自治規則						

資料來源：張正修，《地方制度法理論與實用（二）本論》，學林文化，2000 年 9 月 1 版，頁 303。

1. 自治條例、自治規則與議決自治事項基本上都不能牴觸法律授權之法規（亦即委任命令），而此一法律授權之法規應不包括職權命令。

2. 委辦規則除不得牴觸憲法外，亦不得牴觸中央法令而所處所指中央法令應是包括法律、委任命令、職務命令、行政規則。

3. 自律規則不得牴觸憲法、法律、委任命令、與上級自治條例，但是自律規則亦不能牴觸職權命令、上級之委任自治規則與上級之職權自治規則。

4. 議會、代表會議決自治事項不得牴觸之對象與自治條例相同。

5. 鄉鎮市代表會議決委辦事項不得牴觸之對象比委辦規則多出上級自治條例與上級自治規則，至於直轄市、縣市，則其議會議決委辦事項與委辦規則不得牴觸的對象是一樣的。

第三項　地方自治法規與中央法令位階關係之釐清

一、比較法之觀察

(一)德國之立法例

德國之自治規章係為行政權下之產物，其效力源自法律（聯邦法、邦法），其法規範位階體系上井然有序，地方自治規章之上位法規範為憲法（聯邦基本法和邦憲法）、聯邦法律、邦法律、法規命令。地方自治規章不得與中央法牴觸，上級法規範亦在不能牴觸之列。基本上，德國法規範體系層級分明，秩序井然。

(二)日本之立法例

日本地方自治法第十四條第一項規定：「普通公共團體，在不違反法令的範圍內，就第二條第二項之事務，得制定條例」，條例之性質相當於國家法律，為行政法法源之一，對行政機關具拘束力，可為裁判規範，而與國家法共同形成統一之整體法秩序。地方條例為地方公共團體之自主法，係地方公共團體基於自治立法權所制定

之法規，在不牴觸法律之範圍內有其權能。日本學界與實務採「條例準法律說」，條例既經由地方議會以法定程序加以制定，其地位相當於法律，至於規則與條例相牴觸時，首長依職權訂定之規則，其效力當然居於條例之下。

二、地方自治法規與中央法令之位階關係

目前地方制度法之效力位階，從學說見解、我國體制及參照外國立法例而比較分析，本文認為地方法規與中央法令之位階關係，茲分析如下：

(一)自治法規與中央法令之位階關係

依地方制度法第二十五條規定：「直轄市、縣（市）、鄉（鎮、市）得就其自治事項或依法律及上級法規之授權，制定自治法規。自治法規經地方立法機關通過，並由各該行政機關公布者，稱自治條例；自治法規由行政機關訂定，並發布或下達者，稱自治規則」。

地方制度法第二十五條所稱的自治法規包括自治條例以及自治規則，而從地方制度法第三十條第一項「自治條例與憲法、法律或基於法律授權之法規……牴觸者，無效」及第二項「自治規則與憲法、法律、基於法律授權之法規……牴觸者，無效」。

本文認為，地方法規不得牴觸憲法、中央法律並無疑義，至於自治條例不得牴觸基於法律授權之法規，在法理上是可以贊同的。蓋所謂「基於法律授權之法規」即為行政程序法第一五〇條所稱之「法規命令」。法規命令係具體化的法律，基於法律之授權而訂定，為立法者意志之延伸，自治法規不得牴觸法律，法理上當然不能牴觸中央法律延伸之法規命令。至於中央行政機關依組織法之職權範圍內所訂定之職權命令，並非法律之授權，其規制之內容若涉及地方之自治事項者，職權命令並不在中央法律所延伸之射程範圍內。

當然，行政程序法第一五九條第一項所稱之行政規則，係上級機關對下級機關，長官對所屬公務員所為機關內部秩序及運作事項之規定，其效力上，僅在於訂定機關本身，下級機關及所屬公務員，事實上並不涉及地方自治團體之自治事項，自治法規與中央之行政規則彼此並不相互關聯。

至於有學者稱地方法規除不得牴觸法律、中央法令外，亦不得牴觸中央主管行政機關就中央法規所為法規釋示之函令，且發現地方法規牴觸該法規釋示時，得以牴觸中央法為由，函告該法無效。本文見解認為，行政程序法第一五九條第二項第二款之行政規則（學理上稱為解釋性行政規則或釋示），係行政機關依職權或權限範圍內對法令所為之解釋，其對象應為上級行政機關對下級機關，若中央機關為指導地方自治團體正確適用中央法所為之解釋性行政規則，其性質上與職權命令上相同，根本上並非法律之授權，當然亦非中央法律之延伸，自治法規自不受其拘束。反面而言，若解釋性行政規則之效力位階高於自治法規，豈非允許中央主管機關透過法令之函釋，恣意指導地方自治機關如何正確適用中央法，導致地方自治自主核心領域遭中央法令破壞。就台北市里長延選之決定為例，內政部之釋示認為地方制度法第八十三條第一項規定，所謂「特殊事故」，乃指：(1)重大之災害、變故或其他不可抗力事件足以影響改選事宜者；(2)單一種類選舉之辦理，所費甚鉅，而有其他種類選舉合併辦理之可能，不予合併足以造成社會資源重複浪費情事者。釋字第五五三號解釋即指出：

地方制度法第八十三條第一項規定：「直轄市議員、直轄市長、縣（市）議員、縣（市）長、鄉（鎮、市）民代表、鄉（鎮、市）長及村（里）長任期屆滿或出缺應改選或補選時，如因特殊事故，得延期辦理改選或補選。」其中所謂特殊事故，在概念上無從以固定之事故項目加以涵蓋，而係泛指不能預見之非尋常事故，致不克

按法定日期改選或補選，或如期辦理有事實足認將造成不正確之結果或發生立即嚴重之後果或將產生與實現地方自治之合理及必要之行政目的不符等情形者而言。又特殊事故不以影響及於全國或某一縣市全部轄區為限，即僅於特定選區存在之特殊事故如符合比例原則之考量時，亦屬之。上開法條使用不確定法律概念，即係賦予該管行政機關相當程度之判斷餘地，蓋地方自治團體處理其自治事項與承中央主管機關之命辦理委辦事項不同，前者中央之監督僅能就適法性為之，其情形與行政訴訟中之法院行使審查權相似（參照訴願法第七十九條第三項）；後者除適法性之外，亦得就行政作業之合目的性等實施全面監督。本件既屬地方自治事項又涉及不確定法律概念，上級監督機關為適法性監督之際，固應尊重該地方自治團體所為合法性之判斷，但如其判斷有恣意濫用及其他違法情事，上級監督機關尚非不得依法撤銷或變更。

是以，上級監督機關對其自治事項，所為適法性之監督，自當尊重地方自治團體，對於適用法律上不確定法律概念所享有之判斷餘地，就此可知，解釋性行政規則並不當然拘束自治法規，上級機關仍須尊重地方自治團體對自治事項之判斷餘地。因此，自治法規之位階關係應為：

- 憲法＞法律＞法規命令＞自治條例（上級＞下級）
- 憲法＞法律＞法規命令＞上級自治條例＞該團體自治條例＞自治規則

(二)委辦規則與中央法令之位階關係

地方制度法第二十九條規定，直轄市政府、縣（市）政府、鄉（鎮、市）公所為辦理上級機關委辦事項，得依其法定職權或基於法律、中央法規之授權，訂定委辦規則。委辦規則與憲法、法律、

中央法令牴觸者，無效。顯然，委辦規則之訂定機關為地方行政機關，對於上級政府所交付之委辦事項依職權或法令授權所訂定之地方法規。

　　基本上，委辦事項並非地方自治團體之固有行政領域，係基於行政效率、事務處理之便利性，交由地方自治團體辦理。因此，地方行政機關訂定委辦規則的前提是依法定職權、法律或中央法規之授權，以補充法律、中央法規之不足，或為執行委辦事項之必要外，地方行政機關不得擅自訂定委辦規則。況且，上級政府對地方自治團體所辦理之委辦事項，其監督之密度自較自治事項為高，不但可進行合法性之審查，亦可進行合目的性，亦即全面性之監督。地方行政機關依此前提而訂定之委辦規則，自不同於依自治事項所訂定之自治法規，其位階低於憲法、法律、中央法規命令外，尚包括中央職權命令、中央行政規則（解釋性、裁量性之行政規則），故其位階關係如下[47]：

$$憲法 > 法律 > 中央法規命令 > \frac{職權命令}{行政規則} > 委辦規則$$

(三)自律規則

　　自律規則是地方議會、代表會基於自律權所訂定之規則，基本上只適用於地方立法機關之內部[48]，其所規定之事項並不涉及地方

---

47 地方制度法第三十條規定，委辦規則與憲法、法律與中央法令牴觸者，無效。所謂「中央法令」，究係何指？並未言明。行政院送交立法院之地方制度法草案中提出，中央法令係指中央法規外，尚包括中央主管機關或行政院所定頒之行政命令。而此行政命令，自指行政程序法，中央法規標準法所指稱之「法規命令」、「行政規則」以及「職權命令」而言。參閱立法院法律案專輯第二百五十四輯（上），地方制度法案，2000 年 8 月初版，頁 256。

48 自律規則所規定之事項，地方制度法並未明定，不過既屬地方立法機關之「自律」，其規定之範圍應屬於：(1)議事之紀律；(2)議事運作；(3)議員之

之自治行政事務，純屬議會內部之自律。地方制度法第三十一條第三項規定，自律規則與憲法、法律、中央法規或上級自治法規牴觸者，無效。

問題在於自律規則牴觸上位法規範時無效，其函告機關為何？地方制度法第三十一條並未規定，當然亦不適用第三十條有關自治條例、自治規則及委辦規則之函告程序。因此，自律規則是否無效時，應適用地方制度法第四十三條有關地方議會議決自治事項之規定，直轄市之自律規則無效，由行政院函告，縣（市）議會之自律規則無效，由內政部函告，鄉（鎮、市）代表會之自律規則無效，由縣政府函告。

自律規則不得牴觸中央法規與上級自治法規，所謂「中央法規」所指為何？依本文之見解，應包括中央之法規命令、職權命令在內。至於行政規則部分，純屬行政機關內部秩序運作之事項，並不可能涉及地方立法機關之議事自律部分。當然，所謂「上級自治法規」，係指上級地方自治團體所訂定之自治條例與自治規則而言，故自律規則之位階關係如下[49]：

懲戒；(4)議會內部議事程序等事項。由地方立法機關訂定，並由各該立法機關發布，並報上級政府備查。

[49] 在法源層級化體系中，同一位階之規範其效力有不分高低者，亦有可分高低者，前者如法律有同等之規範效力，倘發生適用之先後順序問題，則依照「後法優於前法」或「特別法優於普通法」等方式解決；至於後者表現於命令最為明顯，分述如下：

1. 因發布機關不同所產生之效力差別：上級機關之命令為上位規範，下級機關之命令不得違反上級機關之命令。上述原則在實務上允許兩項例外情形：(1)係下級機關之命令係基於法律授權者；(2)係下級機關所訂定之命令曾經上級機關核准備查者。

2. 因發布命令之權源不同所產生之效力差別：依憲法發布之緊急命令其效力高於一般命令，甚至可優先於法律（參照釋字五四三號解釋）。至於基於法律授權發布之命令與依法定職權發布之命令，其效力孰優？現行法及行政法院之裁判，均足證明授權命令之效力高於職權命令，如司法院釋字第

憲法＞法律＞法規命令＞職權命令＞上級自治法規
（自治條例、自治規則）＞自律規則

綜上所述，我國地方制度法第三十條、第三十一條所建立之法位階層級，茲以表解圖示（見圖 5-2）。

三、地方自治法規與中央法令競合之爭議

地方法規不得牴觸法律與基於法律授權之法規，地方制度法確有明文，但地方法規（尤其是自治條例）是否牴觸法律或中央之法規命令，其實在認定上有其困難之處。尤其地制法第十八條至第二十條所規定之自治事項，概已為中央之法律或法規命令所規定，地

圖 5-2　地方法規與上位規範之位階關係

資料來源：依地制法第三十條、第三十一條規定，作者自行整理

三六七號解釋，認職權命令內容所受限制較授權命令為嚴格，亦係基於相同意旨。參閱吳庚，《行政法之理論與實用》，作者自刊，2001 年 8 月增訂 7 版，頁 67-69。

方法規又不得牴觸法律或中央法規命令，勢必造成地方立法空間受到中央法令之限縮而無法開展。假若地方法規與中央法令二者競合時，規範之事項（對象）相同，但目的不同時，是否仍以中央法令為優先？又假若地方法規與中央法令二者所規範之目的上競合，惟其規制之對象上不同時，是否仍以中央法令之效力為優先？依地制法第三十條之規定，似仍以中央法律或中央法規命令具有較高之效力。但本文之見解認為，日本法上之「上乘條例」、「橫出條例」之學說，頗具參考價值，我國應可加以採用。

第六章

地方立法權之監督與救濟

在制度保障下地方自治團體雖享有相當程序的自主性與自治權，但仍為國家整體結構之一部分。過多與不及的監督均對地方自治產生不良的後果，國家與地方自治團體間的這套聯繫對應的制度，其收放拿捏就必須有一定的界限存在，其所行使監督措施又必須在尊重地方自治團體自主負責前提下為之。地方自治團體居於主觀法制度之保障，其對於自治監督機關之監督措施之防禦救濟制度又為何？此上問題本章先就地方自治監督的理論與實際面加以討論，對於我國地方自治監督的體系、干預手段從法制面加以探究；次就地方自治監督的干預界限加以討論，釐清我國自治監督的問題、缺失，並建構其監督界限；最後，再就我國地方自治法規之監督措施及其救濟途徑，透過法解釋，說明我國地方自治法規之監督手段，並嘗試釐清地方自治法規救濟之可能途徑。

第一節　地方自治監督之理論與實際

第一項　問題之提出

地方自治團體為地域性、政治性之自治組織，為國家與地方之垂直式權力分立的設計。地方自治依分權之設計與功能分工的原則，自國家行政分離而來，在自治之領域內享有一定的獨立性與自主性，並自我負責處理地方事務[1]。

地方自治團體雖享有相當程度的自主性與自治權，具有獨立法人地位，但仍為國家整體結構之一部分。地方自治雖為憲法所保障之制度，其自治組織與權限係憲法或法律所賦予，惟地方自治團體

---

[1]　蕭文生，〈地方自治之監督〉，收錄於《行政法爭議問題研究（下）》，五南，2000 年 12 月初版，頁 1496-1497。

並非獨立於國家之外。為維持國家整體法秩序之和諧，國家統一於不墜，形成國中有國之分崩離析，國家與地方自治團體間仍須有一套聯繫制度的存在，這套聯繫制度便是國家對地方自治團體之監督[2]。

這套國家與地方自治團體之聯繫制度，一方面保障地方自治團體獨立與自主之地位，促進地方自治之發展，以維護人民權益；另一方面必須維持國家整體法秩序之和諧，協助國家整體法秩序，確保國家整體利益之貫徹。因此，地方自治監督係源自法治國及民主國原則中發展出來的對應制度[3]。

一、概念釐清——地方自治監督在制度上的意涵

地方自治監督（Supervisory），係在使地方自治團體的行為符合國家秩序的要求，並藉由地方自治監督的規定平衡國家所失去的權力，以避免地方分權及自治高權所帶來可能違法之風險。因此，地方自治監督之意涵，係國家對自治團體之公法人所為之公權力行為，為符合一定的法規範，而給予持續之注意及一定之拘束之謂[4]。

地方自治團體為地域性組織體，並具有公法人之地位，雖有相當之自治權，但仍於國家統治權之下，不能逾越國家統治權之範圍，地方自治在前提上應接受國家一定的統制與監督。

---

2 參閱許宗力，〈地方自治監督〉，收錄於許志雄等著，《地方自治之研究》，業強出版，1992 年 8 月初版，頁 152。

3 參閱蕭文生，〈地方自治之監督〉，同前揭書，頁 1496。

4 有關地方自治監督的定義，國內較早之論著均立於「上下隸屬的關係」的觀點上加以論述，不外地方自治團體之自治權為國家所承認，或者國家為地方的上級政府，對地方自治監督的制度設計隱含著「監護式」的立場出發，導致對地方自治的干預手段密度不分，甚至逾越必要的限度。是以，澄清地方自治監督在制度設計上的真實面貌，以防止地方自治權能不受國家任意的侵害，自有辨明之必要。參閱 Jöhn 著，董保城譯，〈地方自治行政與地方自治監督——可能及界限〉，《國立政治大學法學評論》，第 54 期，頁 164；渡邊宗太郎，《地方自治的本質》，清水弘文堂書房，1968 年 1 月復古版，頁 248。

地方自治為國家分權之設計，故地方自治監督之關係，不僅存在於國家與地方自治團體之間，亦包含上級地方自治團體對下級地方自治團體的自治監督。此制度在設計之係依分權之設計使地方行政自中央行政分離，地方自治團體有相當的自主性與自治權，得自我負責處理地方事務，但為維護國家權力的一體性、法律一致及平等性，透過視察、考核、監視和糾正之方式，以防範地方自治團體之濫用自治權力，怠忽本身職務。另一方面，以督促、指導和扶助之性質，以監督其善用自治權力，努力地方建設事業，扶植地方自治團體的均衡發展[5]。因此，地方自治監督在制度設計上便有如下功能：

1. 維護地方自治行為之合法性，預防違法行為的產生或排除違法之狀態，以維護地方人民合法權益並保障國家之統一於不墜。

2. 保護國家整體之利益，使地方自治團體協助實現國家整體秩序，並確保在地方領域內貫徹國家利益，貫徹政令之推行，並提升行政效能[6]。

3. 地方自治團體在執行法定任務時，自治監督機關予以指導，提供必要之協助或服務，強化其決策能力，推行其自治事業[7]。

4. 地方自治監督的功能亦在保護地方自治團體不受其他國家機關、第三人或地方自治機關的侵害，保障地方自治團體之利益。

5　參閱薄慶玖，《地方政府與自治》，五南，1995 年 2 月 2 版，頁 478；高應篤，《地方自治學》，台灣中華書局，1982 年 2 月 2 版，頁 428-429。

6　陳德新，〈我國中央與地方權限劃分之研究〉，中國文化大學中山學術研究所博士論文，1994 年 6 月，頁 610-611。

7　董翔飛，《地方自治與政府》，五南，1990 年 11 月 3 版，頁 629-630。

二、自治監督關係與難題

地方自治監督為國家與地方自治團體間之聯繫制度，地方自治團體擁有自治高權，但為維護國家利益在地方之貫徹，乃自法治國及民主國原則中發展出之對應制度。於是國家對於地方自治團體之監督權與地方自治團體之自治權，二者便處於對立之緊張關係。

其次，地方自治權與國家之監督權，二者之間亦呈相互消長之關係。易言之，國家對於地方自治監督之密度愈高，地方自治團體之自治權限愈低；反之，國家對地方自治團體監督密度愈低，則地方自治團體之自治權限愈高[8]。

地方自治為憲法所保障之一環，而地方自治監督則為確保國家法律秩序和諧之必要手段，如何在二者之間取得均衡，其監督之範圍、手段、立場為何？實為地方自治監督之難題。申言之，地方自治與自治監督收放之間，實存有兩難困境，監督密度愈高，則地方自治權能發揮自主性愈低；自治監督密度愈低，則自治自主性愈高，甚而造成地方任意而為，破壞國家整體利益及法律秩序之虞。二者如何取得均衡之關係？其實各國之自治經驗的累積不同，政治結構不同，難有相同的模式可尋，但是基於團體自治、住民自治的內涵，國家對地方自治的監督，實有必要建立一定的標準與界限。一方面可維持國家法秩序的和諧，確保國家整體利益之貫徹；另一方面地方可基於地域之特殊性，經濟、社會、文化的個別需求，賦予地方一定自主、自律的空間。

我國之自治累積經驗尚短，自治綱要時期正處於動員戡亂時期，暫以「命令」為地方自治之依據，對地方自治之監督手段，自較為

8　羅志淵，《地方自治的理論體系》，台灣商務印書館，1970 年 4 月初版，頁178-179。

高密度、嚴格監護的模式，進入「自治二法」時期，雖進入地方自治之法制化，惟監督之方式仍繼受自治綱要時期的監督手段，並未有改善之處[9]。地方制度法之自治監督設計，則在觀念上，干預手段有較為進步之處，其實仍存在若干之缺失，若與地方自治發達成熟的國家相較，尚有進步及改善的空間。究其實，我國法制所規範設計的監督機制，其缺失的形成，係肇因於對自治監督的制度功能的定位模糊、自治監督的干預手段、自治監督的界限不清等所造成。因此，我國地方自治監督亟須建構一個清楚而且適合於我國政治環境的監督機制，尋找一合理的監督界限，不論在理論與制度上我國目前，其實仍然缺乏一個完備的機制。

第二項　我國地方自治監督體系之探討

地方自治監督體系，乃由地方自治團體之外，以國家機關、自治機關及公民監督，各有所司，而形成監督體系及系統（如圖 6-1）。

一、廣義上地方自治監督之體系

1. 國家對地方自治團體之監督，上級地方自治團體對下級地方自治團體之監督。

9　我國關於地方自治監督之研究，對於自治綱要時期，自治二法時期監督手段的分析，可參閱田黎麗，〈我國現行地方自治行政監督之研究〉，政治大學公共行政研究所碩士論文，1980 年，頁 53；仉桂美，〈我國各級政府間行政監督之研究〉，國立政治大學政治研究所博士論文，1994 年，頁 395；趙永茂主持，《地方自治立法監督之研究》，台灣省政府經建會及研考會編印，1999 年，頁 87；蔡碧真，〈地方自治監督之研究〉，私立輔仁大學法律學研究所碩士論文，1993 年，頁 73 頁。不過上述之分析均於地方制度法未施行前之論著，並無法對現行法制加以分析，亦未對我國地方立法之監督加以討論。

圖 6-1　地方自治監督之體系

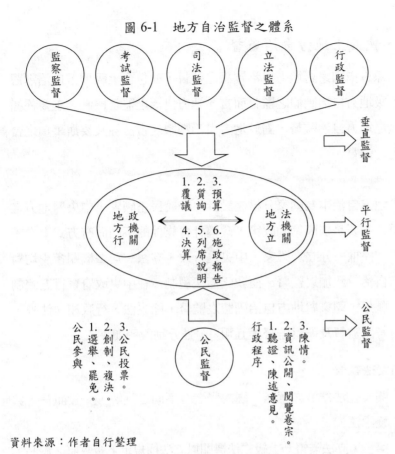

資料來源：作者自行整理

2. 地方自治團體內部，地方立法機關對地方行政機關之監督關
係，即自治機關對自治機關所為之監督。

3. 地方居民得自行處理區域內之公共事務，基於人民主權，住
民自治之法理，對於自治亦有其監督之權。居民對於自治人
事得行使選舉、罷免之權，對於地方事務有行使創制、複決
之權。並得參與行政程序，以聽證、陳述意見、閱覽卷宗、
陳情等方式，監督地方行政機關之違法措施，故而形成公民
監督之體系。

二、狹義上地方自治監督

係專指國家對地方自治團體之監督，亦包含上級地方自治團體對下級地方自治團體之監督而言。地方自治之監督機制，主要係指狹義之地方自治監督，對於地方自治團體之合法性及委辦事項之合目的性監督。

地方自治本為國家分權之設計，一般民主國家，中央對地方之監督，主要是依國家的政策，政經社會條件的不同而有方式上之差異[10]。採權力分立之國家，中央之行政、立法、司法機關多少均對地方自治行政加以監督。而我國憲法體制，在中央政府實行五院制度，職是，國家對地方自治團體之監督，除立法、行政和司法外，尚有考試監督及監察監督等五類[11]。茲分別說明如下：

(一)立法監督

關於立法監督之意涵，國內學者有不同之見解，一般而言，共有二種說法。

第一，立法監督乃上級立法機關以立法權規定下級政府之體制，或賦予相當之職權，使其組織及職權之行使獲得合法之根據，並使之不得超越上級立法之範圍[12]。例如，「省法規與國家法律牴觸者

---

10 英美法系國家，通常採立法監督之方式，而大陸法系國家係採行政監督較多。其形成之差異主要在於前者之地方自治係以住民自治發展而成；而後者乃國家分擔統治權之需要而創設，將其視為國家統治機構之一部分，二者於是在監督手段上便稍有不同。

11 有關考試監督及監察監督，國內學者有不同之見解，參閱許宗力，〈地方自治監督〉，收錄於許志雄、許宗力等著，《地方自治之研究》，業強出版，1992 年 8 月初版，頁 153-154。

12 薄慶玖，《地方政府與自治》，同前揭書，頁 478。

無效」、「縣單行規章與國家法律或省法規牴觸無效」。（參照憲法第一百十六條、第一百二十五條），中央與地方權限爭議之解決由立法院為之，國庫補助省經費之決議（參照憲法第一百十一條、第一百六十三條）等。

第二，所謂「立法監督，也就是國會監督，應係指國會對地方議會制定的自治規章，或是對地方政府依法律之授權所訂定之行政命令擁有批准權或同意權而言」[13]。

就第一說而言，係國會制定之地方自治法律涉及地方自治政府之組織及職權，充其量只是中央機關對地方進行自治監督之準則與依據，國會本身並不作審查與考核，與監督之概念不符。再者，我國憲法第一一一條規定「除第一○七條、第一○八條、第一○九條及第一一○條列舉事項外，如有未列舉事項發生時，其事務有全國一致之性質者屬於中央，有全省一致之性質屬於省，有一縣之性質者屬於縣。遇有爭議時，由立法院解決之」。另地方制度法第七十七條規定「中央與直轄市、縣（市）間，權限遇有爭議時；由立法院院會議決之」。立法院擁有對地方自治權限爭議之處理權，此亦為立法監督之類型。然而，立法院為代表中央之機關，且立法院本身即為爭議之當事人，宜由中立、超然之釋憲的大法官會議就均權原則加以闡釋裁決。

第二說而言，我國之現行法制並未有立法院對於地方自治法規之立法監督[14]。立法院職權行使法第六十條至六十二條之規定，係

13　許宗力，〈地方自治監督〉，同前揭書，頁 153。

14　行政命令或自治法規之監督方式，學者通說有：(1)國會同意權之保留；(2)國會聽證權之保留；(3)課予單純送置義務；(4)廢棄請求權之保留等立法監督模式。我國立法院職權行使法係採廢棄請求權之保留。相關學說參閱李惠宗，《行政法要義》，五南，2000 年 11 初版，頁 438。葉俊榮，〈行政命令〉，收錄於翁岳生編，《行政法（上）》，翰蘆，2000 年 7 月 2 版，頁 490-491。

對於職權命令或法律授權之命令（法規命令）而言，並不涉及立法院對地方自治法規之審查。

(二)行政監督

所謂行政監督係上級行政機關對於地方自治團體的業務，用行政程序予以考核、監督之意。相較於立法監督之不發達，我國實務上行政監督之運用則最廣，也是國人最熟悉之監督方式。

我國地方制度法第四章第七十五條至八十三條之中央與地方間，地方間之關係，係對地方自治團體之監督，其監督方式不外乎採行政監督。有關地方制度法第四章之行政監督，茲以表 6-1 表示。

表 6-1　直轄市、縣（市）、鄉（鎮、市）之行政監督

監督事項	監督手段	依　據
1. 自治事項	直轄市、縣（市）政府辦理自治事項違背憲法、法律或基於法律授權之法規者，由中央主管機關報行政院予以撤銷，變更、廢止或停止其執行	地方制度法第七十五條
2. 委辦事項	直轄市、縣（市）政府辦理委辦事項違背憲法、法律、中央法令或逾越權限者。 (1)直轄市由中央各該主管機關報行政予以撤銷、變更、廢止或停止其執行。 (2)縣（市）由委辦機關予以撤銷、變更、廢止或停止其執行。	地方制度法第七十五條
3. 直轄市、縣（市）、鄉鎮市依法應作為而不作為	直轄市、縣（市）、鄉鎮市依法應作為而不作為，致嚴重危害公益或妨礙地方政務正常運作其適於代行處理者，得分別由行政院、中央各該主管機關、縣政府命其於一定期限內為之；逾期仍不作為者，得代行處理。但情況急迫時，得逕予代行處理。	地方制度法第七十六條。

（續）表 6-1　直轄市、縣（市）、鄉（鎮、市）之行政監督

監督事項	監督手段	依　據
4. 各級地方自治團體權限爭議之解決	直轄市間、直轄市與縣（市）間，事權發生爭議時由行政院解決之；縣（市）間，事權發生爭議時，由內政部解決之；鄉（鎮、市）間，事權發生爭議時，由縣政府解決之。	地方制度法七十七條
5. 停職處分	直轄市長、縣（市）長、鄉（鎮、市）長、村（里）長，有法定原因者，分別由行政院、內政部、縣政府、鄉（鎮、市、區）公所停止其職務。	地方制度法第七十八條
6. 解除（權）職務	直轄市議員、直轄市長、縣（市）議員、縣（市）長、鄉（鎮、市）民代表、鄉（鎮、市）長、村（里）長有法定原因時，分別由行政院、內政部、縣政府、鄉（鎮、市、區）公所解除其職權或職務。	地方制度法第七十九條、八十條
7. 地方民選首長辭職、村（里）長辭職	直轄市長、縣（市）長、鄉（鎮、市）長、村（里）長之辭職，分別以書面為之，向行政院、內政部、縣政府，鄉（鎮、市、區）公所提出，並經核准日生效。	地方制度法第八十二條
8. 地方民選首長、村（里）長之派員代理	直轄市長、縣（市）長、鄉（鎮、市）長及村（里）長辭職、去職、死亡者，直轄市長由行政院派員代理；縣（市）長由內政部報請行政院派員代理；鄉（鎮、市）長由縣政府派員代理；村（里）長由鄉（鎮、市、區）公所派員代理。	地方制度法第八十二條

資料來源：作者自行整理

　　我國現行地方制度法之設計，係偏重於行政監督，甚至地方議會議決之自治事項有無牴觸上位之法規範（憲法、法律或法律授權之法規），立法時亦委由地方自治團體之上級行政機關予以宣告無效。蓋地方議會係代表民意之自治機關，其自治監督之審查機關，卻為非民選之行政機關，此監督之設計實有違民主原則。（參照地方制度法第四十三條）

過多的行政監督，地方自治團體之自主性必然降低，甚至有侵害地方自治權之危險。我國未來地方制度法設計，宜增加立法監督之範圍，以輔行政監督偏頗之弊。

(三)司法監督

司法院為國家最高司法機關，掌理民事、刑事、行政訴訟之審判及公務員之懲戒，並有統一解釋法律及命令之權。因此，司法監督係司法機關對於地方自治團體議決之自治法規，自治事項有無牴觸上級法規或對適用法規發生疑義時，予以解釋之監督方式（憲法第一一七條，地方制度法第三十條、第四十三條、第七十五條，大法官釋字五二七號解釋）。

另外，司法機關對於地方行政機關之行政處分是否違法，或對於上級監督機關所為之行政處分（地方制度法第七十六條），皆可以藉行政訴訟透過行政法院加以救濟，一方面對地方行政機關有監督之作用，一方面以維護人民或地方自治團體權利、利益。

司法機關對於地方自治人員違法、失職之懲戒，亦為司法監督之方法。地方制度法第八十四條規定「直轄市長、縣（市）長、鄉（鎮、市）長適用公務員服務法；其行為有違法、廢弛職務或其他失職情事者，準用政務人員之懲戒規定」。司法機關之公務員懲戒委員會，對地方自治團體的公務人員亦有行使監督之權。

(四)考試監督

我國考試權獨立於行政權之外，考試院為國家最高考試機關，掌理考試、任用、銓敘、保障、撫卹、退休等事項。地方官吏之任免、考績、級俸、陞遷、褒獎之法制事項為中央立法事項，考試院自對各級自治團體人事有監督權。

我國地方公務員並無地方公務員法之規定，因此中央與地方均一體適用公務員考銓相關之法規。是則，各級地方議會、代表會、

地方行政機關所屬機關之組織規程，其有關考銓業務事項，不得牴觸中央考銓法規，各權責機關於核定後，應送考試院備查（地方制度法第五十四條、第六十二條）。

(五)監察監督

監察監督係國家監察機關所行使之自治監督，在三權分立之國家，監察權是由國會與立法權併同行使，而我國之監察權則獨立於立法權之外。

監察院為國家最高監察機關，行使彈劾、糾舉、審計等職權。「監察院對於中央及地方公務人員認為有失職或違法情事，得提出糾舉或彈劾案，如涉及刑事，應移送法院辦理（憲法第九十七條第二項）。亦對地方自治團體之公務人員實施監督之權限。

審計權亦為監察院職權，地方自治團體之財務審計，亦為行使之對象。直轄市、縣（市）決算案，應於會計年度結束後四個月內，提出於該管審計機關審核，係為監察機關對於地方自治團體之財政監督方式（地方制度法第四十二條）。

綜合言之，我國對地方行政之監督，不論行政、立法、司法、考試、監察之監督類型，均係國家對地方行政之監督。至於上級政府對下級政府之監督，則限於立法監督與行政監督兩種，蓋司法、考試、監察三權皆由中央直接行使之權利。究其實，由現行地方制度法之規範而言，我國地方自治監督之設計機制其實仍以行政監督為主，兼採司法監督為輔，至於立法監察、監察監督、考試監督，其實在監督功能上，在行政監督的大量占滿之下，其發揮的空間其實有限，僅聊備一格而已。

第三項　地方自治監督的密度與手段

一、地方自治監督密度的辨明

國家對地方之監督，依地方事務性質之不同，形成自治事項與委辦事項之監督，而有二個不同的監督密度。

(一)自治事項之監督

地方自治團體，以其自己之名義（In eigenem Namen），在憲法與法律保障的範圍內，以其自己之責任（In eigener Verantwortung），立法並執行其地方社會上事務（Angelegenheiten der ortlichen Gemeinschaft），即所謂之「自治事項」[15]。對於自治事項，僅得實施合法性監督（亦稱適法監督、法律監督、一般監督），凡地方事務中屬於地方自治團體所固有者（Angelegenheiten des eigenen Wirkungskreises），監督機關對該事項只能進行合法性監督。

所謂合法性監督，係對地方自治團體之自我任務執行，國家對其行使最低限度的監控。其依據為法律的正當性與依法治國原則所為對行政權依法行政之要求[16]。監督之目的係在督促地方自治團體

---

[15] 自治事項與委辦事項之監督密度，我國過去法制之設計其實並未建立嚴格之區分，甚至地方制度法雖對自治事項及委辦事項之定義加以辨明，但在法制規範其實對二者之監督手段、監督之密度，並未有任何的不同。例如，地方制度法第七十五條規定，對自治事項及委辦事項之監督手段完全相同；同法第七十六條之代行處理，亦未區分代行之事項係自治事項或委辦事項；同法第四十三條對地方議會議決案之監督，不分違法或不當均以有無違反上位法規為準。直到近年我國司法院大法官於釋字第四九八號始指出：「中央政府或其他上級政府對地方自治團體辦理自治事項、委辦事項，依法僅得按事項之性質，為適法或適當與否之監督。地方自治團體在憲法及法律保障之範圍內，享有自主與獨立之地位，國家機關自應予尊重。」

[16] 參閱張世賢，〈當前地方自治團體監督機制之評析〉，收錄於《中國地方自

覆行其公法上任務,是否遵行法律的規範,至於其行為是否合乎目的,是否適當滿意,監督機關則無干預、監督之權。

(二)委辦事項之監督

地方事務中屬於中央或上級地方自治團體所委託辦理者(委辦事項),負監督之責的委辦機關不僅能就其適法與否進行監督,也能從合目的性的角度監督其作為是否適當,即為合目的性監督(亦稱適當監督、專業監督)。其監督之範圍不僅及於地方自治團體行為有無違法,亦及於其合目的性之審查,故對於地方自治團體之自主性影響甚大,因此僅限於對委辦事項之監督。

委辦事項原係國家或上級政府之事務,基於便宜考量才委由地方自治團體執行,委辦機關自得為專業上之指示,並在委辦事務執行中或執行後,進行適當與否、是否合法之全面性監督。

(三)我國司法實務之見解

我國地方自治監督密度之設計機制,自「自治綱要時期」、「自治二法」及現行地方制度法,均未清楚加以區分。直到大法官釋字第四九八號解釋,終將二者之監督密度從純屬學理上的討論,落實在司法審查之見解。其後大法官釋字第五五三號解釋,則對台北市政府因決定延期辦理里長選舉,中央主管機關內政部認其決定違背地方制度法第八十三條第一項規定,經報行政院依地制法第七十五條第二項予以撤銷;台北市政府不服,乃依同法第八項規定逕向司法院聲請解釋。並指出:「蓋地方自治團體處理其自治事項與承中央主管機關之命辦理委辦事項不同,前者中央之監督僅能就適法性為之,其情形與行政訴訟中之法院行使審查權相似(參照訴願法第七十九條第三項):後者得就適法性之外,行政作業之合目的性等

治雜誌》,第 616 期,第 53 卷,第 12 期,2000 年 12 月,頁 9。

實施全面監督。本件既屬地方自治事項又涉及不確定法律概念，上級監督機關為適法性監督之際，固應尊重地方自治團體所為合法性之判斷，但如其判斷有恣意濫用及其他違法情事，上級監督機關尚非不得依法撤銷或變更。」

　　雖然，大法官釋字四九八號及五五三號解釋，均對於自治事項、委辦事項之監督區分為合法性監督與合目的性加以肯認。惟對於不同規範層級之自治事項，或非屬自治事項之委辦事項，得否及如何加以監督，則未進一步加以說明 17。本文之見解認為自治事項本就

---

17 大法官蘇俊雄於釋字第五五三號解釋提出協同意見書，氏認為：「從憲法保障地方自治的觀點而言，上級機關得否對地方自治團體為監督，以及得為何種型態之監督，應依系爭事項為自治事項或委辦事項，以及系爭自治事項是否為憲法所保障之自治事項或法律所保障之自治事項，分別判斷。具體言之，地方自治團體就憲法所保障之自治事項，中央機關應尊重地方之決定，不得為任何之監督；就法律所賦予之自治事項，中央機關得為適法監督，但不得為適當監督（即本解釋所稱「合目的性監督」）；就中央委辦地方之事項，中央機關得同時為適法監督之適當監督。依我國憲法第一百十八條之規定，「直轄市之自治，以法律定之。」相較於憲法分別列舉自治事項之省自治與縣自治，憲法對直轄市自治之保障僅止於直轄市應擁有自治權，但該自治權之內容、範圍、或程度，則屬立法者之裁量。故「直轄市僅其做為地方自治團體的地位受到憲法的制度保障，至於固有自治事項之內容與範圍則否，充其量只能由普通法律賦予，換言之，只是一種『法律範圍內的自治』，不受憲法直接保障……。」（參許宗力，〈論國家對地方的自治監督〉，收錄於氏著《法與國家權力》，頁 357-362。）地方制度法第一條第一項即明示「本法依中華民國憲法第一百十八條及（民國八十六年七月二十一日通過之）中華民國憲法增修條文第九條第一項制定之。」故因關於直轄市自治事項均屬法律賦予，依前述見解，中央主管機關對於直轄市辦理地方制度法所賦予之自治事項，得為適法監督。直轄市里長之選舉，雖屬地方制度法第十八條明定之直轄市自治事項，亦僅為法律所賦予之自治事項，而非全然不受監督之憲法保障自治事項，上級機關得對之為適法性監督。故自治監督機關認自治團體辦理自治事項時，對中央法律之解釋有誤而撤銷其辦理該自治事項之行政行為，係屬上級機關對地方自治機關行使適法性之監督權。」

以上的見解在法理似無違誤之處，但憲法本文所規定之自治事項，係抽象規

賦予地方自治團體自為立法並執行之權，並自我負責，監督機關進行合法性監督，以防止其濫用或逾越自治權限；委辦事項本屬國家之事務，採全面或專業之監督，以審查其是否違法、不當。本此審查密度便可以達成國家與地方自治團體之聯繫，無須再就不同規範層級之自治事項，再進一步區分之必要。

二、地方自治監督的干預手段

合法性監督與合目的監督係自治監督在地方事務區分之密度，至於監督機關如何行使其監督任務，則是監督手段的問題。一般而言，對地方自治之監督手段可分為事前監督（預防性監督）及事後監督（抑制性監督）二種，茲分述如下。

(一)事前監督

1. 事前監督係預防不法行為之發生，阻止違法行為產生效力，以確保審查之可能性，地方自治團體之行為是否發生效力取決於國家事前之參與。

2. 事前監督之方法包含：

   (1)參與權：地方自治團體之特定決定事項，必須監督機關參與作成，始能發生法律效力。監督機關就地方自治團體所作成之命令、決定或實施保留同意權，非經其同意（核

定而已，內容並不具體，況且地方制度法第十八條至二十條所規定之自治事項大部分均與憲法第一〇八條重複，而縣之自治事項（第一一〇條），其實亦與地制法所規定之自治事項難以劃分。若主張「地方自治團體就憲法所保障之自治事項，中央機關應應尊重地方之決定，不得為任何之監督」。那就必然面臨何謂憲法之自治事項？我國為單一國家，憲法所謂中央與地方權限之劃分係當時政治妥協下之產物（第三章已討論），而且係概括抽象之標準，根本上難以區分，以上之論述事實上有其困難之處。

定、核准、核可、核備），地方不得自為對外公布[18]。

(2)指示權：係對於地方自治團體特定類型之事件或個案之處理事前預作專業上之指示，並要求地方自治團體依指示而行[19]。

(3)指導、建議權：監督機關得請求地方自治團體報告或提出文件之查詢權，對地方自治團體之行為為法律上或技術上建議之建議權，要求地方自治團體改善施政措施等，非權力性質之監督。上級監督機關透過此類之導引措施雖不具拘束或強制力，但經由此溫和之建議、協助、勸告等非強制方法，亦可以達成監督之目的[20]。

---

18 參閱趙永茂，〈台灣縣級政府的自治監督及其檢討〉，收錄於陳文俊主編，《海峽兩岸地方政府與政治》，國立中山大學政治研究所，1999 年 12 月初版，頁 173。

19 日本及德國之地方自治法對此種監督手段均有此規定，如日本地方自治法第一五〇條規定：「關於普通地方公共團體首長作為國家機關處理之行政事務，普通地方公共團體首長，在都道府縣應受主管部會首長之指揮監督；在市町村應受都道府縣知事及主管部會首長之指揮監督，而德國巴伐利亞邦鄉鎮法第一一六條第一項規定：「專業監督機關得以適法監督機關相同之方法去知悉委辦作用領域之事務，並得進一步就委辦事項之處理，在本法第一〇九條第二項第二句之範圍內，對予地方自治團體指示。」

20 參閱陳樹村，〈地方自治監督與行政救濟〉，收錄於《地方自治法學論輯（上）》，台北市政府法規委員會出版，1999 年 6 月初版，頁 267。另外，此種監督手段常見於日本國家對於地方自治的監督手段。其性質上為行政指導措施，雖非強制或命令之方式，但通常可達成監督之效果。例如，日本地方自治法第二四五條規定：
自治大臣或都道府縣知事為使普通地方公共團體的組織與營運合理化，得對普通地方公共團體作可認為適切的技術建議或勸告。
普通地方公共團體首長在可認為為達成第二條第十三項及第十四項規定之意旨而有必要時，得對自治大臣或都道府縣知事請求有關該普通地方公共團體之組織及營運合理化的總合地監查及基於此結果之技術建議或勸告。
自治大臣或都道府縣知事認為提供有關普通地方公共團體的組織與營運合理化之情報而有必要時，得要求普通地方公共團體提出為此所需要之資料。

3. 我國地方制度法之事前監督權限，不外採取核定、核准、指揮等方式為之，茲以表 6-2 說明如後。

表 6-2　地方制度法之事前監督手段

監督權限	監　督　內　容
1. 核定	1. 指上級政府或主管機關，對於下級政府或機關所陳報之事項，加以審查，並作成決定，以完成該事項之法定效力之謂（第二條）。 2. 省、直轄市、縣市、鄉鎮市、區、村里名稱之變更，須呈由上級機關（政府）核定（第六條）。 3. 第十八條至第二十條之自治事項，涉及中央及相關地方自治團體之權限者，由內政部會商相關機關擬訂施行綱要，報行政院核定（第二十二條）。 4. 自治條例經各該地方立法機關議決後，如規定有罰則時，應分別報經行政院、中央各該主管機關、縣政府核定後發布（第二十六條）。 5. 委辦規則應函報委辦機關核定後發布（第二十九條）。 6. 地方議會組織自治條例，報上級政府核定（第五十四條）。 7. 地方政府組織，由內政部擬訂準則，行政院核定（第六十二條）。
2. 核准	地方民意代表、民選行政首長任期屆滿或出缺應改選或補選，因特殊事故延期辦理改選或補選，分別由行政院、內政部、縣（市）政府核准後辦理（第八十三條）。
3. 指揮、指定	1. 直轄市、縣（市）、鄉（鎮、市）自治事項如涉及跨直轄市、縣（市）、鄉（鎮、市）事務時，由共同上級業務主管機關統籌指揮各相關地方自治團體共同辦理，必要時共同上級業務主管機關得指定其中一適當地方自治團體限期辦理（第二十一條）。 2. 縣長並指導監督所轄鄉（鎮、市）自治（第五十六條）。

資料來源：作者自行整理

主務大臣或都道府縣知事或都道府縣之委員會或委員，得對普通地方公共團體就其擔任之事務的營運及其他事項，作適切地技術建議或勸告，或就該事務的運作及其它事項之合理化提供情報之需要，而要求提出必要的資料。
普通地方公共團體之首長或地方公共團體之委員會或委員，得對主務大臣或都道府縣知事或都道府縣之委員會或委員，要求監查其所擔任事務的管理與執行及基於該結果之技術的建議或勸告。

4. 事前監督雖有預防地方自治團體違法之可能性，惟此種監督手段，對於地方自治團體之自主性影響甚大，以委辦事項才適用。因此，在考量憲法保障地方自治下，此類監督措施應僅限於少數案例，例如地方自治團體有危害自身之行為，為防止地方自治團體財力惡化，重大財產出售事前須獲同意，或地方人民權利受到重大危害時[21]，方可予以進行監督。

(二)事後監督

1. 事後監督係抑制性之監督手段，地方自治團體在從事一定行為後，應向監督機關提出報告，俾使其知悉瞭解，並保留事後審查之權力，以糾正其不正之結果。

2. 事後監督之類型，通常採用下列手段：

(1)知的權利：監督機關為瞭解地方自治團體之行為有無違法、不當，監督機關首應擁有知的權利，否則便無法進行監督。監督機關通常就地監察，調閱書類帳簿、或令其提出必要報告書類、閱覽資料卷宗之權。監督機關並得就特定事項，命其在一定期間內備查或備案之義務。

(2)糾正：監督機關對於地方機關之行為或決定，認為違法或不當，得令其改正，或命其撤銷、變更原決定，以資有效匡正之監督權限。監督機關通常採取撤銷、變更、廢止或停止其執行之手段，或對於議會議決事項及地方行政機關辦理之事項予以函告無效。此外，地方機關若有怠於執行職務時，監督機關得命其在一定期限內為之等均是。

(3)代行處理：地方機關有法定應作為而不作為之義務時，監

---

21 蕭文生，〈地方自治之監督〉，收錄於《行政法爭議問題研究（下）》，五南，2000 年 12 月初版，頁 1300。

督機關於一定要件時，得代行處理。

3. 我國地方制度法之事後監督：地方自治團體於從事一定行為後，監督機關採取不同干預措施。茲表列如表6-3。

表6-3　地方制度法之事後監督手段

監督權限	監　督　內　容
1.備查	1. 自治條例未有罰則之規定者，直轄市法規發布後，應報中央各該主管機關轉行政院備查；縣（市）規章發布後，應報中央各該主管機關備查；鄉（鎮、市）規約發布後，應報縣政府備查（第二十六條）。 2. 自治規則：第二十七條，直轄市政府、縣（市）政府及鄉（鎮、市）公所訂定之自治規則，除法律或自治條例另有規定外，應於發布後依下列規定分別函報有關機關備查： (1)其屬法律授權訂定者，函報各該法律所定中央主管機關備查。 (2)其屬依法定職權或自治條例授權訂定者，分別函送上級政府及各該地方立法機關備查或查照。 3. 自律規則除法律或自治條例另有規定外，由各該立法機關發布，並報各該上級政府備查（第三十一條）。 4. 直轄市議會、縣（市）議會、鄉（鎮、市）民代表會之組織準則、規程及組織自治條例，其有關考銓業務事項，不得牴觸中央考銓法規；各權責機關於核定後，應函送考試院備查（第五十四條）。 5. 各級地方政府組織自治條例，經各該地方議會通過後，報行政院、內政部、縣政府備查（第六十二條）。 6. 直轄市政府、縣（市）政府、鄉（鎮、市）公所與其所屬機關及學校之組織準則、規程及組織自治條例，其有關考銓業務事項，不得牴觸中央考銓法規；各權責機關於核定或同意後，應函送考試院備查（第六十二條）。
2.酌減其補助款	1. 各級地方政府有依法徵收之財源而不徵收時，其上級政府得酌減其補助款（第六十九條）。 2. 地方政府未依預算籌編原則辦理者，行政院或縣政府應視實際情形酌減補助款（第七十一條）。

（續）表 6-3　地方制度法之事後監督手段

監督權限	監　督　內　容
3. 函告無效	1. 自治條例、自治規則牴觸上位法規範者分別由行政院、中央各該主管機關、縣政府予以函告無效。委辦規則發生牴觸無效者，由委辦機關予以函告無效（第三十條）。 2. 直轄市議會、縣（市）議會、鄉（鎮、市）民代表會，議決自治事項、委辦事項牴觸上位法規範者無效，分別由行政院、中央各該主管機關，縣政府予以函告（第四十三條）。
4. 邀集各有關機關協商解決	地方行政機關，對地方立法機關之議決案應予執行，如延不執行或執行不當，地方立法機關得請其說明理由，必要時得報請行政院、內政部、縣政府邀集各有關機關協商解決之（第三十八條）。
5. 預算未完成審議邀集有關機關協商	直轄市、縣（市）、鄉（鎮、市）總預算案在年度開始後三個月內未完成審議，直轄市政府、縣（市）政府、鄉（鎮、市）公所得就原提總預算案未審議完成部分，報請行政院、內政部、縣政府邀集各有關機關協商，於一個月內決定之（第四十條）。
6. 代行處理	直轄市、縣（市）、鄉（鎮、市）依法應作為而不作為，致嚴重危害公益或妨礙地方政務正常運作，其適於代行處理者，得分別由行政院、中央各該主管機關、縣政府命其於一定期限內為之；逾期仍不作為者，得代行處理。但情況急迫時，得逕予代行處理（第七十六條）。
7. 撤銷、變更、廢止或停止其執行	直轄市政府、縣（市）政府、鄉（鎮、市）公所辦理自治事項、委辦事項，違背上位法規範者，由行政院、中央主管機關、委辦機關或縣政府予以撤銷、變更、廢止或停止其執行（第七十五條）。
8. 權限爭議之解決	直轄市間、直轄市與縣（市）間，事權發生爭議，由行政院解決之；縣（市）間，事權發生爭議時，由內政部解決之；鄉（鎮、市）間，事權發生爭議時，由縣政府解決之（第七十七條）。

資料來源：作者自行整理

第二節 地方自治監督之機關與界限

第一項 問題之提出

地方自治監督既然為國家與地方自治之對應及聯繫制度，在制度功能上有其必要性。然而，此套對應制度之設計就必須有一定之機關為之，其所行使監督亦應有一定之界限存在。此制度設計之機關為何？其監督所受之法理上限制為何？這些問題均關係一國地方自治之深化與地方自治的落實程度，有密切的關聯性存在，否則自治監督沒有一定的界限存在，地方自治權能的自主性及功能效果必然在中央或上級政府的高密度干預下，失去原有的制度功能。

本節是以先就我國地方自治監督機關為探討，並比較「自治二法」及地方制度法二者在設計上的異同，其次再就我國地方自治監督在法理上的界限加以討論。畢竟，我國地方自治監督體系，自施行地方自治以降，其監督措施雖有明文法制規範，但自治監督措施所應遵循之內在界限、外在界限為何？仍均屬學理上的探討，似仍與實務之操作，無法相互並用，理論與實務二者並未相互為用的狀態。

就是因為我國地方自治累積之經驗尚短，如何在這段形成及震動的期間，建構一個適合於我國的地方自治理論及制度，係現階段研究地方自治的重要課題。對於地方自治監督的界限，亦為觀察國家與地方自治團體關係的最明顯指標，可是這個界限在我國目前的法規範下，其實仍屬一個停滯的狀態，繼受舊法的部分尚多，而監督之內在及外在界限，亦遲未釐清，尚待理論及制度上建構。

第二項　我國地方自治監督機關之探討

　　國家對地方自治團體之監督可分為行政監督（見圖6-2）、立法監督、司法監督、考試監督及監察監督。地方自治法制化之前，以及直轄市自治法、省縣自治法所規定之自治監督，係屬行政監督之措施為主，其監督機關之設計亦較為簡單。

　　以往省縣自治法第六條與直轄市自治法第五條規定，行政院為省、直轄市之自治監督機關。省縣自治法第六條亦規定省政府為縣（市）之自治監督機關，縣政府為鄉（鎮、市）之自治監督機關。此二法對地方自治監督機關之規定雖簡單明確，但地方自治之監督機關其實並不限於行政院而已，另有考試監督、司法監督之存在，

圖 6-2　我國地方自治團體之行政監督系統

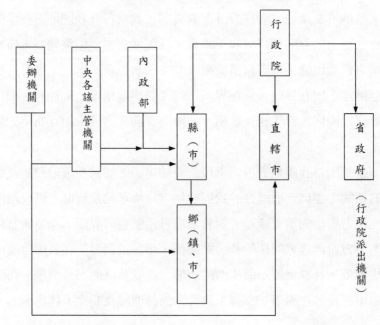

資料來源：作者自行整理

以行政院、省政府、縣政府為監督機關之規定，實有不妥之處。

　　地方制度法則採各種事項明定行政監督之機關，並不似前二法，均明定行政院，省政府、縣政府為監督機關之做法。地方制度法之規定雖較為複雜，但責任之劃分上較為明確，誠為進步之立法。茲將直轄市、縣（市）、鄉（鎮、市）之監督機關說明如下：

　　直轄市之自治監督機關：直轄市之監督機關大體為行政院，例如直轄市名稱變更由內政部報行政院核定（第六條），直轄市之自治條例如規定有罰則時，應報行政院核定，直轄市法規發布後應報中央主管機關轉行政院備查（第二十六條），自治法規牴觸上位法規之函告無效（第三十條），直轄市政府對直轄市議會之議決案應予執行，如延不執行或執行不當，必要時得報請行政院邀集有關機關協商解決之（第三十八條），直轄市議會組織，由內政部擬訂準則，報行政院核定（第五十四條），直轄市政府組織由內政部擬訂準則，報行政院核定（第六十二條），直轄市議會議決事項由行政院予以函告無效（第四十三條），直轄市政府辦理自治事項，委辦事項，由行政院予以撤銷、變更、廢止或停止其執行（第七十五條），直轄市應作為而不作為，由行政院代行處理（第七十六條），直轄市間，直轄市與縣（市）間權限爭議，由行政院解決之（第七十七條），直轄市長，議員之停職、解職由行政院為之（第七十八條，七十九條，第八十條），直轄市長之辭職應行政院核准，直轄市長之派員代理，均由行政院為之（第八十二條），直轄市長、議員延期辦理改選或補選，由行政院核准後辦理（第八十三條）。

　　縣（市）之自治監督機關：相較於直轄市單純由行政院為監督機關，縣（市）之監督機關，則呈較複雜之樣態。

1. 由內政部監督之事項：例如縣（市）政府對縣（市）議會之議決案應予執行，如延不執行或執行不當，必要時得報請內

政部邀集有關機關協商解決之（第三十八條），縣（市）總預算案未依期限完成，報請內政部邀集有關機關協商，逾期未決定，由邀集機關逕為決定（第四十條），各縣（市）議會擬訂之組織自治條例，報內政部核定（第五十四條），縣（市）政府擬訂之組織自治條例報內政部備查（第六十二條），縣（市）間事權發生爭議時，由內政部解決之（第七十七條），縣（市）長，縣（市）議員之停職、解職，由內政部為之（第七十八條、第七十九條、第八十條），縣（市）長、議員延期辦理改選或補選，由內政部核准後辦理（第八十三條）。

2. 由行政院監督之事項：例如，縣（市）名稱之變更由內政部轉報行政院核定（第六條），縣（市）議會之組織，由內政部擬訂準則，報行政院核定（第五十四條），地方政府未依預算籌編原則辦理者，由行政院視實際情形酌減補助款（第七十一條），縣（市）長辭職、去職、死亡由內政部報請行政院派員代理，縣（市）長之辭職由內政部轉報行政院核准（第八十二條）。

3. 由中央各該主管機關監督之事項：所謂中央各該主管機關係縣（市）辦理各種行政事務時之目的事業中央主管機關而言。例如，縣（市）自治條例報中央各該主管機關核定或備查（第二十六條），自治法規無效之函告，由中央各該主管機關為之（第三十條），縣（市）議會議決事項牴觸上位法規，由中央各該主管機關予以函告無效（第四十三條），縣（市）依法應作為而不作為，由中央各該主管機關代行處理（第七十六條），縣與鄉（鎮、市）間，自治事項遇有爭議時，由內政部會同中央各該主管機關解決之（第七十七條）。

4. 由委辦機關監督之事項：例如，縣（市）政府訂定委辦規則

發生牴觸無效者，由委辦機關予以函告無效（第三十條），縣（市）政府辦理委辦事項違法或逾越權限者由委辦機關予以撤銷、變更、廢止或停止其執行（第七十五條）。

鄉（鎮、市）之自治監督機關：鄉（鎮、市）自治之監督機關主要為縣政府及委辦機關。

1. 縣政府：例如鄉（鎮、市）名稱之變更報縣政府核定（第六條），鄉（鎮、市）規約發布後，應報縣政府備查（第二十六條），鄉（鎮、市）規約發生牴觸無效者；縣政府予以函告（第三十條），鄉（鎮、市）民代表會之議決案，鄉（鎮、市）公所如延不執行或執行不當，必要時得報縣政府邀集有關機關協商解決之（第三十八條），鄉（鎮、市）總預算案在會計年度開始後三個月內未完成審議，縣政府邀集有關機關協商，於一個月內決定之（第四十條），鄉（鎮、市）民代表會議決事項由縣政府予以函告無效（第四十三條），鄉（鎮、市）公所辦理自治事項違法，由縣政府予以撤銷、變更、廢止或停止其執行（第七十五條），鄉（鎮、市）依法應作為而不作為者，由縣政府代行處理（第七十六條），鄉（鎮、市）間事權爭議時，由縣政府解決之（第七十七條），鄉（鎮、市）長，代表之停職、解職，由縣政府為之（第七十八條、第七十九條），鄉（鎮、市）長之派員代理由縣政府為之，鄉（鎮、市）長辭職應向縣政府提出並經核准（第八十二條）。

2. 委辦機關：鄉（鎮、市）之委辦規則發生牴觸無效者，由委辦機關予以函告無效（第三十條），鄉（鎮、市）公所辦理委辦事項違法或逾越權限者，由委辦機關予以撤銷、變更、廢止或停止其執行（第七十五條）。

地方自治監督機關之設計係國家內部組織之問題，由國家法律加以規範，並得依實際現狀加以決定或調整其監督權限。我國地方制度法之設計，大體上涉及自治事項者，權限爭議部分，分別由行政院、內政部、縣政府為之。至於各項業務或委辦事項，則分別由中央各該主管機關或委辦機關為之。地方制度法之設計，係以事務之個別性質與監督機關之事務管轄，二者相互配合。既可以避免過去舊法事務與監督機關在管轄上無法配合的錯誤，又可以達成權責相符，不失為進步的立法。

第三項　地方自治監督之原則與界限

地方自治在前提上應接受國家一定的統制與監督，至於其監督之立場主要是國家的政策，係依一國家之政治、經濟、社會條件的不同而有差異。然地方自治為國家分權之設計，使地方行政從中央行政分離而有相當程度的自主性及自治權，並保護地方自治團體及國家整體之利益。國家在行使監督權時，除必須遵守相關法律之外，仍須注意下列原則：

一、比例原則

自治監督機關對地方自治團體所為之監督措施，其干涉程度，其強弱亦有漸次關係，對地方自治團體所造成之侵害程度並不相同，因此，監督手段的選擇裁量必須受到比例原則之拘束。

依德國通說，比例原則又有廣狹二義之分，廣義之比例原則包括適當性（Geeignetheit）、必要性（Erforderlichkeit）及衡量性（Angemessenheit）三個次原則，而衡量性原則又稱狹義之比例原則[22]。

22　參閱葉俊榮，〈論比例原則與行政裁量〉，《憲政時代》，第 1 卷，第 3 期，頁 79；吳庚，《行政法之理論與實用》，作者自刊，2001 年 8 月增訂 7 版，

- 就適當性而言：地方自治監督措施應適合於監督目的之達成，應採取有助於預防違法行為或排除違法狀態之方法為之。
- 就必要性而言：監督機關所採取之監督措施不能超越實現目的之必要程度，監督機關有數種適當之監督手段可供選擇時，則應選擇對地方自治團體影響最輕微之手段。
- 就衡量性而言：自治監督之手段應按目的加以衡判，質言之，自治監督之手段所造成之損害應輕於達成監督目的所獲致之利益，始具有合法性。

比例原則之作用在於目的與方法（手段）之間的合理關聯，自治監督機關在個別事件之監督措施，必須通過比例原則之檢驗，否則就無法免於合法性之質疑[23]。

二、公益原則

公益原則（Gemeinwohl）係行政行為除遵守個別法律之外，亦須顧及公益原則。就地方自治監督而言，為確保地方行政之合法性

頁 57。

23 比例原則具有主觀上的特質，而在適用上引發爭議，何謂適當的方法？何謂「損害最小」？方法與目的之間的均衡又如何判斷，均不免牽涉主觀價值偏好。將比例原則作為審查行政行為的基準或工具，的確可以發揮限制之作用，但比例原則多用於事後的救濟，較少成為事前防治的手段，一旦侵害實現之後，對於不可回復性之侵害，被害人僅能求償而已。從比較法的觀點而言，比例原則係扮演輔助性、次要性角色，當法律有明文規定時，不得援引比例原則以資對抗，比例原則實有操作及保護功能上之限制。參閱陳淳文，〈比例原則〉，收錄於《行政法爭議問題研究（上）》，台灣行政法學會主編，五南，2000 年 12 月初版，頁 113-115；另有關比例原則之論述參閱蔡茂寅，〈論比例原則的界限與問題性〉，《月旦法學》，第 59 期，2000 年 4月，頁 31；蔡宗珍，〈公法上之比例原則初論──以德國法的發展為中心〉，《政大法學評論》，第 62 期，頁 75。

外，監督機關基於公共利益之要求，監督機關始有介入之必要。

　　國家監督機關發動監督權係以違法的地方行政行為為前提，而違法行為主要係違反公法上之規定。而監督機關介入之標準，係地方違反特定之規定，而該類規定係基於公共利益所要求者，監督機關始得發動監督權[24]。

　　例如，地方制度法第七十六條規定，直轄市、縣（市）、鄉（鎮、市）依法應作為而不作為，致嚴重危害公益或妨礙地方政務正常運作，其適於代行處理者，得分別由行政院、中央主管機關、縣政府命其於一定期限內為之；逾期仍不作為者，得代行處理。此處監督機關代行處理監督權之發動係基於公益上之危害，而行使之監督措施。

　　至於基於公益之衡量，應採用何種之監督措施，又涉及目的與手段之關係時，則又與前述之比例原則相競合[25]。監督機關為公共利益之必要限度內，以適當之方法，於自治監督與維護地方自治權限之均衡考量下，行使自治監督措施矯正違法行政行為。

三、睦鄰原則

　　睦鄰原則（Der Grundsatz des gemeindefreundlichen Verhaltens）係自德國基本法發展而來[26]，其目的乃在保障地方自治的發展，使國家之行為必須顧及地方自治團體之利益。為了落實憲法保障之地方自治制度，避免國家權力的行使傷及地方自治之發展，故要求國

---

24 蕭文生，〈地方自治之監督〉，同前揭書，頁 1505-1506。

25 李建良，〈論公益概念具體化在立法及法律適用上之原則〉，《憲政時代》，第 12 卷，第 3 期，1987 年，頁 75。

26 德國基本法第二十八條第二項規定：各鄉鎮在法定限度內，自行負責處理地方團體一切事項之權，應予保障。各鄉鎮聯合在其法定職權內，依法享有自治之權。為保障地方自治團體之自治權，而發展出睦鄰原則。

家在從事任何行為時，均必須秉持「睦鄰」之理念。國家在作成許可與否準時，必須以落實（treue）、友善的態度考量地方之利益，換言之，國家在形成監督的意思自由上，必須受到睦鄰原則之拘束。相較於我國之地方自治亦為憲法上所保障之制度，為保障地方自治的發展，睦鄰原則在法理上仍有相通之處。尤其，我國地方自治之法制化、落實地方自治之時日尚短，為強化地方自治制度之保障，國家在從事任何自治監督行為時，必須充分理解地方之處境，並尊重地方自治團體之權限，課予國家從事自治監督行為時，均應以睦鄰原則作為裁量的界限之一，否則其監督行為在合法性上即有瑕疵之虞[27]。

四、便宜（權變）原則、法定原則

地方自治監督機關對於地方自治團體違法之構成要件實現時，依是否有義務行使監督行為，可區分為適用便宜原則的裁量處分及適用法定原則的羈束處分。

便宜原則（Opportunitaetsprinzip）係指行政機關在執行法律時，對於法律效果之產生，得依合義務性之裁量以決定是否針對具體的個案行使其監督權。而法定原則係監督機關對於地方自治團體之違法行為有實施監督之義務，不得由監督機關依裁量定之。

主張便宜原則者認為，國家監督義務之目的並非對於任何違法行為毫無漏洞且自動地加以譴責，並且一律機械式地加以追究，而係必須在個案中詳細考量後，判斷排除違法行為具有多少公共利益。對外表上同樣的違法行為一律施以相同程度之監督措施，有可能破

---

27 有關睦鄰原則，參閱蔡碧真，〈地方自治監督之研究〉，同前揭書，頁16-18；張正修，《地方制度法理論與實用（二）》，同前揭書，頁657-658。

壞地方與國家間之關係，因此監督機關並不負有介入任何違法行為之義務。惟此處之裁量並非係指盲目或恣意的任意，而係必須基於實質利益的要求，考慮是否以及何種情況下必須採取監督措施，因此若是違法情況或違法後果愈是嚴重時，則裁量權行使的結果則愈接近產生介入的義務[28]。

採法定原則（Legalitaetsprinzip）者認為，監督機關面對地方自治團體的違法行為時，有實施監督措施之義務。對於人民而言，國家應該擔任地方自治團體之法律忠誠的保證人，當法秩序無法藉由地方自治團體的內部監督予以維持時，則自治監督必須基於補充性的地位挺身而出，捍衛秩序。監督地方自治的合法運作即成為自治監督機關義無反顧之責任，在地方自治團體無法透過內部監督而控制自身違法行為時，自治監督機關的坐視態度，不能被評價為合法，否則無異是在法治國內開了一個合法掩護非法的天窗[29]。

法定原則係自法治國中所發展出的依法行政之必然結果，地方自治監督機關負有排除行政機關的違法行為的基本義務。就平等原則而言，自治監督機關均應同等看待，不得作選擇性之執法，或怠於行使監督之義務。但就便宜主義而言，監督機關對何種事項應予監督？何時以如何之方法實施監督？並非毫無斟酌判斷之餘地。蓋監督機關實施干預之前必須考慮其各種後果，排除違法行為具有多少公共利益，貫徹監督所須付出之經濟成本或其他代價為何？監督機關考慮之結果，認為以建議達成協議，避免使用干預手段，甚或說服其自願履行，則更屬上策。例如地方制度法第七十六條規定，直轄市、縣（市）、鄉（鎮、市）應作為而不作為，得分別由行政院、中央各該主管機關、縣政府命其於一定期限內為之；逾期仍不

---

28 蕭文生，〈地方自治之監督〉，同前揭書，頁 1506-1507。
29 蔡碧真，〈地方自治監督之研究〉，同前揭書，頁 12-14。

作為者得代行處理。此處之「得代行處理」，監督機關非無裁量餘地，一律加以代行處理，監督機關對代行處理事件所投入之人力物力是否影響其他公眾事務之處理能力，能否順利完成或被迫中斷，以致其威望大損，或者必須負擔之後果及其他代價。

監督機關並非一切毫無漏洞一律行使干預，建議與指導協助，使地方自治團體能達成國家的目標，並非僅依賴事後的制裁的方式加以預防或達成目的。

第四項　我國地方自治監督之檢討

地方自治係依分權之設計與功能分工，自國家行政分離而來，地方自治團體雖享有相當程度的自主性與自治權，但仍為國家整體結構一部分。惟地方自治並非國中之國，為維持國家整體法秩序之和諧，必須有自治監督之對應制度。

地方自治監督係屬監督、規制之措施，從而監督之措施須有法律保留原則之適用。法律所為之規定須無違明確性原則之要求，對於干預地方自治團體權利之行為，應有清楚之範圍與界限，並具有預見及衡量之可能性。然而，就我國現行法之規制而言，尚有下列疑義，並存有值得檢討之空間。

一、行政監督之過度偏重

我國自直轄市自治法、省縣自治法至地方制度法，均過於偏重行政監督，對立法監督置於廢棄之狀態。尤其，民選的地方議會議決之自治事項，是否牴觸上位法規範，卻由非民選之上級行政機關（行政院，中央各該主管機關、縣政府，予以函告無效，地方制度法第四十三條）。此種監督手段，除有違民主原則，亦有過度侵害自治團體之自主性之虞，未來立法設計上實有更張調整之必要。

二、自治事項與委辦事項界限不清

　　我國地方制度法之監督規定，大抵以自治事項與委辦事項作為區分，然而現行地方制度法之規定，雖提供自治監督之簡明界限，但卻有不夠細密精緻之憾。

　　第一，首先就地方制度法第七十五條而言，監督機關對地方政府所執行之事項，不分自治事項或委辦事項，均以撤銷、變更、廢止或停止執行，實有不妥之處。

　　第二，地方制度法第七十六條所規定之代行處理，不分自治事項或委辦事項，若均予代行處理，便有逾越地方自治權之虞。而且監督機關對地方政府應作為而不作為，應致嚴重危害公益，或對地方自治團體自身有重大危害，裁量萎縮至零時，監督機關始得代行處理。

　　第三，現行地方制度法對於自治事項與委辦事項之劃分並不精確，沒有明確之標準。尤其，事務劃分之方法、政策更與地方自治發展型態具有密不可分之關係，進而影響自治監督之體制，國家與地方關係甚鉅。其實，國家與地方權限、事務之劃分基準及國家與地方關係之構造，實為一國落實地方自治之判斷基準，更為自由主義或民主主義之軌跡[30]。

三、府會關係監督之介入與救濟機制不足

　　就府會互動關係之監督而言，係地方自治團體之立法機關與行政機關之內部監督關係，並藉由自治機關之內部監督，可以預先排除違法之可能性。監督機關僅於內部監督機制不足以排除違法狀態

30　蔡秀卿，〈自治事項與委辦事項〉，收錄於《行政法爭議問題研究（下）》，台灣行政法學會主編，五南，2000 年 12 月初版，頁 1465。

或現實上有窒礙難行之事由時，才補充性加以介入。我國地方制度第三十八條規定，必要時得報請行政院、內政部、縣政府邀集各有關機關協商解決之。第四十條就原提總預算案未審議完成部分，報請行政院、內政部、縣政府邀集各有關機關協商，於一個月內決定之；逾期未決定者，由邀集協商之機關逕為決定之，頗符合補充性原則之意旨。但地方制度法就此二事項之協商解決、協商決定、逕為決定之性質為何？地方制度法並未明定。而地方自治團體得否對此決定提起行政爭訟？係行政處分抑或建議調停性質之非權力性監督？此處尚有疑義或容有爭論空間，宜以法律明定或解釋補充。

地方自治監督之目的係在維持國家整體法秩序之和諧，預防或排除違法之狀態，但並非以監護之方式，亦步亦趨加以干涉管制，掏空憲法所保障之地方自治。地方自治監督的理念，應為減少不必要的行政監督，以立法監督為主，並將司法監督作為解決爭議的最終手段[31]。

四、地方自治監督之內部、外部界限之建構

地方雖受國家一定的統制與監督，惟國家對地方自治之監督，並非不受任何拘束之自由裁量，其監督措施除應遵守一般法律原則外，也應符合法令授權之目的，並不得逾越法定之範圍。故自治監督亦應受憲法或法律之拘束，而有其內部界限與外部界限，監督措施超出此限制，即為違法，地方自治團體因而有損害時，即得提出行政爭訟，行政法院對之得加以審查。

(一) 外部界限

國家或上級政府對地方自治監督應受法之拘束，否則為逾越權

---

31 趙永茂，〈台灣縣級政府的自治監督及其檢討〉，同前揭書，頁 181。

限，應屬違法。自治監督之外部界限如下：

1. 憲法：憲法對地方自治之制度保障、自治事項之自治立法權及憲法上的原則。
2. 最高之法律原則，例如誠信原則、人類尊嚴之尊重等。
3. 規定自治監督行為成立之法律，例如，地方制度法所規定監督措施之限制，行政程序法所規定之法定程序規定等。
4. 具體對於該個別自治監督行為有效之特別法，包括法律上指導原則及目的等一般性規定。

(二) 內部界限

自治監督機關在授權之範圍內，得自由選擇其監督措施，惟不得濫用權力，否則亦屬違法。內部界限在本體上的限制又可區分為監督機關之客觀界限及主觀界限。

1. 監督機關之客觀界限：其違法性表現在對地方自治團體之處分、監督措施或原因上。其界限有下列之限制：
   (1)不得違反平等原則。自治監督措施，非有正當理由，不得為差別待遇。
   (2)不得違反法治國家之基本原則，如比例原則之限制。
   (3)監督措施應附理由，使知其所以然。
   (4)對監督之範圍正確地界定。
   (5)自治監督之措施，不得任意聯結不相關法規，對地方自治團體恣意監督。
2. 監督機關之主觀界限：此一界限係監督機關內部主觀因素，無法由外部探求者。其界限有下列之限制：
   (1)不得恣意，以合理之方式為之。
   (2)不得有不法之動機，或出於不相關之動機。

(3)不得有對個人之情緒好惡等偏見而為之監督。

(4)不得有政治上之偏見而引起之權力濫用。

(5)不得有奸計或惡意妨害之意圖。

(6)不得為個人之利益。

監督機關在尊重地方自治團體自治權能前提下，其監督措施，干預手段的選擇應遵守上述界限，即在合法前提下對自治事項加以監督。當然，監督機關之導引措施或其他公權力行政行為，亦有信賴保護原則，禁反言法理之限制，以保障地方自治團體之自治權限。

第三節　地方自治法規監督之評析

第一項　地方自治法規監督種類與範圍

依我國憲法之規定國家權力分為行政、立法、司法、考試、監察五權分立體制，對地方自治法規之監督在形式上應可分為行政監督、立法監督、司法監督、考試監督及監察監督，五種監督並行。究其實，我國現行地方制度法之設計，對地方自治法規之監督係僅行政監督而已。因監察院對地方自治監督方式，依其職權行使彈劾、糾舉、糾正等，根本上並不涉及對地方自治法規之監督；立法監督，依地方制度法及立法院職權行使法之規定 [32]，亦根本無法找到實際

32　有關立法監督之說法有二種，第一說之見解認為，立法監督乃上級立法機關以立法權規定下級政府之體制，或賦予相當之職權，使其組織及職權之行使獲得合法之根據，並使之不得超越上級立法之範圍；第二說則認為立法監督係國會監督，地方議會制定的自治法規，國會擁有批准權或同意權而言。第一說之見解，係中央立法機關制定法律藉以設定地方自治團體之組織及職權而已，並未對地方自治法規給予持續的注意或拘束，尚未構成對自治法規加

的例證。就司法監督而言，地方制度法第三十條第五項規定，自治法規與憲法、法律、基於法律授權之法規……有無牴觸發生疑義時，得聲請司法院解釋之。就此規定而言，司法監督係被動的對自治法規加以監督，對違法違憲之自治法規宣告無效，作成終局之決定[33]。至於考試監督亦屬於行政監督的一種，地方制度法第五十四條及第六十二條規定，地方議會及地方行政機關之組織自治條例，所屬機關及學校之組織，其有關考銓業務事項，不得牴觸中央考銓法規，有關機關核定後，應函送考試院備查。嚴格地說，我國地方制度法所設計之監督機制，對地方自治法規之監督，只有行政監督一種而

以監督控制。第二說之立法監督，依地方制度法之規定並未有自治法規有函送立法院審查之規定。另就立法院職權行使法之規定而言（第六十條至六十二條），各機關依其法定職權或基於法律授權訂定之命令送達到立法院後，應提報立法院會議。立法院職權行使法之規定，係對於行政機關行政命令之立法審查而言，其實不及於地方自治法規。綜合上述之見解，我國立法監督其實在實際操作上，並未落實，現行法制上亦無實際例證可以依循。參閱許宗力，〈地方自治監督〉，收錄於許志雄、許宗力等著，《地方自治之研究》，業強出版，1992 年 8 月初版，頁 153-154；薄慶玖，《地方政府與自治》，同前揭書，頁 478；羅志淵，《地方自治的理論體系》，台灣商務印書館，1970 年 4 月初版，頁 179；張正修，《地方制度法理論與實用（二）》，同前揭書，頁 652-653。

33　依大法官釋字第五二七號解釋之意旨，地方制度法第三十條第一項至第四項之自治法規，與憲法、法律、中央法規或上級自治團體自治法規牴觸者無效。上述疑義得聲請司法院解釋之規定，係指就相關業務有監督自治團體權限之各級主管機關對決議事項或自治法規是否牴觸憲法、法律或其他上位規範尚有疑義，而未依各該條第四項逕予函告無效，向本院大法官聲請解釋而言。地方自治團體對函告無效之內容持不同意見時，應視受函告無效者為自治條例抑自治規則，分別由該地方自治團體之立法機關或行政機關，就事件之性質聲請本院解釋憲法或統一解釋法令。

各級主管機關未函告無效時，得就自治法規有無牴觸發生疑義，向司法院聲請解釋。地方自治團體之地方立法機關或地方行政機關，對於函告無效之自治條例或自治規則持不同意見時，就事件之性質向司法院聲請解釋憲法或統一解釋法令，至於委辦規則受函告無效時，受函告無效之行政機關即應接受，尚不得聲請司法院解釋。

已，司法監督亦僅為行政監督予以函告無效或發生疑義後，再向司法院聲請解釋，其性質屬於被動、輔佐上的監督機制。

一、自治監督發動依據

國家對地方自治監督之依據為何？我國憲法本文對自治監督根本未作規定。就以地方自治為憲法所保障制度而言（大法官釋字第四九八號、五五〇號、五五三號解釋參照），國家對地方自治監督措施，係對地方自治團體之自治權能之干擾或侵害。但監督依據為何？卻無憲法依據 [34]，如此，國家對地方自治之合法性監督豈不違憲？

然而，國家對地方自治監督之憲法依據為何？在憲法民主共和國家的基本決定下，國家權力被擬制為來自國民全體、權力的行使雖係一種政治上的付託，但付託的內容卻有法律的責任，監督國家內公權力主體以合乎「民主」「法治」國家原則的方式運用國家權力，擔保其所授權之地方自治團體之行使公權力應遵守法律及一般法律原則 [35]。因此，國家對地方自治監督之依據，係導源於憲法民主法治國原則，憲法賦予地方自治團體自治的權能，國家對於分擔其權力行使之自治團體，便有擔保其行為合法之義務。故國家對地方自治團體之監督係為一種法定義務，此種義務得因監督職務內容與人民重要法益的相關聯程度而有不同的職務責任。國家對地方自治團體之監督，在特定情形下，是一種對人民的義務，不是完全單純的行政裁量 [36]。

34　我國憲法增修條文第九條第一項第七款「省承行政院之命，監督縣自治事項」，就此規定可以說係承認「自治監督」制度的存在，但不能逕指為自治監督發動之憲法依據。

35　參閱李惠宗，《憲法要義》，元照，2001 年 8 月初版，頁 644。

36　李惠宗，《憲法要義》，元照，2001 年 8 月初版，頁 655；李惠宗，〈地方

二、地方自治監督之範圍

國家對地方自治團體之監督，在監督密度上可分為合法性監督（Rechtsaufsicht）與合目的性監督（Fachaufsicht）。一般而言，對自治事項上級機關只作合法性監督，對委辦事項則作適當性監督[37]。惟以地方自治團體之行為樣態而言，其監督之範圍是否包含公權力行政（Hoheitsverwaltung）及私經濟行政（Fiskalische Verwaltung）在內，抑或只及於公權力行政行為，排除私經濟行政行為？我國憲法及地方制度法之規定，並未提及地方自治團體其行為態樣之監督界限，故有說明之必要。

公權力行政係地方自治團體以公法方式所為之行政。公行政行使公權力（Oeffentliche Gewalt）時，係基於高權地位，單方行使公權力，況且地方自治團體之高權（Hoheit）行政行為常涉及居民權利義務之創設、變更，自當須受到依法行政原則之拘束，地方自治團體的所有高權行政行為，均不能超然於國家之合法性監督。地方自治法規不論就自治事項或委辦事項，均為地方自治機關依職權或授權單方之立法行為，規制機關內部組織或居民之權利義務事項，均屬公權力行政領域，當受依法行政之嚴格要求。

至於私經濟行政（Fiskalische Verwaltung），係為公行政立於國庫之地位，以私法之法律形式作成行政行為。此種私法行政（Privatrechtliche Verwaltung），地方自治團體除負有公行政任務外，係屬私法領域之行為，地方自治團體之國庫行政行為原則上不受行政監督機關的適法監督[38]。

自治立法監督之研究〉，《研考雙月刊》，第 26 卷第 3 期，2002 年 6 月，頁 78。

[37] 參閱李惠宗，《憲法要義》，同前揭書，頁 645。

[38] 依德國通說地方自治團體之國庫行政原則上不受適法監督，蓋國家監督只適

地方自治與自治立法權

第二項　地方自治法規之監督方式

一、地方自治法規之監督種類

(一)自治條例之監督

地方制度法第二十五條規定，直轄市、縣（市）、鄉（鎮、市）得就其自治事項或依法律及上級法規之授權，制定自治法規。同法第二十六條第四項規定，自治條例經各該地方立法機關議決後，如規定有罰則時，應分別報經行政院、中央各該主管機關、縣政府核定後發布；其餘除法律或縣規章另有規定外，直轄市法規發布後，應報中央各該主管機關轉行政院備查；縣（市）規章發布後，應報中央各該主管機關備查；鄉（鎮、市）規約發布後，應報縣政府備查。

地方制度法對自治條例之監督分為「核定」、「備查」兩種，定有罰則之自治條例，應先經上級政府核定後發布；未定有罰則之自治條例，除法律或縣規章另有規定外，直轄市法規發布後，應報中央各該主管機關轉行政院備查；縣（市）規章發布後，應報中央各該主管機關備查；鄉（鎮、市）規約發布後，應報縣政府備查。所謂「核定」，地方制度法第二條第四款即稱：「核定：指上級政府或主管機關，對於下級政府或機關所陳報之事項，加以審查，並作成決定，以完成該事項之法定效力之謂。核定的監督包含適當性（合目的性）與合法性之監督，上級機關在未完成核定以前，原決

用在監督地方自治團體之法定及依法委託之公法任務與義務之履行，適法監督不及於地方自治團體民法上的義務，對此之救濟須依循通常的司法程序。以上參閱蔡碧真，〈地方自治監督之研究〉，私立輔仁大學法律學研究所碩士論文，1993 年 6 月，頁 46-47。

定不生效力，性質上屬事前監督。至於「備查」，地方制度法第二條第五款即規定，備查係指下級政府或機關間就其得全權處理之業務，依法完成法定效力後，陳報上級政府或主管機關知悉，性質上屬事後監督。

基本上，自治條例係地方立法機關對自治事項經由法定程序通過之地方性法律。對自治條例之監督方式係以罰則為區分標準[39]，即設有罰則之自治條例，應先經上級政府核定後發布，直轄市之自治條例由行政院核定；縣（市）之自治條例由中央各該主管機關核定。至於未設有罰則之自治條例，除法律或縣規章另有規定外，直轄市自治條例發布後，應報中央各該主管機關轉行政院備查；縣（市）自治條例發布後，應報請中央各該主管機關備查；鄉（鎮、市）自治條例發布後，應報縣政府備查。二者之監督方式之區分則在於，有罰則之自治條例係「事前監督」，以杜絕地方法規之浮濫，致妨害基本人權，除採取法律保留外，並應嚴格遵守比例原則之法治原則[40]。未設有罰則之自治條例，僅需於發布後送上級機關備查即可，係採「事後低度監督」之立場[41]。茲以圖 6-3 表列如後。

---

39 地方制度法有關罰則之規定，其種類計有罰鍰之處罰，其他行政罰之種類限於勒令停工、停止營業、吊扣執照或其他一定期限內限制或禁止為一定行為之不利處分。例如，「撤銷許可」之規定，並非地方制度法第二十六條所定行政罰之範圍，參閱八十九年七月十三日台（八九）內民字第八九〇六一〇一號函；「高雄市立各級學校教師及職員出勤差假管理自治條例」規定教師或職員請事假滿規定之期限，其超過部分按日扣除俸薪，其處罰之規定，似為「懲戒罰」範疇，而非「行政罰」，從而非地方制度法所稱罰則之範圍，參閱內政部八十九年十二月一日台（八九）內民字第八九〇九〇二五號函。

40 參閱紀俊臣，《精省與新地方制度——始末、設計、發展系論》，時英出版社，1999 年 9 月初版，頁 223。

41 定有罰則之自治條例經核定公布後，如其再修正而未涉罰則之相關條文時應如何處理，依內政部之解釋認為：
依地方制度法第二十六條第四項規定，直轄市制定自治條例時如定有罰則，應報行政院核定後公布，縣（市）制定自治條例時如定有罰則，應報中央各

圖 6-3　自治條例之監督程序

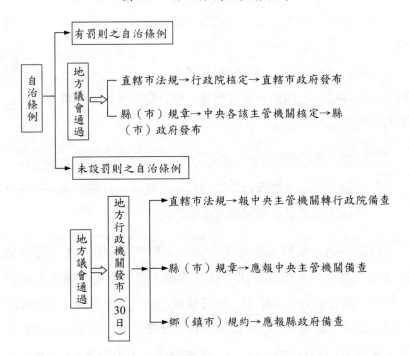

資料來源：作者自行整理

(二)對自治規則之監督

　　自治規則係地方行政機關對於自治事項，依其法定職權或授權而訂定之地方法規，其性質上屬於地方行政機關所訂定之地方行政命令，係屬於行政立法行為，與地方立法機關所制定之自治條例屬

該主管機關核定後公布；核定機關於核定時應就整體之自治條例為核定，而非僅就有罰則之部分條文核定，以維自治條例之整體性。又核定後之自治條例，其後再為修正時，如其修正屬罰則相關之條文（包括處罰要件、處罰態樣及處罰效果等均屬之），應報各權責機關核定後再行公布；如屬罰則相關條文以外之修正，應於公布後報請權責機關備查。
參閱內政部九十一年六月五日台內民字第〇九一〇〇六一三四號令。

於立法權之作用，二者在性質上有所不同，自治規則之監督則採「備查」或「查照」之方式為之。依地方制度法第二十七條第三項之規定：

直轄市政府、縣（市）政府及鄉（鎮、市）公所訂定之自治規則，除法律或自治條例另有規定外，應於發布後依下列規定分別函報有關機關備查：

1. 其屬法律授權訂定者，函報各該法律所定中央主管機關備查。
2. 其屬依法定職權或自治條例授權訂定者，分別函送上級政府及各該地方立法機關備查或查照。

自治規則之監督，除法律 42 或自治條例另有規定外，僅以備查或查照為已足，係採資訊管理之措施，屬於事後低密度之監督手段 43。備查或查照之事項，限於積極之地方行政作用（例如行政立法行為或行政處分等），此種事後的法律監督，應報請備查之事項，僅屬讓上級政府知悉而已，上級機關不得不予備查，更不得「部分不予備查」44。自治規則既然對於地方之自治事項加以規定，且

---

42 所謂法律另有規定者所指為何？例如公害糾紛處理法第八條規定：公害糾紛調處委員會組織規程，由省（市）政府或縣（市）政府擬訂，報請行政院或省政府核定後發布。行政院環保署認為法律授權地方行政主管機關訂定之自治規則應送核定後發布，參閱劉文仕，《地方立法權——體系概念的再造與詮釋》，學林文化，1999 年 7 月 1 版，頁 197。

43 資訊性管理，嚴格上而言只是一種行政資訊的累積與管理而已。國家為統整各種行政資訊，有必要收集各種必要之事務訊息，以為統計之基礎。僅須報請備查的事項，該地方自治團體有完全獨立自主權限可以決定「是否」，以及「如何」執行。僅需備查之事項，該團體所為之行政行為本已生效，唯基於事後資訊統計之必要，將結果報請上級機關知悉而已，故上級機關縱認為不當，亦不得變更之。參閱李惠宗，〈地方自治立法監督之研究〉，《研考雙月刊》，第 26 卷，第 3 期，2002 年 6 月，頁 80。

44 參閱蘇詔勤，〈從地方自治的觀點評論司法院釋字三六三號解釋〉，《中國地方自治月刊》，第 571 期，1996 年 2 月，頁 3。

屬於執行地方自治行政事務之細節性、技術性之次要事項，或者地方行政機關內部之運作、秩序之事務，並不涉及居民權利義務之創設、變更，當然在尊重地方自治團體之自主自律前提下，監督機關所採監督密度上，自較委辦規則或設有罰則之自治條例較為寬鬆。自治規則之發布程序，幾與中央法規標準法之中央法規發布程序相若，一方面顯示中央法規與地方法規之程序正義一致性；一方面自治規則經由查照程序，就其是否違反憲法、法律或法律授權之法規、自治條例加以必要性之審查，使地方行政機關不致因有訂定行政規則之行政立法權，而影響法效力位階之設定[45]。茲以圖 6-4 表列自治規則之監督程序。

圖 6-4　自治規則之監督程序

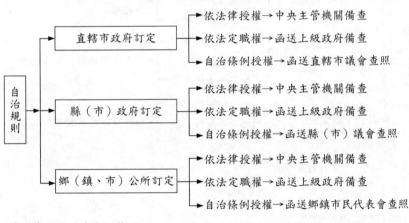

資料來源：作者自行整理

45　參閱紀俊臣，《精省與新地方制度——始末、設計、發展系論》，時英出版社，1999 年 9 月初版，頁 224。

(三)委辦規則之監督

　　委辦規則所規範之事項，其皆屬於國家或上級政府之事務，係基於行政效益或行政上經濟，交付地方行政機關辦理，地方行政機關基於其「法定職權」或「法律、中央法規之授權」，為執行委辦事項之補充。委辦規則既係為辦理上級機關委辦事項所訂定之地方行政法規，但為避免上級機關之政策或地方行政機關逾越權越，在監督設計上應由委辦機關以高密度之「事前監督」，對其合法性及適當性加以審查應先送委辦機關核定後，始能發布（地方制度法第二十九條第二項參照）。有關委辦規則之監督程序參見圖 6-5。

圖 6-5　委辦規則之監督程序

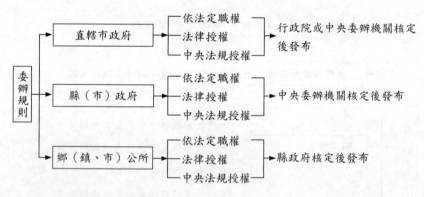

資料來源：作者自行整理

(四)自律規則之監督

　　地方立法機關得訂定自律規則（地方制度法第三十一條第一項），地方議會基於職權範圍內之事項，得自行訂定規範，就議會議事程序，議會內部事項、內部秩序，賦予自治自律之權責。自律規則係屬於議會自律，於不牴觸憲法、法律、中央法規或上級自治法規時，地方立法機關本得自行決定。故對於自律規則之監督，地

方制度法第三十一條第二項規定，自律規則除法律或自治條例另有規定外，由各該立法機關發布，並報上級政府備查，亦採事後低密度之法律（合法性）監督。其監督程序參見圖 6-6。

綜上所述，我國地方制度法對於地方自治法規之監督機制，係採「核定」、「備查」區分為事前合法性監督、事前合目的性監督、事後低密度監督三種方式，就以自治事項，委辦事項或議會自律之自主性及事務之性質區分監督密度，自屬合理完善之設計，茲將我國地方制度法所規定之地方自治法規之監督機制參見圖 6-7。

二、地方自治法規監督之實施

我國地方制度法對於地方自治法規之監督方式，係採取事前合法性監督、事前合目的性監督、事後低密度監督三種方式。至於對地方自治法規監督之實施手段，國內學者有不同之區分類型[46]，本

---

[46] 國內學者對於監督權行使有不同之區分，薄慶玖教授列舉其種類：1. 指揮命令權；2. 核准備案權；3. 解決爭議權；4. 監視檢舉權；5. 矯正處分權；6. 依法獎懲權；7. 上級另可以利用補助金之核給，對下級政府行使監督權。依管歐教授之見解，氏將自治監督之方法區分為對事項之監督，對人員之監督兩種。李惠宗教授之見解則區分為，事前監督與事後監督之手段，事後監督之手段則又區分為作為與不作為之監督。張正修教授則依地方制度法之規定分列其監督方式，1. 撤銷、變更、廢止、停止執行；2. 作為命令與代行處理；3. 核定，核准與同意；4. 備查與備案；5. 同級地方自治團體間之事權爭議以及地方自治團體內機關爭議之解決；6. 對地方自治人員之監督，又可分為停職、解除職務（權）、補選、延期辦理改選與補選、辭職去職死亡與代理、停職與代理等之監督。黃錦堂教授之分類係以地方之行為作為區分，1. 就地方立法行為之監督；2. 地方之行政組織與員額、職等，職缺之立法行為；3. 就地方府會互動行為之監督；4. 就地方政府執行法律之行為；5. 上級監督機關之代行處理權。參閱薄慶玖，《地方政府與自治》，五南，1995 年 2 月 2 版，頁 48-487；管歐，《地方自治》，三民，1996 年 4 月初版，頁 361-362；李惠宗，《憲法要義》，元照，2001 年 8 月初版，頁 633-656；張正修，《地方制度法理論與實用（二）》，學林文化，2000 年 9 月 1 版，頁 661-703；黃錦堂，《地方制度法基本問題之研究》，翰蘆，2000 年 8 月初版，頁 293-297。

圖 6-6　自律規則之監督程序

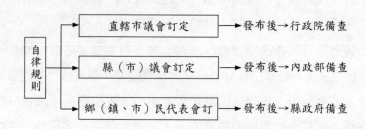

資料來源：作者自行整理

圖 6-7　地方自治法規監督體系

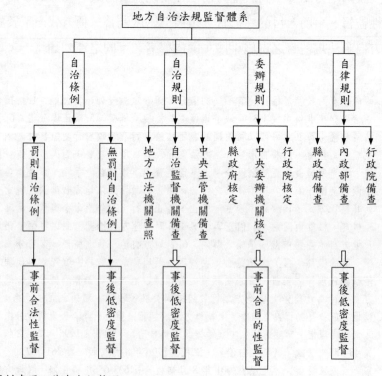

資料來源：作者自行整理

文之見解認為宜將地方自治法規之監督手段，區分為「權力性監督」、「非權力性監督」二種類型。因國內學者之區分方法雖可以對監督手段加以說明，但對於監督手段之事後救濟上並無區分實益，而且對監督手段之分析亦有缺漏。因此，本文擬改採權力性監督，非權力性監督二種類型加以分析[47]，以便瞭解地方自治團體對於上級監督機關所作成監督之司法救濟途徑。茲將地方制度法及行政程序法之監督手段以圖 6-8 列示如後，並加以說明。

圖 6-8　我國地方自治法規監督手段

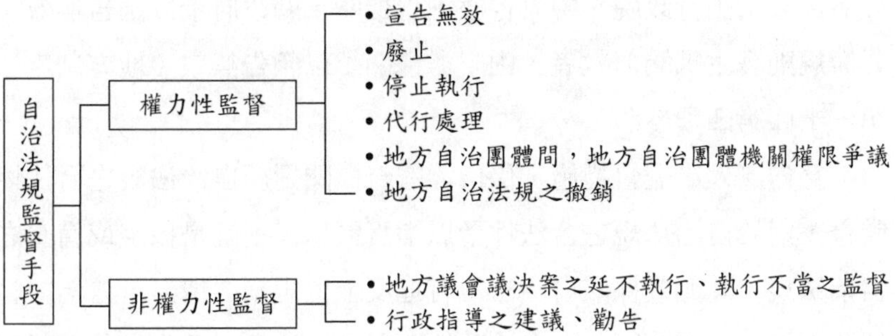

```
                      ┌ • 宣告無效
                      │ • 廢止
自  ┌─ 權力性監督 ─────┤ • 停止執行
治  │                 │ • 代行處理
法  │                 │ • 地方自治團體間，地方自治團體機關權限爭議
規  │                 └ • 地方自治法規之撤銷
監  ┤
督  │
手  │                 ┌ • 地方議會議決案之延不執行、執行不當之監督
段  └─ 非權力性監督 ──┤
                      └ • 行政指導之建議、勸告
```

資料來源：作者自行整理

(一)權力性監督

　　所謂權力性監督，係指國家或上級政府對地方自治團體所為之監督措施係以強制，命令或禁止之方式要求地方自治團體作為、不

47　對地方自治團體之監督手段，以其監督手段是否具有強制力，分為權力性與非權力性監督二大類，並分類其行政救濟，參閱陳樹村，〈地方自治監督與行政救濟〉，收錄於《地方自治法 2001》，台北市政府法規委員會，2001 年 10 月初版，頁 397-400。其實日本地方自治法有關國家對地方自治團體之關與（監督），在行政監督之分類上，亦採權力的關與，非權力的關與二種類型，參閱園部逸夫，《地方自治法》，地方公務員のための法律講座 4，第一法規，1986 年 10 月，頁 249；雄川一郎、塩野宏、園部逸夫，《現代行政法大系》，第 8 卷，有斐閣，1989 年 8 月，頁 389-390。

作為或忍受之義務。其目的在要求地方自治團體之自治行政之合法與合目的性，以矯正其逾越權限或有濫用自治權之情形，不外達成公益不受危害，國家整體利益確保之要求[48]。我國地方制度法所設計之權力性監督措施計有宣告無效、廢止、停止執行、代行處理，權限爭議解決及撤銷等，茲分別說明如下：

宣告無效：地方自治監督機關對於地方自治團體自為立法之自治法規，為確保其合法合憲的法律秩序，地方自治法規如果牴觸憲法、法律、中央法規或上級自治團體自治法規，監督機關得函告其無效，地方制度法第三十條規定，自治條例，自治規則發生牴觸無效者，分別由行政院、中央各該主管機關，縣政府予以函告無效。委辦規則發生牴觸無效者，由委辦機關予以函告無效（地方制度法第三十條第四項參照）。

宣告無效之監督措施，係自治監督機關對於自治法規之合法性監督，對於自治法規之合法性予以指責駁斥，不論是核定或備查之自治法規，其無效係該自治法規有違反上位規範之情形，自治監督機關再予以函告。因此，自治監機關對自治法規之函告無效，係對於地方自治團體之確認處分性質，且對地方自治團體具有不利益之效果，亦應踐行正當行政程序，給予陳述意見之機會，並於函告公文中記明理由，並得聲請司法院大法官解釋（地方制度第三十條第五項參照）。

廢止：自治監督機關初未注意地方法規之違法性，其後發現者，

---

48 參閱雄川一郎、塩野宏、園部逸夫，《現代行政法大系》，第 8 卷，有斐閣，1989 年 8 月，頁 390-392（木佐茂男執筆部分）；另參閱園部逸夫，《地方自治法》，地方公務員のための法律講座 4，第一法規，1986 年 10 月，頁 250-253；南博方、原田尚彦、田村悦一編，《新版行政法（3），地方自治法》，有斐閣，1990 年 5 月新版，頁 130-142。

仍得廢止該法規[49]。按地方制度法第七十五條之規定係對於違法之自治事項予以廢止,乃就地方行政機關辦理之自治事項予以廢止,使其失去效力。惟地方制度法並未規定監督機關可以廢止地方自治團體之自治法規,況且,所謂廢止係因法令修正,政策變更或有公益上之原因,而廢止該地方自治法規而言,其本身並非具有違法性之存在。因此,此處所謂之廢止,應指對違反上位規範之自治法規嗣後發現其有無效之原因,予以函告無效,對已公布生效之自治法規予以廢止之謂,其監督措施,仍雖無效監督性質之一,或者可以說是無效之延伸監督措施,至於委辦規則,本文之見解認為,委辦規則自治監督機關本可進行合目的性之監督,以維政策及整體法秩序之維持,應可對內容不當或不合時宜之規定部分,予以廢止。

停止執行:自治監督機關對地方自治法規,若認為一時難以執行或不能適應客觀需要,予以暫時停止其實施,俟適當時機再予恢復。停止執行之法律性質為行政處分,而且地方制度法亦未規定可否對地方自治法規停止執行。基本上,監督機關對於自治事項所為規範之自治條例,自治規則,係為合法性之審查,並予核定或備查,地方自治團體有自行「如何」、「何時」、「是否」執行之權。本文之見解認為,停止執行之措施應不及於自治條例及自治規則,惟可對委辦規則予以停止其執行,是為較合理之推斷。

其次,自治監督機關對於已施行生效之委辦規則停止執行,雖為政策之整體推行考量,但仍應兼顧受規範對象之信賴保護[50],採

---

49 參閱李惠宗,《憲法要義》,元照,2001 年 8 月初版,頁 653。

50 有關行政法規之信賴保護,大法官釋字第五二五號、五二九號、五三八號及五四七號解釋,均指陳行政處分(授益處分)撤銷或廢止有關信賴保護外,行政法規亦有其適用。其內容如下:

1.信賴保護原則攸關憲法上人民權利之保障,公權力行使涉及人民信賴利益而有保護之必要者,不限於授益行政處分之撤銷或廢止(行政程序法一一七、一二〇及一二六),即行政法規之廢止或變更亦有其適用。

取合理之補救措施，或訂定過渡期間之條款，以減輕其損害，且有公益上必要之原因為妥適。是以，自治監督機關雖可對委辦規則停止執行，但仍需基於公益上之必要，並兼顧信賴保護之界限較為適宜。

撤銷：行政機關之規範審查權，在我國通說皆謂，上級機關基於監督權限，對下級機關發布之命令違法或不當，得予以撤銷；而不相隸屬機關間之命令，則基於互相尊重之原則，自不得拒絕適用。惟上述見解雖屬正確，但所謂上下機關須限於隸屬同一統治層級（即公法人）間之機關，例如同屬中央機關或同屬縣（市）法人之機關。若涉及中央與地方之權限劃分問題時，應適用地方制度法之規定（第三十條、三十二條、四十三條及七十五條），並遵循釋字第五二七號解釋所作之補充[51]。

---

2. 行政法規公布施行後，制定或發布法規之機關依法定程序予以修改或廢止時，應兼顧規範對象信賴利益之保護。除法規預先定有施行期間或因情事變遷而停止適用，不生信賴保護問題外，其因公益之必要廢止法規或修改內容致人民客觀上具體表現其因信賴而生之實體法上利益受損害，應採取合理之補救措施，或訂定過渡期間之條款，俾減輕損害，方符憲法保障人民權利之意旨。

3. 不值得保護之排除：制定或發布法規之機關基於公益之考量，即社會整體利益優先於法規適用對象之個別利益時，自得依法定程序停止法規適用或修改其內容，若因此使人民出於信賴先前法規繼續施行，而有因信賴所生之實體法上利益受損害者，倘現有法規中無相關補救規定可資援用時（如：稅捐稽徵法四八之三等），基於信賴之保護，制定或發布法規之機關應採取合理之補救措施或訂定過渡期間條款，俾減輕損害。至有下列情形之一時，則無信賴保護原則之適用：

(1)經廢止或變更之法規有重大明顯違反上位規範情形者。

(2)相關法規（如各種解釋性、裁量性之函釋），係因主張權益受害者以不正當方法或提供不正確資料而發布，其信賴顯有瑕疵不值得保護者。

(3)純屬法規適用對象主觀之願望或期待而未有表現已生信賴之事實者，蓋任何法規皆非永久不能改變，法規未來可以修改或廢止，受規範之對象並非毫無預見，故必須有客觀上具體表現信賴之行為，始足當之。

51 以上見解參閱吳庚，《行政法之理論與實用》，作者自刊，2001 年 8 月增訂

是以，自治監督機關自不得對自治條例、自治規則於核定，備查後予以撤銷，使其失去效力。對於委辦規則，本文之見解認為，自治監督機關基於監督權限，應有撤銷之權，在考量公益原則及信賴保護原則之下，自可在依法行政之前提下，進行合法性之審查。

代行處理：代行處理係監督機關對於地方自治團體依法應作為而不作為之事項，其適於代執行者，由自治監督機關代為處理。我國地方制度法第七十六條規定：

直轄市、縣（市）、鄉（鎮、市）依法應作為而不作為，致嚴重危害公益或妨礙地方政務正常運作，其適於代行處理者，得分別由行政院、中央主管機關、縣政府命其於一定期限內為之；逾期仍不作為者，得代行處理。但情況急迫時，得逕予代行處理。

地方制度法第七十六條之規定實包含下列二種監督手段[52]：

- 作為命令：對於地方自治團體應作為而不作為致嚴重危害公益或妨礙地方政務運作，而適於代行處理之行為，地方自治監督機關得先命令其於一定期限內作為。

- 代行處理：地方自治團體逾期不為或情況急迫時，自治監督

---

7 版，頁 76。

52 參閱張正修，《地方制度法理論與實用（二）》，學林文化，2000 年 9 月 1 版，頁 667-668。氏並將我國之作為命令與德國之「糾正令」加以比較，茲整理如下：

1. 地制法之「作為命令」與德國之「糾正令」二者有相似之處。

2. 在德國，自治監督機關得以書面對地方自治團體發出糾正令，並命地方對於違法，不當之措施，限定期間使其自行變更或廢棄原決定。

3. 此種監督手段，提供地方自治團體自我審查之機會，並尊重地方自治團體之體制，屬於一種緩和之監督機制。

4. 我國之「作為命令」：

　(1)所謂「逾越期限而不作為」，或「情況急迫」得逕予代行處理。

　(2)其所謂「所訂期限」為何，並以不確定概念之「情況急迫」作為代行處理之要件。實易使監督機關便宜行事而侵害自治團體之自治權限。

機關得代行處理。

依地方制度法第三十條之規定，作為命令及代行處理之要件如下：

1. 作為命令之要件，作為命令之發布須符合下列要件：
   (1)地方自治團體應作為而不作為，致嚴重危害公益或妨礙地方政務之正常運作者。
   (2)須適於代行處理者。
   (3)發布命令之監督機關之行政院、中央各該主管機關、縣政府。
   (4)作為命令須限定在一定期限內為之。
2. 代行處理之要件：
   (1)上級監督機關代行處理前，應函知被代行處理之機關。
   (2)經通知代行處理後，該事項即移轉至代行處理之機關，直至代行處理完竣。
   (3)代行處理之費用，應由被代行處理之機關負擔。
3. 代行處理之申訴及程序
   (1)申訴：
      地方政府對代行處理之申訴：直轄市、縣（市）、鄉（鎮、市）對前項處分如認為窒礙難行時，應於期限屆滿前提出申訴。行政院、中央各該主管機關、縣政府得審酌事實變更或撤銷原處分。
   (2)代行處理之程序：
      行政院、中央各該主管機關、縣政府決定代行處理前，應函知被代行處理之機關及該自治團體相關機關，經權責機關通知代行處理後，該事項即轉移至代行處理機關，直至代行處理完竣。

代行處理之監督措施是否包含對自治條例，自治規則在內，實不無疑問。地方制度法並未明確指出其監督標的，僅指陳其構成要件而已。本文之見解認為，自治條例、自治規則均係對自治事項所為之抽象規範，地方自治團體有自行決定執行，是否執行之權，監督機關之介入並予以代行處理，實有侵害地方自治團體自治權限之虞。

地方自治團體間，地方自治機關權限爭議：地方制度法第七十七條規定，直轄市間、直轄市與縣（市）間，事權發生爭議時，由行政院解決之；縣（市）間，事權發生爭議時，由內政部解決之；鄉（鎮、市）間，事權發生爭議時，由縣政府解決之；縣與鄉（鎮、市）間，自治事項遇有爭議時，由內政部會同中央各該主管機關解決之。

上述之規定「事權發生爭議」時，自亦包含地方自治團體之間有關其所訂定自治法規所發生之權限爭議在內，自治監督機關加以解決，亦屬自治監督行政監督之一，但自治監督機關之解決，其法律性質為何？自治監督機關基於監督權限，所為之公權力之決定，對於地方自治團體間有關事權爭議之單方決定，且直接對外發生法律效果，自當為行政處分之性質。

另依行政程序法第十三條及第十四條之規定，行政機關有關權限爭議時，上級監督機關亦可藉由監督權加以解決[53]。地方自治法

53　行政機關之權限爭議之管轄競合，可分為積極競合及消極競合，所謂積極競合係指同一事件，有數機關均有管轄權限，而彼此之間發生衝突之情形而言。而所謂消極競合是同一事件數機關之間均認為無管轄權而發生爭議而言。

我國行政程序法之規定如下：

1.依行政程序法第十三條規定：同一事件，數行政機關依前二條之規定均有管轄權者，由受理在先之機關管轄，不能分別受理之先後者，由各該機關協議定之，不能協議或有統一管轄之必要時，由其共同上級機關指定管

規中，自治規則及委辦規則，其中依法定職權及法律、中央法規之授權者，由行政機關訂定，若有關事權之爭議，亦即地方行政機關彼此有關自治規則與委辦規則之管轄爭議，自治監督機關之決定，自亦屬行政處分，亦為監督實施之一種。

(二)非權力性監督

自治監督機關關於非權力性監督行為，大約有：對地方自治團體之行為為一定法律上或技術上建議，要求地方自治團體改善其施政之措施，要求地方自治團體提出報告或提出文件查詢之監督權限[54]。我國地方制度法及行政程序法亦有相關規定，茲分別說明如下：

地方自治團體內部權限爭議之解決：地方自治團體內部機關之權限爭議，自治監督機關予以解決亦為監督權之一，我國地方制度法第三十八條規定：

直轄市政府、縣（市）政府、鄉（鎮、市）公所，對直轄市議會、縣（市）議會、鄉（鎮、市）民代表會之議決案應予執行，如延不執行或執行不當，直轄市議會、縣（市）議會、鄉（鎮、市）

轄，無共同上級機關時，由各該上級機關協議定之。前項機關於必要之情形時，應為必要之職務行為，並即通知其他機關。

2. 依行政程序法第十四條規定：數行政機關於管轄權有爭議時，由其共同上級機關決定之，無共同上級機關時，由各該上級機關協議定之。前項情形，人民就其依法規申請之事件，得向共同上級機關申請指定管轄，無共同上級機關者，得向各該上級機關之一為之。受理申請之機關應自請求到達之日起十日內決定之。在前二項情形未經決定前，如有導致國家或人民難以回復之重大損害之虞時，該管轄權爭議之一方，應依當事人申請或依職權為緊急之臨時處置，並應層報共同上級機關及通知他方。人民對行政機關依本條所為指定管轄之決定，不得聲明不服。

54 參閱日本地方自治法第二百四十五條、二百四十六條規定，另有關國家的行政關與（監督），參閱南博方、原田尚彥、田村悅一著，《新版行政法（3），地方自治法》，有斐閣，1990 年 5 月新版，頁 140-142。

民代表得請其說明理由，必要時得報請行政院、內政部、縣政府邀集各有關機關協商解決之。依地方制度法第三十八條之規定，議會、代表會之議決案若地方行政機關延不執行或執行不當時，地方議會得請地方行政機關說明理由，必要時，直轄市議會得報請行政院；縣（市）議會得報內政部；鄉（鎮、市）得報請縣政府邀集各有關機關協商解決。是以，地方議會所為之議決案，地方行政機關延不執行或執行不當時，地方議會對地方行政機關有請求說明之權，必要時得向自治監督機關請求協商解決。地方議會所議決之自治條例，地方行政機關若延不執行或執行不當時，必要時得報請監督機關協商解決之。此時自治監督機關乃立於被動之地位而行使協商解決之權，其性質為何？不無爭議。本文認為本條協商解決之法律性質與地方制度法第七十七條、第四十條之解決，逕為決定不同，前者之性質並非行政處分，而係調停，後者之性質則為單方決定具有法效性之行政處分[55]。

地制法第三十八條之協商解決，係自治監督機關依職權或事務權限範圍內，對地方自治團體內機關相互之爭議，予以協助、建議、勸告等不具強制力之方法，促請申請之機關為一定作為或不作為。自治監督機關雖有法令上（第三十八條）的依據，但非法律行為，而不具法律上的拘束力或強制力，僅屬於自治監督機關對地方自治團體內機關爭議，由其居間協調促成相互妥協之協調性行政指導[56]。

---

55 日本地方公共團體相互間，地方公共團體機關相互間紛爭，當事者得向自治紛爭調停委員會申請調停，並作成勸告或建議（參照日本地方自治法第二五一條第一項、第二項、第三項），其性質上為「調停」並作成建議或勸告，並不對外發生法律效果，對當事人並不具拘束力，應屬於協商性行政指導的措施，參閱南博方、原田尚彥、田村悅一著，《新版行政法（3），地方自治法》，有斐閣，1990 年 5 月新版，頁 143。另學者張正修亦採相同之見解，參閱張正修，《地方制度法理論與實用（二）》，同前揭書，頁 676。
56 行政指導雖屬單純之事實行為，惟仍應遵守法律優越原則，依行政程序法之

況且，地方自治團體內部立法機關與行政機關之府會衝突爭議，本屬於府會運作關係，宜由其自行解決，並不適合由監督機關之強制性權力性之監督加以干預。

另外，自治監督機關亦可經由對地方自治團體於法規制定前，對其提供資訊或意見，或者建議制定某一法規，並於自治法規核定備查後附帶作成修正建議[57]，均為自治監督機關非權力性監督之適例。

規定，其特性如下：

1. 任意性：行政指導係非權力之行政活動，與權力行為之行政處分、行政立法、行政強制等有別，故不得對不服從行政指導者，課予行政罰或對之為行政上強制執行。行政程序法第一六六條第二項即規定：「相對人明確拒絕指導時，行政機關應即停止，並不得據此對相對人為不利之處置。」

2. 裁量性：

(1)行政指導係積極誘導人民，以形成一定之秩序或達成一定之行政目的，行政機關為行政指導時，所需考慮者，僅為達成行政目的手段適當性，不必受相對人意思之拘束，故行政指導具有裁量性，特別是屬「決定裁量」，亦即行政機關可以決定是否進行行政指導。如果該行政行為是一種羈束處分，就不得進行行政指導。然在進行行政指導時，仍不得濫用，亦應遵守平等原則與比例原則，例如：行政機關如以給付行政協助一特定群族之人民，對相同條件之人民，即不能不予以相同的協助。

(2)故行政程序法第一六六條第一項規定：「行政機關為行政指導時，應注意有關法規規定之目的，不得濫用。」

3. 明示性：行政機關於行政指導時，應明確使人民知悉該行政指導之目的與該行政指導的界限或其他相關事項。就此行政程序法第一六七條規定：「行政機關對相對人為行政指導時，應明示行政指導之目的、內容及負責指導者等事項。前項明示，得以書面、言詞或其他方式為之。如相對人請求交付文書時，除行政上有特別困難外，應以書面為之。」

57 參閱謝碩駿，〈地方法規定位與監督之研究〉，國立政治大學法律學系碩士論文，2002 年 5 月，頁 226-227。有關自治監督機關之建議，附帶作修正意見，意見之提供等，氏並例示如下：

例如苗栗縣建築投資商業同業公會建議苗栗縣政府草擬「苗栗縣建築投資業輔導管理自治條例」，其內容包括已於他地區取得登記證照之商業公司、行號，必須加入苗栗縣商業同業公會之規定。苗栗縣政府草擬上開自治條例時，將此一規定函請內政部釋示其合法性，內政部函覆告以：商業團體法第十二條規定：「同一區域內，依公司法或商業登記法取得登記證照之公營或

綜上所述，我國地方制度法所設計之自治監督機制，係以行政監督為主軸，並以司法審查之最後確認為輔，對於地方自治之監督措施，基本上係以自治事項與委辦事項為區分基礎。但本法之設計仍含有若干之缺失，及在救濟制度上銜接不完全之處，猶有待修法及建構相關之制度加以補強。

第三項　我國地方自治法規監督機制之建構

一、我國地方自治監督機制之缺失與檢討

　　我國地方制度法對於地方自治之監督方式，係基於自治事項與委辦事項而加以區分，茲分述如下：

(一)撤銷、變更、廢止或停止執行之探討

　　地方制度法第七十五條第二、四、六項，係監督機關對於自治

民營商業之公司、行號，均應於開業後一個月內，加入該地區商業同業公會為會員…」；是公司、行號僅應加入該地區商業同業公會為會員，並無須再加入其他縣（市）商業同業公會為會員之規定，因此是否制定「苗栗縣建築投資業輔導管理自治條例」，仍請自行斟酌。

例如目前台灣省政府及高雄市政府分別訂有「台灣省醫療機構及醫師舉報規則」及「高雄市公私立醫療機構診療可疑傷病患舉報自治條例」，內政部警政署認為上開兩則抽象規範對於治安維護發揮相當功能，不過就「台灣省醫療機構及醫師舉報規則」而言，由於其內容涉及人民權利義務事項，再加上「台灣省政府功能業務與組織調整暫行條例」有其施行期限（至民國九十年底），因此內政部行文台灣省各縣市政府、台北市政府、福建省金門縣、連江縣政府，建請各該地方自治團體制定「醫療機構診所可疑傷病患舉報自治條例」，規範醫療機構及醫師之舉報責任，以建構醫療體系協助治安通報網路。

例如屏東縣政府函請內政部（社會司）備查「屏東縣設置婦女保護安置處所辦法」，內政部於備查後，並在函覆中附帶提出以下建議：該辦法第七條第一項第二款之「社工人員」改為「社會工作人員」、第八條前段「…緊急庇護之家及中途之家建立個案資料…」改為「…緊急庇護之家及中途之家『應』建立個案資料…」，請屏東縣政府於下次修正該辦法時參考。

事項監督之規定：

1. 直轄市政府辦理自治事項違背憲法、法律或基於法律授權之法規者，由中央各該主管機關報行政院予以撤銷、變更、廢止或停止其執行。
2. 縣（市）政府辦理自治事項違背憲法、法律或基於法律授權之法規者，由中央各該主管機關報行政院予以撤銷、變更、廢止或停止其執行。
3. 鄉（鎮、市）公所辦理自治事項違背憲法、法律、中央法規或縣規章者，由縣政府予以撤銷、變更、廢止或停止其執行。

依事務屬性之不同，對於自治事項，上級政府只作合法性監督，以擔保其合憲之法律秩序，若地方自治機關所執行之自治事項牴觸憲法、法律、中央法規或上級自治團體自治法規者，監督機關自可介入加以審查。惟本條之規定卻有下列疑義，值得討論。

第一點，監督機關對於地方自治機關所辦理之自治事項，予以撤銷或停止其執行係常見之監督手段。但對於自治事項廢止、變更等監督措施，卻有侵害地方自治本質之虞。蓋廢止係將合法之處分終止並使其不再發生效力之謂，而監督機關對於自治機關合法之自治事項可逕予廢止，實已侵害地方自治團體之自治權。

其次，變更係為形成處分，對於已成立之法律關係或事實加以變更，消滅之謂。監督機關對於自治事項之執行概括可加以變更，進而改變地方自治團體之意志內容，此種監督手段，實屬國內特設之例，實有嚴格限制其行使之必要 58。

---

58 廢止、變更之監督措施，日本、德國、法國等國之地方自治法規均無此相關規定。本條之規定除沿用行憲前的省政府組織法（第三條），各部組織法

另外，所謂撤銷，係對於自治機關所辦理之自治事項，若有違法或不當之情事者，監督機關使自治機關之命令或處分撤銷，使其溯及失去效力之謂。此種監督機關直接撤銷地方政府所為之違法執行行為，應考慮正當合理之信賴之外，依比例原則，監督機關應考量事前之討論或協商，使自治團體有重新思考改正之機會。

地方制度法第七十五條第三項、第五項、第七項規定：

1. 直轄市政府辦理委辦事項違背憲法、法律、中央法令或逾越權限者，由中央各該主管機關報行政院予以撤銷、變更、廢止或停止其執行。

2. 縣（市）政府辦理委辦事項違背憲法、法律、中央法令或逾越權限者，由委辦機關予以撤銷、變更、廢止或停止其執行。

3. 鄉（鎮、市）公所辦理委辦事項違背憲法、法律，中央法令、縣規章、縣自治規則或逾越權限者，由委辦機關予以撤銷、變更、廢止或停止其執行。

對於委辦事項監督機關得實施合目的性監督，委辦事項之執行有違法不當或逾越權限者，委辦機關在法理上予以撤銷、變更、廢止或停止其執行，並無不可。惟本條對於自治事項與委辦事項均採相同之監督手段，於法理上有不合之處，宜修正為不同之監督強度為宜。

（第三條）之外，係我國長期視地方自治機關為層層節制關係之組織體系，而以行政組織內部之全面且多元之上級機關對下級機關職權監督所致。為鞏固地方自治之自主，此種不符自治精神之監督方式，未來立法宜加修正之必要。有關文獻參見田黎麗，〈我國現行地方自治監督之研究〉，國立政治大學公共行政研究所碩士論文，1982 年 6 月，頁 58；李漢祥，〈台灣省縣間監督關係之研究〉，國立台灣師範大學三民主義研究所碩士論文，1987 年 6 月，頁 44；另有關之行政監督參看張家洋，《行政法》，三民，1993 年 4 月 6 版，頁 391-404。

(二)函告地方議會議決事項無效之探討

地方制度法第四十三條規定：

直轄市議會議決自治事項與憲法、法律或基於法律授權之法規牴觸者無效；議決委辦事項與憲法、法律、中央法令牴觸者無效。

縣（市）議會議決自治事項與憲法、法律或基於法律授權之法規牴觸者無效；議決委辦事項與憲法、法律、中央法令牴觸者無效。

鄉（鎮、市）民代表會議決自治事項與憲法、法律、中央法規、縣規章牴觸者無效；議決委辦事項與憲法、法律、中央法令、縣規章、縣自治規則牴觸者無效。

前三項議決事項無效者，除總預算案應依第四十條第五項規定處理外，直轄市議會議決事項由行政院予以函告；縣（市）議會議決事項由中央各該主管機關予以函告；鄉（鎮、市）民代表會議決事項由縣政府予以函告。

第一項至第三項議決自治事項與憲法、法律、中央法規、縣規章有無牴觸發生疑義時，得聲請司法院解釋之。

此條規範之意旨係對於地方議會議決之自治事項，委辦事項因牴觸上級法規或法令而無效者，由自治監督機關予以函告。惟有無牴觸發生疑義時，由司法院解釋。

1. 自治監督機關對於議決事項予以函告無效，因自治事項與委辦事項二者之上位法規範不同，議決事項是否有牴觸之情事，首先，應予區分自治事項與委辦事項事務有明確之劃分，以免監督機關以違反、牴觸中央法令（行政規則）為由，而恣意加以函告無效，侵害自治權限。

2. 此處之函告，當由監督機關行文地方議會，並告以其議決有違反上級法規或法令之情事。惟此函告無效為確認抑或形成

之表示，亦不明白 [59]。

3. 自治監督機關實施監督，函告議會議決事項無效，應有行政程序法之適用，在實施函告無效之前，應予地方議會陳述意見之機會，並於函告時記明理由，若函告之事項為自治法規（自治條例）者，應主動資訊公開，以維人民權益 [60]。

4. 民選之地方議會議決之自治事項，是否牴觸上位法規範，卻由非民選之上級行政機關（行政院、中央各該主管機關、縣政府），予以函告無效。此種監督手段，除有違民主原則，亦有過度侵害自治團體自主性之虞。就我國現行之自治監督之現制而言，立法院並未對直轄市、縣（市）議會所制（訂定）之自治法規行使批准或同意之權。惟目前中央法律授權地方政府訂定命令者，立法院多不保留同意權，而寧願將命令違法監督權交給中央主管機關行使 [61]。目前地方制度法亦採此制度，而造成立法監督之偏廢。

(三)有關代行處理之探討

代行處理係地方自治團體不履行法定之義務時，國家得自行或使第三人履行該義務，並由地方自治團體負擔其費用。各地方自治團體依法應作為而怠於行使而由自治監督機關予以代行處理，實與代個人履行其法律義務具相同作用 [62]。

---

59 有關函告無效之性質，參看陳敏，《行政法總論》，作者自刊，1998 年 5 月初版，頁 796。

60 監督機關對於地方自治機關所為之監督措施，亦應適用行政程序法之正當法律程序。有關行政程序部分，參閱蔡茂寅、李建良、林明鏘、周志宏等合著，《行政程序法實用》，學林文化，2000 年 11 月 1 版，頁 142-151。

61 參見趙永茂，「地方自治立法監督之研究」，台灣省政府經濟建設委員會及研究考核委員會委託，1999 年，頁 15。

62 法律規範個人應履行之義務，如個人不履行時，法律通常授予行政機關依法

代行處理係國家機關基於法規範的一致性所採取之強烈監督措施,並由監督機關代地方政府作成特定作為。其監督的密度應兼及適當性監督與合法性監督,其監督標的指典型的行政行為或人事問題上,亦應含地方議會有關立法性之行為[63]。

我國地方制度法第七十六條有關代行處理之規定如下:

直轄市、縣(市)、鄉(鎮、市)依法應作為而不作為,致嚴重危害公益或妨礙地方政務正常運作,其適於代行處理者,得分別由行政院、中央各該主管機關、縣政府命其於一定期限內為之;逾期仍不作為者,得代行處理。但情況急迫時,得逕予代行處理。

直轄市、縣(市)、鄉(鎮、市)對前項處分如認為窒礙難行時,應於期限屆滿前提出申訴。行政院、中央各該主管機關、縣政府得審酌事實變更或撤銷原處分。

行政院、中央各該主管機關、縣政府決定代行處理前,應函知被代行處理之機關及該自治團體相關機關,經權責機關通知代行處理後,該事項即轉移至代行處理機關,直至代行處理完竣。

代行處理所支出之費用,應由被代行處理之機關負擔,各該地方機關如拒絕支付該項費用,上級政府得自以後年度之補助款中扣減抵充之。

直轄市、縣(市)、鄉(鎮、市)對於代行處理之處分,如認為有違法時,依行政救濟程序辦理之。

現行地方制度法第七十六條有關代行處理之規定大體上係延續省縣自治法第五十五條及直轄市自治法第四十六條規定而來[64],惟

採取強制執行手段,行政機關亦可由他人代為履行,或由行政機關本身直接實現義務之狀態。參見城仲模,《行政法之基礎理論》,三民,1994年10月增訂再版,頁247。

63 參閱李惠宗,《憲法要義》,元照,2001年8月初版,頁654。

64 直轄市自治法及省縣自治法有關代行處理之規定內容為:「直轄市政府省政

我國以往地方自治經驗與慣例中，尚乏代行處理之法令及前例可供參考，因此，可以預期未來第七十六條之代行處理在實際適用施行過程中，不免出現疑義與爭端[65]。以下茲將代行處理之相關問題加以說明，並將外國法制比較探討如後：

首先，代行處理在性質上，屬於國家監督地方自治之一環，惟由於高度介入地方自治單位之自主性和獨立性，其監督措施須具有法律基礎，在實踐上仍必須符合比例原則，而具有最後手段（ultimaration）之性格，以避免掏空憲法所保障地方自治權之核心內容（Kernbereich der Selbstverwaltungsgarantie）[66]。以合憲性之角度探討，代行處理之啟動係矯正地方自治團體之應作為而不作為，其合法性應無疑義[67]。

另，探討我國代行處理制度方面，茲述如下：

1. 依地方制度法第七十六條規定，監督機關實施代行處理可區
   分為二種：

   (1)一般代行處理：地方自治團體依法應作為而不作為之事
      項，而適於代行處理者，致嚴重危害公益或妨礙地方政務

府、縣（市）政府、鄉（鎮、市）公所依法應為之行為而不為，其適於代行處理者，各該自治監督機關得命其於一定期限內為之，如逾期仍不為者，各該自治監督機關得代行處理。但情況急迫時，得逕行代行處理。
前項自治監督機關之代行處理辦法，由內政部會同中央相關主管機關擬訂，報請行政院核定。」但該辦法卻遲未擬訂，而地方制度法第七十六條亦將此項規定加以刪除。

65 參見劉華美，〈德國地方自治代行處理之研究——兼論對台灣的啟示〉，《台北大學法學論叢》，第 47 期，2000 年 12 月，頁 382。

66 參見劉華美，〈德國地方自治代行處理之研究——兼論對台灣之啟示〉，同前揭註，頁 367。

67 關於代行處理制度之正當性及合憲性問題，參見黃錦堂主持，「地方制度法有關中央代行處理地方事務之研究」，行政院經濟建設委員會委託專案研究計劃，2000 年，頁 112。

正常運作，得分別由監督機關命其於一定期限內為之；逾
期仍不作為者，得代行處理。

(2)即時代行處理：監督機關對於地方自治團體應作為而不作
為之事項，致嚴重危害公益或妨礙地方政務正常運作，於
情況急迫時，得逕予代行處理。

2. 依據地方制度法第七十六條之規範，監督機關啟動代行處理，
須符合下列要件方得為之。

(1)地方自治團體依法應作為而不作為，而適於代行處理者。
所謂適於代行處理之標的，一般認為限於委辦事項，是否
包含自治事項，尚有疑義。有待釐清。

(2)嚴重危害公益或妨礙地方政務之正常運作。
此要件除必須有相當之因果關係，因不作為而致危害公益
或妨礙地方政務之正常運作之外，更屬不確定法律概念之
具體化，應由代行處理之機關本於職權涵攝（Subsumtion）
判斷，將抽象之規範於該當之具體事實關係，在尊重地方
自治團體之權限下，依比例原則為適當之裁量。例如，縣
（市）對於地方環境衛生、有毒之廢棄物未予處理，或者
地方政府以各種理由對於人民之申請案，不願依各該專業
法律之規定核發相關執照（主要為土地變更使用執照、水
權執照、建築執照，各種公害防治法律有關證照）等[68]。
至於屬於地方之固有事務，或屬於尊重自治權限者，例如
自治條例、自治規則不得由監督代為訂定，或者代為徵收
地方稅捐，否則便有侵害地方自治核心範圍之虞。

(3)須先定期命為執行。

68　有關代行處理之探討另參閱黃錦堂，《地方制度法基本問題之研究》，翰
蘆，2000 年 8 月初版，頁 298。

至於代行處理必須作為命令發布後，逾越發布命令所定期限而仍不作為時，方可實施代行處理。此一程序如同行政執行法第二十七條之規定，須先以書面定期預為告戒，否則不得為之。

不過即時代行處理時，監督機關基於情況急迫，不必先定期命地方自治團體為之，即可逕予代行處理。所謂情況急迫者為高度之不確定法律概念，不須為預為告戒之程序，由監督機關逕予代行處理，此種規定實有侵害自治權之虞。

再探討各國有關代行處理制度的比較，茲述如下：

德國之代行處理[69]：

• 黑森邦（Hessen）鄉鎮自治法：

監督機關對鄉鎮怠忽職權者，應以書面限定期限預為告戒（第一三九條）。

鄉鎮若未在監督機關規定期限內完成其指示事項，監督機關得代行鄉鎮下達必要命令，並以鄉鎮之費用代其執行必要職務或委託第三人代為執行（第一四○條）。

鄉鎮如不服監督機關代行處理之措施，得向行政法院提起行政訴訟（第一四二條）。

• 巴伐利亞邦（Bayern）鄉鎮自治法：

鄉鎮若未在法律監督機關規定期限內完成其告戒事項，監督機關得代替鄉鎮處以必要措施並執行之，其所生費用由鄉鎮支付（第一一三條）。

至於委辦事項，法律監督機關，須先經負責之專業監督機關

69　參閱董保城譯，〈德國地方自治機關法規〉，收錄於內政部編印之《德法地方自治法規彙編》，1995 年 4 月出版，頁 3。

下達指示後予以代行處理（第一一六條）。

- 薩克森邦（Sachsen）鄉鎮自治法：

鄉鎮若未在一定期間內完成法律監督機關依照規定指示事項，監督機關得代鄉鎮並以鄉鎮之費用執行必要職務或委託第三人代為執行（第一一三條、第一一五條、第一一六條）。

德國之代行處理之標的為委辦事項，亦可包括自治事項，但代行處理係最後手段之輔助措施，除應嚴格遵守比例原則之要求外，監督機關須先為告戒之命令，非由監督機關可恣意為之。此外，代行處理已涉及對地方自治權之侵犯，在行政程序上，應保障地方自治團體有陳述意見之機會，方符正當行政程序之意旨。

日本之代行處理 [70]：

- 地方自治法第一百五十一條之二：

主管大臣認為都道府縣知事管理或執行屬於其權限之中央事務，有違反法令之規定或主管大臣之處分或對中央事務之管理或執行有怠忽之情事，如以其他方法要求其改正有困難，且如置之不理顯然有害公益時，得以書面勸告各該都道府縣知事限期改正其違反事項或改善其對事務管理或執行之怠忽。

都道府縣知事不在前項期限內執行同項規定之勸告事項時，主管大臣得以書面命令各該都道府縣知事限期執行之。

都道府縣知事不在前項期限內執行時，主管大臣得以書面向高等法院訴請裁判，命其應執行各該事項。

主管大臣依前項規定向高等法院提訴時，應即以書面通告各該都道府縣知事，並向各該高等法院通知其通告之時日、場

70　參閱施嘉明譯，《日本地方自治法暨地方財政法》，內政部編印，1993 年 12 月出版，頁 113-115。

所及方法。

各該高等法院受理依第三項規定之提訴時，應即決定口頭辯論之日期，要求當事人出面。其日期應為自同項之訴提起之日起十五日內。

各該高等法院認為主管大臣之請求有理由時，應對各該都道府縣知事作成裁判，命其在限期內執行各該事項。

第三項之訴，由管轄各該都道府縣區域之高等法院專屬管轄。

都道府縣知事不依第六項裁判在限期內執行各該事項時，主管大臣得代各該都道府縣知事執行之。此時，主管大臣應事先將執行之時日、場所及方法通知各該都道府縣知事。

對於第三項之訴有關高等法院之判決，其上訴期間定為一星期。

前項之上訴，不具停止執行之效力。

主管大臣之請求經判決為無理由確定，但已根據第八項之規定執行，依第二項規定命令辦理之事項時，都道府縣知事應於各該判決確定後三個月內，撤銷其處分或回復原狀及採取其他必要之措施。

前各項之規定，對於市町村長管理或執行屬於其權限之中央事務，有違反法令之規定或主管大臣或都道府縣知事之處分，或對中央事務之管理或執行有怠忽之情事，依本項規定之措施以外之方法要求其改正有困難且如置之不理顯然有害公益時，準用之。此時，前各項規定中「主管大臣」改為「都道府縣知事」，「都道府縣知事」改為「市町村長」、「各該都道府縣區域」改為「各該市町村區域」。

• 地方自治法第二百四十六條之二：

內閣總理大臣，認為普通公共團體之事務處理或其首長之事務管理及執行有違反法令規定時，或認為對於應確保之

收入確保不當，或支出經費不當或處分財產不當等事務之執行顯有失當且明顯妨害公益時，得對於各該普通公共團體或其首長，糾正其事務處理或管理及執行之違失或要求其採取改善之必要措施。又認為普通地方公共團體首長對於依各該普通地方公共團體之條例、議會之議決或法令規定屬其義務之事務，在管理及執行上顯有怠忽情事時，亦同。

內閣總理大臣依前項規定採行之措施，對於市町村事務之處理或其首長之事務管理及執行事項，得由都道府縣知事採行。但內閣總理大臣認為必要時，得親自採行各該措施。

綜上述之規定，日本法所採用之代行處理有如下之特性：

1. 主管大臣（知事對市町村長）得經提出勸告、下達命令，於職務執行命令經法院之裁決後，代替首長執行各該事務。

2. 日本之代行處理，其標的為中央機關委任之事務而言。地方政府有怠惰之情事者，得先予勸告等非權力性之監督措施，惟監督機關得以書面命令各該地方政府限期執行，地方政府仍不作為者，主管大臣得以書面訴請高等法院裁判，命其應執行各該事項。此與我國、德國之制度設計上，日本之規定實有其特色。

3. 內閣總理大臣（都道府縣知事對市町村之事務），對於地方公共團體或首長的事務處理違法時，得要求其採取改善措施。對於地方公共團體之條例、議會之議決或法令規定之義務，監督機關得採行糾正或改善之必要措施，地方政府有異議時，得請求表示其意見，此項規定為日本於昭和三十一年（一九五六年）之新規定，以確保地方行政運作的適當公正，但監督機關並未有代行處理之權限。

- 英國之代行處理制度 [71]：

英國之地方政府，皆以國家之法律賦予一定之自治權力，地方團體不履行其義務時，則主管部長得經適當之調查後，宣告該地方政府之怠忽職務（default），並採取下列措施：

由主管部長自行處理：地方團體怠忽職務時，由主管部長自為地方團體應為之義務，並由被代行之機關支付代行所生之費用。

主管部長對不履行之地方團體得發出正式之命令，令其於特定期間內為必要之行為，如命令不獲履行，得請求法院對該地方團體發出職務命令狀（Mandanus），以強制其履行。若法院之命令仍不被遵行時，地方團體之成員或職員會被處以罰金，或以侮辱法庭之罪名被逮捕。

主管部長得將怠忽職務機關之職權移轉於另一機關履行。例如區議會怠於履行其公共衛生事務，縣議會得請衛生部長注意，並得將該職權移轉於縣議會，或由該部之首長將其任務自行處理。

- 法國之代行處理制度：

法國自一九八二年實施地方分權法後大幅放鬆對地方政府之自治權限，並將以往之監護式的行政監督加以廢止 [72]。其監督機關對於地方政府之代行處理亦僅限於下列事項：

71　有關英法等國之代行處理制度，參見林清淇，〈地方政府怠權行為代行處理之探討〉，收錄於《地方自治論述專輯（二）》，內政部編輯，1996 年 1 月出版，頁 331 以下，另參閱張正修，《地方制度法理論與實用（一）》，台北、學林文化，2000 年 9 月 1 版，頁 130；劉瓊，《比較地方政府》，第一冊，三民，1980 年 2 月再版，頁 120。

72　法國向來將地方自治監督分為三類，一為行政監督，二為財政監督，三為技術監督，並由中央政府派遣共和國專員（Commissaire de la Republique），對於地方自治團體施以監督。

地方自治團體之所通過之預算未達收支平衡時，共和國專員
得向地區審計單位（Chambre regionale des Comptes）提出，
地區審計單位可向有關之地方議會提出糾正措施。地方議會
不接受該糾正措施時，共和國專員有代行處理之權。

地方自治團體之預算並未列入義務支出事項或經通過之必要
預算時，共和國專員向有關議會告戒後仍不執行時，可以代
為列入之權。

地方行政首長對義務性之支出拒不簽發支付命令，經共和國
專員告戒後仍不執行時，得不須徵詢地區審計單位之建議，
逕予代行處理。

各國有關代行處理之制度不一，代行之標的亦互為差異。然
而，在比較法上，我國地方制度法之代行處理有若干之缺失，未來
修法時，可加以適度修正。

1. 代行處理雖具有合法性，但此種手段係最後、最強烈之監督
   方式，除依比例原則之界限外，另須遵守便宜原則，監督機
   關應於非不得已時行使。

2. 我國地方制度法第七十六條並未明確規定代行之標的，未來
   修法時應可考量加以明定。本文認為代行處理之標的僅限委
   辦事項，不應包含義務性自治事項在內。而地方自治團體之
   自願性自治事項，為尊重其自治權，則不在代行處理之射程
   範圍內。

3. 有關情況急迫，監督機關得逕予代行處理部分，應予廢止。
   蓋何謂「情況急迫」？其本身並無一明確之標準及界限，賦
   予監督機關逕予代行處理，毋庸預為告誡之裁量權限，實有
   過度干預之嫌。

4. 代行處理為侵害地方自治團體權利之不利處分，地方制度法

雖有予地方自治團體申訴及行政救濟之設計[73]。然而，地方自治團體對於代行處理之處分前，監督機關亦應遵守行政程序法上之資訊公開及予該自治團體閱覽卷宗，記明理由或由監督督機關舉行聽證（言詞辯論）之程序，以保障地方自治團體之權利。

二、我國地方自治法規監督機制的建構

我國地方制度法將地方自治法規在廣義上賦予地方自治團體對於自治事項制定自治條例，訂定自治規則之權，對於委辦事項訂定委辦規則，並賦予地方議會對議會自律自行訂定自律規則之權。為使地方自治法規符合地方自治的自主性及地域特殊要求，另方面亦應符合法令授權之目的，當然亦受國家或上級自治監督機關之統制與監督，但除前述之監督內部、外部界限外，自治機關所採取之監督措施應依下述原則為之：

(一)委辦規則監督之建構

自治監督機關對於委辦規則之監督得採取事前合目的性之監督，所採取監督之實施，並得以宣告無效、廢止、停止執行、撤銷、代行處理、事權爭議之解決等監督方法。畢竟，委辦規則係委辦事項之抽象性規範，終究為上級政策或法令的延伸，自治監督機關得予事前監督、事後監督，亦得進行合目的性及合法性監督。

(二)自治條例監督之建構

對於設有罰則之自治條例，為保障人民之權益，確保依法行政原則的要求，自治監督機關宜採事前合法性之監督。但自治條例亦

---

73 有關代行處理之行政救濟部分，請參照地方制度法第七十六條之規定，並於下一節有關自治監督與司法救濟之中加以詳論。

對自治事項所為之規定，地方立法機關代表地方居民之意志經由法定程序通過，並享有自行決定、如何執行之權，採取事前合法性之監督，以杜絕地方法規之浮濫，致妨害基本人權，仍屬必要。

至於未設有罰則之自治條例，並不涉及對居民權利義務之裁罰，係對自治事項之重要事項、自治機關組織或法律規定屬於議會保留之領域，其監督措施採事後低密度之監督，自屬合理。

(三)自治規則監督之建構

自治規則係對於自治事項之規範，亦不涉及居民之權利義務事項，概均屬地方行政機關之內部運作、秩序之規範，或屬於自治事項之細節性、技術性之次要事項。自治監督機關採取事後低度之監督，係屬合理之推論，宜由地方行政機關能自行決定，監督措施僅以合法性之注意較為妥適。

(四)自律規則監督之建構

地方議會基於議會自律，得訂定自律規則，於不牴觸憲法、法律、中央法規或上級法規時，地方立法機關本得自行決定，由各該立法機關發布，並報上級政府備查。自律規則之監督亦採事後低密度之合法性監督。

第四節　地方立法權監督之救濟

第一項　地方立法權監督之訴願

地方自治團體為公法人，固然不得享有基本權權利能力，但地方自治為憲法制度性保障，享有憲法在內自我負責的領域內「客觀法制度之保障」，取得一定之自治權限，對於其自治權限的客觀保

障，自治監督機關對其所為之監督措施，若影響地方自治團體「主觀權利」，而受到侵害，則對該監督措施不服時，自得依憲法第十六條之規定提起權利救濟。

一、早期司法院之見解

地方自治團體對自治監督機關之監督措施不服時，得否提起訴願，早期訴願法及行政訴訟法並未明文規定，故存有爭議。司法院三十四年院解字第二九九〇號解釋，曾就鄉鎮對省縣政府關於公有財產所為處分能否訴願，作成釋示：「鄉鎮對省縣政府關於公有財產之行政處分，能否提起訴願，應視其處分之內容分別情形定之。省縣政府對於鄉鎮獨有之處分，例如縣政府依鄉鎮組織暫行條例第二十五條，就鄉鎮民代表會關於鄉鎮公有財產決議案覆議結果所為核辦之處分，鄉鎮公所或鄉鎮財產保管委員會雖有不服，不得提起訴願；若其處分不獨對於鄉鎮為之，對於一般人民具有同一情形亦為同一之處分者，則鄉鎮係以與一般人民同一之地位而受處分，不能以其為公法人，遂剝奪其提起訴願之權，例如省政府為核准徵收鄉鎮公有土地之違法處分時（參照土地法第三八八條），鄉鎮如有不服，自得提起訴願」。行政法院之判例，亦承認鎮對於省政府（四十九年裁字第二二號）、縣對於省政府（四十七年判字第二十七號）之處分，均得提起行政爭訟。

大法官釋字第四十號解釋則又再度肯認上述之見解：「行政訴訟法第一條規定，人民因中央或地方官署之違法處分致損害其權利者，得依法定程序提起行政訴訟，是僅人民始得為行政訴訟之原告。台灣省物資局依其組織規程，係隸屬於台灣省政府之官署，與本院院解字第二九九零號解釋所稱之鄉鎮自治機關不同，自不能類推適用此項解釋。至海關緝私條例第三十二條對於提起行政訴訟之原告，並無特別規定，要非官署所得引為提起行政訴訟之根據」。

惟上述之見解尚非正確，對於地方自治團體得否訴願雖採肯定之見解，其主張「鄉鎮係以與一般人民同一地位而受行政處分」，並不恰當。蓋地方自治團體之救濟並非與人民同一地位而受行政處分，而係由於其客觀權限保障受到自治監督機關之行政處分侵害時，具有主觀法律地位，提起之救濟。地方自治團體與人民同一地位者，其意涵上則地方自治團體與人民同享有基本權利受侵害，在解釋上，並無法成立，因地方自治團體所享有之自治權，其性質上並不是一種基本權利，而係在制度保障下的自治權限[74]。

二、訴願法之規定

訴願法第一條第一項規定：「人民對中央或地方機關之行政處分，認為違法或不當，致損害其權利或利益者，得依本法提起訴願。但法律另有規定者，從其規定」，同條第二項規定：「各級地方自治團體或其他公法人對上級監督機關之行政處分，認為法違法或不當，致損害其權利或利益者，亦同」。

新修正之訴願法對於地方自治團體得否提起訴願救濟有明文規定，將人民基本權利之受侵害與地方自治團體自治權限受侵害二者加以分開規定，地方自治團體對上級監督機關之行政處分，認為違法或不當，亦得提起訴願。明文規定，地方自治團體對於自治監督機關之「行政處分」為訴願提起之標的。

---

[74] 吳庚教授主張地方自治團體為公法人，一方面係次級或初級之統治團體，分享國家統治權之行使，另方面既有法律上人格，乃權利義務主體。故地方自治團體以行政主體之地位，作為統治組織之一部分時，固無訴願之權能，但倘因國家行政機關之處分損害其公法人之權利，並無不准其訴願之理。氏之見解與上述之見解，係屬相同之意旨。參閱吳庚，《行政爭訟法論》，作者自刊，1999 年 5 月修訂版，頁 294。

三、訴願提起之要件

依訴願法第一條第二項之規定，地方自治團體要提起訴願，必須符合下列要件[75]：

1. 訴願之主體為地方自治團體。
2. 地方自治團體權利或利益受損害。
3. 訴願之標的為違法、不當之行政處分。
4. 須遵守法定訴願期間。
5. 向受理訴願之機關提起。

我國新修正之訴願法對於上述之要件，均有明文之規定。惟有關地方自治團體之訴願，該法與地方制度法之規定，仍有疑義或不足之處，茲討論如下：

(一)訴願之標的——行政處分

訴願係對自治監督機關所為違法或不當之行政處分，或對自治監督機關拒為或怠為所申請之行政處分提起。對自治監督機關之其他公法行為（例如上級監督機關為執行法律所下達之職務命令或指令，地方自治團體則不得主張損害其權益，其他如行政指導或行政上事實行為亦同）以及私法行為，皆不得提起訴願。訴願法第三條，對「行政處分」之概念，設有如下之定義：

1. 本法所稱行政處分，係指中央或地方機關就公法上具體事件所為之決定或其他公權力措施而對外直接發生法律效果之單

---

[75] 有訴願提起之要件，參閱蔡志方，〈訴願制度〉，收錄於《行政法 2000（上）》，翁岳生編，翰蘆，2000 年 3 月 2 版，頁 1062-1081；李惠宗，《行政法要義》，五南，2000 年 11 月初版，頁 583-590；陳敏，《行政法總論》，神州圖書出版，2003 年 1 月 3 版，頁 1218-1225。

方行政行為。

2. 前項決定或措施之相對人雖非特定，而依一般性特徵可得確定其範圍者，亦為行政處分。有關公物之設定、變更、廢止或一般使用者，亦同。

3. 另外，訴願法第二條規定：人民因中央或地方機關對其依法申請之案件，於法定期間內應作為而不作為，認為損害其權利或利益者，亦得提起訴願[76]。

問題在於自治監督機關對於地方自治團體之地方自治法規監督，地方制度法規定之監督措施，何者為行政處分？並不明確。茲將地方制度法之監督措施分析如下：

- 核定：地方自治法規由地方立法機關通過之自治條設有罰則時，自治監督機關若不予核定時，其性質為行政處分，地方自治團體自可提起訴願之救濟。

- 函告自治法規牴觸上位規範之情形，其決定性質係屬行政處分。

- 代行處理：地方自治團體依法應作為而不作為，致嚴重影響地方政務之運作，或對公益有更大危害之情形，監督機關決定代行處理者，其性質亦屬行政處分。但自治條例實不宜由監督機關代行處理，此處所指之代行處理為何？地方制度法第七十六條僅有構成要件之規定，並未明白指出何種事項或何種自治法規可由監督機關代行處理。不過，地方自治團體對於自治條例、自治規則，作成代行處理之決定，若認為此

---

76 學者稱訴願法第二條之規定為「消極行政處分」，又稱「準行政處分」或「擬制行政處分」。參閱李惠宗，《行政法要義》，五南，2000 年 11 月初版，頁 315；蔡志方，〈論擬制行政處分與訴之利益〉，收於氏著，《行政救濟與行政法學》，三民，1993 年 3 月初版，頁 247。

監督措施有侵害其自治權限者，自亦可提起訴願之救濟。

- 依地方制度法第三十二條第五項之規定，地方自治團體函送自治監督機關核定之自治法規，若未依規定期限公布或發布，自治監督機關得代為發布，此決定之性質亦屬行政處分。
- 依地方制度法第七十七條之規定，地方自治團體之間有關權限爭議之決定，其中涉及自治法規（自治條例、自治規則）之爭議部分，監督機關所為之解決之措施，自亦為行政處分。

因此，自治監督機關對於自治事項（制定自治條例、自治規則）所為之監督措施，基本上其性質應屬行政處分。至於自治監督機關對於委辦規則所作成之「不予核定」，或者函告無效，代行公布或發布、代行處理，對其權限爭議之解決，係屬於專業監督措施，與自治權限的保障無關，性質上自非行政處分，地方自治團體不得對其提起訴願。

值得一提的是，自治監督機關對於函報核定之自治條例，怠於核定而逾越法定期間，應作為而不作為時，自得提起「課予義務訴願」。但問題是我國訴願法第二條之規定，係只有人民而未規定地方自治團體得否對該「消極行政處分」，便易產生爭議。本文見解認為，地方自治團體得其自治事項自為規制，而自治監督機關之決定或措施侵害其自治權限者，不論是積極之作為，或者消極之不作為，均屬地方自治團體主觀權利保障之救濟範圍，自當可提起訴願。對此缺漏之處，未來訴願法宜比照第一條之規定，於第二條條文中明列地方自治團體依法申請案件，應作為而不作為之「課予義務訴願」之救濟[77]。

77　有關課予義務訴願，參閱陳敏，「課予義務訴訟之制度功能及適用可能性」，行政救濟法學研討會書面報告，中華民國行政法學會，1999 年，頁 16。

(二)訴願之管轄機關

　　地方自治團體不服自治監督機關之行政處分者，原則上應向自治監督機關之「上級機關」提起訴願（參照訴願法第四條）。惟地方自治團體不服「院」之行政處分者，則仍以原處分之院為受理訴願機關。至於地方自治團體因自治監督機關對其依法申請之案件，不於法定期間內作成所申請之行政處分，而提起訴願，應向原處分機關之上級機關提起訴願。該上級機關，應比照請求撤銷原處分之情形認定之。茲將訴願之管轄機關以圖 6-9 示意。

　　至於地方自治團體對於二個以上不同隸屬或不同層級之機關共為之行政處分，應向其共同之上級機關提起訴願，為訴願法第六條明文規定。惟本文見解認為訴願之功能在矯正行政處分機關行政之違法行為，促使自治監督機關對地方自治團體之監督措施不得逾越監督之內部及外部界限，保障地方自治團體之自治權限，不受其違法監督之侵害。但是，有關直轄市受行政院之監督處分不服時，其訴願管轄機關仍為原處分機關之行政院。由應自我省察之原處分機

圖 6-9　訴願管轄示意圖

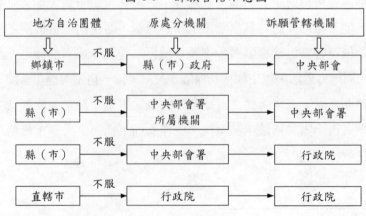

資料來源：作者自行整理

關為訴願之審議機關，本文認為並不妥適，而且在行政救濟效益上，宜免除訴願前置程序，對於直轄市不服行政院之監督措施，得直接提起行政訴訟。

(三)訴願之審查與決定

訴願之審查結果，認為訴願不合法律規定者，應為不受理之決定，係為「程序審查」，經程序審查認為應予受理者，則直接續為「實體審查」，無須另為受理之程序決定 [78]。經實體審查認為訴願為有理由者，訴願管轄機關應撤銷原行政處分之全部或一部，另為決定或為訴願人所申請之行政處分（訴願法第八十一條、第八十二條參照）。經審查認為訴願為無理由者，則應為駁回之決定（訴願法第七十九條參照）。

訴願管轄機關對於自治監督機關之行政處分經審查後，發現自治監督機關之監督措施有違法之情形，自得予以撤銷、變更或發回原處分機關命其更為合法之處分。惟國家機關對地方自治團體處理其本身之自治事項，僅能作法律監督，也就是進行合法性進行審查決定，並不及於作業上的監督（專業性監督、合目的性監督）。按制度保障對於地方自治團體之自我負責事項，國家自應予尊重其獨立性。訴願亦屬發動監督之一種，自治事項之特徵除有違法情形外，不受國家或上級政府機關之監督，既不受監督故亦不受其指示之拘束。凡依法得自訂規章、自行執行並自負責任而不必聽從上級指示之事項，便屬自治事務 [79]。訴願管轄機關對該等自治事項之審查涉及地方自治團體之地方自治事務者，其受理訴願之上級機關僅就原

---

78 行政法院 49 判字第 1 號判例，官署於受理訴願時，應先從程序上加以審核，合於法定程序者，方能進而為實體上之審理。其不合法定程序而無可補正者，即應予以駁回。

79 參閱吳庚，《行政爭訟法論》，作者自刊，1999 年 5 月修訂版，頁 346。

行政處分之「合法性」進行審查決定（訴願法第七十九條第三項）。

另外，監督機關對於地方自治團體之自治事項為適法性監督之際，地方自治事項同時涉及高度不確定法律概念，即賦予地方自治機關相當程度之判斷餘地，大法官釋字第五五三號理由書，揭示對此類事件之審查密度，揆諸學理有下列各點可資參酌，自治監督機關自應尊重地方自治團體之判斷，除其判斷有恣意濫用及其他違法情事，上級監督機關自應尊重：

1. 事件之性質影響審查之密度，單純不確定法律概念之解釋與同時涉及科技、環保、醫藥、能力或學識測驗者，對原判斷之尊重即有差異。又其判斷若涉及人民基本權之限制，自應採較高之審查密度。
2. 原判斷之決策過程，係由該機關首長單獨為之，抑由事業及獨立行使職權之成員合議機構作成，均應予以考量。
3. 有無應遵守之法律程序？決策過程是否踐行？
4. 法律概念涉及事實關係時，其涵攝有無錯誤？
5. 對法律概念之解釋有無明顯違背解釋法則或牴觸既存之上位規範。
6. 是否尚有其他重要事項漏未斟酌。

第二項　自治法規監督之行政訴訟

一、問題之提出

在現代法治主義之下，自治監督作用必須符合法律或公益的要求，由於不能排除自治監督機關有犯錯之可能，故因違反法律（違法）或違反公益（不當）的監督作用而致地方自治團體權利或利益受到損害，自然設有對監督措施抗議的手段。一則得藉以匡正違法

或不當的監督處置，他則更圖能防衛地方自治團體之自治權能免受國家或上級政府之侵害。

行政爭訟制度係由訴願及行政訴訟兩者構成，訴願制度除具有程序簡單迅速、費用節省的優點外，並能審查監督行為的適法性及合目的性，同時對地方自治團體未主張的事實亦得以職權探知主義而收集證據，凡此皆在求地方自治團體權利利益的最大救濟與行政適當運作的最大確保。不過，訴願制度的本質不外是行政機關的自我審查與自我監督，是一種行政行為而非司法行為。且此種行政部門內部行政監督的手段，往往造成事後再度追認行政處分適法性的結果。申言之，由於原處分機關與訴願審理機關有上下一體的隸屬關係，造成違法或不當的行政處分多有因遵從上級機關所作行政釋示而造成，則訴願機關自然少有去審查自己下達的行政釋示之理[80]。

訴願制度有上述的缺失，則對於公法上爭議事件，交付獨立審判機關，透過中立之裁判者，使地方自治團體受到權利之侵害時能獲得公平適當之救濟。問題是新修正（一九九八年）通過的行政訴訟法，卻未和訴願法之規定相配合，對地方自治團體受自治監督措施之司法保障加以規定，立法者是否有意排除地方自治團體提起行政訴訟之可能性，不得而知[81]。不過對上述問題，就體系解釋而言，既然地方自治團體可以提起訴願，在「訴願前置」之設計下，自當可以提起行政訴訟[82]。再者，就以行政訴訟法第二十二條之規定而言，「自然人、法人、中央及地方機關、非法人之團體，有當事人能力」，地方自治團體本係公法人之地位（地方制度法第二條第一

80　參閱劉宗德，〈建立完整的行政救濟法制〉，收錄於氏著《行政法基本原理》，學林文化，1998 年 8 月 1 版，頁 613-614。

81　參閱蔡立文，〈初探地方自治團體之行政訴訟權能〉，《律師雜誌》，第 235 期，1999 年 4 月，頁 63。

82　參閱蔡志方，《行政救濟法新論》，元照，2000 年 1 月初版，頁 188。

款、大法官釋字第四六七號參照），自具行政訴訟當事人能力，對自治監督機關之違法監督措施提起行政訴訟自當有合法性。

然而，上述爭議應不存在，因大法官釋字第五五三號解釋理由書中，對台北市里長延選案受行政院之撤銷處分時提出：

本件行政院撤銷台北市政府延期辦理里長選舉之行為，係中央主管機關認有違法情事而干預地方自治團體自治權之行使，涉及中央法規適用在地方自治事項時具體個案之事實認定、法律解釋，屬於有法效性之意思表示，係行政處分，並非行政機關相互間之意見交換或上級機關對下級機關之職務上命令。上開爭議涉及中央機關對地方自治團體基於適法性監督之職權所為撤銷處分行為，地方自治團體對其處分不服者，自應循行政爭訟程序解決之。其爭訟之標的為中央機關與地方自治團體間就地方自治權行使之適法性爭議，且中央監督機關所為適法性監督之行為是否合法，對受監督之地方自治團體，具有法律上利益。為確保地方自治團體之自治功能，本件台北市之行政首長應得代表該地方自治團體，依訴願法第一條第二項、行政訴訟法第四條提起救濟請求撤銷，並由訴願受理機關及行政法院就上開監督機關所為處分之適法性問題為終局之判斷，受訴法院應予受理。其向本院所為之釋憲聲請，可視為不服原行政處分之意思表示，不生訴願期間逾越之問題（參照本院院字第四二二號解釋及訴願法第六十一條），其期間應自本解釋公布之日起算。

大法官於釋字第五五三號解釋中明白揭示地方自治團體對於違法干預地方自治團體自治權之行使，中央監督機關所為適法性監督之行為是否合法，對受監督之地方自治團體，具有法律上利益，為確保地方自治團體之自治功能，台北市之行政首長應得代表該地方自治團體，依訴願法第一條第二項，行政訴訟法第四條提起救濟。本文見解認為大法官雖作成釋示解決上述爭議，不過未來修正行政訴訟法時，宜將相關規定於行政訴訟法中加以明定。

二、行政訴訟的先行程序與訴訟類型

另外一個面臨的難題是，自治監督機關對於地方自治規之監督措施如何提起行政訴訟及何種之訴訟類型？由於行政訴訟法並未明文規定，以下就以地方制度法及行政訴訟法之相關規定，以體系解釋及論理解釋討論如下：

新修正之行政訴訟法生效施行後，其訴訟類型及有關程序已相當完備。地方自治團體受自治監督機關違法侵害的監督措施，自屬「公法上爭議」，具有「訟爭的成熟性」，行政訴訟的標的係自治監督機關基於公權力行使與地方自治團體間的權利義務關係爭議的解決，不包括尚未具體適用之抽象法規，如法規命令或行政規則、自治法規在內。在訴訟程序上新修正之行政訴訟法，由於訴訟類型之擴張，沒有訴願就沒有行政訴訟的命題已不能成立。因此，自治監督機關對地方自治團體之監督措施應經由何種程序為之？茲討論如下：

(一)撤銷訴訟

地方自治團體對於自治監督機關之違法行政處分，依行政訴訟法第四條之規定，得經訴願程序後提起撤銷訴訟。依地方制度法之規定，得提起撤銷訴訟之監督措施應包含第三十條之宣告無效、第七十六條之代行處理、第三十二條自治監督機關代為發布自治法規，以及第七十七條有關權限爭議之解決措施等，均可能發生對地方自治團體權益之侵害，屬於違法之負擔處分，地方自治團體得向行政法院請求撤銷原行政處分。

(二)課予義務訴訟

地方自治團體對於自治事項經地方立法機關議決通過之自治條例，若設有罰則須經自治監督機關之核定後發布。但核定機關怠為

發布或者對地方函報之自治條例拒不予核定時，依行政訴訟法第五條之規定，得請求行政法院命自治監督機關應作成行政處分，或應作成特定內容行政處分之訴訟，對於地方機關所函送自治監督機關之自治條例，不予核定時，相當於對地方機關之申請予以拒絕（駁回），行政法院認為原告（地方）提起之訴訟有理由者，應依行政訴訟法第二〇〇條第三款及第四款，以判決命自治監督機關作成原告所申請內容之行政處分，或遵照判決之法律見解對原告作成決定。此種課予義務訴訟之設計本質為一種給付訴訟，為使原處分機關得以自我省察，故須經訴願前置之程序後，得向行政法院請求救濟。

(三)一般給付訴訟

何種行政監督措施得依行政訴訟法第八條第一項之規定提起財產上給付或非財產上給付之訴訟？茲分為下列種情形討論如下：

- 行政指導：自治監督機關對於地方自治團體所為一定法律上或技術上的建議，要求地方自治團體改善其施政之措施，或者對地方自治團體於法規制定前，對其提供資訊或意見，或者建議制定某一法規，並於自治法規核定備查後附帶作成修正建議等，均屬自治監督機關之非正式行政行為（亦稱非正式高權行為），雖不具法律拘束力，不過自治監督機關此等行政指導措施有違法（例如違反一定程序，一般法律原則或法律之禁止者）情形為公法性質者，致地方自治團體權益受有損害時，在法理上成立應由行政法院審理之「給付請求權」或「防禦請求權」，對違法之行政指導行為之排除，地方自治團體在法理上導出「結果除去請求權」或「補償請求權」，而提起一般給付訴訟。
- 要求提供資訊：地方自治團體於制定自治法規時，自治監督機關要求地方所研擬之自治法規，提供相關之資料文件予自

治監督機關知悉時，地方自治團體亦得依行政訴訟法第八條第一項之規定提起一般給付訴訟。

- 有關申請閱覽卷宗、記明理由等：地方自治團體向自治監督機關請求閱覽作成行政處分（例如，函告無效、代行處理）的資料、卷宗，或者對該等行政處分未記明理由者（參照行政程序法第九十六條），地方自治團體並非不得提起一般給付訴訟以資救濟。

(四)確認訴訟

地方自治團體請求自治監督機關所為之行政處分為無效或違法，或確認公法上法律關係成立或不成立，當事人間有爭議時，亦可提起確認訴訟，由行政法院為有權之認定。

其實我國行政爭訟制度於新法修正施行後，其救濟程序及保障均已完成相關制度之建構，唯獨對德國、日本之「機關訴訟」之機制尚未引進。本書見解以為我國行政訴訟法已給予「機關訴訟」制度引進提供良好而且成熟之時機，未來修改地方制度法及行政訴訟法時，應可考慮在我國引進實施的可行性。

第三項　司法院大法官解釋

一、我國過去司法實務之檢討

綜觀我國過去歷年有關地方制度部分的司法院解釋，計有釋字第十四號、第三十三號、第三十八號、第六十五號、第七十四號、第一二二號、第一五六號、第二〇七號、第二三五號、第二五八號、第二五九號、第二六〇號、第三〇七號、第三六三號、第三八一號、第三九一號、第四〇一號、第四三五號、第四六七號、第四八一號、

第四九八號、第五二七號、第五五○號、第五五三號解釋。不過，以上大法官解釋在釋字第五二七號解釋以前，地方行政機關聲請釋憲卻全遭駁回無一倖免，因程序上司法院大法官審理案件法第九條規定：「聲請釋憲機關有上級機關者，其聲請應經由上級機關層轉，上級機關對於不合規定者，不得為之轉請，其應依職權予以解決者，亦同。」所以，上述涉及地方制度之大法官解釋幾乎均由地方議會聲請而作出之解釋案件[83]。造成這樣的結果，其原因在於以往均認為地方行政機關為中央之下級機關所致。

所幸於大法官釋字五二七號解釋以後，大法官一改以往的態度，並在理由書中指出：

「地方自治團體對函告內容持不同意見時，如受函告無效者為自治條例，該地方立法機關經會議決議得視其性質聲請本院解釋憲法或統一解釋法令，其聲請程式適用司法院大法官審理案件法第八條第一項或第二項之規定；如受函告無效者為自治規則由該地方自治團體最高層級之行政機關（即直轄市政府、縣、市政府、鄉、鎮、市公所）聲請本院解釋憲法或統一解釋法令，並無須經由上開審理案件法第九條之層轉程序。蓋聲請解釋之標的既係中央主管機關或上級政府函告無效，內容且涉及地方自治團體之自治權限，該中央

---

83 歷年來由地方議會所提出之聲請而做出解釋的案例，主要有釋字第三十八號（縣議會立法權案）、釋字第二一二號（工程受益費應徵收案）、釋字第二三四號（統籌分配款合憲案）、釋字第二三五號（審計室配屬合憲案）、釋字第二五○號（軍人停役轉任合憲案）、釋字第二五八號（教育預算編列合憲案）、釋字第二五九號（地方政府法源案）、釋字第二六○號（地方民意機關法源案）、釋字第二七七號（財政收支劃分法合憲案）、釋字第二七九號（勞工保險條例案）、釋字第二九三號（公營銀行監督案）、釋字第三○七號（警政預算編列合憲案）、釋字第四九八號解釋（地方公務人員至立院備詢案）。以上參閱吳明孝，〈地方自治與司法審查之研究——以憲法解釋為中心〉，國立中山大學中山學術研究所碩士論文，2001 年 6 月，頁 135。

主管機關或上級政府已成為爭議之一造，自無更由其層轉之理。如受函告之法規為委辦規則，依地方制度法第二十九條之規定，原須經上級委辦機關核定後始生效力，受函告無效之地方行政機關應即接受，尚不得聲請本院解釋。又地方行政機關對同級立法機關議決事項發生執行之爭議時，應依同法第三十八條、第三十九條等相關規定處理，亦不得逕向本院聲請解釋。又地方制度法既無與司法院大法官審理案件法第五條第一項第三款類似之規定，允許地方立法機關部分議員或代表行使職權適用憲法發生疑義或發生法律牴觸憲法之疑義，得聲請本院解釋，各級地方立法機關自不得通過決議案，一面又以決議案有牴觸憲法、法律、或其他上位規範而聲請解釋，致違禁反言之法律原則。」

其所持之立場係延續釋字第四九八號解釋所指出，基於住民自治之理念，以中央與地方垂直分權之功能，地方自治團體有行政與立法機關之自治組織，並有權責制衡之關係，地方自治團體在憲法及法律保障之範圍內，享有自主與獨立之地位。在垂直分權之下，地方自治團體與中央政府彼此在權限與法律人格，二者係彼此分離各自獨立，將地方行政機關視為中央之下級機關，聲請大法官解釋須由其上級機關層轉，對地方自治制度保障之本質而論，無異開啟中央無限制壓制地方司法解釋的任何可行途徑。

因此，大法官釋字第五五三號解釋對於台北市里長延選受行政院撤銷處分之解釋中指出：

「因台北市為憲法第一百十八條所保障實施地方自治之團體，且本件事關修憲及地方制度法制定後，地方與中央權限劃分及紛爭解決機制之釐清與確立，非純屬機關爭議或法規解釋之問題，亦涉及憲法層次之民主政治運作基本原則與地方自治權限之交錯，自應予以解釋。」

原則上，機關適用法規，如有違法之疑義，在行政系統上，有

上級機關者應由上級機關依職權予以解決（司法院大法官審理案件法第九條參照）。但是，對於地方自治事項，地方自治機關行使其自治權時，從行政機關之體系及層級而言，中央主管機關固為其上級機關，但從自治層級言，中央主管機關並非立於自治機關之上級機關地位，更非中央主管機關之內部機關。就職權之行使言，中央法規之解釋，例如地方制度法等，中央主管機關對其主管之中央法規雖有解釋之權，即通常所謂之釋令或釋示，但若其內容涉及地方自治機關自治權之職權行使，例如本件延選案，依地方制度法第八十三條第三項規定，村里長之延選由地方自治政府核准辦理，而屬地方自治機關決定之具體自治權職權行使[84]。

二、地方自治法規之聲請解釋

　　由上述之討論發現，地方議會及地方行政機關均得為聲請解釋之主體，至於審查之客體而言，茲分述如下：

(一)地方制度法之規定

　　自治條例與憲法、法律或基於法律授權之法規或上級自治團體自治條例牴觸者，無效。

　　自治規則與憲法、法律、基於法律授權之法規、上級自治團體自治條例或該自治團體自治條例牴觸者，無效。

　　委辦規則與憲法、法律、中央法令牴觸者，無效。

　　第一項及第二項發生牴觸無效者，分別由行政院、中央各該主管機關、縣政府予以函告。第三項發生牴觸無效者，由委辦機關予以函告無效。

　　自治法規與憲法、法律、基於法律授權之法規、上級自治團體

84　參閱司法院大法官釋字第五五三號解釋，大法官陳計男協同意見書。

自治條例或該自治團體自治條例有無牴觸發生疑義時，得聲請司法院解釋之。

由以上地制法之規定可知自治條例、自治規則受自治監督機關函告無效時，有無牴觸發生疑義時，得聲請司法院解釋之。至於委辦規則係直轄市、縣（市）之行政機關執行中央委辦事項，地方依法定職權、法律或中央法規之授權所訂定，本應接受中央主管機關之指揮監督，如有適用憲法發生疑義或適用法律發生見解歧異，其聲請司法院解釋，仍應依司法院大法官審理案件法第九條之程序提出。

(二)聲請解釋的要件與程序

惟地方制度法第三十條並未規定，受函告無效之自治條例、自治規則，究由地方自治團體之地方議會或地方行政機關聲請大法官解釋。此項疑問終由大法官釋字第五二七號解釋找出合理的解答：

1. 地方制度法第三十條第一項至第四項規定之自治法規，與憲法、法律、中央法規或上級自治團體自治法規牴觸者無效，有無牴觸發生疑義得聲請司法院解釋，係指就「相關業務有監督自治團體權限之各級主管機關」對自治法規（自治條例、自治規則）是否牴觸憲法、法律或其他上位規範尚有疑義，而「未依規定逕予函告無效」，向司法院大法官聲請解釋。

2. 地方自治團體對「函告無效」之內容持不同意見時，應視受函告無效者為自治條例抑或自治規則，分別由該地方自治團體之立法機關或行政機關，就事件之性質聲請解釋憲法或統一解釋法令。

(三)不得聲請解釋之客體

1. 地方行政機關對同級立法機關議決事項發生執行之爭議時，

應依地方制度法第三十八條、第三十九條等相關規定處理，尚不逕向司法院聲請解釋。

2. 各級地方立法機關，本身已通過之自治法規，亦不得同時認為該決議有牴觸憲法、法律、中央法規或上級自治團體自治法規疑義而聲請解釋，致違「禁反言」之法律原則。

3. 至若無關自治法規效力問題，而純為中央與地方自治團體間或上下級地方自治團體間之權限爭議，則應循地方制度法第七十七條規定解決之，尚不得逕向司法院聲請解釋。

三、窮盡訴訟審級後之聲請解釋

地方自治團體對於自治監督機關之監督處分，如上述所討論之代行處理、不予核定、協商解決（地方制度法第七十七條）、違法行政指導等，自治監督機關若依據違憲之法律或法規命令者，地方自治團體得以地方機關為代表依法提起行政訴訟，於窮盡訴訟之審級救濟後，若仍發生法律或其他上位規範違憲疑義，而合於司法院大法官審理案件法第五條第一項第二款之要件，亦得聲請司法院解釋。

第七章

我國地方立法權的案例分析

我國大法官雖在地方自治理論層次上建構「制度保障」的本質理論，但經過前述討論後，本文發現我國地方立法權之範圍與內容，由於中央與地方立法範圍並不明確，致使地方立法之內容無法落實其「自我負責並處理」之事務，並自我立法及執行。就地方自治法規與中央法律之關係而言，我國地方制度法第二十六條及第二十八條雖已規定自治條例得涉及人民權利義務之限制，但在理論層次上，仍尚未圓滿解決。地方自治法規與中央法令的位階關係亦處於模糊且爭議不清的狀態，以至於地方自治團體受自治監督機關之監督干預時，其救濟途徑亦相對地受到壓縮。

　　上述的問題已經在我國現行法制規定及實際操作上加以討論分析，但是本文嘗試以我國近來所發生的實際事件、目前地方政府的行政業務的處理及地方政府的合作機制，進一步討論我國地方立法權的行使所面臨的困境到底何在？本章之目的也就是透過實際案件的分析與觀察，瞭解我國地方立法權在制度銜接之不足、法制的縫隙何在？以下茲以：(1)全民健康保險事件；(2)台北市里長延選案；(3)地方政府業務移轉民間辦理；(4)地方聯合立法等四個議題，討論於後。

第一節　全民健康保險事件
——建構地方自治團體國政參與權之必要性

第一項　問題之提出

　　全民健康保險業務到底係地方自治團體辦理之委辦事項抑或中央與地方共同辦理之業務？其費用應由誰來負擔？歷來便引發相當

多的討論[1]。尤其是地方政府財政窘困的情形下，地方自治團體應負擔一定比例的健保補助費（健保法第二十條），是否有違反憲法之精神？按財政收支劃分法第三十七條第二項之規定，經費之負擔，除法律另有規定外，屬委辦事項者，由委辦機關負擔；屬自治事項者，由該自治團體自行負擔。況且，我國憲法第一○八條第一項第十三款之「社會立法」係為中央立法並執行，或交由省縣執行之事項，地方僅負有執行之責，但卻需負擔補助費用，是否合憲？

　　所幸台北市政府聲請釋憲，九十一年十月四日，司法院大法官迅速作成釋字第五五○號解釋，使健保補助費負擔的風波暫告平息[2]。綜觀釋字第五五○號解釋之意旨，綜合分析如下：

1. 國家推行全民健康保險之義務，係兼指中央與地方而言。因憲法規定各地方自治團體有辦理衛生、慈善公益事項等照顧其行政區域內居民生活之義務，亦得經由全民健康保險之實施，而獲得部分實現。

2. 有關執行全民健康保險制度之行政經費，固應由中央負擔，惟健保法第二十七條責由地方自治團體補助之保險費，非指實施全民健康保險法之執行費用，而係指保險對象獲取保障之對價，除由雇主負擔及中央補助部分保險費外，地方政府

1　國內有關全民健康保險之爭議，除大法官已作成第五五○號釋示外，有關全民健保補助費負擔之爭議與討論亦相當的豐富。參閱蔡茂寅，〈地方財政法與全民健保補助費爭議〉，《月旦法學》，第 87 期，2002 年 8 月，頁 205以下；林明鏘，〈論地方自治團體負擔健保保費合憲性問題〉，《月旦法學》，第 93 期，2003 年 2 月，頁 270 以下；周志宏，〈誰負擔健保補助？〉，《月旦法學》，第 87 期，2002 年 8 月，頁 8 以下。

2　釋字第五五○號解釋，本案大法官之協同意見書（陳計男、戴東雄、蘇俊雄）、部分不同意見書（黃越欽、王和雄、施文森）、不同意見書（董翔飛），共計七份，可見大法官於作成本案解釋時，尚非一致。參見司法院秘書處編印，《司法院公報》，第 44 卷第 11 期，2002 年 11 月，頁 14-29。

予以補助，符合憲法首開規定意旨。

3. 地方自治團體負擔健保補助費是否違憲？本解釋文第二段指稱，地方自治團體受憲法制度保障，其施政所需之經費負擔乃涉及財政自主權之事項，固有法律保留原則之適用，但於不侵害其自主權核心領域之限度內，基於國家整體施政之需要，對地方負有協力義務之全民健康保險事項，中央依據法律使地方分擔保險費之補助，尚非憲法所不許。

4. 法律之實施須由地方負擔經費者，於制定過程中應予地方政府充分之參與。

大法官釋字第五五〇號解釋雖暫時解決健保補助費的爭議，但亦引發我國地方自治若干爭議問題浮出檯面。舉其重要之爭議論點如下：

1. 我國憲法及地方制度法對於地方自治團體之事務，向採二分法，亦即自治事項與委辦事項，並據以為中央與地方財政支出劃分的準據（財政收支劃分法第三十七條、地方制度法第七十條參照）。但現代國家因工業化、社會福利、公共衛生、環境保護等問題的產生，國家政策的推行，應由地方自治團體配合執行之事務大量產生，而地方之自治事務，在地方技術、財源不足以應付的外在條件下，中央之支援甚而介入又勢不可免。職是，如何保障地方自治團體自律自主的地位，又能維繫國家整體施政的需要，此一問題可能成為我國地方自治未來將面臨的重要課題。

2. 大法官釋字第五五〇號解釋理由書第二段指稱，地方自治團體受憲法制度保障，其施政所需之經費負擔及涉及財政自主權之事項，固有法律保留原則之適用，於不侵害其自主權核心領域之限度內，基於國家整體施政需要，中央依據法律使

地方分擔保險費之補助，尚非憲法所不許。前述所謂核心領域之侵害，指不得侵害地方自治團體自主權之本質內容，致地方自治團體之制度保障虛有化……。至於在權限劃分上依法互有協力義務，或由地方自治團體分擔經費符合事務之本質者，尚不能指為侵害財政自主權之核心領域。

上述理由書的內容論述，有下列的問題存在：

1. 何謂「自治核心領域」[3]？此領域界限何在？
2. 在法律保留原則之下，地方依法互有協力義務者，尚不能指為侵害財政自主權之核心領域。若依此推論，國家與地方現行依法互有協力之事項不知凡幾，則地方自治之權限不就勢必面臨淘空殆盡之終局。

第二項　地方自治空洞化危機與國政參與權之建構

由上述之討論，並對照我國地方自治發展的軌跡，本文經歸納後發現下列幾個重要的問題：

第一點，中央與地方「共同辦理」事項的來臨，將造成地方自

3　按自治「核心領域」，係德國聯邦憲法法院之見解，但德國聯邦憲法法院卻從未具體指明其內容何在。至於何種事務可以劃歸核心領域，聯邦憲法法院之回應，則提出「扣除法」及「歷史法」加以對應。扣除法（Subtraktionsmethode）係扣除地方自治團體之某些事務，則地方所剩事務尚有那些，從而探討所扣除之事務是否為核心領域；「歷史法」（Historische Methode）係將一事務是否為核心領域，考量其在歷史發展所呈現之形式加以認定。惟以上二說之界定仍呈模糊不清之地帶，存有一定的缺失。故學者施托貝爾（Rolf Stober）教授主張採取「功能法」（Funktionale Methode），以地方自治團體在國家結構中、基本法體系中被賦予的特殊功能，並考量當前地方自治行政的需要，從而劃定地方自治行政的「核心領域」。另中文部分參閱謝碩駿，〈地方法規定位與監督之研究〉，國立政治大學法律研究所碩士論文，2002 年 5 月，頁 46-47。

治空洞化的危機的到來，並進而成為我國落實地方自治發展的阻力。其實，西德在一九七〇年代因現代經濟、社會生活產生根本而廣泛的變化，給付行政的發展與聯邦領域中全體生活關係的統一化需求，產生了「立法化」（Vergesetzlichung）與「計劃化」（Verplanung）的傾向。隨著國家計劃數量的增加、內容詳細，使得鄉鎮市成為國家計劃的執行者，地方自治團體的判斷空間與自行決定空間便相對受到壓縮。地方自治團體的事務負擔增加，但卻沒有相對應的財政調整，使得鄉鎮市對聯邦與邦形成高度依賴，地方財政高權不但受到嚴重侵害，地方亦喪失對事務的主導性。隨著事務的廣域化，產生混合行政（Mischverwaltung）與混合財政（Mischfinanzierung）的現象，特別是在生活照顧、給付行政等行政領域，聯邦與邦及鄉鎮市的共同責任更為凸顯，鄉鎮市事務由下而上被吸收，造成地方自治團體的事務有八成至九成是委辦事務，造成自治團體處理的事務有國家化的現象[4]。

　　相對地，我國地方自治發展在中央威權的戒嚴時期，中央集權的事務分配，地方唯命是從的執行，並無爭議存在。隨著近年地方分權的呼聲，落實地方自治的要求緊追而來，惟我國亦相同地不免因給付行政的增加、公共衛生環保的需要、應付經濟社會環境的變化，地方自治團體的自主性亦隨著降低，中央與地方相互協力或配合中央業務之執行業務，便大量增加，地方自治團體之地位相對模糊，而喪失對事務的主導性。全民健康保險業務有關保險補助費的

4　西德在一九六〇至一九七〇年代，實施大規模地域改革（Gebietsreform），產生地方自治的危機，對制度保障理論亦產生相當的衝擊。參閱張正修，《地方制度法理論與實用（一）》，學林文化，2000年9月，頁108-109。另外，日本地方自治實務，其實與德國所面臨之廣域化的問題，在經濟發展需求、衛生環境保護及給付行政的大量需求下，往往事務分配亦先將事權予中央，再由中央委任地方公共團體。參閱李惠宗，「中央與地方權限劃分之研究」，內政部委託研究報告，1997年6月，頁44。

負擔，所傳遞出的訊息，正顯示我國地方自治未來亦同時面臨廣域化行政，地方財政不足產生對中央依賴，地方事務由下而上為中央吸取的自治空洞化危機。

第二點，從釋字第五五○號所透露出的警訊，實對於地方自治初步落實的我國形成衝擊。為因應上述的變化，日本及德國在理論及法制上亦相對施以調整，列如，日本推動「地方分權推進法」，轉變中央集權體制為地方分權型的行政體制，打破以往中央與地方政府上下從屬關係，建立協同合作之新機制。反觀我國對此一警訊，似乎仍毫無警覺，在政治化情緒下，或以地方對抗中央的處理模式，一概加以漠視。是故，我國地方自治的發展，此刻其實正處於整個變動期的關鍵時刻，對中央與地方權限劃分、明細化地方自治事務、保障地方自治權限，此正其時。若隨著上述的行政發展趨勢，地方自治空洞化的危機，不久後將是我國欲處理的棘手問題，中央與地方權限的衝突戲碼仍將不斷上演。

第三點，德國及日本為因應上述危機，另一重要調整措施為強化地方自治團體之國政參與權。所幸大法官在釋字第五五○號解釋中洞察先機，「應予地方政府充分之參與，俾利維繫地方自治團體自我負責之機制，行政主管機關草擬此類法律，應與地方政府協商，並視對其財政影響程度，賦予適當之參與地位，以避免有片面決策可能造成之不合理情形……。立法機關於修訂相關法律時，應予地方政府人員列席此類立法程序表示意見之機會。」

對此，我國地方自治最迫切的問題，勢必提出相對應的方案及制度銜接的規劃。中央與地方權限的劃分，及最為急迫亟待解決的問題，本文之建議另訂「中央與地方權限劃分法」，主管機關宜成立相關之研擬單位，參酌國內學者、行政專家，儘速研擬，根本解決上述問題。另外，大法官釋字第五五○號解釋中，大法官所提出的立法建議，相關機關於未來修正地方制度法時，並應參酌日本或

德國相關法制，建立適合於我國的地方自治團體國政參與的配套制度，以為因應 [5]。

目前中央立法之事項或涉及地方自治團體之權限時，通常並未賦予地方自治團體參與之權。中央均以片面之決策而要求地方自治團體遵行，例如有關翡翠水庫集水區之劃定、重大公共設施開發案、馬告國家公園、全民健康保險費用之負擔等，我國現行法制均係中央立法而單方片面之要求，地方無置喙之餘地，大法官釋字五五○號解釋即明文指出：

「法律之實施須由地方負擔經費者，如本案所涉全民健康保險法第二十七條第一款第一、二目及第二、三、五款關於保險費補助比例之規定，於制定過程中應予地方政府充分之參與。行政主管機關草擬此類法律，應與地方政府協商，以避免有片面決策可能造成之不合理情形，並就法案實施所需財源事前妥為規劃；立法機關於修訂相關法律時，應予地方政府人員列席此類立法程序表示意見之機會。」

因此，中央之立法、決策若涉及地方自治團體之權益者，地方自治團體應賦與參與之權，方符合地方自治之團體自治之意旨，以下茲舉日本、德國之制度加以說明：

---

5 有關德國及日本之地方自治團體國政參與權之討論，本文於第四章第二節第二項「中央立法權與地方自治團體參與權」中加以詳細探討。相關法制可參閱李惠宗，「中央與地方權限劃分之研究」，內政部委託研究報告，1997 年 6 月，頁 21 以下；有關德國制度參閱黃錦堂，《地方制度法基本問題之研究》，翰蘆，2000 年 8 月初版，頁 205-213。

一、日本地方自治團體之國政參與權[6]

1. 須經地方自治團體同意者：例如自然環境保全法第十四條第三項之規定，原生自然環境保全地域之指定，須經地方公共團體之同意。

2. 須經地方自治團體協議者：如都市公園法第二十三條第五項之規定，都市公園設置區域之決定須與地方公共團體（都、道、府、縣）協議；都市再開發法第七條之二第四項規定，地方公共團體之市街再開發事業，須與市町村協議。

3. 須聽取地方自治團體之意見者：空氣污染防止法第三條第五項規定，硫磺酸化物排出基準之總理府命令之制定；機場周邊噪音防止法第三條第二項規定，機場周邊地區航行方法之指定，須聽取都道府縣知事之意見；電源開發促進法第十一條規定，有關核能電廠設立之電源開發調整審議會之審議，道路法第七條第六項規定，都道府縣道路線之指定，自然公園法第十條第二項規定，國家公園之指定，文化財產保護法第一○四條之二規定，有關該區域內文化財產之保護與利用，皆須聽取相關都道府縣之意見。

4. 地方自治團體對國家財政措施可提出訴訟之權：地方財政法第十三條第二項規定，地方公共團體對機關委任事務之財源給予如有不服，可提出行政訴訟；地方稅交付法第十八條規定，就應分配與地方之稅款之算定如有不服，可向自治大臣

6　有關日本之制度參閱李惠宗，「中央與地方權限劃分之研究」，內政部委託研究報告，1997 年 6 月，頁 21 以下；另參閱蔡茂寅，《地方自治之理論與地方制度法》，學林文化，2003 年 2 月 1 版，頁 76-77；參閱阿部照哉等編，《地方自治大系Ⅱ》，嵯峨野書院，1989 年 2 月 1 版，頁 310 以下。

提出不服之申請；「有關適正預算執行補助金法」第二十五條規定：地方團體對於由預算所撥交之補助金交付決定，如有不服亦得提出異議。

綜觀上述之規定，日本地方公共團體之國政參與權，不外以四種方式展現：(1)地方自治團體之同意權；(2)與地方自治團體協議；(3)聽取地方自治團體之意見，亦即地方自治團體得於事前陳述意見之機會；(4)對國家財政措施可以提出行政爭訟之權。

二、德國地方自治團體之國政參與權[7]

地方政府表達意見之方式，一般係以派員出席中央主管部會依各該法律規定所舉行之聽證表達陳述意見，例如德國聯邦國土規劃法、各邦國土規劃法（邦綜合開發計劃與區域計劃）、各專業法律（例如公路法、水道法、航空法）[8]。

地方居民之創制與複決，以德國巴登－符騰堡邦鄉鎮邦轄市市自治法（Gemeindeordnung fuer Baden-Wuerttemberg; vom3. Oktober, 1983）為例，依該法第二十一條規定，鄉鎮代表大會得以所有成員總數之三分之二以決定將一鄉鎮市之重要事項交由「公民決定」，

---

7 有關德國之制度參閱黃錦堂，《地方制度法基本問題之研究》，翰蘆，2000年8月初版，頁205-213。

8 此外，德國之鄉鎮對國家（聯邦或邦）的決定在實證法上亦有其他參與權之規定，例如聯邦眾議院議事規則第六十九條第五項、第六十六條第二項、聯邦內閣會議（Bundesministerien）共同議事規則第二十五條、第四十條第三項亦有規定，於制定法規時，凡涉及地方自治團體之利，應給予地方自治團體最高層級之團體以聽證之權利。有關區域之變更，鄉鎮間交通改善委員會、街道與建計劃合作委員會、全德都市發展會議、建築規則會議、經濟振興會議、財政計劃會議、共同行動委員會皆有鄉鎮參與權（Mitwirkungsbefugnisse），以上參閱李惠宗，「中央與地方權限劃分之研究」，內政部委託研究報告，1997年6月，頁22以下。

其重要事項如下：

1. 就地方上提供全體居民服務之公共設施之興建、重大擴建或廢除。
2. 就鄉鎮界線之更改。
3. 就非真正之地方局部選舉（Unechte Teilortwahl）之引進或取消。
4. 就區制度之引進及撤銷。
5. 對村里制度之引進及撤銷。

此外就重要之鄉鎮事項，鄉鎮民亦得主動請求交付市民決定，稱為「市民請求權」（Buergerbegehren）。

三、我國現行法制之規定

我國地方制度法對於地方自治團體國政參與權之規定，可以說完全付諸闕如，唯獨於地制法第十六條第二款規定，居民對於地方自治事項有依法行使創制、複決之權，可是目前創制、複決未立法狀態，居民對此二項權利並無法行使。

此外，行政程序法則對於行政處分（行政程序法第一○七條）、法規命令（行政程序法第一五五條）及行政計劃之裁決規定舉行聽證，問題在於地方自治團體是否具有行政程序當事人能力及行為能力？依行政程序法第二十一條及二十二條之規定，自然人、法人、非法人團體（設有代表人、管理人者有當事人能力），另外有程序行為能力者包括：(1)依民法規定，有行為能力之自然人；(2)法人；(3)非法人團體（有代表人、管理人為行政程序行為者）；(4)行政機關（由首長、代理人或授權之人為行政程序行為者）；(5)依其他法律規定者。可見地方自治團體為公法人之地位，對於上級機關所為之行政處分自當可以為行政程序當事人之地位。換言之，地方自治

團體，自當享有行政程序法所定屬於當事人之各種權利[9]。

　　地方自治團體對於上級行政處分當可對其陳述意見，申請閱覽卷宗、申請迴避、向中央主管機關陳情等權利。至於聽證而言，我國行政程序法對於聽證（正式聽證）之規定，有行政處分、法規命令及行政計劃等行政行為可以聽證[10]，但其規定之內容略有不同，大致可區分為二種類型：

　　1.強制聽證程序：

　　　(1)行政程序法第一〇七條第一款規定，法規明文規定應舉行聽證者，應舉行聽證，未經聽證所作成之行政決定，屬違法之行政決定。

　　　(2)法規有規定應舉行聽證者，包括法律或法規命令所為之規定，但目前有規定應舉行聽證程序者，僅有環境影響評估

9　行政程序中當事人之各種權利，諸如委任代理人（第二十四條）、申請公務員迴避（第三十二條）、提出證據或申請調查證據（第三十七條）、查閱卷宗及資料（第四十六條）、參與聽證（第五十五條）、收受送達（第七十七條）、陳述意見（第一〇二條）、作為行政契約之相對人（第一三五條）及行政指導之相對人，當然亦可成為陳情人之地位。

10　行政程序法有關舉行聽證之行政行為之規定，整理如下：

　　1.行政處分：行政程序法第一〇七條：行政機關遇有下列情形之一者，舉行聽證：

　　　(1)法規明文規定應舉行聽證者。

　　　(2)行政機關認為有舉行聽證之必要者。

　　2.法規命令：

　　　(1)行政程序法第一五五條：行政機關訂定法規命令，得依職權舉行聽證。

　　　(2)行政程序法第一五六條：行政機關為訂定法規命令，依法舉行聽證者應於政府公報或新聞紙公告，載明之事項。

　　3.行政計畫：行政程序法第一六四條：行政計畫有關一定地區土地之特定利用或重大公共設施之設置，涉及多數不同利益之人及多數不同行政機關權限者，確定其計畫之裁決，應經公開及聽證程序，並得有集中事權之效果。

法（83.12.30）第十二條之規定：「目的事業主管機關收到（環境影響）評估書初稿後三十日內，應會同主管機關、委員會委員、其他有關機關，並邀集專家、學者、團體及當地居民，進行現場勘察並舉行聽證會，於三十日內作成紀錄，送交主管機關。」

(3)行政程序法第一六四條另規定，「有關一定地區土地之特定利用、重大公共設施之設置、涉及多數不同利益之人、涉及多數不同行政機關權限之行政計劃」等四種情形下的行政處分，須經聽證程序，則屬此之強制聽證程序。

2. 職權聽證程序：行政程序法第一〇七條第二款規定，行政機關認為有舉行聽證之必要者，即得舉行聽證程序。此種聽證是否舉行，則屬行政機關之「決定裁量」。而行政程序法第一五五條規定，行政機關訂定法規命令，得依職權舉行聽證，自屬職權聽證。

由上述之敘述可知行政處分之舉行聽證，目前其他法規除環境影響評估法之外，均無規定強制聽證，而中央機關所訂定法規命令，地方自治團體亦無請求舉行聽證之權。唯獨行政計劃之裁決涉及特定地區土地之利用、設置重大公共設施應於裁決行政計劃前舉行公開聽證，但此規定在實務上是否就可以認定地方自治團體有聽證權，實有疑問。

首先，行政計劃之法律性質本屬於多樣性 [11]，可能存在於所有

---

11 有關行政計劃之法律性質，可歸納如下之態樣：

1. 不具任何法拘束之單純事實行為，如各種長短期之經濟計劃。
2. 僅對行政機關內部有拘束力之行政規則，而對人民權利義務不直接發生成立、變動效果者。如依公路法第四條擬定並經核定或經備案公告之公路路線系統。
3. 僅安排政府各部門之收支及施政重點而屬於須經議會審議通過之法律草案

形式及非形式的行政行為。

　　其次，行政計劃之法律性質有可能為行政處分，或有關人或物之一般處分者 12，因此行政計劃之聽證到底是適用行政程序法第一六四條之強制聽證，抑或適用行政程序法第一〇七條之聽證程序，其實實務上便有爭議存在。通常行政機關為避免聽證程序繁複、冗長之程序，便認定為行政處分之性質，而不舉行聽證。甚或行政機

---

　4. 對一般人民權利義務發生效力而屬於自治規章或法規命令者。如依都市計劃法擬訂發布之都市計劃。
　5. 對特定人或可得確定其範圍之人權利義務直接發生成立、變動、消滅或確定之法律效果，而屬行政處分者。如依平均地權條例所為之土地重劃。
　6. 就公物之設定、變更或廢止加以決定，而屬一般處分者。例如：依市區道路條例擬訂並經核定公布施行之道路系統圖及修築計劃。
　但我國行政程序法所規定之行政計劃，依其性質及法條文義，乃著重在於一定專案形式，為解決某特定問題而產生之行政計劃而言，參見吳信華，〈行政計劃與計劃確定程序〉，收錄於《行政法爭議問題研究（上）》，台灣行政法學會主編，五南，2000 年 12 月初版，頁 541-543。
12　例如都市計劃之法律性質便有爭議，實務之見解則採折衷說。
　1. 否定說：行政計劃並非行政處分，而係行政法規，故不得對其提起行政爭訟。例如：行政法院六十六年裁字第三七六號（裁定）認為都市計劃或變更都市計劃係行政機關本於職權在法令範圍內所為政策上一般性之行政措施，而非就特定具體事件所為之處分，故不得提起行政爭訟，而裁定駁回之。
　2. 肯定說：行政計劃有損人民權益者，仍應許其提起行政爭訟。如司法院二十六年院字第一六四七號解釋、行政法院判字第一九二號判例、七十二年判字第一三八四號判決。
　3. 折衷說：
　　(1)認為「主管機關變更都市計劃，係公法上之單方行政行為，如直接限制一定區域內人民之權利、利益或增加其負擔，即具有行政處分之性質，其因而致特定人或可得確定之多數人之權益遭受不當或違法之損害者，自應許其提起訴願或行政訴訟以資救濟」。（釋一五六）
　　(2)都市計劃之擬訂、發布及擬訂計劃機關依規定 5 年定期通盤檢討所作必要之變更（都計法二六），並非直接限制一定區域內人民之權益或增加其負擔者，有所不同。（釋一五六理由書）

關以「說明會、公聽會」之名目取代聽證，而規避行政程序法之規定。

　　因此，行政程序法對地方自治團體並無專文規定其國政參與權，可以說是零星散落之規制，相對於地方制度法而言，更可以說完全空白未置一語，是故基於民主原則和當事人參與之原則，中央或上級政府之決策或法規之制定，應給予地方自治團參與之權。誠如大法官釋字五五〇號解釋文第三段所言，地方自治團體之參與權如下：

1. 行政機關草擬法律，應與地方政府協商，以避免有片面決策可能造成不合理之情形。
2. 立法機關修訂相關法律時，應予地方政府人員列席此類立法程序表示意見之機會。

　　另外，除上述之協商、陳述意見之外，有關聽證之權利亦可明文規定於地方制度法中，賦予地方自治團體對上級機關之行政處分，行政計劃上有參與之權。本文見解認為，上級監督機關對於地方自治團體之監督措施前應予陳述意見之機會，並記明理由，教示救濟之期間、方法及救濟機關。至於中央與地方協力辦理之事務，應與地方政府協商，而立法機關修訂相關法律時，應予地方政府人員列席此類立法程序表示意見之機會。中央若施政規劃、設計涉及地方配合之行政計劃，亦應賦予地方自治團體請求聽證之權，並建議於未來修訂地方制度法時，將以上的設計機制，明文規定於地方制度法，以保障地方自治團體參與國政之權，不惟可保障地方自治團體之自治權，同時可避免中央片面決策之不合理情形，增進地方對中央行政之信賴。

第三項　我國地方自治團體國政參與權之制度建構

　　綜上所述，我國地方自治團體對於上級政府所為之行政處分、擬訂之行政計劃、對於中央與地方共同立法事項、中央與地方共同辦理之事項及國家涉及對地方之財政措施（如對地方之補助款、統籌分配款等），均未於憲法或地方制度法中明文賦予地方自治團體國政參與權。地方對中央之立法、政策的形成，地方參與的機會相形限縮，在此態勢下，我國地方自治在「團體自治」的意義下，勢必成為來自中央的他治。況且，地方自治團體實為中央政策第一線之執行者，基於對地域內事務、人民需求的瞭解，我國未來宜賦予地方國政參與權，並於地方制度法明文規定地方自治團體行使該等權利的方式、程序，藉由彼此之溝通、協調，促使中央與地方完成共同目標，消弭彼此之對立與衝突。

　　本文綜觀德國及日本法制之設計，提出我國地方自治團體國政參與權之制度建構，如圖 7-1 所示，並說明如後。

　　對於地方參與權之項目及措施，本文建議於地方制度法條文中成立專章加以規定，明文規範地方自治團體之國政參與權，並就下列五個項目分列地方之參與途徑：

1. 行政處分：上級監督機關所為之行政處分，尤其是限制剝奪、增加地方自治團體負擔等不利行政處分時，上級監督機關應踐行正當法律程序（Due Process of Low），作成行政處分應予當事人最後陳述意見之機會，記明事實理由，並教示救濟，對自治法規進行合法性監督，對委辦規則採合目的監督。

2. 行政計劃：中央或上級政府所擬訂之行政計劃在通常情形下，大部分均跨及數個以上的地方自治團體，或者涉及地方配合辦理的計劃行政。此類行政計劃，例如職業訓練計劃、區域

圖 7-1 我國地方國政參與權之制度建構

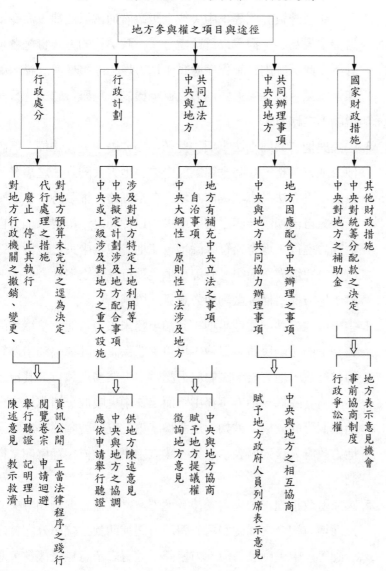

資料來源：作者自行整理

發展計劃、道路計劃、機場建築計劃、政府有關公共投資項目、產業升級計劃等，中央或上級政府通常以法律、命令或自治法規為之，抑或以行政處分、行政契約的方式實施各種計劃，此等計劃實施程序應賦予地方自治團體參與之權，如陳述意見、建立中央與地方之協調機制，並舉行聽證（言詞辯論）之機會。

3. 中央與地方共同立法事項：此類事項亦屬中央立法權，但因涉及地方事務，此時應歸屬於中央與地方共同立法之事務。目前中央立法之事項或涉及地方自治團體之權限時，並未賦予地方自治團體參與之權，中央均以片面之決策要求地方自治團體遵行，地方無置喙餘地，使地方成為中央之他治，造成中央與地方之衝突。此等事項之執行宜建立與地方協商、賦予地方提議權、徵詢地方意見之機制。

4. 中央與地方共同辦理事項：此類事務未來將可能大量增加的趨勢，例如全民健康保險、環境生態保護、社會福利措施等給付行政，地方自治團體協力配合中央業務之執行，其自主性亦隨著降低，地方事務由下而上為中央吸取，造成地方自治空洞化的危機。誠如大法官釋字第五五〇號解釋，應賦予地方政府人員列席表示意見，建立中央與地方相互協商之機制。

5. 國家財政措施：中央對於涉及地方之財政措施，例如中央立法而地方配合之補助費用、對地方之補助款、統籌分配款之分配等，中央應事前與地方協商，並有表示意見之機會，避免中央片面決策之不合理情形。

第二節　台北市里長延選案
—— 建構中央與地方權限爭議之解決機制

第一項　問題之提出

　　中央與地方權限劃分，為各國共同面臨之難題，其實自治事項與委辦事項之劃分，亦很難有一截然清楚之界線。因此，中央與地方權限爭議是不可避免而勢必面臨之課題。尤其，近年國內政黨生態，已由中央政權的競爭，擴大至縣（市）長直轄市長主政地位之政黨競爭態勢。地方民選行政首長當選後，自不甘於無權無錢又無作為之執政窘境。是以，中央與地方常因個案之事務發生齟齬，造成中央與地方相互指責、爭功委過之現象。以下本文茲以台北市里長延選案加以探討，試從個案分析中，尋找目前法制上之立法瑕疵及因應對策。

　　民國九十一年四月中旬台北市政府援地方制度法第八十三條第一項「村（里）長任期屆滿或出缺應改選或補選時，如因特殊事故，得延期辦理改選或補選」之規定，主張該府正進行台北市之里鄰調整，不及於里長任期（四年）屆滿前完成，因屬「特殊事故」，決定延期辦理里長改選事宜[13]。主管機關內政部則行文台北市政府若為辦理里鄰編組調整而將里長任期延長半年至一年，不符地方制度法第八十三條所規定的法定要件，並依地方制度法第七十五條，建請行政院撤銷台北市政府的里長延選公告。中央與台北市政府雙方各依地方制度法各執一詞，互不相讓。最後，台北市政府依地方制

13　參見《自由時報》，2002 年 4 月 12 日，第 4 版。

度法第七十五條第八項之規定聲請司法院解釋,並依該項規定,在司法院解釋前,不得予以撤銷、變更、廢止或停止其執行,而暫告落幕[14]。

本案又再度造成中央與地方政府之對立,亦引發國人之高度關注。此案所爭論之問題主要有下列幾點:

1. 所謂「特殊事故」之認定為何?又,以何機關之解釋為準?
2. 延選之舉措是否涉及違法違憲?
3. 中央政府對地方自治團體自治事項之監督是否有逾越之嫌?
4. 中央與台北市政府之爭議,其解決爭議之機制為何?聲請大法官解釋是否有助於問題之解決?

台北市政府與內政部雙方之爭議,亦引發法理上之討論,雙方尖銳對立,立論相左,實難有共同聚焦之處。茲分別臚列說明:

一、肯定說之見解

此類主張認為北市里長延選案,並不違法。並以落實地方自治之觀點,中央對地方之自治事項應予尊重,賦予地方自主管理的主導力。茲將其主要論述分點說明如下[15]:

1. 地方制度法第八十三條所稱「特殊事故」,屬於高度不確定法律概念,在解釋方法論上得有開闊之具體化可能,並無必要侷限於內政部所稱天災、地變或與其他選舉合併舉行之可

---

14 參見《中國時報》,2002 年 5 月 1 日,第 2 版。

15 有關台北市里長延選問題,採肯定說之學者,如董保城、黃錦堂、陳清秀等。參見董保城,〈愈是最基層的愈應尊重地方〉一文,《聯合報》,2002 年 5 月 3 日,第 15 版。黃錦堂,〈北市里長延選案的法理分析〉,《中國時報》,2002 年 4 月 25 日,第 15 版。

能。

2. 就自治事項而言,愈是最基層的事項,中央對地方之監督標準與界線,也愈寬鬆,愈尊重地方,以達到高度自治。法律文字所生之疑義,其解釋固然由中央部會為之,但就自治事項有關者,除不得恣意外,其解釋宜降低密度為之。

3. 里長固為民選產生,但其畢竟偏重於細瑣性與事務性事項,難與立法委員、國大代表相提並論,民主定期改選理論與政治契約理論從而非完全適用。

4. 內政部以函釋來貫穿全國各級選舉,將迫使地方自治失去彈性空間,已失立法良善尊重地方精神。

二、否定說之見解

持反對之見解者,認為北市里長延選案應屬違法,不能以地方自治為無限上綱,為維護國家統一於不墜,國家與地方自治團體間宜有合法性之監督,地方之基於國家統治權整體性原則及法律秩序的統一要求,亦有遵循國家整體性政策規範的憲法義務。其主要見解如下[16]:

1. 所謂「特殊事故」,依立法原意及以往延長任期改選事例,係指重大天然災害、變故或其他不可抗力事件足以影響改選事宜,或單一種類選舉有與其他種類選舉合併辦理的可能,不予合併足以造成社會資源重複浪費。但台北市政府所提為辦理里鄰編組調整而將里長任期延長,其與特殊事故的立法意旨顯有不合。

---

16 主張北市里長延選案為違法之學者如洪貴參、陳銘祥等,參見洪貴參,〈台北市里長延任案之適法性平議〉,《自由時報》,2002年5月3日,第5版。

2. 地方行政機關在適用法律條文中對不確定法律概念，唯有其解釋判斷空間，但仍應受中央主管機關意見之拘束。為確保法律秩序之統一性，中央政府對地方辦理自治事項，本可行使「合法性監督」，是否符合法律規定。

3. 里長依法由里民選出，並非由市長指派，依司法院大法官釋字四九九號解釋意旨「任期屆滿，除有不能改選之正當理由外應即改選，乃約定之首要者」。蓋依國民主權原理，其正當性源自國民之授權，任期屆滿應即改選，恣意延長里長任期之舉措，依前揭理由，難謂無瑕疵存在。

4. 依地方制度法第七十五條第二項之規定，內政部據以報請行政院予以撤銷、變更、廢止或停止其執行，於法有據，難指為越權。

三、本文見解

有關本案之爭議以上二說各有其立論之依據，本文除加以提出相關討論之外，尚提出此爭論外有關地方自治監督及權限爭議解決機制上若干問題：

(一)就「特殊事故」之解釋而言

「特殊事故」之意涵為不確定法律概念，如涉及構成要件事實而有裁量之可能者，對此不確定法律概念之判斷，通說謂與裁量於實質上並無實質差異[17]。因此，「特殊事故」與延期改選，均係台北市政府之裁量權限。是否有「特殊事故」，為事實上問題之證明，

---

17 不確定法律概念與裁量之區別，參見吳庚，《行政法之理論與實用》，作者自刊，2001年8月增訂7版，頁121-27；翁岳生，〈論不確定法律概念，與行政裁量之關係〉，收錄於氏著《行政法與現代法治國家》，台大法學叢書（二），1990年9月10版。頁52以下。

係證據判斷，只要不違論理法則及經驗法則，依自由心證認定之。

1. 裁量是否違法（裁量逾越、裁量濫用）：里長之延選係台北市之自治事項，台北市政府之延選議決本身亦有裁量權限。依地方制度法第八十三條規定，台北市政府對於里長之延選有其執行權限，職是，台北市政府並未逾越法律之授權。惟地制法第八十三條其授權目的為「特殊事故」，台北市政府所持理由為「該府正進行里鄰調整，不及於里長任期屆滿前完成，因屬特殊事故，決定延期辦理里長改選事宜」。該府所作個案之判斷，亦應避免違背誠信原則、平等原則、比例原則等一般法的規範，尤其不得違反法律授權之目的。
所謂「特殊事故」一般係指事實上之變故，即天災、地變等人力不可抗拒之事故（參照釋字三十一號、二六一號、四九九號）[18]，若屬人力所能控制，當非所謂事故，尤非屬特殊事故。蓋行為主體自身所能控制的因素或事件，並不應擴張至非行為主體所能改變的天災事變等不可抗力之範圍內。里鄰區域之調整即為台北市政府之自治權限，台北市政府之規劃進度，不及於里長任期屆滿的改選，而主張「特殊事故」為延迭之理由，便違反地制法第八十三條之授權目的，而構成「裁量瑕疵」（Ermessensfehler），而與法律授權之目的不符，係顯屬「裁量濫用」（Ermessensmissbrauch）之情形，

---

18 所謂「特殊事故」之見解，大法官釋字第五五三號解釋則謂：「其中所謂特殊事故，在概念上無從以固定之事故項目加以涵蓋，而係泛指不能預見之非尋常事故，致不克按法定日期改選或補選，或如期辦理有事實足認將造成不正確之結果或發生立即嚴重之後果或將產生與實現地方自治之合理及必要之行政目的不符等情形者而言。又特殊事故不以影響及於全國或某一縣市全部轄區為限，即僅於特定選區存在之特殊事故如符合比例原則之考量時，亦屬之。」

台北市政府便有違法之虞。

2. 違背比例原則：台北市調整里界涉及人口十八萬市民，與台北市民二百餘萬人口相較，實屬少數。其所增減之十五個里，相對於四百四十個里而言，影響亦實屬有限。延選不延選是個民主正當性的問題，亦不符合定期改選之民主契約原則，在法理上顯有違背比例原則之處。

(二)就中央主管機關之監督而言

直轄市之縣（市）村（里）長延期改選，係屬於自治事項。但為確保國家法律秩序之統一性，中央主管機關本可監督地方辦理之自治事項是否符合法律之規定。因此，內政部基於職權對於地制法所為之解釋，台北市政府應受內政部見解之拘束。

內政部對於台北市政府延選之舉措認有違法之虞，並依地制法第七十五條規定據以報請行政院處理予以撤銷，內政部之監督權於法有據，難指為越權。地方自治團體對於自治事項雖有自主性、獨立性，但仍須受中央合法性之監督。因此，中央主管機關之內政部報請行政院，據以進行合法性監督，尚難謂有對地方自治權限之侵害。

(三)中央政府與台北市政府之爭議有關解決機制之探討

中央政府與台北市政府最後仍走上對立之路。台北市政府正式依大法官會議釋字第五二七號解釋及地制法第七十五條第八項規定，以行政院為爭議當事人之一逕向大法官會議聲請解釋。雖然，大法官會議後來已做出解釋，但台北市里長延選之問題，卻已成為事實。所以，由本案之討論，即可以發現下列問題：

1. 目前中央與地方權限爭議之機制，由大法官會議加以解釋，固可釐清法理上爭議，但對於本案而言實為緩不濟急。

2. 可以預見的未來，此類個案仍將層出不窮。尤其，中央與地方常因政黨壁壘分明，致使權責劃分充滿泛政治及不理性之抗爭邏輯，而使問題之對立性升高而不易釐清。

3. 因此，類似此案之解決機制，是否有檢討之必要，實值得深思 [19]。

第二項　中央與地方權限爭議之解決機制

一、地方制度法之解決機制

我國地方制度法對於中央與地方自治團體間、地方自治團體間、地方行政機關與地方立法機關，涉及權限爭議與府會關係之解決機制，先敘明如下：

(一)府際關係之行政協商

1. 例如地制法第三十八條規定，地方行政機關對地方立法機關之議決案應予執行；如延不執行或執行不當，地方立法機關得請其說明理由，必要時得報請行政院、內政部、縣政府邀

---

19 大法官釋字第五五三號解釋理由書中亦指出自治事項又涉及不確定法律概念此類事件之審查密度，揆諸學理有下列各點可資參酌：

1. 事件之性質影響審查之密度，單純不確定法律概念之解釋與同時涉及科技、環保、醫藥、能力或學識測驗者，對原判斷之尊重即有差異。又其判斷若涉及人民基本權之限制，自應採較高之審查密度。

2. 原判斷之決策過程，係由該機關首長單獨為之，抑由專業及獨立行使職權之成員合議機構作成，均應予以考量。

3. 有無應遵守之法律程序？決策過程是否踐行？

4. 法律概念涉及事實關係時，其涵攝有無錯誤？

5. 對法律概念之解釋有無明顯違背解釋法則或牴觸既存之上位規範。

6. 是否尚有其他重要事項漏未斟酌。

集各有關機關協商解決之。

2. 例如地制法第四十條第四項規定，地方總預算案在年度開始後三個月內未完成審議，地方行政機關得就原提總預算案未審議完成部分，報請行政院、內政部、縣政府邀集各有關機關協商，於一個月內決定之；逾期未決定者，由邀集協商之機關逕為決定之。

3. 例如地制法第七十五條規定，地方政府辦理自治事項違背憲法、法律或基於法律授權之法規、縣規章者，由中央各該主管機關報行政院或縣政府予以撤銷、變更、廢止或停止其執行；地方政府辦理委辦事項違背憲法、法律、中央法令、縣法令者，由委辦機關予以撤銷、變更、廢止或停止其執行。

4. 例如地制法第七十六條規定，地方自治團體依法應作為而不作為，致嚴重危害公益或妨害地方政務正常運作，其適於代行處理者，得分別由行政院、中央各該主管機關、縣政府命其於一定期限內為之；逾期仍不作為者，得代行處理。但情況急迫時，得逕予代行處理。地方自治團體對前項處分如認為窒礙難行時，應於期限屆滿前提出申訴。行政院、中央各該主管機關、縣政府得審酌事實變更或撤銷原處分。

5. 例如地制法第七十七條規定，縣與鄉（鎮、市）間，自治事項遇有爭議時，由內政部會同中央各該主管機關解決之。直轄市間、直轄市與縣（市）間，事權發生爭議時，由行政院解決之；縣（市）間，事權發生爭議時，由內政部解決之；鄉（鎮、市）間，事權發生爭議時，由縣政府解決之。

(二)權限爭議——立法院議決

中央與直轄市、縣（市）間，權限遇有爭議時，由立法院院會議決之（地制法第七十七條第一項）

(三)行政爭訟之救濟

地方自治團體對於上級政府或上級機關之違法或不當之行政處分，其權利或法律上利益有損害時，得提起訴願、行政訴訟（參照訴願法第一條第二項）。直轄市、縣（市）、鄉（鎮、市）對於代行處理之處分，如認為有違法時，依行政救濟程序辦理之（地制法第七十六條第五項）。

(四)司法解釋

地方自治團體除以行政爭訟之方式外，對於確定終局之判決後亦可向司法院大法官會議聲請解釋憲法或統一解釋法令。

1. 例如地制法第三十條第五項規定，自治法規與憲法、法律、基於法律授權之法規、上級自治團體自治條例或該自治團體自治條例有無牴觸發生疑義時，得聲請司法院解釋之。

2. 例如地制法第四十三條第五項規定，地方立法機關議決自治事項與憲法、法律、中央法規、縣規章有無牴觸發生疑義時，得聲請司法院解釋之。

3. 例如地制法第七十五條第八項規定，地方行政機關議決自治事項有無違背憲法、法律、中央法規、縣規章發生疑義時，得聲請司法院解釋之；在司法院解釋前，不得予以撤銷、變更、廢止或停止其執行。

綜觀地制法之規定，府際之間或中央與地方權限之爭議，不外行政協商、立法院議決、行政爭訟、司法救濟等機制為相應制度（如圖 7-2），但我國地制法所設計之機制卻有下列值得商榷之處：

1. 中央與地方權限爭議之根本係在於中央與地方權限之劃分模糊不清所致。欲解決須從根本上將爭議之源起加以導正，徒

有解決機制而不治本，則本末倒置，中央與地方權限爭議，亦將衝突不斷。

2. 其實，不論行政協商、司法解釋、行政爭訟、立法院議決之設計機制，均係被動型態而非主動積極之解決機制，此種事

圖 7-2　地制法之衝突解決機制

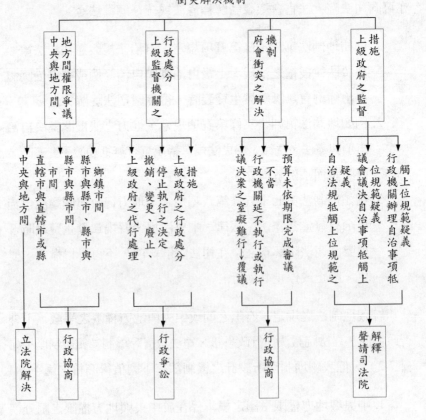

資料來源：作者自行整理

後解釋，曠日廢時之救濟，恐緩不濟急[20]。其權利或因時日之遷延，而發生變更，甚至造成難以回復之損害。

3. 中央與地方權限之爭議常為法律或法規上之衝突，立法院本身即為爭議之當事人，以性質上而言實不宜由立法院解決。至於聲請大法官解釋，確為合乎三權分立之原理，然以龐大之聲請案均悉由大法官加以解釋，恐造成司法院職司解釋之大法官將不堪負荷，且亦緩不濟急。

二、比較法上的觀察與建議

(一)中央與地方間權限爭議解決之道

針對地方制度法有關中央與地方間/府際之間權限爭議之解決機制，本文見解認為仍可予以維持，雖其功能上為被動、消極之角色，時效上緩不濟急，但仍可為補充性或為最後之司法確認，以杜類似事件之爭議。就此而言，上述之機制仍有維持之必要，但於上述機制外，參考日本「中央與地方權限爭議處理委員會」設立之制度，以解決權限爭議。

日本中央與地方及地方間爭議處理之制度，舊法及地方分權改革後，均設有此解決機制。不過，日本有關爭議之內涵，僅限於中央與地方及地方間透過權力或非權力之干預所產生之爭議而言。至於中央地方權限爭議，地方公共團體所制定條例有無違反中央法令之爭議，均在排除之列，其範圍在於國家對地方公共團體之監督行

---

20 我國大法官釋字第五五三號解釋理由書中指出：「惟地方制度法關於自治監督之設計制度，除該法規定之監督方法外，缺乏自治團體與監督機關間之溝通、協調機制，致影響地方自治功能之發揮。從憲法對地方自治之制度性保障觀點，立法者應本憲法意旨，增加適當機制之設計。」亦採此一見解，建議中央與地方之權限解決爭議機制，有另行增加溝通、協調機制之必要。

為，影響其權利時，地方公共團體得向「國家地方紛爭處理委員會」申請審查[21]。至於地方間，也就是地方公共團體間爭議處理制度，新地方自治法將舊法之「自治紛爭調停委員制度」，修正為「自治紛爭處理委員」制度，作為都道府縣與市町村間爭議處理制度。「自治紛爭處理委員之產生，係依個別事件，由總務大臣或都道府縣知事指定三名任命之，而紛爭調停程序，或關於都道府縣干預之審查或審查請求等程序終了時，即卸任。因此，自治紛爭處理委員會，係臨時且兼任之附屬機關。自治紛爭處理委員與國家地方紛爭處理委員不同，並非合議制機關委員，而係獨任機關。不過，調停案之

---

21 有關日本中央與地方爭議處理委員會之設置、組織、人員產生方式如下：

1. 名稱及定位：「國家地方紛爭處理委員會」為公平、中立之第三者機關，對於提出申請事件進行審查。

2. 性質：「國家地方紛爭處理委員會」，性質上究係裁決機關或勸告機關？由於各省之強烈反對，最後，地方分權推進委員會之結論建議採「勸告機關」之地位，受勸告之行政機關，負有接受勸告且採取必要措施之義務，並向委員會報告處理之情形；委員會應通知審查請求之地方公共團體首長及其他執行機關，並公告之；委員會並得向該國家行政機關請求說明處置情形。實質上亦有一定的拘束力

3. 組織：委員會由五人組成，委員由社會學識經驗豐富者擔任，經兩議院同意，總務大臣任命之。委員成員同一政黨者不得逾半數，若超過者，成為罷免之事由。

4. 審查請求者：得對「國家地方紛爭處理委員會」請求審查者，為國家干預事務擔任者之地方公共團體首長及其他執行機關。因此，包括都道府縣知事、市町村長、教育委員會、選舉管理委員會等委員及監察委員，均得以國家干預之違法，向委員會請求審查。

5. 委員會審查權之範圍：國家地方紛爭處理委員會，對於自治事務之審查範圍，包括干預之違法性及不當性；關於法定受託事務之審查，只限於適法性。

有關上述之論述參閱蔡秀卿，〈日本中央與地方及地方間爭議處理制度〉，收錄於《公務員法與地方制度法》，台灣行政法學會編著，台灣行政法學會出版，2003 年 1 月初版，頁 233-248；另參見張正修，《地方制度法理論與實用（二）本論》，學林文化，2000 年 9 月 1 版，頁 735。

作成及公告之決定、審查結果之決定及勸告之決定等重要事項，均依委員合議決定，因此實際上接近合議制[22]。自治紛爭處理委員會有以下三種權限[23]：

- 地方公共團體間及地方公共團體機關間紛爭之調停。
- 都道府縣機關對地方公共團體所為干預之審查。
- 依自治法之審查請求、再審查請求或審決申請之審理。

國家與地方公共團體間爭議處理制度、地方公共團體間爭議處理制度之第一階段，各為國家地方紛爭處理委員會、自治紛爭處理委員會。至於二者之第二階段則均為提起機關訴訟，提起訴訟前原則上均須分別向國家地方紛爭處理委員會或向自治紛爭處理委員，提出審查請求，審查請求後若有不聽其勸告者，方得提起訴訟。

至於我國對於中央與地方發生權限爭議事項，則可於行政院下設立「中央與地方權限爭議處理委員會」，將中央與地方、地方自治團體間之權限爭議事件，交由該委員會處理[24]。若對於委員會之決定不服時，則向行政法院提起行政訴訟解決。

「中央與地方權限爭議處理委員會」，其組織係採合議制，置委員若干人，主任委員一人，由中央與地方機關推派之人員、學者、專家共同組成。其地位、職掌分述如下：

---

22 以上參見蔡秀卿，〈日本中央與地方及地方間爭議處理制度〉，收錄於《公務員法與地方制度法》，台灣行政法學會編著，台灣行政法學會出版，2003年1月初版，頁254。

23 蔡秀卿，〈日本中央與地方及地方間爭議處理制度〉，同前揭書，頁254。

24 本文建議「中央與地方權限爭議處理委員會」所處理之權限爭議，不妨包含中央與地方間之權限爭議、地方自治團體間之權限爭議及上級對下級地方政府所為監督措施不服之爭議在內。至於地方自治法規是否牴觸憲法、法律或上位法規範時，仍宜由司法院解釋為宜。

1. 本委員會為中立公正之組織。

2. 委員會之編制為中央部會之層級，置委員若干人，主任委員一人，由行政院長提名，經總統任命。

3. 委員會之職掌係處理下列事項：

   (1)中央與直轄市、縣（市）之權限爭議事項。

   (2)直轄市與縣（市）、直轄市間之權限爭議事項。

   (3)縣（市）間之權限爭議事項。

   (4)地方自治團體對於上級政府或上級機關所為之監督措施，或所為之違法、不當行政處分，得向委員會申請處理。

   (5)跨及地方自治團體之自治事項，其發生爭議時。

4. 委員會之決議，相關機關必須接受，並採取一定適當之處置。

5. 不服委員會之處理決議時，得提起行政訴訟。

　　目前正值中央政府改造之際，此刻正適於討論此委員會之設置，並將其功能、定位、組織、職掌及人員編制著手研擬，期透過此一機制能迅速、主動積極處理府際之權限爭議，並獲得圓滿的解決。

　　至於機關訴訟，我國行政訴訟法對於機關之權限爭議，並未規定可提起機關訴訟。日本行政事件訴訟法第六條規定機關訴訟係指國家或地方公共團體之機關相互間，就有關權限之存在與否，或其紛爭所提出之訴訟。機關訴訟之標的，係機關內部之權限爭議，旨在確保行政的客觀公正，以維公益。故機關訴訟係法律特別規定之例外訴訟形式。

　　我國行政訴訟法對於機關權限爭議並未規定機關訴訟，不過德國行政法院法對於機關訴訟並未明文規定，但德國通說及判例均承認機關訴訟。德國之通說及判例認為地方自治團體之公法人，其機關間或權限行使之爭議，並非憲法上的爭議，而是個別法律所規定的機關爭議及權限爭議。此種行政法的性質，係為一般公法上的爭

議，屬於行政法院裁判權之範圍[25]。

　　至於機關訴訟應提起何種訴訟類型？對於上級政府之行政處分時，則應提起撤銷訴訟、課予義務訴訟，若其爭議為行政處分以外之公法原因時，則應提起一般給付訴訟，並以確認訴訟為補充、後備之訴訟。

　　機關內部之權限爭議，係為公法上之爭議，依我國行政訴訟法第二條規定，公法上爭議得提起行政訴訟，自屬公法上爭訟事件。自可依行政訴訟法第三條規定，提起撤銷訴訟，確認訴訟及給付訴訟，以資救濟。德國、日本之實務見解，實值得供我國行政法院及相關法制修正時之參考。

(二)跨及地方自治團體之自治事項

　　地制法第二十一條規定，直轄市、縣（市）、鄉（鎮市）自治事項如涉及跨直轄市、縣（市）、鄉（鎮、市）事務時，由共同上級業務主管機關統籌指揮各相關地方自治團體共同辦理，必要時共同上級業務主管機關得指定其中一適當地方自治團體限期辦理。此類事務由於交通、都市化之結果，尤其近年衛生、環保、公共給水等公共事務，跨及地方自治團體之自治事項，未來勢將成為地方事務之重心。

　　惟地制法之規定，此類自治事項由共同上級業務主管機關統籌指揮，或指定其中一個適當地方自治團體辦理，此規定不但剝奪地方自治團體之自治權，尤其此類事項並沒有清楚之界限，而容易造成權限之爭議。因此，地制法之規定宜加修正，並建議此類事務之修正如下：

25　參閱張正修，《地方制度法理論與實用（二）》，學林文化，2000 年 9 月 1 版，頁 725-726。

1. 地方自治團體如有跨及之自治事項時，其本質上仍為地方自治團體之自治權，中央不宜介入或加以干預，此類事務地方自治團體得以行政契約之方式尋求雙方或彼此之間之共同辦理事務。

2. 此類事務若有權限爭議時，自屬公法上之爭議，可以透過行政爭訟之方式得到解決。

3. 此類事務，地方自治團體可參考日本之特別公共團體之制度，於「中央與地方權限劃分法」中明訂地方自治團體之組合，以事務組合加強地方自治團體之合作，以解決跨及數地方自治團體事務之合作。

4. 至於地方自治團體之間為了辦理合辦事業，得設組織經營或辦理，均得由地方自治團體於自治權限範圍內自行決定。

第三項　地方立法權之保障與建構

一、法律制度的增修

我國憲法有關中央與地方權限之劃分基準，實為概括抽象之規範，其具體內容並不明確。其實單一國之地方自治事項，應以法律規定的模式作客觀化的判斷。因此，有關中央與地方權限之劃分，對於地方之自治事項，有必要予以細目化，使地方自治的核心領域不致被掏空。

(一)增定「中央與地方權限劃分法」

中央與地方權限劃分法之法源為憲法及地方制度法，但二者之劃分並不明確，以致權限爭議時起。因此，為落實憲法對地方自治之保障，未來可以制定「中央與地方權限劃分法」，並將義務性自

治事項予以細目化，作為中央與地方權限劃分之明確依據，地方自治立法權始有保障之可能。

(二)現行個別法規立法技術之修正

現行個別法規之立法慣例，係長期以地方自治團體視為中央之下級機關，中央往往直接在個別法律上剝奪地方政府之主管權，造成中央對地方執行法律時之過度監督，造成權責不清、推卸諉過之情事。中央主管機關立法或修法時，必須以權限劃分為考量，同時整理各種法規有關主管機關之規定，如為中央權限必須明列中央主管機關名稱，如為委辦事項必須列入受委辦機關為主管機關，致權責相符，地方自治法規方始能明確之劃分。

(三)地方制度法之修正

1. 修正自治事項之意涵：我國地制法所稱之自治事項並未包含固有事項，只有義務自治事務。此種規定忽視自治事項之自主性、自立性，而模糊地方自治之本質。
2. 有關委辦事項之定位：地制法對委辦事項之定義與現行專業法律之規定不相符合，不但限縮地方自治團體之自治範圍，且易造成中央與地方權限之爭議。

二、有關地方自治監督問題

自治事項與委辦事項之劃分實係中央與地方權限劃分之一體二面，二者之區分均直接左右地方自治落實之程度。地方自治團體辦理自治事項，國家對其行使最低限度之監督，以合法性監督建構國家法律的整體性，惟地制法之監督模式，其監督上有如下之問題須加以釐正：

1. 對於地方自治團體違法之自治事項，宜採撤銷或變更之監督手段。參酌各國之立法例，自治事項不宜採廢止或停止其執行之方法，以免侵害地方自治團體之自主權。

2. 有關地方議會議決之自治事項，自治監督機關對於違反上位法規範者予以函告無效。監督機關予以函告無效前，應予地方議會陳述意見之機會，並於函告時記明理由，亦有正當行政程序之適用。

3. 民選之地方議會議決之自治事項，是否牴觸上位法規範，卻由非民選之上級行政機關予以函告無效。此種監督手段除有違民主原則，更造成行政監督之過度膨脹。

4. 代行處理之監督手段，其實為最激烈亦為最後之監督方法。除依比例原則之界限外，另須遵守便宜原則，監督機關應於不得已時行使，況且代行處理之對象宜以委辦事項及義務性自治事項在內，至於自願性自治事項（固有事項），基於地方自治之自主性，則不應在代行處理之射程範圍內。有關情況急迫，監督機關得逕予代行處理，所謂「情況急迫」係為高度之不確定法律概念，在判斷解釋上便有不同的見解。若賦予監督機關逕予代行處理之權限，實有過度干預地方自治自主權之嫌。

三、觀念之修正

地方自治為憲法制度性之保障，地方自治團體在其自治權之領域內，國家應尊重其自主、自律之權限，不得加以干涉。我國地方自治雖歷經五十餘年，惟長期以往中央均視地方自治團體為下級機關，中央與地方關係為「上下從屬關係」而非「協力關係」。日本

從「地方分權推進法」施行後，為實現「對等協力」之關係[26]，重新調整中央與地方之關係、對地方之監督方法，並將中央之權限大量下放予地方（機關委任事務之廢除），並進行相關法律之整備，我國地方自治之發展軌跡與日本相較，其實有許多相近之處。我國對於中央與地方之關係，宜在觀念上重新調整，將中央與地方之關係視為「夥伴關係」、「協力關係」，並尊重地方自治團體之自治權，透過義務性自治事項、委辦事項之執行，亦實現國家之部分任務。

四、中央與地方權限爭議解決機制的建構

我國目前中央與地方權限爭議之設計機制，不外司法解釋、立法解決、行政協商、行政爭訟等方式。此四種機制均係被動型態而非主動積極之解決機制。本文認為可採日本法制的設計，並提出建構機制如下：

1. 行政院下設立「中央與地方權限爭議處理委員會」，屬於部會層級之合議制機構，採調解及建議之方式處理中央與地方、地方間之權限爭議事件，以達快速積極圓滿解決之效，並修正地制法目前之立法解決，或由上級監督機關解決之偏差。

2. 參考德、日二國有關「機關訴訟」之機制，地方自治團體對於上級政府之行政處分或公法上之爭議提起行政訴訟以資救濟。

3. 有關跨及地方自治團體之自治事項，目前地方制度法之規定有違地方自治之本旨，剝奪地方自治團體之自主權。因此，宜修改地制法，將此類事件由地方自治團體依行政契約之型態加以實現，辦理此類廣域行政事務。地方自治團體對此類

---

26 參見千葉勇夫，〈中央政府與地方公共團體的關係〉，收於阿部照哉等編，《地方自治大系Ⅱ》，嵯峨野書院，1989年2月第1版，頁287以下。

事件之爭議自應以行政爭訟之方式解決。

4. 未來地制法或可仿日本之地方自治法，將「事務組合」之型態加強地方自治團體之合作，辦理此類廣域行政事務。

5. 此類跨及地方自治團體之事務，未來勢必有增加之趨勢（例如，台北縣市之公共給水、大眾捷運、整治河川、治安、衛生環境保護等）。可從「中央與地方權限劃分法」中加以明定此類事務，並明定其共同辦理之機構設置、人員組織、編制，將此類事務之爭議之解決機制亦明文加以規定。

　　中央與地方權限之劃分，其實為地方自治之問題之癥結所在。我國大體上中央與地方之事務分為中央立法並執行、中央立法但委由地方執行、地方自治事項，此種模式其實並無違誤，但此三者之間之劃分事務並不明確，且易造成權限爭議。再加上中央之立法模式又不注意權限之劃分，故造成我國地方自治之有名無實、地方自治團體自治權被掏空之窘態。職是，為落實地方自治權之保障，首先，中央應先調整中央與地方之關係為「協力關係」，修正「上下從屬關係」之心態；其次，有關機關應進行相關法律之整備，本著權限之明細劃分，尊重地方自治權之立場，徹底解決我國長期中央與地方權限劃分之模糊地域；再其次，權限爭議之解決機制之建構，宜調整為積極有效率之圓滿解決為原則；最後，我國對地方自治團體之監督方法亦宜加以調整。如此才能塑造一個真正民主之地方自治，團體自治與住民自治意旨才有初步彰顯之可能。

第三節　地方政府業務移轉 民間辦理之探討

第一項　問題提出

　　自十七世紀中期至十九世紀中期，在行政法發展上可稱為「警察國家」，基於國家之警察權，國家得從事必要規制，以達公共秩序之維持，國家機能大致在租稅課徵權力、治安管理、國防等行政作用領域。國家行政的重要任務著重於管理、效率，在此時期亦逐步建立統一化、階層化之行政組織及永業性文官體制。但二次大戰之後，隨著政治、經濟、社會的日趨複雜與多樣化，對於工業社會或資本主義高度發展所產生之貧富不均、社會弱勢保障、社會保險制度，均有賴政府提供人民生活上之照護，以確保社會自由，建立社會安全體系及必要之公法補償體系，國家由警察角色，轉換為各項給付之主體，社會法治國的思潮漸次成為主流，國家機能亦大幅擴張，包括民主化、法治化、經濟發展、人權理念、國民生活之照護等領域 27。進入二十一世紀後，行政任務之質量均高於往昔，行政之組織、人員必須有更高之反應，以適應環境之挑戰。國家職能

27　有關社會國之思潮，行政法之任務不再限於消極保障人民不受國家過度侵害之自由，而在於要求國家必須以公平、均富、和諧、克服困窘為新的行政理念，其內容為：創造可忍受之生活條件，引進社會安全體系，強調社會公平，確保社會自由，建立必要之公法補償體系。參見黃錦堂，〈行政法的概念、起源與體系〉，收錄於《行政法 2000（上冊）》，翁岳生編，翰蘆，2000 年 7 月 2 版，頁 49 以下；林紀東，《行政法》，三民，1992 年 9 月再修訂初版，頁 61-64。

的大幅擴張，複雜萬端的國家機能若全部由行政機關親力親為，勢必造成行政組織之過分龐大，國家往往有財政負荷壓力。職是，將國家機能的一部分委由私人行使，殆已成為現代國家的共通現象[28]。

行政業務委託民間辦理已相當普遍，例如，公營事業之民營化、委託外包或委託民間專家獨立執行等，已陸陸續續在許多領域中逐步落實。如台北市立萬芳醫院、關渡醫院與高雄市立小港醫院、台北市二二八紀念館等之委託民間經營，最近台北縣通過自治條例將縣立學校委託民間辦理等，均為適例。問題在於，此種委託行政之行為之概念為何？其法律性質係公法關係抑或行政私法行為？是否

---

28 政府業務委外辦理之成因，均為行政主體完成行政目的而創設，亦即其係政策之手段，其目的不外：

1. 公部門可能資金不足，從而局部有必要依賴民間之資本。

2. 政府出面設立行政機關，恐怕導致諸多不便，尤其屬於軟性，需要集思廣益或國際交往之領域。

3. 就一定領域，政府全部出資並且以行政機關方式處理，將造成「過度監護」，毋寧，相關民間團體之意願或決心作為前提，政府只是從旁予以協助，而最好的方式便是雙方出資成立財團法人。

4. 私法組織得以擺脫嚴苛之預算、人事、會計、審計及其他行政機關內部層層之指揮監督體系之束縛，而改以市場導向之方式為之。

5. 私法方式之行政機構，容易與外國機構進行合作，尤其能避免干預他國內政之批評。

6. 巨型公營企業之設置，往往係開發中國家為了成就某一類產業之國際競爭能力而設置，行政部門將一部分之任務以私法組織方式加以完成，乃是一種合目的性之作法，除非憲法明文有所限制。

以上參閱黃錦堂，〈行政組織法之基本問題〉，收錄於《行政法 2000（上冊）》，翁岳生編，翰蘆，2000 年 7 月 2 版，頁 261-262。另可參照，林子儀等，《行政檢查業務委託民間辦理法制之研究》，行政院研考會編印，1998 年，頁 95 以下；黃茂榮等，《行政業務委託民間辦理之可行性及範圍探討》，行政院研考會編印，1991 年；蔡志方，〈論公權力之授與、委託及其行政救濟（上、下）〉，《植根雜誌》，第 9 卷，第 3 期，1993 年；林明鏘，「論行政委託私人——其基本概念、法律關係及限制監督」，《憲政時代》，第 19 期，第 2 卷，1993 年；蔡茂寅，〈行政委託與自治法規〉，《政府業務委託民間辦理相關法制問題學術研討會論文集》，2002 年 4 月。

有法律保留原則之適用？而自治條例之授權可否符合法律保留之要求？必須遵守何種程序為之？行政業務委外辦理是未來趨勢，法制作業上應如何因應？為探討上述問題，有相當多前提性之問題必先予以釐清，茲於後述加以說明。

第二項　行政業務委託民間辦理之爭議

　　行政業務委託民間辦理係行政機關之權限對外移轉而言，稱為「行政委託」，行政機關對某些特定事務之履行，政府之角色任務屬性不變，只是執行階級選擇借用私人力量的方式完成任務。行政委託包括行政助手、委託行使公權力、專家參與、公辦民營等形式。行政部門將任務委託民間辦理又可分為如下類型[29]：(1)行政部門係將業務委託於其所捐資成立並且握有控制權之私法組織，該組織得以「就近」協助並因此取得財源；(2)建造工程或學術研究案之發包；(3)則是行政法學界較常討論之案型如委託行使公權力；四、為有關證照審查程序之簽證制度，如空氣污染防制法、水污染防制法、建築法、水土保持法中有關證照之審查，交由合格技師簽署相關證

---

[29]　參閱黃錦堂，〈行政組織法之基本問題〉，收錄於《行政法 2000（上冊）》，翁岳生編，翰蘆，2000 年 7 月 2 版，頁 267。另外吳庚氏區分委託事項如下：

1. 程序性業務之委託。
2. 技術性業務之委託，又分為四種，一是有關品管考核、標準之校正或檢定等有關業務之委託，二是研究性業務之委託，三是有關法律或法規命令或國家標準草案研擬之委託，四是委託民間團體輔導廠商改良及生產或營運方向。
3. 教育性業務之委託。
4. 對外關係業務之委託。

參見吳庚主持，「經濟部暨所屬行政機關委託民間團體辦理業務可行性之研究」，經濟部現代管理小組專案委託研究報告，1985 年，頁 17。氏並主張行政業務之委託區分為「委任行使公權力」與「單純辦理行政事務」。

明文件，行政機關保有最後決定權者。

　　許宗力則將政府業務委託民間辦理之類型區分如下[30]：

(一)實質與功能的民營化

　　實質民營化：指某種特定行政事務的國家任務屬性雖維持不變，但國家本身不再負責執行，而轉由民間負責或提供。例如，市區旅客運輸，開放民營加油站、民營電廠、民營航空運輸、民營銀行等均為適例。就目前實務觀察，實質民營化多出現在不涉公權力行使的公共服務、給付行政領域。

　　功能民營化：指特定事務之履行，不僅其國家任務之屬性不變，即國家本身也未放棄自身執行的責任，只是執行階段選擇借重私人力量的方式完成任務。此種民營化類型一般又俗稱為「委託外包」，相當於國外所稱之 Contract out。依私人參與履行的方式與程度，功能民營化本身還可作進一步分類：

　　行政助手：最典型的功能民營化，就是行政法所習稱之行政助手（Verwaltungshelfer）。基本上仍是由國家親自以自己名義執行，民間扮演的角色則是受行政指揮監督，從旁執行較技術性、支援性的任務。例如交通警察執行違規車輛之拖吊，民間拖吊業者則受在場警察指揮監督，從事助手或輔助人的工作。

　　專家參與：指國家將某特定事務全權委託民間專家獨立執行，之後再根據該民間專家之決定以國家名義作成最後之決定。民間專家受託獨立作成決定，其性質與功能，基本上頗類似行政程序法第

30　許宗力，〈從政府再造看民營化的法律問題〉，收錄於《政府業務委託民間辦理相關法制問題學術研討會論文集》，2002 年 4 月，頁 5-12。氏主張此種事務之委外辦理係屬「民營化」概念範疇，並不包括「除任務化」、「除國家化」（Entstaatlichung）此一概念，其次有關「解除管制」或「行政法人化」之情況均不涵蓋在民營化（Privatisierung, Privatization）之範圍內。

四十一條所稱之鑑定人所為之鑑定報告。

行政委託：行政委託的概念有廣狹之分，狹義的行政委託僅以公權力之行使為委託標的，相當於德國行政法學所稱之Beleihung，也就是我國行政程序法第十六條所稱「行政機關得依法規將其權限之一部分，委由民間團體或個人辦理」之情形。此意義下之行政委託指國家將某特定涉及公權力行使的事務，委託私人獨立以該私人自己名義去執行，私人甚至因此取得行政機關地位（行政程序法第二條第三項）。例如：(1)民營汽車製造廠或修理廠，受監理所之委託代辦汽車檢驗；(2)私立學校頒授學位；(3)扣繳義務人受託代扣所得稅；(4)飛機機長及船舶船長之執行警察權，國貿局委託紡織品拓展協會對紡織品配額之分配；(5)法人團體代為實施商品檢驗工作；(6)海峽交流基金會處理大陸文書的認證；(7)受指定執行勞動檢查的代行檢查員實施危險性機械或設備之檢查。

廣義的行政委託則另涵蓋不涉及公權力行使之行政任務（所謂私法形式的給付行政）的委託，如委託民間經營公立醫院、養老院、停車場、高速公路，或委託辦理兒童保護、棄嬰棄兒之安置、慶典活動等業務是，前者情形因涉及受託經營公有公共設施，所以又稱為「公設民營」或「公辦民營」。

受託行使公權力，因受託人是獨立以自己名義行使公權力，並且視為行政機關之地位，故有行政程序法之適用；委託行政任務倘不涉及公權力之行使，受託人履行受託任務時，並無行政程序法之適用。

(二)全部民營化與部分民營化

民營化以私人參與履行行政任務之範圍分為全部民營化與部分民營化。以公共設施所提供公共服務的民營化為例，如鐵路、公路、醫院、停車場等基礎建設，在國家財政拮据的情況下，藉用民間資

金進行基礎公共設施的興建，並利用民間力量營運公共設施，其整個流程約略是規劃、興建與營運，三個流程都由民間辦理者，自屬全部民營化，僅受託辦理規劃，或興建、營運，或僅有營運都可算是部分民營化。

(三)自願性與強迫性民營化

民營化以民間參與執行之是否出於自由意志，分為：(1)強迫性民營化，國家課予人民參與執行國家任務之義務，人民因而是被迫參與，而非自願；(2)則是國家並未強制，而只是開放、允許人民主動自發參與從事原屬國家任務之業務。前者如廢棄物清理法第十條之一，課予由製造、輸入與販賣業者負責回收、清理，國家僅保留監督之地位。至於後者，例如開放民營電信、民營電廠、民營加油站等是。即涉及公權力之行使的功能民營化，其民營化幾乎均出於自願，少有強制情形。

至於民營化之合憲性而言，憲法第一〇七條至第一一一條有關中央與地方權限之劃分，並不禁止中央與地方將各自權限範圍內事務委託民間經營，至於如何履行，由中央地方自己親自為之，抑或委由民間履行，其並不過問，縱使完全委由民間行使，只要國家擔保任務確實有履行，就不至於有牴觸憲法之虞[31]。

但何種事項屬於行政業務委託之「禁區」，學者認為，如組成行政、立法、司法、考試與監察院等國家機關的所謂國家的自我組織事項，就是典型的「國家保留」。除此之外的國家保留事項則主要導自於國家的「武力獨占」。由於國家獨占武力，所以任何以「物理強制力」為後盾的國家任務無疑都屬國家保留範圍，而構成民營

31　參閱許宗力，〈從政府再造看民營化的法律問題〉，同前揭註，頁14。另參見陳愛娥，〈公營事業民營化之合法性與合理性〉，《月旦法學》，第36期，1998年5月，頁43。

化之禁區，不得移轉由民間行使，如軍事、警察、司法、徵稅、刑罰與強制執行等均是。至於像水電、瓦斯、電信、交通、郵遞、醫療等生活照顧的提供，由於無涉於物理上強制力的使用，也因而都具有民營化的潛在可能性[32]。

行政業務委外民間辦理之概念，我國學者之見解係參照德國之理論及我國之實務加以分析討論，故論述主張，並無太大之歧異，在範圍、區分之類型上，大致是一致的，茲整理如圖7-3。

另外有關政府業務委外辦理事務是否需法律之依據或授權？何種類型之委外辦理有法律保留之適用？其決定方式與程序為何？而政府之管制及行政責任內容又為何？茲討論分析於後：

一、行政業務委外辦理與法律保留原則

何種行政業務委外辦理有法律保留原則之適用？因所涉及委外辦理之態樣不同，其密度便有差異。以下就以圖 7-3 之類型加以分析討論。

圖 7-3　行政業務委外辦理類型

```
┌ 1. 公營事業之民營化（實質民營化）──國家與個人並不存在任何
│     委託的法律行為，相當於私人企業
└ 2. 行政委託：又可區分為下列類型

┌ (1) 行政助手
│ (2) 專家參與
│ (3) 委託行使權力                    ┌ ① 公設民營
└ (4) 委由民間單純辦理行政業務 ┤
                                      └ ② 公辦民營
```

資料來源：作者自行整理

32　參閱許宗力，〈從政府再造看民營化的法律問題〉，同前揭註，頁14。

(一)公營事業之民營化

公營事業本為從事私經濟活動為目的之組織體，其行為屬於私經濟範疇，原則上應受私法之規範。以私法組織形態或特設機構方式所從事之營利行為，基本上為私經濟行政（Privatwirtschafts verwaltung）態樣之一[33]，而私經濟行政是否受公法上之拘束，尤其是憲法保障基本權利的規定，學說不無爭議之處[34]。德國通說認為，私經濟行政中，私法形式之給付行政（行政私法），原則上與公權

---

[33] 私經濟行政，亦可稱為國庫行政（fiskalische Verwaltung），包含下列類型：
1. 私法形態之輔助行為：行政機關為推行行政事務，以私法行為取得需要的物質或勞務之行為。例如：辦公器材的採購、訂購武器、雇用臨時工作人員、辦公廳舍之營造招標或租用。
2. 以私法組織形態或特設機構方式所從事之營利行為：
   (1)此種行政行為的目的在於透過企業經營及營利事業，來增加國庫之收入。
   (2)各級地方自治團體，亦有公共造產及其他經濟事業之經營，也是營利之行為。
3. 達成行政上任務之私法形態：係指行政主體在法定職權內，為了直接達到國家任務，可使用私法行為之方式，完成行政目的或公共利益之行為。例如：國宅買賣、公營水電之供應、公立金融機構之融資。
4. 參與純粹之交易行為：此類行政行為，雖具有行政上之目的，但基本上受市場供需法則之支配。例如：買賣外匯之操作、出售政府的持股移轉民營、出售公用物品、進口物資以穩定國內物價等是。
   參閱吳庚，《行政法之理論與實用》，作者自刊，2001 年 8 月 7 版，頁12-13。另可參閱翁岳生，〈行政的概念與種類〉，收錄於《行政法 2000（上冊）》，翁岳生編，翰蘆，2000 年 7 月 2 版，頁 20-22。
[34] 關於私經濟行政是否受基本權利的拘束，於學界向有爭議，採德國通說者認為，以私法方式達到行政任務的行為，原則上應與公權力行政一般，同受基本權利之直接拘束，而行政營利行為與私法方式輔助行政的行為，則非可直接適用，而間接地依據「基本權利對第三人效力」理論，受基本權利的拘束。惟亦有學者主張私經濟行政不論其形態如何，皆應完全直接受憲法上基本權利之拘束。不過，應針對不同類型的國庫行政，設定不同的審查標準。參照翁岳生，〈行政的概念與種類〉，同前揭註，頁 23；許宗力，〈基本權利對國庫行為之限制〉，收錄於《輔仁法學》，第 7 期，1988 年，頁 173 以下。

力行政一般，同受基本權利之直接拘束，而行政營利與行政輔助行為，則不可直接適用，而係間接的依「基本權利第三人效力」理論，受基本權利拘束。我國大法官釋字第四五七號解釋則謂：

中華民國人民，無分男女，在法律上一律平等；國家應促進兩性地位之實質平等，憲法第七條暨憲法增修條文第十條第六項定有明文。國家機關為達成公行政任務，以私法形式所為之行為，亦應遵循上開憲法之規定。行政院國軍退除役官兵輔導委員會發布之「本會各農場有眷場員就醫、就養或死亡開缺後房舍土地處理要點」，固係基於照顧榮民及其遺眷之生活而設，受配耕國有農場土地，為對榮民之特殊優惠措施，與一般國民所取得之權利或法律上利益有間。受配耕榮民與國家之間，係成立使用借貸之法律關係。配耕榮民死亡或借貸之目的使用完畢時，主管機關原應終止契約收回耕地，俾國家資源得合理運用。主管機關若出於照顧遺眷之特別目的，繼續使其使用、耕作原分配房舍暨土地，則應考量眷屬之範圍應否及於子女，並衡酌其謀生、耕作能力，是否確有繼續輔導之必要，依男女平等原則，妥為規劃。

綜上觀察，我國大法官對於基本權利是否適用私經濟行政，並未明確的全面肯定，但在「私法形式之給付行政」，肯定有基本權利之直接適用。本文見解認為，行政機關為私經濟行政時，並非因其屬於私法形態而完全免除公法上的拘束。總體而言，私經濟行政受依法行政之羈束程度，與公權力行政相比，顯然較小。惟私人參與執行政府任務涉及公益（如提供水、電、瓦斯等），所以為確保公益而由國家對私人經營行為設定限制的情形，由於涉及人民營運行為之基本權（企業活動自由）之行使，國家的限制行為，自須受法律保留原則之拘束。

(二)行政助手與專家參與

　　行政助手係行政機關手足的延伸，私人在行政機關的指揮監督之下，協助執行行政任務，達成行政目的，單純為行政機關人力之協助，必須在行政機關的指揮監督下發揮作用。行政助手並無獨立之法律地位，一切對外的權利義務關係均由行政機關所吸收。因此，行政助手並非獨立之官署或具有自主之地位，行政助手自非公務員法之公務人員。綜上所述，行政助手為行政輔助人，其功能上僅止於輔佐行政機關行使公權力，對相人權益的影響較不直接，故無法律保留原則之適用[35]。

　　至於專家參與部分，則有爭議，理論上宜採否定說。蓋行政機關仍以自己之名義對外作成行政處分，保有最後決定之權，並不受其私人意見之拘束，故無法律保留之適用[36]。

(三)委託行使公權力

　　委託行使公權力，依行政程序法第十六條之規定，應有法規之依據，始可將權限一部分委託民間團體或個人辦理。行政委託涉及權限之變更，應有法律保留原則之適用，基於民主原則應由代表人

35　現行行政實務上常見之行政助手，如義交人員在警察指揮之下，於街頭、十字路口協助指揮交通；拖吊業者在交通警察指揮下，拖吊違規停放之車輛；義勇消防人員從事消防滅火之行為等，均屬行政助手之適例。「行政助手」與「委託行使公權力」之區別在於：

1. 行政助手為機關之輔助人力，並非獨立之官署或具有自主之地位，輔助人亦非公務員法上之公務員。

2. 而委託行使公權力者，依行政程序法第二條之規定，可以視為行政機關，以自己名義行使公權力，於國家賠償法上視為委託機關之公務員。

36　參閱許宗力，〈從政府再造看民營化的法律問題〉，同前揭註，頁17。另外學說主張，專家參與之情形私人則以受託人具獨立檢查性質，況且與人民的權益相關，主張有法律保留原則之適用，參閱林子儀（主持），〈行政檢查業務委託民間辦理法制之研究〉，同前揭註，頁131。

民的民意機關同意此項委託，一般均認為公權力行使之委託應有法令的明確授權，應無疑義[37]。問題在於行政程序法第十六條之「法規」所指為何？係指「法律、法律具體授權或概括授權之法規命令」而言，地方法規而言，則指自治條例或得有授權之自治規則、委辦規則[38]。

委託行使公權力之法律保留而須法律授權時，其授權究係個別之行政法規授權，抑或僅以法規概括授權行之，目前尚未有定論，茲分別說明之：

個別、具體之授權說：委託公權力其法律之授權原則上必須是個別具體之授權而不是概括授權，每一單項業務要移轉由私人獨立行使公權力，均需要有量身訂作之個別法律之授權。概括性的法律授權，固可提高行政的靈活性，然與法律保留原則的制度功能不符，所以原則上是不許可[39]。就以委託行使公權力與法律保留原則之關係而言，「授權與委託法規必須前後一致」，當然委託行使公權力之行為必須有個別、具體的法規授權[40]。

統一法規之概括授權說：以統一法規為作用法上之概括授權者，現行法制上並非沒有先例，例如就行政執行而言，除少數個別法規存有授權依據外，一般均是直接援引行政執行法作為授權依據，即

---

37 林子儀（主持），〈行政檢查業務委託民間辦理法制之研究〉，同前揭註，頁127。另可參閱黃茂榮等，《行政院委託民間團體辦理行政業務之可行性及其範圍之探討》，行政院研考會，1989年12月，頁279；李建良，〈論環保標章制度之法律問題〉，收錄於《行政法爭議問題研究（下）》，五南，2000年12月初版，頁1535-1536。

38 參閱蔡茂寅，〈行政委託與自治法規〉，同前揭註，頁50。

39 學者許宗力主張，民營化落入法律保留而須法律授權時，其授權原則上必須是個別、具體之授權，而不是概括授權。參閱許宗力，〈從政府再造看民營化的法律問題〉，同前揭註，頁17。

40 參閱蔡茂寅，〈行政委託與自治法規〉，同前揭註，頁52。

其適例，僅以行政執行法對於所有行政執行統一授權並不生違憲或違法之問題。統一法規之概括授權就委託之程序、受託人之選定，紛爭處理等一般性、共同性的事項，為了處理上的簡便，則有制定統一性法規，以為辦理依據之必要[41]。

按行政法上第一次之權限劃分，乃在組織法之下概括行之，第二次之權限劃分則是在作用法的層次，個別具體為之。據此推論，如一權限僅依組織法規定統一授與，則其委託私人行使時，似不妨僅以統一之法規作為依據；如一權限係依個別、具體法規之授權行之，則此等權限之委託，以仍以有個別、具體法規之授權為必要[42]。以上之見解本文則採個別、具體授權說為宜，終究行政機關委託私人（人民團體或個人）獨立行使公權力，對人民之自由權利之干涉與行政機關所為者並無差異，依重要性程度而言，自須嚴格遵守法律保留原則。

(四)委由民間單純辦理行政業務

此類行政業務的委託辦理尚不涉及公權力之行使，通常行政機關將業務由私人辦理。行政事務之委託如屬私經濟或不對外發生效力之事實行為，法律在未有禁止之情形下，行政機關基於職權，得自由委託私人辦理。此等業務委託自不需要法規依據，也無行政程序法之適用，應依其情形，而有政府採購法之適用。

---

41 參閱蔡茂寅，〈行政委託與自治法規〉，同前揭註，頁 51。
42 參閱蔡茂寅，〈行政委託與自治法規〉，同前揭註，頁 52。氏主張「行政委託必須得有個別、具體的法規授權才得行之。如果欲採得以統一法規概括授權行政機關委託私人行使公權力的見解，則屬例外情況，應負特別說明之義務，但在目前，其正當性似乎尚屬相對薄弱。

二、行政業務委外辦理之方式與程序

行政業務委外辦理的方式，不外乎法規、行政處分或契約方式為之。政府業務以法規直接委外辦理之情形較為少見[43]，大部分均以行政處分或契約為之，尤以契約方式者較為普遍。行政實務上，政府業務已經委託民間辦理之項目相當多[44]，而我國有關涉及政府業務委託民間辦理之相關法令甚多，除行政程序法外、政府採購法（第二條、第五條及第二十二條第一項第九款等）。訴願法（第十條）及行政訴訟法（第二十五條）外，尚有「國有財產法」（第十三條、第六十五條）、「獎勵民間參與交通建設條例」（第六條）、「促進民間參與公共建設法」（第八條、第九條）、「銀行法」（第四十五條第二項）、「商品檢驗法」（第二十六條）、「商業團體法」（第五十一條第一項第五款）、「消費者保護法」（第三十五條）、建築法（第三十四條及第七十七條之二）、「勞動檢查法」（第三條、第十七條、第二十一條、第三十一條）、「道路交通處罰條例」（第五十六條及第五十七條）……等逾三十種以上之個別

---

43 依法規將政府業務委外辦理者，如民用航空法第四十五條授權機長在航空器飛航中，得為一切緊急處置。廢棄物清理法第十條之一規定經國家公告之具不易清除，不易腐化、含有害物質之成分，或具回收再利用價值等性質之一般廢棄物，應由製造、輸入與販賣業者負責回收清除、處理，均為適例。參閱許宗力，〈從政府再造看民營化的法律問題〉，同前揭註，頁19。

44 依經建會之統計資料顯示已達190個項目，其中若依機關對外事務委託及機關內部事務委託之分類，分別各有132項及58項，這些業務包括有機關委託民間協助執行管制（94項）、機關委託民間提供服務（38項）。機關內部業務委託（58項）及機關內部設施委託（例如餐廳、洗衣部、理髮部等設施）等項目。參閱林明鏘，〈公權力委託與行政程序——以委託執行違規停車拖吊為例〉，收錄於《政府業務委託民間辦理相關法制問題學術研究會論文集》，2002年4月，頁80；另參見行政院經建會，《政府業務委託民間辦理作業手冊》，頁20。

法令，但卻缺乏一部專法（即學者草擬之「政府業務委託民間辦理條例」），致政府機關於執行委託業務時，常感法令之缺乏而無法落實「依法行政」之基本要求，致政府機關在推動上多所顧忌，而政府業務委託民間辦理之美意，無法有效執行或推動，使成效不如預期[45]。

(一)直接依據法規

政府業務委外辦理若以法規為直接依據之情形，涉及委託行使公權力之事項，其程序是否應遵守行政程序法第十六條之規定，應將委託事項及法規依據公告之，並刊登政府公報或新聞紙。在通常情形，行政機關委託民間團體或個人行使公權力自應遵守上述之程序。若依法設立之團體或特定個人，直接以法律規定為依據而行使公權力者，則不必計較於是否曾有行政行為之授與公權力，或曾否公告周知[46]。

(二)行政處分之情形

至於政府業務委外辦理，選擇以行政處分之方式為之者，除應

45　參閱林明鏘，〈公權力委託與行政程序——以委託執行違規停車拖吊為例〉，同前揭註，頁81。

46　參閱吳庚，《行政法之理論與實用》，作者自刊，2001年8月增訂7版，頁176。我國司法院大法官解釋第三八二號亦認為：「公立學校係各級政府依法令設置實施教育之機構，具有機關之地位，而私立學校係依私立學校法經主管教育行政機關許可設立並製發印信授權使用，在實施教育之範圍內，有錄取學生、確定學籍、獎懲學生、核發畢業或學位證書等權限，係屬由法律在特定範圍內授與行使公權力之教育機構，於處理上述事項時亦具有與機關相當之地位。」又於釋字第四六二號解釋認為：「各大學校、院、系（所）教師評審委員會關於教師升等評審之權限，係屬法律在特定範圍內授予公權力之行使，其對教師升等通過與否之決定，與教育部學術審議委員會對教師升等資格所為之最後審定，於教師之資格等身分上之權益有重大影響，均應為訴願法及行政訴訟法上之行政處分。」均屬法律在特定範圍內授予公權力之行使，而無須公告或刊登於政府公報、新聞紙之手續。

有法律授權外，也應踐行行政程序法為行政處分之作成所特別規定之程序。涉及限制、剝奪當事人之權利義務者，於作成行政處分前應予當事人陳述意見之程序（行政程序法第一〇二條），行政機關作成行政處分前是否舉行聽證（行政程序法第一〇七條），行政處分之作成以書面為之者，應記載下列事項（行政程序法第九十六條第一項）：

1. 處分相對人之姓名、出生年月日、性別、身分證統一號碼、住居所或其他足資辨別之特徵；如係法人或其他設有管理人或代表人之團體，其名稱、事務所或營業所，及管理人或代表人之姓名、出生年月日、性別、身分證統一號碼、住居所。
2. 主旨、事實、理由及其法令依據。
3. 有附款者，附款之內容。
4. 處分機關及其首長署名、蓋章，該機關有代理人或受任人者，須同時於其下簽名。但以自動機器作成大量行政處分，得不經署名，以蓋章為之。
5. 發文字號及年、月、日。
6. 表明其為行政處分之意旨及不服行政處分之救濟方法、期間及其受理機關。

　　涉及人民自由權利之負擔處分，書面處分應記載主旨、事實、理由及其法令依據，以使相對人得以獲知處分之理由，並於書面行政處分應表明其為行政處分不服之救濟方法、期間及其受理機關（教示義務），使處分相對人知所救濟，以確保其權益。

(三)以契約方式進行

　　政府業務委外辦理最常見之形態即以契約方式為之，在行政契約時，其締約則有行政程序法之適用；在私法契約情形，當然無行

政程序法之適用。但不論公法契約或私法契約[47]，皆應適用政府採購法之程序。當然，另有特別法時則另當別論，應適用特別法規定之程序為之，如促進民間參與公共建設法、獎勵民間參與交通建設條例等，便為政府採購法之特別法。

行政契約：公權力委託之程序要件，依行政程序法第十六條之規定，行政機關為權限委託時，應注意下列程序要件之遵守[48]：

1. 因業務上之需要。

2. 須有法規之依據。

3. 須先行公告委託事項及法規依據。

4. 刊登政府公報或新聞紙。

5. 約定委託所需費用之負擔歸屬。

行政契約締結前並不需要進行聽證程序，蓋行政契約本質上係經由雙方當事人協商而成立之合意，與高權行為或單方決定之行政處分、行政命令與行政計劃不同。但是行政程序法第一三八條規定締約前之公告與表示意見之程序（類似聽證程序），以使行政契約之公平締約。依行政程序法第一三八條規定：「行政契約當事人之一方為人民，依法應以甄選或其他競爭方式決定該當事人時，行政

---

47 「公法契約」是「行政契約」的上位概念，因為在公法契約的概念範圍，除行政契約之外，尚包含國際法上之條約或國內法上具憲法性質之契約。但在討論契約屬性之議題時，仍可維持公法契約之用語，係因公、私法二元對立為基礎架構，衍生公法契約與私法契約的區別問題。參閱吳庚，〈行政契約之基本問題〉，《台大法學論叢》，第7卷，第2期，1978年6月，頁107；另參閱陳淳文，〈公法契約與私法契約之劃分——法國法制概述〉，收錄於《行政契約與新行政法》，台灣行政學會主編，台灣行政法學會出版，2002年6月初版，頁134。

48 林明鏘，〈委託委辦與行政程序〉，《台灣本土法學》，第19期，2001年2月，頁90。

機關應事先公告應具之資格及決定之程序。決定前，並應予參與競爭者表示意見之機會。」行政機關凡依法令應以甄選或競爭方式決定契約當事人時，行政契約締結前（不論和解契約或雙務契約；隸屬契約或對等契約），應事先公告並給予競爭者陳述意見之機會[49]。

私法契約：政府業務之委外辦理，其委託之行政任務倘不涉及公權力之行使，例如，委託民間經營公立醫院、養老院、停車場、高速公路或委託辦理兒童保護、慶典活動等委託民間提供服務[50]，或機關內部設施之委託及行政機關內部業務委託等，並不涉及公權力之行使，受託人履行任務時，並無行政程序法之適用，自當適用民法有關契約之規定。

政府採購法：政府業務委外辦理事項，不論公法契約或私法契約，依政府採購法第二條之規定係指工程之定作、財物之買受、定製、承租及勞務之委託或雇傭等。而同法第七條第三項所稱之勞務又廣及所有的專業服務、技術服務、資訊服務、研究發展、營運管理、維修、訓練、勞力及其他經主管機關認定之勞務[51]。因此，不論是行政委託、行政助手、專家參與之契約，或者BOT投資契約、公辦民營契約，亦不論私經濟行為或公權力行為，均有政府採購法之適用[52]。因此，政府業務之委外辦理時，將同時有行政程序法及

---

49 蔡茂寅、李建良、林明鏘、周志宏，《行政程序法實用》，學林文化，2000年11月1版，頁278（林明鏘執筆）。

50 依德國行政法學界的見解，行政主體委託私人經營、管理公共機構（例如公立醫院、安養中心），雙方所締結者為私法契約，蓋其性質等同行政主體向私人採購勞務，或認為其未直接變更或形成公法上之權利義務，其毋寧只是間接地有助於公共任務之達成。參閱陳愛娥，〈行政上所運用契約之法律歸屬——實務對理論的挑戰〉，收錄於《行政契約與新行政法》，台灣行政法學會主編，台灣行政法學會出版，2002年6月初版，頁116。

51 參閱黃鈺華、蔡佩芳、李世祺合著，《政府採購法解讀——逐條釋義》，元照，2001年1月初版，頁31。

52 依法務部之解釋，按行政程序法之規範範圍，係以行政機關行使公權力之行

政府採購法之程序規定，於委託民間團體辦理公權力業務時，即可能適用政府採購法之程序規定，又同時須補充行政程序法之程序規定。政府採購法與行政程序法對於政府業務委託民間辦理之重疊規範，不但造成法律程序上之複雜性，對政府業務委外辦理之推動更形不易。為解決上述重疊複雜之程序，似應修改政府採購法，將「勞務委託」明文加以限縮，排除公權力委託部分，或者訂定「政府業務委託民間辦理條例」，以解決兩種行政程序重疊不易調合一致之困境[53]。

第三項　地方政府業務移轉民間辦理之爭議

行政機關委託私人（人民團體或個人）獨立行使公權力，對人民自由權利之干預與行政機關所為者並無差異，是以地方行政機關將其權限委由民間團體行使之情形，自有法律保留原則之適用。至於行政助手、專家參與或地方公共設施之委由民間經營等情形，並無法律保留原則之適用，而落入政府採購法之程序規定。問題在於地方政府將公權力業務委外辦理者，必須遵守法律保留原則，其所

為為限。而政府採購法則係以政府機關、公立學校、公營事業辦理工程之定作、財物之買受、定製、承租及勞務之委任或僱傭等私經濟行政為適用範圍，有關此等採購事項，應依政府採購法及其子法之規定判斷之，似不生行政程序法之適用問題。參見法務部編印，《行政程序法解釋及諮詢小組會議記錄彙編》，2001 年 12 月，頁 2。此一解釋不僅與政府採購法之文義不合，更直接與政府採購法第七十四條及第八十三條規定相互矛盾。蓋政府採購法第七十四條規定：廠商與機關間之爭議，得依本法規定提出異議與申訴，同法第八十三條規定，對於申訴異議之審議判斷，得視同訴願決定或調解方案。政府採購法第二條之「勞務委託」，依文義解釋及體系解釋，似兼含公權力業務與私經濟業務上之勞務委託，參閱林明鏘，〈公權力委託與行政程序──以委託執行違規停車拖吊為例〉，同前揭註，頁 94。

53　參閱林明鏘，〈公權力委託與行政程序──以委託執行違規停車拖吊為例〉，同前揭註，頁 95。

謂法律是否包含自治條例在內？而地方政府業務之委外辦理，是否包括自治事項或委辦事項二者在內？非無爭議。地方政府業務之委外辦理，若涉及以契約為之者，究係以公法契約或私法契約方式，行政機關於從事行政任務時，尤其在給付行政的範疇行政機關有法律形式的選擇自由，行政機關可以在公法或私法契約行為形式之間作選擇，但問題就在於公法契約與私法契約之區辨，本極為困難，也就造成政府業務委外辦理推動之難度。

一、地方政府業務委外辦理之事項與方式

政府業務的委由民間協助辦理已為各國共同的趨勢，不但可以借重民間專業人力及物力，另方面又能降低政府機關執行業務之成本支出，擴大政府公共服務範圍，並提升政府服務之品質。問題在於地方政府之業務何者可以移轉由民間團體辦理？現行法制並未規定，因此，容有討論之空間。

首先，我國地方政府事務之劃分採二分法，即分為自治事務及委辦事項。自治事項部分地方自治團體基於權力分工，在憲法與法律所保障之範圍內，本來對地方事務得自為立法並執行而負其責任。因此，地方自治團體對其自治事項之履行，可以自行如何執行，由那個機關執行，或授權民間執行。本文見解認為，憲法第一○七條至第一一一條有關中央與地方權限劃分之規定，並不禁止中央與地方將各自權限範圍內事務委由民間團體辦理，其所列舉事務，中央或地方有無負責履行，如何履行或委由民間執行，在所不問，只要國家或地方團體擔保任務確實履行，就不至於有牴觸憲法之虞[54]。

---

54 有關類似意見，參閱陳愛娥，〈公營事業民營化之合法性與合理性〉，《月旦法學》，第 36 期，1998 年 5 月，頁 36。另外憲法第一四四條規定：「公用事業及其他有獨占性之企業，以公營為原則，其經法律許可者，得由國民經營之。」其實亦不構成由民間辦理之障礙，蓋對於人民生存照顧等公共服

至於地方制度法第十八條、第十九條及第二十條有關直轄市、縣（市）、鄉（鎮、市）所賦予之自治事項，地方自治團體亦自可自由決定是否（ob）執行該事項，亦可自由決定如何（wie）執行該事務。地方自治團體可依其特性及能力，對居民之需求將其地方之一般性事務，例如，公共設施之設置（圖書館、博物館、體育、休閒設施之設置經營）、地方性之經濟給付（對老人、幼兒之福利措施）、文化生活措施及對居民基本生活之照顧（如地方交通、自來水、瓦斯及各種能源之供應等），均得委由民間團體辦理。但是，地方自治團體以物理強制力為後盾的行政任務，仍構成民間辦理的禁區，不得移轉民間行使。例如，地方制度法第十八條、第十九條及第二十條所規定之組織及行政管理事項（公職人員選舉、罷免之實施，組織之設立及管理，戶籍、土地行政及新聞行政等）、關於公共安全事項（警政、警衛之實施，民防之實施）、財政事項（地方政府之稅捐、財務之收支管理）等事項。至於經濟服務事項、都市計劃及營建、教育文化及體育事項、社會服務事項、勞工安全衛生、水利事項、衛生環境保護事項、關於事業之經營及管理事項等生活照護的提供，由於無涉物理上強制力的使用，均具有委託民間辦理之潛在可能性。

　　至於委辦事項並非地方自治團體本身之行政任務，而原本屬於國家或上級政府為行政上便利，而委由地方自治團體執行負行政執行責任之事項。在此形式之下地方自治團體係立於國家下級機關之地位，中央或上級政府並保有完全的指揮與監督權。是以，地方自治團體執行委辦事項時，其執行應依中央或上級政府之指示，並可

務而涉及公共利益者，委由民間團體經營，在法律許可的條件下，並不構成違憲之虞。參閱許宗力，〈從政府再造看民營化的法律問題〉，同前揭註，頁 13。

施以合法性及合目的性之監督，故在中央未明白允許得委由民間辦理之場合，地方自治團體不得逕將委辦事項移轉由民間辦理。

地方政府業務之委外辦理通常以法規、行政處分或契約等方式為之。涉及行政助手、專家參與、公辦民營及公設民營得以私法契約為之，並不須法律依據、授權之根據外，地方行政機關若涉及地方自治團體之合作事業、公用及公營事業、地方自治團體合辦事業等公共利益之事項，委託民間團體或個人行使公權力之事項等，則有法律保留原則之適用，並依行政程序法之法定程序為之方屬合法。有爭議係在於法律保留之法律，在地方自治團體業務之委外辦理脈絡下，是否包含自治條例在內，非無爭議。換言之，如果法律賦予的自治事項（例如地方制度法第十八條至二〇條之事項），在沒有法律之依據或授權時，地方自治團體可否依自治法規決定移轉由民間辦理，才是爭議所在。

基本上，地方自治團體將其自治事項委由民間團體辦理，若涉及行使公權力部分，因受託人獨立以自己名義行使公權力，並視為行政機關之地位（行政程序法第二條第三項），除應有法律保留原則之適用外，另基於民主原則應由代表人民的民意機關同意此項委託，並應有法令的明確、個別之授權。本文見解認為，地方政府業務之委託涉及公權力之行使，既屬地方自治團體之自治事項，享有自主決定之權，地方立法機關依法定程序，發布之一般性、抽象性規範之自治條例，符合民主性及正當性之價值，地方依其地域性差異依據自治條例移轉由民間團體辦理，自該當符合行政程序法第十六條所稱之法規，並不違法律保留原則之要求。當然，基於法律保留之制度功能，地方立法機關就地方自治團體委由民間辦理之授權，應為個別授權，不得以統一法規之概括授權形式為之[55]。

---

55 自治條例之外，自治規則及委辦規則並非立法權之範疇，而係行政權之產

二、公法契約與私法契約區辨上之困難

　　行政與人民之關係，從昔日「由上而下」之集中指令方式，切換為分權式之平等關係及合作式之多面程序關係，在「合作國家」（Kooperativer Staat）觀念之思潮下，國家以法律規制社會之方式，正朝向「夥伴式」之模式發展，形成所謂「合作式法律」（Kooperatives Recht）之體系構造[56]。德國各級政府不乏以私法組織方式而完成經濟、社會、文化任務。在地方政府層級，私法組織主要見諸人民食衣住行育樂等之照顧。依德國 Hartmut Baurer 教授之分析，在地方自治法中所謂「義務承辦而上級無指令權之事項」最常發生這類行為，蓋這些事項地方自治團體不得不辦理，但辦理之方式地方自治團體享有相當之裁量自由。地方政府就此類行政業務之履行，得在組織上選用公法或私法之組織方式，即使選用公法組織，亦得於服務提供的部分選用公法或私法之行政行為類型[57]。

　　行政機關在給付行政之領域內有法律方式的選擇自由，尤其可以在公法契約或私法契約行為形式之間作選擇。地方政府業務之移轉民間辦理，係大多以契約方式為之，所以簽訂行政契約或私法契約之方式委由民間團體或個人辦理。但問題在於行政契約與私法契

物，故涉及行使公權力之事務，應以自治條例具體明確之個別授權決定。至於自治規則與委辦規則而言，自主立法因為不具法規創造力，因此僅有在法律或自治條例授權之情況下的授權立法才該當行政程序法第十六條之法規。參閱蔡茂寅，〈行政委託與自治法規〉，同前揭註，頁 60。

56　參閱李建良，〈法律制度與社會制度：法治國家中法律控制能力及其界限問題初探〉，林繼文主編，《政治制度》，2000 年 4 月，頁 75 以下。另參閱李建良，〈公法契約與私法契約之區別問題〉，《行政契約與新行政法》，台灣行政法學會主編，2002 年 6 月初版，頁 167 以下。

57　參閱黃錦堂，〈行政契約法主要適用問題之研究〉，《行政契約與新行政法》，台灣行政法學會主編，2002 年 6 月初版，頁 43。

約彼此之區分標準與理論，在我國學說上及實務上均產生解釋上及適用上之困難 58，因為不僅行政程序法設計行政契約機制時，並未明示公法關係或私法關係之判斷標準，而在實際締結書面契約時，亦經常可見混雜有公法條款與私法條款，使得爭訟繫屬之法院無法輕易判斷該契約之屬性，造成行政法院或民事法院審理上之困擾 59。

我國行政程序法引入行政契約（行政程序法第一三五條至第一四九條），但欠缺實證基礎。行政機關有無及如何使用行政契約，立法時並不明白。行政程序法制定後更進一步確立行政契約之合法性以及無須專業法律另為授權，但仍因實證資料不足與未參考德國法最新發展，而留下若干問題，尤其無法精確界定行政契約之最適當適用案型 60。另外，行政機關之契約行為，不論是公法契約或是私法契約，均應受到法治國原則之拘束。行政機關所簽訂之契約，即使是私法契約，其法律上之評價終不能與私人間之私法契約等同視之 61。因此，地方政府業務之移轉民間辦理，行政機關得選擇以私法或公法作為施政手段，此種形式選擇並非完全自由，其仍應受到法之規制。公法契約與私法契約除涉及不同之訴訟途徑外，在選法基礎上一則適用行政程序法，一則適用民法之規定 62。

58　參閱林明鏘，〈行政契約〉，收錄於蔡茂寅等合著，《行政程序法實用》，學林文化，2001 年 10 月再版，頁 273。陳淳文，〈行政契約與私法契約之劃分〉，收錄於《行政契約與新行政法》，台灣行政法學會主編，2002 年 6 月初版，頁 134。

59　參閱林明鏘，〈行政契約與私法契約——以全民健保契約關係為例〉，收錄於《行政契約與新行政法》，台灣行政法學會主編，2002 年 6 月初版，頁 207。

60　參閱黃錦堂，〈行政契約法主要適用問題之研究〉，同前揭書，頁 6-7。

61　參閱李建良，〈公法契約與私法契約之區別問題〉，收錄於《行政契約與新行政法》，台灣行政法學會主編，2002 年 6 月初版，頁 203。

62　公法契約與私法契約在訴訟上，由於我國司法訴訟制度係採二元訴訟制度，除法律別有規定外（參照大法官釋字第五四〇號解釋、第三七八號解釋、第四一八號解釋），因私法關係或公法關係所生之爭執，分別由普通法院或行

就我國現行地方政府業務移轉民間辦理之案例而言，其法律屬性歸屬於行政契約之性質者，例如行政機關與其聘（雇）用人員之間的關係[63]；公路監理機關依道路交通安全規則之規定自行或委託汽車代檢驗商辦理的規定，主管機關與代檢驗廠商簽訂之契約為行政契約[64]；台北市政府環保局與人民（市場自治會）因「垃圾量大，性質特殊，無法以專用垃圾袋方式……清運，另以契約決定計算計費方式，此契約性質應屬行政契約[65]；台北市政府核准興建大湖超級市場契約書，台北市政府與中租公司間關於興建大湖市場的法律關係，係由核准的行政處分及後續的行政契約共同組成[66]；地方自治團體跨區域事務合作契約，由地方自治團體藉由締結契約共同遂行其行政任務（例如區域內共同的交通運輸、垃圾處理、空氣管制、水源用水），應屬公法性質的行政契約[67]。

政法院審判之。私法契約之締結及其內容，基於契約自由原則，除違反法律強制或禁止之規定，或違背公序良俗外，均得以當事人合意為之。公法契約則屬於行政作用的一種，基於依法行政之原則，應受法律及一般原則之拘束。事實上，行政機關之契約行為應如何受到法之規制的問題，亦就是不論公法契約或私法契約應如何受到法之規制的問題，亦為「依法行政」之基本問題。參閱李建良，〈公法契約與私法契約之區別問題〉，同前揭書，頁169。

63　參閱郭介恆，〈行政契約在我國法制上之運用〉，吳森田編，《台灣永續發展研討會論文集》，1997年，頁278。氏援引大法官釋字一一三號解釋、行政法院八十年度判字第一四九〇號判決，認其屬於行政契約之事例。

64　參閱陳敏，《行政法總論》，作者自刊，1999年12月第二版，頁527。

65　廢棄物清理法第十一條性質屬公法，據此徵收之費用乃公法上的利用規費，約定規費徵收計算方式的契約自屬行政契約。參見陳愛娥，〈行政上所運用契約之法律歸屬——實務對理論的挑戰〉，同前揭書，頁115。

66　參閱陳愛娥，〈行政上所運用契約之法律歸屬——實務對理論的挑戰〉，同前揭書，頁125。

67　九十年二月的全國行政革新會議對建立地方政府的合作機制，以「跨區域事務協議的契約化」為具體建議之一。其內容涉及高權主體，行政機關就管轄權限之約定，並無法律形式選擇自由，蓋屬公法性質。參閱陳愛娥，〈行政

有關政府業務移轉民間辦理之事項，吳庚教授則舉例分析行政契約之類型[68]：(1)稅法上之行政契約；(2)委託行使公權力之協議，行政院大陸委員會與海峽交流基金會間所簽訂之契約，內容涉及管轄權或機關權限之行使，性質上當然為行政契約之一種；(3)行政主體間有關營造物或公物之協議，例如台北縣之永和、中和及新店等市，協議在新店市之安坑設置垃圾焚化爐，由各市鎮共同使用及分擔經費；(4)損失補償或損害賠償之協議；(5)公法上之抵銷關係；(6)其他諸如參加社會保險、與政府機關成立經濟補助關係或公法上之雇傭關係等均不排除其為行政契約之可能性。另外李惠宗教授，則依行政程序之規定，將我國行政契約類型及其案例加以**表 7-1** 說明之[69]：

至於地方政府業務之委外辦理之事項，其中有爭議之案例，出現公法契約與私法契約在判斷上發生爭議之情形亦不乏其例，茲列舉如下：

公庫代理契約：台北市政府對於市庫代理銀行遴選及委託，是否屬於行政契約？法務部行政法諮詢小組討論後，意見略有三類：(1)私法契約說；(2)行政契約說；(3)折衷說則視個案情形而定。

公營造物的利用契約：地方政府所屬之公立醫院、公立殯儀館、公立圖書館、公立學校、老人之家、公有果菜市場、文化中心等公營造物，係利用人與營造物功能上結合之利用關係。德國學理上承

上所運用契約之法律歸屬——實務對理論的挑戰〉，同前揭書，頁 125-126。

[68] 參閱吳庚，《行政法之理論與實用》，作者自刊，2001 年 8 月增訂 7 版，頁417-420。氏並指出，凡法律條文構造非屬於「若——則公式」之類型，亦即所謂目的方式之類型，行政機關便有選擇之自由，或法律屬於概括條款或方針規定者，得為行政契約之適用領域；行政契約具有民主化、民眾參與之功效。參閱吳庚，〈行政契約之基本問題〉，《台大法學論叢》，第 7 卷，第 2 期，1978 年 6 月，頁 16-20。

[69] 參閱李惠宗，《行政法要義》，五南，2000 年 11 月初版，頁 408。

表 7-1　行政程序法規定之行政契約類型及其舉例

契約性質		對等契約 （有單務與雙務契約的可能，但一般以雙務契約為多）	從屬（隸屬）契約	
			和解契約 （§136）	雙務契約（§137） （交換契約、互易契約）
舉例	設定	• 公權力行使委託契約：行政院陸委會委託海基會處理大陸與台灣間人民之中介事務；委託檢驗契約（商檢法§26）；汽車定期檢驗（汽車委託檢驗辦法§10I） • 公辦民營學校契約（教基§7） • 鄰接縣市政府共同成立垃圾焚化爐或垃圾掩埋場契約 • 醫療院所與藥局與健保局成立之全民健保契約（全民健康保險法§55）		• 市政府與有線電視業者成立「不得斷訊」契約 • 即時強制之補償協議（行執§41） • 參選總統之提供保證金（總統選舉法§23） • 對公法上債務提供擔保契約（行執§17） • 公害防止協定 • 捐地協議 • 違背自動拆除獎勵金 • 「鎮長稅」契約11 • 公費契約（公費醫學系學生領受契約，公費訓練公務員之繼續服務契約，釋348）
	變更	• 分擔經費契約（公路法§12I） • 縣市自來水費分擔契約	• 對「老丙建」的認定？ • 稅法上欠稅額之推估契約	• 罰鍰分期給付契約 • 違章建築自行拆除契約（違建§7:8） • 刑事具保責付契約 • 國賠法之賠償協議 • 容積率移轉契約停車場代金契約（建築§102-1） • 損失補償協議（藥害） • 公立醫院醫師不開業獎金契約
	廢止			• 抵銷契約（徵收補償費與工程受益費抵銷）

資料來源：參見李惠宗，《行政法要義》，五南，2000 年 11 月初版，頁 408。

認行政機關有法律方式的選擇，行政機關即有選擇行政契約或私法契約的可能性。於此，除法規範上有明文規定外，應解釋該管機關的意思表示，來決定該利用關係的法律歸屬[70]。

公共機構的委託經營管理契約：行政主體委託私人經營、管理公共機構，雙方為此簽訂的契約為私法契約，向為德國行政法學界的見解。惟地方政府委託經營管理的項目，有部分可能只單純提供人民具有財產價值的給付，例如委託經營管理教育文化設施。有部分則屬於干涉行政領域，例如委託經營管理「廢棄物回收處理場、污水處理場、垃圾處理場」等設施，須取決於契約之內容[71]。

行政契約與私法契約彼此之區分標準與理論，在我國學說及實務上均產生解釋及適用上的困難，行政機關在操作上締結契約書時，亦經常使用混雜公法條款與私法條款，致無法輕易判斷該契約之屬性，從而造成行政機關本身將政府業務移轉民間辦理時，是否適用行政程序法？應遵守何種程序？其爭議解決途徑為何？即無法釐清。

三、法律與理論之建構

地方政府業務移轉民間辦理，在可預見的未來數量勢必在政府改造的趨勢下逐漸增加。而我國涉及政府業務委託民間辦理之相關法令甚多，但卻一直缺乏一部專法加以規範，致政府機關在推動上多所顧忌，致成效不如預期。為達成依法行政之基本要求，使行政推動業務藉助民間力量的輔助，有效加以執行，學者所草擬之「政府業務委託民間辦理條例」，實有制定之必要。

另外，有關行政機關以契約方式移轉民間辦理者，行政契約與

---

70 參閱陳愛娥，〈行政上所運用契約之法律屬性——實務對理論之挑戰〉，同前揭書，頁 115。

71 參閱陳愛娥，〈行政上所運用契約之法律屬性——實務對理論之挑戰〉，同前揭書，頁 116-117。

私法契約之區辨並不容易。我國通說原則上亦沿用德國學界之見解，認為行政契約與私法契約之劃分，原則上應以契約標的為準，若僅依契約標的仍然無法解決其法律性質時，即當契約標的（權利義務關係）涉及「中性」（neutral）或無從區辨時，應依契約締結之目的（或契約給付之目的），以及契約整體特色來判斷該契約之法律屬性。我國大法官釋字第五三三號解釋文謂：「中央健康保險局與各醫事服務機構締結全民健康保險特約醫事服務機構合約，約定由特約醫事服務機構提供被保險人醫療保健服務，以達促進國民健康、增進公共利益之行政目的，故此項合約具有行政契約之性質。」顯採德國通說之見解[72]。

　　吳庚大法官並於釋字第五三三號提出協同意見書，氏並歸納目前通說，辨別行政契約，首須契約之一造為代表行政主體之機關，其次，凡行政主體與私人締約，其約定內容亦即所謂契約標的，有下列四者之一時，即認定其為行政契約：

1. 作為實施公法法規之手段者，質言之，因執行公法法規，行政機關本應作成行政處分，而以契約代替。
2. 約定之內容係行政機關負有作成行政處分或其他公權力措施之義務者。
3. 約定內容涉及人民公法上權益或義務者。

72　行政契約與私法契約區分標準，德國通說發展出契約標的（Vertragsgegenstand）理論，即依德國行政程序法第五十四條之文義解釋，凡由至少一個行政機關，在行政法範圍內所締結之契約，方屬行政契約。惟對於「契約標的」之認定，則有不同之看法，行政契約與私法契約如何區別？容有爭議。目前為止德國學界及實務之爭議，有規範事實理論、特別法理論（Sonderrechtstheorie）、契約目的論、行政任務理論（Aufgabentheorie）、規範擬制理論、整體性質及重心理論等各種區別標準，對於行政契約與私法契約之判斷，仍無統一及清楚的標準。參閱李建良，〈行政契約與私法契約之區別問題〉，同前揭書，頁 174-178。

4. 約定事項中列有顯然偏袒行政機關一方或使其取得較人民一方優勢之地位者。

若因給付內容屬於「中性」，無從據此判斷契約之屬性時，則應就契約整體目的及給付之目的為斷，例如行政機關所負之給付義務，目的在執行其法定職權，或人民之提供給付目的在於促使他造之行政機關承諾依法作成特定之職務上行為者，均屬之。至於締約雙方主觀願望，並不能作為識別契約屬性之依據，因為行政機關在不違反依法行政之前提下，雖有選擇行為方式之自由，然一旦選定之後，行為究屬單方或雙方，適用公法或私法，則屬客觀判斷之問題，由此而衍生之審判權之歸屬事項，尤非當事人之合意所能變更。

本文見解認為，行政業務委託民間辦理之情形，已陸續在給付行政、衛生環保、公營造物利用、行政助手等領域中逐步落實。相對地，地方政府亦在此一波潮流中，因地方政府業務的不斷增加，組織編制的重新改造，且面臨地方財政之窘困，以致地方政府業務移轉民間辦理成不可避免之趨勢。惟目前相關法制，配套措施，我國在落實推行移轉民間辦理的過程，並未建立相關的建制，或有法制規範，但或有不足及缺漏之處。

首先，地方政府相關單位宜先就移轉民間辦理及協力事務，先行彙整並加以類型化。就公營事業民營化、行政助手、專家參與、委託行使公權力、公設民營、公辦民營等，加以歸類。

其次，再依上述區分類型，是否須有法律保留之適用加以區分，以符合依法行政之要求。當然，涉及地方政府機關管轄之移轉者，仍須有法規之依據或授權，地方議會自得以自治條例為依據，依個別具體授權之方式，移轉民間辦理，惟行政程序法第十六條所規範之程序，並不符合要求，將來實有修正充實之必要。並於地方制度法中亦可明文將地方政府業務之移轉民間辦理，加以規範，以為施

行之基礎，並無不可。

　　第三，行政實務上政府業務已經委託民間辦理之項目相當之多，惟有關涉及之法令甚多。為因應該業務之進行，建立統一專法，便有其必要性，「政府業務委託民間辦理條例」的立法，即可落實依法行政的要求，加強政府機關推動之成效。

　　第四，至於地方政府業務之公共安全事項（警政、警衛、民防之實施）、財政稅務行政事項、組織及內部行政管理等領域，地方自治團體以物理強制力為後盾的行政任務，仍構成移轉民間辦理的禁區。

　　第五，地方政府業務之委託涉及公權力之行使，既屬地方自治團體之自治事項，地方立法機關依法定程序，發布之一般性、抽象性之自治條例，符合民主性及正當性之價值，地方依其地域性的差異，依自治條例移轉民間辦理，並不違反法律保留原則，惟應為個別授權，不得以統一法規之概括授權形式為之。

　　第六，至於政府業務移轉民間辦理最常見之形態，即以契約為之，惟行政契約與私法契約之區辨，實行政法上經久難分的問題，我國大法官所採用的德國通說，其實仍存有某些爭議存在，如何發展出適合於台灣本土的解釋區辨法則，實有待未來實務及學界共同努力。

　　第七，政府業務移轉民間辦理，並不等同於國家或地方自治團體對業務的放手或撤退，國家及行政主體，對公益之維護仍負有責任，適當之管制措施依舊是不可或缺的。國家及地方自治團體之行政責任（Verwaltungsverantwortung），不外(1)給付不中斷的擔保；(2)維持競爭的擔保；(3)持續性的合理價格與一定給付品質的擔保，仍有擔保之必要 [73]。

---

73 對「民營化」的管制義務，晚近學者逐漸以「行政責任」一詞稱之，參閱許

🌐 第四節　地方聯合立法之構想

第一項　問題之提出

　　近來我國地方政府有提出地方自治團體聯合立法的可能性之疑問，地方自治團體彼此之間透過跨區域合作的方式，對於跨區域之事務，由地方自治團體自主性的透過對話。溝通的方式，建立合作機制，以解決共同關心的問題[74]。因地方自治團體所處理之事務，均屬地域性，涉及地方居民切身之事務，其實彼此間具有一定之共通性，為立法上的經濟及效益，對於地方之給付行政事務、衛生環保、地方稅之課徵等，由同級或不同等級之數個以上地方自治團體採取跨區域的合作，一方面可以避免地方自治團體相互推諉而無法辦理，或因相互爭奪而致引發爭議；另方面地方自治團體，藉由鄉鎮市之間，縣與縣（市）之間的合作，以較節約人力經費之方式，進行跨區域的合作為之，自當為地方自治團體欲尋求之解決之道。

　　然而，二個以上地方自治團體之跨區域合作，其合憲性為何？是否有現行法制之規範基礎？不無討論之必要。我國憲法第一〇九條第二項規定：「前項各款，有涉及二省以上者，除法律別有規定外，得由有關各省共同辦理。」（憲法增修條文第九條對此規定已停止適用）；憲法第一一〇條第二項亦規定：「前項各款，有涉及二縣以上者，除法律別有規定外，得由有關各縣共同辦理。」就憲法本文之規定而言，憲法並未禁止地方自治團體間跨區域合作之可

　　宗力，〈從政府再造看民營化的法律問題〉，同前揭書，頁20-22。

74　參閱蔡茂寅，《地方自治之理論與地方制度法》，學林文化，2003年2月1版，頁78。

能，亦採容許之立場。申言之，地方自治團體對於自治事項，本有自為立法並執行之權，彼此間對共同事務跨越其自治區域，對其共同辦理之事務，尋求共同解決的機制或制定共同遵守之自治法規，對該特定區域之人或事務加以規制，本當符合地方自治制度保障之精神。反觀，地方制度法第二十一條規定：「直轄市、縣（市）、鄉（鎮、市）自治事項如涉及跨直轄市、縣（市）、鄉（鎮、市）事務時，由共同上級業務主管機關統籌指揮各相關地方自治團體共同辦理，必要時共同上級業務主管機關得指定其中一適當地方自治團體限期辦理。」就此規定而言，地方制度法似又採取相反之態度，對地方自治團體之共同辦理，由共同上級業務主管機關統籌指揮辦理，或指定其中一適當地方自治團體限期辦理，對地方自治團體自治事項的跨區域合作模式，予以剝奪。不過，地方制度法第二十四條則規定：「直轄市、縣（市）、鄉（鎮、市）與其他直轄市、縣（市）、鄉（鎮、市）合辦之事業，經有關直轄市議會、縣（市）議會、鄉（鎮、市）民代表會通過後，得設組織經營之。」地方自治團體就合辦事業，得經議會之同意，設組織經營之。

　　由上揭憲法、地方制度法之規定而言，地方自治團體對其自治事項，本有自為立法並執行之權，從上述二法之規定，亦得加以確認。不過，地方制度法之規定，並未涉及地方自治團體跨區合作之相關細部之規定及配套措施，致使討論此一議題，便有下列疑義存在：

1. 所謂跨區域合作之事項為何？除固有事項外，是否包含義務性的自治事項、委辦事項在內？
2. 地方自治團體之間到底可藉由何種方式共同遂行其行政任務？
3. 地方自治團體跨區域事務合作勢必訂定共同規範之標準以為依據，則聯合立法的問題於焉產生。其訂定之機關為何？經由那一個機關議決該數個地方自治團體之自治法規？其制

（訂）定程序又為何？

九十年二月的全國行政革新會議針對建立地方政府的合作機制提出建議 75，但並未提出具體之內容。我國現行相關法制對於跨區域合作之法規範基礎並未建立，相關之配套制度亦有待建構。本節以下便以跨區域合作開始，次就地方聯合立法之可行性及相關配套措施，展開討論。

第二項　跨區域合作與聯合立法之探討

一、跨區域合作事務之探討

地方自治團體對自願的自治事項，基於制度保障本有決定與選擇之裁量，國家無從以法律加以規範亦無干涉之可能，地方自治團體對此一般性事務，例如，公共設施之設置、地方性的經濟供給、文化措施及對居民基本生活的照護等，地方自治團體可依其地方之特性、財政能力及居民之需求，自行處理。至於義務的自治事項，此類事務係為法律或法規命令予以規制，地方自治團體辦理此類事務，並無決定是否承辦之決定權，但「如何」達成任務則有一定之裁量空間，例如，國民教育，學校之興建、社會救助、河川道路之維護、廢棄物廢水之處理等，地方自治團體在法理上有自行如何達成行政任務之裁量權限，由數個以上之自治團體跨區域合作方式，共同完成任務，並無不可。委辦事項為上級政府交付辦理之事務，係基於行政效率或為便利達成其行政目的，而委由地方自治團體執行。委辦事項既屬上級政府之事務，在個別法律中明示地方自治團

75　行政院研究發展考核委員會，「2001 年全國行政革新會議議題報告」，頁
　　2-10 至 2-11。

體承辦，其性質上便不致有跨區域合作之必要。申言之，地方自治團體之跨區域合作，依事務之性質而言，應屬於自治事項為限，至於委辦事項，不宜亦不需有跨區域合作之必要。

二、跨區域合作——日本法的觀察

(一)日本法上的探討

日本由於近代工業快速發展，都市問題、垃圾處理、公共安全、水污染等環境保護等問題逐一浮現，並非單一地方公共團體或行政區可以單獨獲致解決，因此為因應跨越既存的行政區域間，所產生的行政需求，由二個以上的地方公共團體共同處理事務的「廣域行政」[76]，便相應產生。換言之，廣域行政係因應時代背景的變遷下，交通產業及都市的發展，使得住民的生活圈擴大，以致現有的行政需求逐漸走向複雜化、高度化以及廣域化，地方公共團體相互間在於達成相當程度之共識，利用地方自治法上的規定，共同制定一套能夠讓特定事務簡便地共同處理之制度，以強化地方公共團體彼此間共同合作之確實性與合理性，進而共同處理與面對雙方現階段所面臨之超越區域界限之問題[77]。

---

[76] 有關廣域行政的涵義，並不明確，廣義上而言「為因應跨越既存的行政區域間，所產生的行政需求，而涉及的相關制度運作」；狹義上為「兩個以上的地方公共團體，其事務的共同處理；或地方自治團體的合併」。參閱趙永茂，「地方政府層級簡化及其組織型態之研究」，內政部委託財團法人國家政策研究基金會，1997 年，頁 70；村田浩一、澤田嘉貞著，《地方自治概說》，晃洋書房，1995 年 5 月初版，頁 113；老川祥一編著，《地方自治》，日本株式會社法學書院，1997 年 6 月 1 版三刷，頁 19。廣域行政的概念與我國目前所稱之「跨區域合作」在涵義上、內容上有某種程度上是相當的。

[77] 有關「廣域行政」另參閱游慶忠，〈日本廣域行政之研究——以市村町合併為中心〉，中國文化大學日本研究所碩士論文，2001 年 6 月，頁 14。廣域行政在日本行之已久，例如，公共事務的共同處理，事務委託，設施的共同利用等，為了因應日本戰後高度經濟成長時代的來臨，合理進行地域開發，

至於何種行政事務為適於廣域行政，其考量之要素不外「利益擴散」及「規模經濟」二方面，易言之，各項政策推動之同時，首在於考量當地經濟性，財政的實際狀況，實際上處理事務之能力。具體而言，適合廣域行政之事務包括下列三種類型[78]：

1. 計劃與執行具有一元化功能的事務，如廣域性的土地利用計劃、各項開發許可等，便為此種類型的代表。
2. 委託市町村管理之事務，即計劃統一後，管理、執行則交由市町村為之。
3. 著重在財政、技術性條件之下，將必須共同處理、共同協力之事務，由單一主體進行主導。

　　有關推行廣域行政之方式，日本地方自治法中所規定的合作方式主要分成三種類型[79]：

1. 由地方公共團體與地方公共團體形成特別的地方公共團體。
2. 由地方公共團體與地方公共團體形成各種的團體。
3. 地方公共團體彼此間的合作。

　　日本地方自治法所規定之合作方式及關係茲以圖 7-4 表示如後。地方公共團體之組合地方公共團體的組合推行的目的在於事務

提高行政效率，降低行政水準的差距，廣域行政的實施，逐漸深受重視。

78　參閱張正修，《地方制度法理論與實用（一）》，學林文化，2000 年 9 月 1 版，頁 266；另參閱田村浩一、澤田嘉貞著，《地方自治概要》，晃洋書房，1995 年 5 月初版，頁 113-115；游慶忠，〈日本廣域行政之研究——以市町村合併為中心〉，同前揭註，頁 16。

79　參閱張正修，《地方制度法理論與實用（一）》，學林文化，2000 年 9 月 1 版，頁 268-269；室井力、原野翹編，《現代地方自治法入門》，法律文化社，1990 年 3 月，頁 41-45；時岡弘，《地方行政法》，現代法學講義 10，評論社，1987 年 3 月，頁 166-173。

之共同處理，又可分為一部事務組合、全部事務組合、役場事務組合。一部事務組合是指普通地方公共團體及特別區，為共同處理其事務之部分或屬於普通地方公共團體及特別區區長、委員會、委員的權限，得依其協議訂定規約，經自治大臣（都道府縣共同設立）、都道府縣（市町村共同設立）知事之許可，設置地方公共團體之組合[80]。

全部事務組合係指町村有特別必要時，得依協議，訂定規約處理其全部之事務。町村組合成立時，組合內各町村之議會與執行機關同時消滅，侍組合解散時恢復，重新組成議會與執行機關。至於役場（公所）事務組合，係町村在必要時為共同處理公所之事務，組成特別地方公共團體。

圖 7-4　日本跨區域合作類型

```
┌ 1. 地方公共團體與地方公共團體形成特別的地方公共團體
│  ┌(1)地方公共團體的組合
│  │  ● 一部事務組合
│  │  ● 全部事務組合
│  │  ● 役場事務組合
│  └(2)地方開發事業團
├ 2. 地方公共團體與地方公共團體形成各種的團體
│  ┌(1)協議會
│  │ (2)相互救濟事業經營之委託
│  │ (3)機關聯合組織
│  └(4)地方行政聯合會議
└ 3. 地方公共團體彼此間的合作
   ┌(1)機關的共同設置
   │ (2)事務委託
   │ (3)職員的派遣
   └(4)區域外設置公共設施之設置
```

資料來源：作者自行整理

80　地方公共團體的組合，處理之事務如消防，垃圾處理、老人福利、醫院、火葬場、上水道等事務的共同處理，以節省人力，物力之償付及效率。

地方事業開發團：有關地方事業開發團之規定，於地方自治法上明訂：「普通地方公共團體，依據一定區域之綜合性開發計劃，為綜合實施屬於各該普通地方公共團體之事務（包括屬於各該普通地方公共團體首長權限之中央事務），得與其他普通地方公共團體共同設置地方開發事業團，委託其實施事業如下：(1)、住宅、工業用水道、道路、港灣、自來水、下水道、公園綠地及其他依政令所定設施之建設（包括災害復建）；(2)、供前款所列設施使用土地、工業用地及其他用地之取得或造成；(3)有關「土地規劃事業工程」（地方自治法第二九八條）。

　　此一地方事業開發團係由二個以上之普通地方公共團體組成之特別公共團體，以實施特定事業。其設置須經相關議會之議決，經由協議，訂定規約，取得自治大臣或都道府縣知事之許可。

　　協議會：依日本地方自治法第二五二條之二規定，普通地方公共團體，得依協議制定規約設置普通公共團體之協議會。地方公共團體之協議會，並非法人，其性質上為地方公共團體所共同設置，以達成管理執行事務共同事務之機關。協議會又可分為三種：

- 管理執行協議會：管理執行普通地方公共團體事務之一部分或其執行機關權限所屬事務之一部分。
- 聯絡調整協議會：對於管理執行事務，彼此強化聯絡調整所設立之協議會。
- 計劃協議會：對於廣域行政事務編訂計劃所設立之協議會。

　　基本上，協議會為地方公共團體所設置之共同執行機關，以達成地域開發、人力財力之效率化，協議會以地方公共團體首長或執行機關之名義所作事務之管理及執行，與有關地方公共團體首長及其他執行機關所管理及執行者，具有同一效力（日本地方自治法第二五二條之五）。

相互救濟事業經營之委託：普通地方公共團體經地方議會之議決，委託全國性的公益法人，共同對火災、水災、震災及其他災害所造成的財產損害進行相互救濟（日本地方自治法第二六三條之二）。

機關聯合組織、地方行政聯合會議：都道府縣、市町村之知事或議會之議長，組成全國知事會，全國都道府縣議會議長會、全國町村長會、全國町村議長會等全國性聯合組織，協議處理共同的問題[81]。至於地方行政聯合會議，係由都道府縣及指定都市之首長及區域內國家駐在地方的行政機關首長所組成，目的在加強地方公共團體之間的聯絡與合作關係[82]。

機關或職員的共同設置：普通地方公共團體，得依協議制定規約，共同設置委員會、委員、各種附屬機關，襄助普通公共團體首長、委員會或委員之事務官員、書記或專門委員。其設置之程序準用協議會之設置，共同設置機關之委員及成員之選任，則在規約中加以明定（日本地方自治法第二五二條之七至十三）。

事務的委託：地方公共團體得依協議，訂定規約，將普通公共團體事務之一部分或屬於普通地方公共團體首長、委員會或委員權限，委託其他普通地方公共團體之首長或同種類之委員會或委員管理執行之（日本地方自治法第二五二條之十四參照）。市町村之間，對於環境衛生、災害防救，教育、民生福利事項為事務之委託。

職員之派遣：普通地方公共團體首長、委員會或委員，得請求其他普通公共團體派遣職員，以處理該團體之事務。應要求派遣之職員，得兼具接受派遣之普通公共團體職員身分，其薪給、津貼（退

81　機關聯合組織為任意性團體，對於地方自治團體之事務以協議方式共同處理，有下可忽視之功能。參閱張正修，《地方制度法理論與實用（一）》，學林文化，2000 年 9 月 1 版，頁 274。

82　張正修，《地方制度法理論與實用（一）》，同前揭書，頁 274。

職津貼除外）及旅費，由接受派遣之普通地方公共團體負擔，退職
津貼及退職年金或退職一次金，由派遣各該職員普通地方公共團體
負擔（日本地方自治法第二五七條之十七參照）。

　　區域外設置公共設施之設置：普通地方公共團體，得與有關普
通地方公共團體協議，於其區域外設置公共設施；另外，亦可將各
該其他普通地方公共團體之公共設施，提供自己居民利用（日本地
方自治法第二四四條之三）。例如，地方公共團體有關醫院、市場、
公路、鐵路等公共設施之利用。

(二)日本法的觀察結果

　　綜上所述，日本於地方自治法對於地方自治團體之合作模式，
從橫的面向加以觀察，不外事務處理（例如地方公共團體之組合、
協議會、事務委託、相互救濟事業經營之委託）、人員的派遣及機
關的共同設置、公共設施及共同事業的開發經營。普通地方公共團
體之合作，對於事務之處理、人員的派遣、公共設施的設置，均以
彼此透過協議，訂定規約，以共同推動事務的執行或互相委託事務，
具有下列特徵：

- 其事務之委託、人員之設置及派遣，均著重於彼此人力的充
  分運用，財政上節省勞費的效率上考量。
- 普通地方公共團體之合作事項，屬於自治事務或機關委任事
  務之共同處理，並由地方公共團體自由意志決定，加強地方
  公共團體彼此的合作。
- 地方公共團體彼此透過協議方式，訂定規約，以推展地方公
  共團體之事務。

　　是以，日本地方公共團體之廣域行政係透過地方公共團體彼此
合作，得以實現。惟莫不以彼此訂定規約，加以實現。可見日本地

方公共團體的跨區域合作，其實係由地方公共團體彼此協議[83]，共同立法方式完成。申言之，跨區域合作，日本法係以地方自治法為彼此合作之法制基礎，在行政效能的原則下，加強彼此合作，並以聯合立法為共同遵守的規範基礎，遂行共同目標。

第三項 我國地方聯合立法的可行性與制度建構

一、我國現行法制之探討

我國憲法第一○九條及第一一○條，地方自治團體間之共同辦理，就其自治事項得跨越自治區域，對其共同辦理之事務自得在其自治權限範圍內自為立法並執行。但憲法這二條的規定於我國地方自治法制上卻從未具體加以落實，「自治綱要」、「自治二法」，甚而地方制度法亦未作原則性之規定，反而持相反之態度，在地方制度法第二十一條中規定，自治事項如跨及直轄市、縣（市）、鄉（鎮、市）事務時，由共同上級業務主管機關統籌指揮各相關地方自治團體共同辦理，必要時共同上級業務機關得指定其中一適當地方自治團體限期辦理。此條規定不但剝奪地方自治團體之自治權限，且有違憲法之嫌疑。況且，地方自治事項跨及數個地方自治團體之事項，依地方制度法第十八、十九、二十條之規定，更可能包含組織及行政管理、財政事項、社會服務事項、教育文化、勞工行政、都市計劃及營建、經濟服務事項、水利、衛生及環境保護事項、公

---

83 日本公共團體以協議之方式進行跨區域合作，地方公共團體之間的協議，其性質為何？日本學者室井力之見解認為係行政協定之性質。但何謂行政協定？行政協定與行政契約有何不同？行政協定（Verwaltugsabkommen）之法律概念，雖習見於行政法論者當中，但內涵如何，並不明白。尚待下一項中加以討論，參閱室井力、原野翹編，《現代地方自治法入門》，法律文化社，1990 年 3 月，頁 45。

共安全事項、事業之經營及管理事項等，若依地制法第二十一條之規定由共同上級業務主管機關統籌指揮各相關地方自治團體共同辦理，則地方自治事項將被剝奪殆盡。反倒是地制法第二十四條肯認地方自治團體合辦之事業，得設組織經營之。因此，回歸憲法規範之本旨，地方自治團體之自治事項得自為立法並執行，當然對於地方跨區域合作之事務，當可經一定程序、方式對一定事務有聯合立法之權。

二、聯合立法之事項

地方自治團體對於自治事項進行跨區域合作，除須取得地方自治團體之共識外，何種事項可以進行跨區域合作之聯合立法。依地方制度法第十八、第十九、第二十條之規定，下列事項應有進行聯合立法之可能（見表7-2）。

表 7-2　地方聯合立法事項

區分項目	地方聯合立法之可能事項
1. 組織及行政管理事項	(1)戶籍行政事項 (2)土地行政事項
2. 關於財政事項	(1)地方稅捐 (2)直轄市、縣（市）公共債務 (3)財產之經營及處分
3. 社會服務事項	(1)地方社會福利事項 (2)地方公益慈善及社會救助事項 (3)宗教輔導 (4)人民團體之輔導 (5)殯葬設施之設置及管理
4. 教育文化及體育事項	(1)學前教育、各級學校教育、社會教育之興辦及管理 (2)藝文活動 (3)體育活動 (4)文化資產保存 (5)禮儀民俗及文獻 (6)社會教育、體育、文化機構之設置營運及管理

區分項目	地方聯合立法之可能事項
5. 勞工行政	(1)直轄市、縣（市）勞工安全衛生 (2)勞資關係事項
6. 都市計劃及營建事項	(1)都市計劃之擬訂、審議及執行 (2)建築管理 (3)住宅業務 (4)下水道建設及管理 (5)公園綠地之設立及管理 (6)營建廢棄土之處理
7. 經濟服務事項	(1)地方農、林、漁、牧業之輔導及管理 (2)自然保育事務 (3)工商輔導及管理 (4)消費者保護
8. 水利事項	(1)河川整治及管理 (2)集水區保育及管理 (3)防洪排水設施興建管理
9. 衛生及環境保護事項	(1)衛生管理 (2)環境保護
10.交通及觀光事業	(1)道路之規劃、建設及管理 (2)交通之規劃、營運及管理 (3)觀光事業
11.公共安全事項	(1)警政、警衛之實施 (2)災害防救之規劃及執行 (3)民防之實施
12.事業之經營及管理	(1)合作事業 (2)公用及公營事業 (3)地方自治團體之合辦事業
13.其他適於跨區域合作之事項	

資料來源：作者自行整理

　　上述事項，除由地方自治團體自行辦理較宜者外，尤其在給付行政領域，例如，地方社會福利，公益慈善及社會救助；文化行政，

例如，藝文、體育、文化資產保存、社會教育、體育、文化機構之設置、營運及管理；計劃行政，例如，都市計劃、道路規劃、交通規劃、災害防救之規劃；經建行政，例如，公用及公營事業、合作事業、合辦事項、工商輔導等；另外對於干預行政事項，地方自治團體亦可基於必要，對於衛生管理、交通管理、河川管理、工商管理、建築管理等事項，地方在跨區域合作時，亦可以地方聯合立法之自治法規加以規制。惟地方自治團體之跨區域合作，基本上自治事項當在下列原則之下進行為宜：

聯合立法之優先性：二個以上地方自治團體對於跨區域合作，有聯合立法之事項者，應先考量其人力、財力、物力及處理能力，在合作前提下基於效能原則進行。反之，地方聯合立法之規制在無法達成前述要求時，則應予排除，以儘量符合迅速、節省勞費、符合目的之事項具有優先性。因此，對於地方社會福利、公益慈善及社會救助、公共設施之共同設置及管理、災害防救之規劃及執行、行政計劃涉及數地方自治團事項、公用及合作事業、河川整治管理、集水區保育及管理、防洪排水、道路交通之規劃、營運及管理等，基於經濟、社會生活圈的共同需要下，在效率及財政負擔前提下便有其優先性。

聯合立法之適當性原則：地方自治團體之跨區域合作，其聯合立法須於有助於達成目的之方法為之。申言之，由何機關為聯合立法？以自治條例或自治規則為之？當本於適當性之原則考量。所以，地方自治團體之聯合立法究以何機關為之？如何組成？又以何種自治法規為規範基礎？究係自治條例或自治規則為之？以上均需在適當性原則下加以考量。

聯合立法之合法性原則：地方自治團體於跨區域合作前提下，應注意是否符合依法行政之基本要求，而聯合立法是否需要法律的依據或法律之授權？聯合立法又是否符合民主原則之要求？均為地

方聯合立法應考量之基本原則。

以上問題，我國現行法制均未規定，未來在法制之建構，制度之確立上，更應在上述原則，即依優先性、適當性、合法性原則之考量下加以建構。

三、地方聯合立法之困難與限制之探討

我國地方聯合立法之法制並未建立，因此，地方聯合立法之程序、依據為何？地方自治團體之間由何種方式進行跨區域合作之聯合立法？聯合立法之機關究以何機關為之？如何設置？其共同規制之自治法規如何立法、名稱、程序又如何規定？國內法制及學者，均未有任何之規定及討論。以下茲就以上疑義加以討論，並探討其困難及限制。

(一)聯合立法之依據及程序

前述已對地方聯合立法之事項及原則進行討論，緊接而來便是聯合立法之依據及程序上之探討。地方聯合立法是否須法律之依據或授權方得為之？地方聯合立法又是否須上級監督機關之許可？

基本上，地方自治團體就其自治事項進行跨區域之合作，本來就具有「如何」執行？「是否」執行之裁量權限。是以，地方自治團體之固有（任意）事項，在法理上而言，地方自治團體跨區域合作，進行聯合立法，並不須有法律之依據或授權，惟法律規定之自治事項[84]，既然由法律規定由地方自治團體辦理，並具有自行立法及執行之權，法理上推論，自不必法律依據或授權。易言之，在地方自治權能範圍內，地方自治團體擁有自主的立法權能，地方聯合

---

[84] 所謂法律規定之自治事項，係指地方制度法第十八、十九、二十條所規定，由地方自治團體辦理之事項，屬於法律規定之自治事項，相當於德國法所稱之「義務性自治事項」而言。

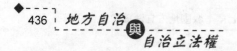

立法並無法律保留原則之適用。不過在立法程序上，地方自治團體
欲進行區域合作，而有聯合立法制定共同自治區域規範時，本文之
見解認為，基於上級政府之自治監督權限，或地方藉聯合立法以對
抗中央政策，反而加劇中央與地方之矛盾與不和諧，地方自治團體
進行聯合立法之事項，應於共同上級監督機關之許可，其所共同訂
定之「聯合地方自治法規」，理當由共同上級監督機關進行「合法
性監督」，報請監督機關備查，涉及干預行政之事項，尤其涉及數
個自治區域內居民之行政罰則之規定時，制定機關通過後應即送監
督機關核定後發布，由監督機關進行合法性監督，以免破壞國家法
規範之整體性，或侵害居民之權益。

(二)地方聯合立法之合作模式

　　由日本法上的觀察，地方跨區域合作之類型可歸納為四個方向。
就我國地方之跨區域合作而言，不妨可就下列模型進行跨區域合作：

　　事務之共同處理：就地方自治團體之給付行政、計劃行政、文
化行政、經建行政、干預行政等事項，具有優先性之事項於活絡地
方自治自主精神下，交由地方以跨區作或聯合立法之方式為之。

　　共同機構或機關之設置：為處理跨區域合作之事務，某些事務
之地方自治團體不可因各自為政，以致無法達成聯合立法之效，此
宜設置共同機構或機關，發揮、協調或統籌指揮的功能。例如，河
川整治及管理、防洪排水設施興建及管理、道路交通之規劃建設營
運管理、集水區保育及管理等事項，通常具有跨區域或無法各自為
政之情形，便有設置共同機構或機關之必要性。當然，若未有前述
之事項性質，基於區域上的共同性，而有必要訂定共同之標準者，
則採聯合立法之方式，或者擬訂共同計劃，但交由各個地方自治團
體分別執行。至於共同設置機構之人員的派遣及設置，地方自治團
體之間，亦可透過彼此協議之方式派遣或設置，其職等、俸給、退

休亦可透過「地方聯合自治法規」加以規範[85]。

公共設施、合辦事業之設置及利用：地方自治團體之間對於公共設施、合辦事業（包含地方之公共事業、公營事業）等，得共同協議方式設置，將公共設施提供居民利用，或共同經營合辦事業，發展地方經濟，增加地方政府收入。

(三)聯合立法之方式

地方自治團體欲進行跨區域合作以何種行為為之？日本法係由地方公共團體以協議方式為之。地方自治團體之協議，係基於當事人協議之法律行為，其內涵則包含行政協定與行政契約，而後地方自治團體就協議之內容，進而規定共同之規約。申言之，地方彼此經由行政上協議，進行跨區域合作，並訂定共同之規約，以行政協定與行政契約等法律行為，遂行地方彼此合作方式。

行政協定：依一般見解，「行政協定」（Verwaltungsabkommen）係指由多數之當事人，為達成共同目的，各為同方向之意思表示，從而平行結合成立之公法行為[86]。我國行政程序法對行政契約已建

---

85 共同設置機構或機關，其組織規程、人員編制，均當由地方自治團體經由協議後設置並加以規定。當然，此共同設置機構或機關人員之考銓業務，不得牴觸中央法銓法規，該等共同組織規程於發布施行後，宜適用地方制度法第六十二條之規定，函送考試院備查。

86 有關行政協定之意涵，參見張家洋，《行政法》，三民，1993年4月6版，見649；林紀東，《行政法》，三民，1992年9月再修訂初版，頁360；較新之論著可參閱黃異，《行政法總論》，輔仁大學法學叢書編輯委員會編輯，1987年初版，頁126及131；陳敏，《行政法總論》，神州圖書出版，2003年1月3版，頁607-608。此種「同」方向之意思表示平行結合之法律行為，在法理為所謂之合同行為，故論者多亦稱行政協定為行政法上或公法上「合同行為」，並從而與「反」方向之意思表示結合成之「行政契約」相區別。德國行政法教科書論及行政協定者亦不多，對行政協定之概念加以定義者更屬罕見。阿赫特貝格（Achterberg）之行政法總論一書對行政協定討論最多。依其見解，行政協定係由法律主體根據其行政管轄權限，為處理行

立法律制度，但行政協定此種法律行為，則未明文規範。行政協定
之主體係行政主體間或行政機關間，就行政事務或職權事務所為之
協議[87]，地方自治團體之間、同一行政主體之行政機關間，為協調處
理管轄之行政事務，或為釐清雙方之權限及責任，所為之協議，亦為
行政協定[88]。因此，地方自治團體之間，彼此對於共同之事務，依協
議進行彼此合作，此法律行為便為行政協定。換言之，我國直轄市、
縣（市）、鄉（鎮、市）地方自治團體之間，進行跨區域合作之協
議，為達成共同目的，各為同方向之意思表示，為協調處理管轄之行
政事務，釐清雙方之權限及責任，所為之協議。此種協議方式，實為
我國未來地方自治團體進行跨區域合作及聯合立法之可行途徑之一。

行政契約：地方自治團體之協議，基於當事人協議之法律行為，
除行政協定外，便為行政契約。行政契約（Verwaltungsvertrag），
係二個以上之法律主體，以設定、變更或消滅行政法法律關係為目
的，互為意思表示而合致成立之法律行為[89]。地方自治團體之間，
立於權利能力之平等地位，於公法上設定、變更或消滅公法上法律

政事務所達成，無須國會協力之協議。其法律主體，包含國家、其他法人
（地方自治團體之公法人）以及其機關。以上參閱陳敏，《行政法總論》，
神州圖書出版，2003 年 1 月 3 版，頁 608。

87 參閱黃異，《行政法總論》，同前揭書，頁 126。

88 參閱陳敏，《行政法總論》，同前揭書，頁 609。陳敏教授認為行政協定，
係指二個以上當事人，在行政法上以協議方式所為之法律行為，而非行政契
約者。行政協定為法律行為，有效之協定自可在當事人間產生所目的之法律
效力。如當事人間不以發生法律效力為目的，其所達成之共識、諒解或君子
協定，則非行政協定。至於本國機關與外國機關所為之協定，本質上為國際
法問題，亦非行政協定。

89 有關行政契約之定義，參看吳庚，《行政法之理論與實用》，作者自刊，
2001 年 8 月增訂 7 版，頁 398；陳敏，《行政法總論》，神州圖書出版，
2003 年 1 月 3 版，頁 556；李惠宗，《行政法要義》，五南，2000 年 11 月
初版，頁 397-398；林明鏘，〈行政契約〉，收錄於翁岳生編，《行政法
2000（下）》，翰蘆，2000 年 3 月 2 版，頁 634-637。

關係之契約，透過行政契約，為達成共同之法律效果，互為要約、承諾之意思表示，以進行地方自治團體跨區域之合作。例如，台北縣所屬之新店市、中和市及永和市，協議在新店市之安坑地區設置垃圾焚化爐，共同使用及分攤經費；地方自治團體彼此間有關學校、道路、下水道等公共設施，亦得為此種協議。

因此，地方自治團體彼此之間，基於協議之法律行為，彼此可以行政協定或行政契約方式進行跨區域合作。然而，地方自治團體間或地方行政機關之間彼此之協議，究係對地方自治團體間、地方行政機關間，行政協定及行政契約均屬對當事人（也就是地方自治團體間、行政機關之間）發生效力。二者均不能直接對人民創設權利、義務，而須經立法轉化，也就是地方彼此在行政協定、行政契約協議後，再經由地方之聯合立法所訂定之自治法規，對外發生效果[90]。因此，地方自治團體之跨區域合作，係透過行政協定、行政契約等協議方式為之。至於地方自治團體或地方機關之間，究係以行政協定或行政契約為之，是否有選擇之自由？本文之見解認為，地方自治團體或地方行政機關，彼此間以相對之意思表示為之者，原則上係以同方向之意思表示為之（同方向之利害關係），即屬行政協定；反之，作成協議之地方自治團體間，就協議之標的為反方向之利害關係時，其性質上即歸屬為行政契約。行政協定與行政契約二者除上述行為不同外，締結之主體亦有區別，行政協定係各種行政法法律關係當事人之法律主體，皆得為之，地方自治團體之間，或者地方機關之間均可以為行政協定之當事人；行政契約之法律關

90　有論著以為行政協定與行政契約之區別，主要在於行政協定同時對第三人造成影響，而行政契約則僅對當事人發生效力，如德國行政法學者 Achterberg 即採此見解。另外，德國行政法學者如 Wolff-Bachof 以及 Stober 則認為，行政協定通常不具有對外效力。後者之見解，似較與國內行政法學者之見解較為相近。參閱陳敏，《行政法總論》，神州圖書出版，2003 年 1 月 3 版，頁 608。

地方自治與
自治立法權

係當事人係具有公法人地位之行政主體（國家或地方自治團體）之間而已，行政機關於締結行政契約時，僅為該契約法律關係之形式主體，實質上主體則為行政機關所屬之行政主體，尤須注意者，同一行政主體之行政機關，並不能各自代表其所屬之同一行政主體締結行政契約[91]。

(四)地方聯合立法之機關、立法程序及名稱問題

地方聯合立法之方式，其實為我國面臨之重大障礙所在，因我國行政程序法雖對行政契約為明文規範，但對行政協定則未置隻字片語，對地方彼此跨區域之合作，將形成在選擇方式之限制。此外，地方於協議後，地方自治團體之協議內容，不論是共同設置機關或人員，事務之委託或共同處理、公共設施之設置等內部效力之協議，或者是地方自治團體有關共同課徵地方稅收，共為行政計劃，共同擬訂行政罰之自治條例等，涉及地方自治團體外之居民權利義務事項，均須透過立法加以轉化，也就是行政協定或行政契約是地方跨區域合作之先行手段，聯合立法則為地方跨區域合作之實現方法。

以上的發現係在本文研究有關地方聯合立法之最大突破，尋找到地方跨區域合作、地方聯合立法之脈絡關係，係由行政協定或行政契約之行為方式加以聯結而成。可是緊接的問題是地方彼此協議的立法轉化，到底由什麼機關為之，其立法程序？所訂定自治法規之名稱為何？又將面臨另一個挑戰。茲分別討論如下：

地方聯合立法之機關：地方聯合立法究係應以何機關為之？此

91　行政協定與行政契約之界限，二者之主體不同，行政協定得由行政主體（例如地方自治團體）之間，或行政機關之間協議而成立行政協定；行政契約之法律主體則為行政主體與人民，或者行政主體之間，行政機關係形式主體而已，並非實質主體。另外二者之行為亦有不同，行政協定係協議上以同方向之意思表示為之，行政契約係反方向之意思表示，反方向之利害關係。有關二者之區別參看陳敏，《行政法總論》，同前揭書，頁609。

一問題，可能有下列之方式進行：(1)由跨區域合作之直轄市議會、縣（市）議會、鄉（鎮、市）民代表會之議員、代表，由該等議員、代表組成一聯合議會，對於地方聯合立法事項作成表決；(2)由跨區域合作之地方議會各推派一定比例之議員、代表，組成一臨時議會以為立法表決之機關；(3)對於跨區域合作之立法機關，再由該合作之地方自治團體區域內，另行投票選舉產生，並另外設置該聯合立法機關；(4)各該自治團體協議，由各該地方議會各自表決通過即可。以上四種方式茲分別討論如下：

第一，組成聯合議會之方式，較不可行。因各地方議會之人數根本上因人口之多寡，各議會人數均不盡相同，組成聯合議會，於表決時將造成議員、代表人數較少之地方自治團體造成不公平的現象。

第二，各地方自治團體各推派一定比例之議員，組成臨時議會以為表決機關，雖在公平性上較無爭議，但另一端上卻出現違反民主原則之嚴重缺陷。蓋地方居民選舉之議員、代表雖代表居民之意志為立法行為，但由議員以投票方式，甚至指派特定議員代表該議會，再組成另一議會，不但淪為間接民主，亦與原本民意脫節，而不符民主原則。

第三，若由跨區域合作之地方自治團體，在該區域內另行投票選舉產生代表，並另外成立聯合立法機關。此方法雖可克服上述違反民主原則之非難，但所遭致之困難卻更多。例如，不相連接之自治區域如何進行選舉，候選人如何進行競選活動？就算前面仍屬技術上之困難，雖可克服，但我國選舉活動已夠頻繁，而且地方自治團體之跨區域合作並不可能只有單一事項而已，一地方自治團體可能在其他事務，對數個以地方自治團體進行合作，採此方式的話，地方選舉活動之次數，將到不可想像之地步，再加上政治社會成本所付出的代價亦相對增加。

第四，本文認為，最可行之方式為第四種，各該地方自治團體

之立法機關，各依其立法程序通過該自治條例即可，並不須再另行設置立法機關。惟跨區域合作之地方自治團體之議會，均須一致表決通過方可。例如，高雄市、高雄縣及屏東縣對於區域內之垃圾清運處理進行跨區域合作，高雄市、高雄縣及屏東縣三個議會，均達出席過半數以上議員之同意表決通過。

　　立法程序及名稱：第四種之方式若為可行，則地方自治團體彼此於協議時，便可約定由各該地方議會對協議內容擬訂一共同規範之自治法規。當然，此一自治法規之內容，事前先行經過溝通、協調，或舉行聽證，不但可集思廣益，更可消除歧見達成共識。至於名稱，本文之見解認為，為區別於各該地方自治團體之自治法規，對於聯合立法通過之自治條例，其名稱應冠以聯合立法之地方自治團體名稱。例如，高雄市、高雄縣、屏東縣所通過之自治條例，其名稱為「高雄市、高雄縣、屏東縣○○○○自治條例」。

　　至於地方行政機關彼此對於內部組織、一般內部事務之協助、公共設施之設置，並不涉及居民之權利義務事項者，自亦可由地方行政機關以行政協定之方式為之。其聯合立法之機關自可由跨區域合作之行政機關，共同擬訂聯合自治規則，亦分別冠以地方自治團體之名稱即可。例如，高雄市、高雄縣、屏東縣對內部事務之合作，訂定自治規則，訂名為「高雄市、高雄縣、屏東縣○○○○自治規則」。但為增加人民知的權利，便於人民熟知此等聯合立法通過之自治法規，應刊登於政府公報或新聞紙，並以適當方式便於居民周知、閱覽。

四、地方聯合立法之制度建構

　　綜上所述，對於我國地方跨區域合作、聯合立法之制度，其事項、模式、程序、方式、立法程序、立法機關，茲以圖7-5表示如後。

圖 7-5　地方跨區域合作聯合立法之建構

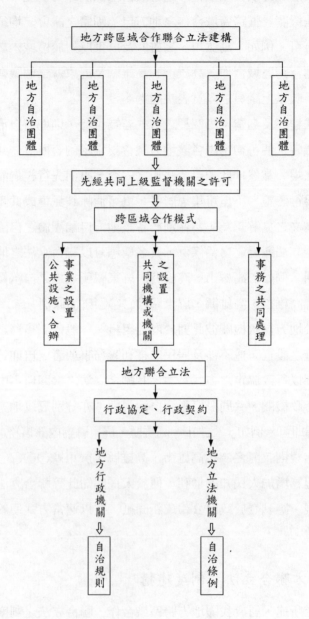

資料來源：作者自行整理

地方自治
與
自治立法權

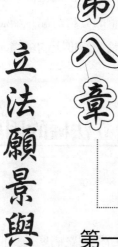

第八章

立法願景與建議

我國地方自治歷經大法官釋字第四九八號、第五五○號及第五五三號解釋，將地方自治法律本質定位為「制度保障」，地方制度法亦賦予地方自治團體制（訂）定地方自治法規之地方立法權限。這項地方自治核心領域之「核心」，更為整個地方自治權能的具體展現，更是地方自治的相同語。經由上述各章的分析討論、辯證後的觀察，我國地方立法權其實仍存有若干理論及制度上的縫隙，有待法律的整備及制度上的建構。

第一節　地方自治與自治立法權的困境

第一項　地方立法權的本質與定位

我國雖已建立地方自治之本質為「憲法所保障之制度」，但地方立法權在「制度保障」核心領域中的地位為何？卻未有定論。本文發現，就我國地方制度法之規定而言，地方自治客觀法制度之保障，我國地方自治團體核心領域之自我負責、處理，並自我決定執行之權能為：(1)組織高權；(2)一般計劃權；(3)財政高權；(4)人事高權；(5)事務高權；(6)地方立法權。而地方立法權則為核心領域之核心，不論人事行政，地方行政計劃的擬訂、執行，地方自治組織，地方財政的取得、使用與管理，無不透過地方自治法規將上述自治權能加以規制，而為整體意志之表現。地方立法權在「制度保障」的核心區域內，實為核心中之核心。

另就地方立法權之定位而言，德國通說認為地方立法權係行政權下之產物，而日本學界則主張地方公共團體享有固有之自治立法權限，並非行政權之作用。本文發現地方立法權係地方居民以直接、間接經由地方民意機關而為政治意志之表現，地方自治團體就其自

治事項享有自主決定之權，經其立法機關依法定程序，所發布之一般性、抽象性之規範，即屬立法權的行使。目前地方立法權之本質正處於立法權與行政權定位之間擺盪，惟基於民主原則及地方自我負責處理的精神，從憲法之文義及體系上所決定的基本價值而言，地方立法權之本質係為立法權之一環，以維地方自治之制度保障。

第二項　地方立法權的範圍與內容

一、地方立法權之基本前提

　　地方立法權既然為「立法權」之本質，而非行政權作用下產物，則地方自治團體「以自主、獨立及自我負責」之方式管理之地方事務為何？本文研究發現，我國中央與地方事務劃分的盤根錯結，其實在於憲法及下游法制，長期以往將地方自治機關視為上下服從隸屬關係的心態，以及立法的技術上所致。憲法所規範之均權制度模式，充其量是一種現象的描述，而不足以為地方自治事務與中央事務之劃分基準。而下游法制，歷經「地方自治綱要時期」、「自治二法」及現今之地方制度法，劃分之自治事項並不具體，亦無劃分之一定標準，均冠以地方自治團體名稱而已。其結果致造成中央與地方權限發生爭議，爭功諉過的現象，更嚴重的是地方立法權之範圍在對地方自治事務的不正確理解下，現行個別法規之立法慣例，無異將地方自治團體之自治權能徹底掏空，地方立法權所能涵蓋之範圍必然在中央法規綿密的規定下被剝奪殆盡。職是，我國地方自治最迫切的課題便是重新釐清自治事項與委辦事項之意涵，明列地方自治事務的範圍到底何在？也就是說中央與地方權限（事務）的劃分，其實是落實我國地方自治的第一步，當然亦是地方立法權能自我負責處理之基本前提。

二、地方立法權的範圍與內容

我國憲法及地方制度法對中央與地方事項之基本決定系採二分法，基本上並無太大的錯誤，亦即自治事項與委辦事項之劃分方式決定中央與地方之事務範圍，而地方立法權之規制範圍與內容，便在基本決定下刻劃地方立法空間。因此，地方制度法所規定之地方自治法規體系，其脈絡上便區分出規制自治事項的自治條例、自治規則，地方行政機關規制委辦事項的委辦規則，以及不涉自治事項、委辦事項，純屬議會自律之自律規則。惟經由前述的討論本文發現下列問題：

1. 由於中央與地方權限（事務）劃分的界限不明，因此如何建構二者之權限劃分，始得完整保障地方立法權之自我負責領域？勢須建立一基本模型，透過此一框架，區隔中央與地方事務領域。

2. 中央大綱性、原則性之立法，容許各地方自治團體享有一定程度的立法空間，地方自治團體在其範圍內，得視其需要及地區之特殊性另以細節性補充規定。另外涉及中央與地方共同立法之事項，因地方制度法第十八條、第十九條及第二十條對直轄市、縣（市）、鄉（鎮、市）所規定之自治事項，其實已絕大部分由中央立法，若有中央與地方共同立法之權限時，中央之法律應有先占之權。因此，我國地方立法權之範圍為：

   (1)對於中央專屬之立法權，地方行政機關得依法定職權、法律或中央法規之授權，訂定委辦規則。

   (2)中央大綱性、原則性之立法，地方自治團體仍可在其自治範圍內，依地域特殊性或需要，另以細節性、技術性之補

充規定。

(3)在中央與地方共同立法事項之下，地方自治團體之立法範圍在「中央法破地方法」之前提下，地方立法空間即相當有限。地方立法權限，僅為中央立法空白之情形，地方自治團體始得以地方自治法規加以規制。

3. 至於中央立法框架、中央與地方共同立法之情形，地方自治法規當有立法之空間。問題在於地方所規制的限制、處罰較中央之立法有更高、更強或更嚴格之規制時，應如何處理？我國面臨此一問題時，國內並未有定論。而本文之研究發現日本對此一問題已由「法律先占理論」過渡到「上乘條例」、「橫出條例」等尊重地方自我負責的成熟發展態度，我國對於此一問題應可引進日本法之學說。本文之主張為：

(1)中央專屬立法權──採絕對之「中央法破地方法」之前提，因此種事項地方係辦理中央之事項而已，其規制亦為委辦規則，自採中央「法律先占」之立場。

(2)至於中央立法框架、中央與地方共同立法時，地方立法權係對於法律所規定之自治事項加以補充，或者地方對此等事項本來係其自治事項加以規制時。本文之見解認為中央之立法係「國家最低基準」，以中央之法律為適用於全國之一般普通的最低基準，地方自治團體之直轄市、縣（市）可以為更高、更為嚴格或更強之規定（鄉、鎮、市轄區太小，人口較少不予考慮）。此時日本法上之「上乘條例」、「橫出條例」之見解，在我國適用的話，當可解決目前中央與地方立法競合上的難題。

4. 地方自治團體專屬立法權部分：本文發現在我國實務上除中央與立法權之範圍容易引起爭議外，其實地方議會與地方行政機關，對於某一事項之規制權限，更易引發府會之間的衝

突。因此，本文認為我國地方政府係採「權力分立之二元模式」，地方議會與地方行政機關彼此相互制衡，行政權本應受立法權之拘束，在「機關功能最適」之下，地方議會自較行政機關更具有民主正當性、優先性，二者競合時，自治條例應先於自治規則。

假若地方議會與地方行政機關二者發生府會衝突時，我國地方制度法之設計機制，不外覆議及報請自治監督機關函告無效，此種設計不外透過政治手段或行政監督之二道機制加以解決。在德國、日本法之比較觀察之後發現，我國可以建立類似日本「中央與地方及地方間爭議處理制度」，先行對中央與地方間之權限爭議，於提出司法救濟之前，先經由中立之調解委員會加以調停，對於地方自治團體內部之權限爭議，不妨亦採取先行調停之方法，事前能圓滿解決。至於機關內部之爭議，日本亦將「機關訴訟」制度明文規定於行政訴訟法中，以確保客觀公正及公益之維護。

5. 中央與地方共同辦理之事項：中央與地方「共同辦理」事項，隨著我國給付行政、公共衛生環保事項的大量增加，中央與地方相互協力合作或配合中央業務執行之事項，地方在財政、技術不足之下，正顯示我國地方自治未來亦同時面臨廣域化行政，地方事務由下而上將為中央吸取，造成地方自治空洞化的危機。由大法官釋字第五五〇號解釋所傳遞出的警訊，對於此類事項應賦予地方自治團體參與之權，我國應儘速研擬相關制度，以為因應。

第三項　地方立法權在實際操作上的發現

一、地方立法權對依法行政的衝突

地方自治為憲法所保障之制度，其自治權的保障需在法律範圍內。地方立法除受法律優位原則限制外，是否受到法律保留原則之拘束？

(一)有關法律保留原則

地方立法權若均須法律的依據或授權，則勢必面臨地方所自我處理負責之領域，中央藉由法律全面入侵地方自治領域，或者中央立法機關怠為立法，使地方無行使之依據，進而架空自治權限；若採否定之見解，則地方自治法規可以恣意侵害人民權益。上述問題，德國與日本均面臨同樣的處境，我國自不例外。本文研究發現，我國與日本在學說及立場上較為相近，認為地方立法權之性質，應定位為立法權，則地方自治法規，相當於「地方的法律」，自治條例可以涉及人民權利義務之規定。我國地方制度法第二十六條及第二十八條之規定，亦將上述之見解加以肯認。不過，地方制度法雖在法律層次上確立明確依據，惟在理論的建構上實有欠缺，國內學者的爭議仍未獲致定論。本文之見解認為大法官解釋所建構之「層級化保留體系」，地方立法涉及人民基本權利之範圍，其實僅止於「相對的法律保留」，並不涉及人身自由，限制身體自由及生命權之剝奪。地方立法之範疇係自治事項之自主核心領域，經由地方立法機關依法定程序制定，此種經由住民共同意思並由其民意機關所制定之法規，更可符合地域特殊性需求，尚不與法律保留原則相違背。

(二)有關地方自治法規與中央法令之位階關係

地方自治法規自當遵守法律優位原則，不過地方制度法之規定並不明確，由於地方制度法與行政程序法之規定二者相互比照之下，造成中央法規（令）與地方行政命令性質之自治法規相互間之位階關係難以釐清。本文發現，地方自治法規與中央法令之位階關係應為：

憲法＞法律＞法規命令＞自治條例（上級自治團體＞下級自治團體）＞自治規則（上級自治團體＞下級自治團體）＞職權命令、行政規則＞自律規則、委辦規則

二、有關地方立法權之監督與救濟

(一)地方自治監督而言

地方自治監督措施須受法律保留原則之拘束，對於干預地方自治團體之監督措施，本文對地方制度法的分析後發現，我國對於地方自治團體的監督措施，不分自治事項及委辦事項，一概以撤銷、變更、廢止、停止執行為監督手段，監督之密度根本未加區分；至於代行處理亦未規定代行之標的為何？

(二)地方自治法規之監督

我國地方制度法所設計之地方自治法規監督機關，本文分析後發現，其監督模型應為：

- 有罰則之自治條例：事前合法性監督
- 無罰則之自治條例：事後低密度監督
- 自治規則：事後低密度監督
- 委辦規則：事前合目的性監督

- 自律規則：事後低密度監督

　　不過，地方制度法並未規定，自治監督機關對於地方自治團體之監督措施應有正當法律程序之踐行。也就是其干預地方自治團體之自治權限者，亦應予地方自治團體陳述意見之機會，在監督處分中記明理由，以及教示救濟之方法、期間和救濟之管轄機關。日本之「地方分權推進法」，將其干預之方式基本之程序、原則明定為：(1)法定主義原則；(2)一般法主義原則；(3)公正透明原則。地方自治團體之干預應遵守法律保留原則、正當法律程序，比例原則方式為之，頗值得我國參考借鏡。

(三)地方自治法規監督之救濟

　　我國新修正之訴願法及行政訴訟法，對於我國地方自治團體受違法自治監督之救濟，開啟了新的道路。不過，對於自治監督機關消極不作為的救濟，卻漏未規定，行政訴訟法亦未對地方自治團體之救濟主體地位加以明文規定。我國立法機關未來修法時，應宜加入此項規定。對於地方自治法規之救濟及司法院解釋等之救濟，歸納現行法制及大法官解釋後，委辦規則之監督應屬上級機關對下級機關之內部指示或職務命令，並不得提出救濟或逕向司法院聲請解釋。本文認為，我國地方自治法規之監督措施之法律性質及其救濟途徑，均係經由相關法律及體系所推論而來，並發現地方自治機關之訴願可分為撤銷訴願、課予義務訴願二種類型，而行政訴訟之提起則可依性質分別提起撤銷訴訟、課予義務訴訟、一般給付訴訟及確認訴訟等類型。

　　另外，自治監督機關通常以行政指導方式對地方自治團體，提出勸告、建議改善等非權力式之監督措施，此監督措施雖不具法效性，惟仍應遵守明示性、裁量性原則，不得逾越權限，違背比例原則。本文認為，應將此類之監督措施明定地方制度法，始符法定主

義原則的要求。

三、地方立法權的案例分析

　　本文透過我國地方自治發生的實際案例檢視，我國地方立法權的缺失，及應填補之縫隙何在？茲將本文之發現以各案例整理如下：

(一)全民健康保險補助費負擔風波

　　大法官釋字第五五〇號解釋再次建構我國地方自治本質為制度保障，並提出自主權核心領域的不可侵害。而有關全民健康保險補助費分擔的爭議，固有法律保留原則之適用，但是中央為國家施政之需要，單方面制定法律，要求地方自治團體協力義務，尚不能指為侵害地方自治之核心領域。若依此推論，國家與地方現行法令所規定互有協力之事項，不知凡幾，舉凡給付行政、行政計劃、涉及中央辦理之重大建設，一般行政事務，無一不涉及地方之協力辦理。如此的發展趨勢，必造成地方自我事務主導性的喪失，德國、日本以往面臨廣域化的地方自治行政，我國亦將面臨德、日二國地方自治空洞化的危機，地方自治團體辦理事務幾乎為委辦事項所占滿。

　　為因應上述的危機，我國應有相應之機制。也就是強化地方自治團體之國政參與權，以避免中央單方面決策的不合理情形，消弭彼此衝突與歧見。對此類中央與地方權限之爭議，亦可透過事先的協調達成圓滿解決的目的。

(二)台北市里長延選案

　　台北市里長延選的決定係屬於自治事項，台北市政府經決定後中央主管機關認為其違法，不合特殊事故等構成要件而引發爭議。雖然，大法官釋字第五五三號解釋作成後暫告平息。不過對本案之討論，即可以發現下列問題：

1. 目前中央與地方權限爭議之解決機關，由大法官解釋，固可釐清爭議，但事實上此解決機制均屬事後且緩不濟急。

2. 可以預見之未來，此類中央與地方之權限爭議，地方對自治監督措施不服之爭議，仍將層出不窮。

3. 我國目前對此類之解決機制，綜觀地方制度法之規定不外：府際的行政協商、立法院議決、行政爭訟、聲請司法解釋，共四種機制。

　　本文見解認為，中央與地方權限爭議之根本係在於中央與地方權限劃分模糊不清所致，欲根本導正，徒有解決機制而不治本，實本末倒置。其次，不論行政協商、司法解釋、行政爭訟、立法院解決之設計機制，均係被動緩慢之解決機制，每因時日遷延過久，造成既成事實或難以回復之損害。在本文的研究過程中，發現日本業已建立「中央與地方權限爭議處理委員會」。類此機制不但可以於外部解決機制提出之前，由中立公正之組織加以協調，不但可以迅速解決，並可修正監督機關之偏差措施。

(三)地方政府業務移轉民間辦理

　　政府業務移轉民間辦理已為各國共同的趨勢，不但可以借重民間專業人力及物力，另方面又能降低政府機關執行業務之成本支出，擴大政府公共服務範圍，提升政府服務品質。本文在上述分析討論後，歸納所發現的問題如下：

1. 地方政府業移轉民間辦理者，其涉及公權力業務之行使必須遵守法律保留原則之拘束，且亦有行政程序法之適用。至於自治條例是否符合法律保留原則的要求？本文依「制度保障」理論發現，地方政府委託業務涉及公權力之行使者，該事項若為自治事項，地方自治團體本就享有自主決定之權，地方

立法機關依法定程序，發布一般性、抽象性規範之自治條例，符合民主性及正當性之價值，地方依其地域性差異規範之自治條例，自該當行政程序法第十六條所稱之法規。並不違背法律保留原則。

2. 基於法律保留之制度功能，地方立法機關就地方自治團體委由民間辦理之授權，應為個別授權，不得以統一法規之概括授權形式為之。

3. 至於地方得將何種事項委由民間辦理？本文就憲法及「制度保障」理論發現，自治事項為地方自治團體得自為立法並執行而負其責任。因此，地方自治團體可以自行決定如何執行？由那個機關執行，或授權民間執行。憲法並未禁止中央或地方將其事務委由民間團體辦理，只要國家或地方自治團體擔保任務確實履行，就不至於有牴觸憲法之虞。

4. 至於委辦事項及地方自治團體以物理上強制力為後盾的行政任務，則不宜委由民間辦理。因委辦事項並非地方自治團體本身之行政任務，基於便利及經濟，交付地方自治團體加以辦理，中央仍保有完全的指揮與監督之權，故在中央未明白允許委由民間辦理之場合，不得逕將委辦事項移轉由民間辦理。至於以物理上強制力為後盾之自治事項，仍構成民間辦理之「禁區」，不得移轉民間辦理，以防止地方機關恣意出賣公權力。

5. 至於不涉及委託行使公權力之自治事項，本文認為地方自治團體可依自治條例或自治規則訂定其基本規範，以行政契約、私法契約之方式委由民間辦理。但是以契約方式為之者，行政契約則落入行政程序法之規範，其程序、方式，均須遵守行政程序法之規定；以私法契約方式為之者，則有政府採購法及民法規範之方式與程序。行政機關本有選擇之自由，惟

行政契約與私法契約之難以區辨，係為現今所面臨之難題。

6. 經由本文研究過程發現，地方政府業務移轉民間辦理雖可由地方自治法規加以規制，但涉及之相關法規竟有三十種以上個別法令，但卻缺乏一部專法，致執行機關於移轉民間辦理時，常感法令之缺乏而無法落實，致政府機關在推動上多所顧忌。

(四)地方聯合立法之可行性

地方自治團體對於區域內事務在制度保障下，可以自我處理及形成之自由，況且為其區域內之自治事務者，由同級或不同級之數個以上地方自治團體採取跨區域合作，一則可以避免相互推諉，另則以較節約人力經費，對涉及地方居民切身之事務又具有共通性，進行跨區域合作，自當為地方自治團體自我負責處理自治事務之可行途徑。我國憲法並未排除地方跨區合作之可能，亦採容許之立場。地方自治團體對於自治事項，本有自為立法並執行之權，彼此間對共同事務跨越其自治區域，有共同辦理必要之事務，尋求共同解決機制或制定共同遵守之自治法規，對該區域之人或事務加以規制，該當符合地方自治制度保障的本旨。惟在討論分析過程發現地方聯合立法存有若干問題：

1. 地方制度法之規定，對於跨區域合作之態度不明，對於聯合立法之規定則完全沒有提及。但本文認為此種跨區域合作之事務，基於經濟生活圈，中心都市與鄰近自治區域之間，此事之務實有必要由地方自治團體之間共同合作，進行聯合立法，以解決共同面臨，無法由單一地方自治團體完成之自治事務，或者在人力經費、行政效率的考量下，有必要進行跨區域合作之事務，不排除其聯合立法之可能性。

2. 面對二個以上的地方自治團體共同處理事務的「廣域行政」，地方聯合立法便有其必要性，地方自治團體相互間在達成相當程度之共識，共同制定地方自治法規，以規制此種跨區域合作之事務。

3. 對於日本地方自治法之觀察後發現，我國可進行之跨區域合作模型，可分成三個面向進行：(1)事務之共同處理；(2)共同機構或機關之設置；(3)公共設施、合辦事業之設置及利用，進行初步的合作基礎。

4. 地方自治團體欲進行跨區域合作係以何種行為為之？日本法係由地方公共團體以協議方式為之。而此種協議，係基於當事人協議之法律行為。本文研究發現，所謂之協議行為，則包含行政協定與行政契約二種法律行為在內，然後地方自治團體就協議之內容，進行規定共同之規約。申言之，地方自治團體間的跨區域合作，係經由地方自治團體之間以行政協定或行政契約之協議方式進行，再經由立法轉化，也就是聯合立法所訂定之自治法規，對外或地方彼此間發生效果。

5. 地方聯合立法的另一重大障礙則為立法機關、立法程序、名稱之問題。因我國相關法制對聯合立法的機關，並未有任何規定。但是，以上問題尚屬技術層面的課題，增訂相關規定，均可以克服。

四、我國地方自治法規的缺失

我國地方制度法所規定之地方自治法規，立法時較為匆促，以致存有若干問題：

1. 地方自治法規名稱混亂。
2. 地方自治法規體系龐雜。

3. 地方自治法規制定程序不夠清楚或不備之情形。

4. 中央與地方立法權限劃分不清，中央立法居於先占或優勢之地位，地方立法權受到極度壓縮。

5. 中央與地方自治法規與中央法令之位階關係不明，致在「中央法破地方法」之前提下，地方僅存在中央立法空白下，始有立法之餘地。

本文綜合以上的討論，究其實，我國地方自治的真正開展嚴格上不過十年的摸索階段（由一九九四年之自治二法開始），而地方立法權歸還於地方自治團體，亦不過短短的四年時間。本文之見解認為，我國地方自治的理論建構，係由司法院的大法官解釋，確定「地方自治為憲法所保障的制度」。但是在制度保障之下，我國地方自治又該何去何從？如果我國要平穩而快速的度過這個震動、形成的試探階段，在制度保障的本質定調後，宜朝此方向落實相關制度建構，增訂或者修改相關法制，落實符合台灣地方自治經驗的制度與法制，才能穩定成熟的發展。

🌐 第二節　立法願景與建議

我國地方自治累積經驗尚短，甚至在理論層次——制度保障的肯認，亦不過在大法官釋字第四九八號（一九九九年十二月）釋示中才明確地加以肯認，而地方自治核心領域的地方立法權的物歸原主，亦在地方制度法施行後始歸還於地方自治團體。當然，地方立法權的開展便面臨許多的難題。申言之，我國在確立制度保障的基礎理論後，我國地方自治的上層結構已然建構，不過下層結構因未有相關的配套制度銜接，形成空有理論的上層結構，而下層制度承接條件不足的窘境。職是，我國地方立法權既為地方自治保障之核

心中心，如何建構我國制度保障理論之相關制度，填補理論與制度之間的縫隙，也就是進行相關法制的整備，才是我國地方自治的當務之急。本文最後便以制度的建構與法制之整備，提出建議如下。

第一項　制度建構

我國地方立法權在制度保障理論下應建構之制度為何？本文之建議擬採有連貫性的制度建構，也就是在制度保障的層次中依序提出我國地方立法權之制度建構。首先，就制度性法律主體之保障而言，應先建構「垂直權力分立」制度，落實「團體自治」，次就住民自治，應賦予地方居民提議制定自治條例之權；次就，客觀法制度之保障而言，賦予地方自治團體開展其自治立法之權，其建構包含聯合立法，跨區域合作以及地方自治團體之國政參與權，建構對於中央與地方權限爭議，地方間權限爭議的解決機制；最後，就主觀權利地位之保障而言，提出機關訴訟的構想。茲以圖 8-1 說明於後。

一、落實垂直權力分立

地方自治係自國家分權而來，以民主與法治國為準據，建立彼此之關係。在制度保障之下，地方有權處理，並自行決定地方事務，使得地方居民有權參與與自己密切關係之地方事務，自我形成與決定之自治權利。為達成前述地方自治的意涵，便應落實下列建制：

(一)落實垂直權力分立制度

如何落實垂直權力分立制度，其基本步驟，便為釐清中央與地方權限的劃分，將地方自治團體得自行決定處理的事務加以釐定，本文之建議，有關中央與地方事務之劃分建議為：

圖 8-1　我國地方立法權制度建構

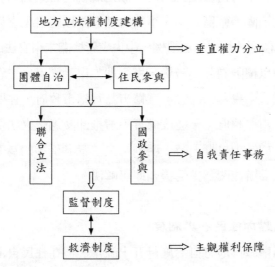

資料來源：作者自行整理

1. 中央與地方事務之劃分，現行制度區分為：中央立法並執行、委辦事項、自治事項，並無太大錯誤，但內容及定位上則須重新界定。
   (1)將自治事項區分為「固有事項」與「法定自治事項」二種。我國地方制度法之規定，只有法定之自治事項（義務性自治事項），本建議應於地方制度法中明文規定地方亦有「固有自治事項」的存在。
   (2)委辦事項在地方制度法中之界定，在法理上有矛盾之處，應予重新定位。
2. 為落實團體自治，釐定地方自我處理決定之事務範圍，本文建議未來區分中央與地方事務時，只須明列直轄市、縣（市）、鄉（鎮、市）之自治事項即可。如此，地方自治團體得自我負責之核心領域，便清楚明確。而該明列之自治事

項千萬不可再依現行法制以概括籠統之方式列舉，應對各地方自治團體轄區大小、事物特性等予以細目化之列舉。

3. 現行個別法規之立法慣例，中央主管機關未來立法或修法時，必須以權限劃分為考量，貫徹地方自治團體之主管權，並將此種「中央為○○○，直轄市為直轄市政府，在縣（市）為縣（市）政府」，造成權責不清推卸諉過之立法全面翻修檢討，如為中央權限時，明列中央主管名稱，如為委辦事項，列入委辦機關為主管機關即可解決。

(二)落實團體內住民參與制度

我國雖稱施行地方自治施行五十餘年，但在住民自治層次人民卻只得到了選舉權。至於創制、複決是否可行？並不在本文討論之範圍。不過，賦予地方自治團體內居民得自我處理並決定地方事務而言，本文深表贊同。但是目前在地方立法權之研究範圍，本文建議，最起碼應賦予地方居民對於其自身事務得向地方行政機關或地方立法機關，提議制定自治條例之權。如此，住民自治的意涵，始有初步開展的可能。

二、地方立法權的開展

(一)落實地方政府業務移轉民間辦理制度

我國地方立法權表面上觀察似有相當空間，但經研究發現，地方自治團體能開展的領域相當有限。除上述中央與地方事務未明確劃分之外，地方其實仍受限於相關制度未建立、欠缺法制依據等因素。為使地方能充分對其區域之自己事務勇於任事，節省人力經費，提升行政效率。本文建議，應建構地方政府業務移轉民間辦理之相關法制，真正落實地方立法權的行使。

(二)建構地方聯合立法制度

　　二個以上同級或不同級之地方自治團體，對其區域內事務，進行跨區域合作，係相當可行且合法之建制，不過因現行法制的欠缺依據，以致無法籍由地方聯合立法加以實現。本文建議應可建構地方聯合立法制度，以解決一特定區域內數個地方自治團體所共同面臨，又具有相通性之事務。

(三)賦予地方自治團體國政參與權

　　中央與地方共同辦理事務未來似有明顯增加的趨勢，由大法官釋字第五五〇號所警覺的——地方自治空洞化的危機。本文建議應儘速建立地方自治團體之國政參與權。對於中央涉及地方之法律增刪修廢，中央的計劃措施涉及地方之區域內事務等，賦予地方陳述意見，舉行聽證、徵詢地方意見、事前協商等權利，避免掏空地方立法權限及自主性。

(四)建構「中央與地方權限爭議處理委員會」

　　本文建議在我國行政院下設立「中央與地方權限爭議處理委員會」，採合議制之機構，對於中央與地方之間、地方間以及地方自治團體內部之權限爭議，交由該委員會採調解及建議方式處理，以達到快速圓滿解決的效果。以委員會的處理為第一階段，不服委員會之決定時，再依性質分別提出行政爭訟或司法院解釋。

三、有關主觀權利之保障

(一)自治監督界限之建構

　　地方雖受國家監督，惟國家對地方自治之監督，並非不受任何拘束之裁量，其監督措施除應遵守一般法律原則外，亦應符合法定主義，並不得逾越法定之範圍。因此，本文建議，應修正地方制度

法目前對地方自治監督措施，並建構地方自治監督之內部界限及外部界限，以維地方自治權之不受侵害。

(二)主觀權利之救濟

對於自治監督之違法措施，地方自治團體為維護其自治權能，應賦予地方自治團體完備之救濟途徑。我國訴願法及行政訴訟法雖已完備，惟仍欠缺「機關訴訟」，我國未來修法可以考慮加入，以解決機關內部權限爭議，以及中央與地方機關權限爭議之解決。

第二項　法制整備

為填補地方立法權在理論與制度建構之間，在制度銜接上所出現之縫隙，必須以增訂新法或將我國現行相關法律加以修正。以下茲分成新法的增訂、法律的增訂與法律的修正三方面說明。

一、新法的增訂

(一)制定「中央與地方權限劃分法」

為釐清中央與地方權限（事務）之明確劃分，並徹底解決中央與地方權限之爭議，本文建議制定「中央與地方權限劃分法」，賦予地方立法權自我處理的界限範圍，並採本文之建議列舉直轄市、縣（市）、鄉（鎮、市）之自治事項，以明細化方式詳加列舉，以中央專屬立法權——中央框架立法（大綱性原則性立法）——中央與地方共同立法事項——地方專屬立法權，四種模型為立法考量之架構。

(二)制定「地方法規標準法」

為解決地方自治法規名稱、體系，訂定程序等問題，本文建議，對地方自治法規之規定另訂「地方法規標準法」。

(三)制定「政府業務委託民間辦理條例」

　　為解決地方政府行政靈活性的需求，並擴展地方立法權之行使，使地方政府業務移轉民間辦理有統一的法律依據，建議制定「政府業務委託民間辦理條例」。

二、原有法律之增訂

(一)地方制度法部分

1. 於地方制度法中增加「地方自治團體國政參與權」之規定。地方自治團體得對於中央涉及地方配合辦理事務、涉及地方之行政計劃，得請求舉行聽證、陳述意見、事前協商等參與之權，並賦予提議的權利。

2. 基於監督法定主義，應增訂監督措施之正當法律程序，有關地方自治團體之申請閱覽卷宗、記明理由、陳述意見等，均於地方制度法中加以明定，並明定其監督之內部及外部界限。

3. 有關中央與地方權限爭議，機關內部之府會爭議，於地方制度法中規定由「中央與地方權限爭議處理委員會」處理。

4. 於地方制度法中增訂地方自治團體間得對於自治事項進行協議，制定自治法規，共同處理地方事務，設置共同機關或機構，地方公共設施及合辦事業經營之規定。

5. 對於地方政府業務移轉民間辦理之規定，亦可於地方制度法中加以規定，使地方政府取得法源依據，並應明訂自治事項得以自治條例、自治規則之規定，將地方政府業務委由民間團體辦理。

(二)行政程序法

由於行政程序法繼受德國之規定，將行政命令區分為法規命令與行政規則二種，致使地方制度法第二十七條及第二十九條，由地方行政機關依職權所訂定之自治規則及委辦規則，不知何去何從。本文見解以為，此等職權命令均屬行政機關執行業務所為之細節性、技術性之次要事項，並與人民權利義務無涉，且為行政機關執行業務上所必須之抽象規範，自不必視之為法治國下之洪水猛獸，故於行政程序法之第四章加增訂職權命令之依據，以符台灣本土現狀的需要。

(三)訴願法

於訴願法第二條中增訂，「地方自治團體依法申請之案件，上級機關於法定期限內應作為而不作為者，地方自治團體亦得提起訴願之規定。」

(四)行政訴訟法

1. 於行政訴訟法第四條中增訂，「人民或地方自治團體因中央或地方機關違法行政處分……」。明文規定地方自治團體得提起行政訴訟之依據。

2. 對於課予義務訴訟，亦宜在行政訴訟法第五條中明定，「人民或地方自治團體對中央或地方機關對其依法申請之案件，……」，以利地方自治團體對上級機關之怠於履行或駁回之救濟。

三、法律之修正

(一)個別法規之修正

　　中央主管機關宜修改「中央為○○○，縣（市）為○○○」等立法慣例，整理此等相關法律。如為中央權限時，明列中央主管機關名稱，如為委辦事項，列入委辦機關為主管機關即可。

(二)地方制度法之修正

　　地方制度法有關地方立法權的修正部分，共有第二條有關自治事項與委辦事項之定位、分類，第二十五條有關自治法規之分類，第七十五條有關變更、廢止之規定，第七十六條有關代行處理之規定等，茲以表 8-1 表列如後：

表 8-1　地方制度法的修正

原本條文	修正條文	備註
1. 地方制度法第二條第二款、第三款： 二、自治事項：指地方自治團體依憲法或本法規定，得自為立法並執行，或法律規定應由該團體辦理之事務，而負其政策規劃及行政執行責任之事項。 三、委辦事項：指地方自治團體依法律、上級法規或規章規定，在上級政府指揮監督下，執行上級政府交付辦理之非屬該團體事務，而負其行政執行責任之事項。	1. 修正條文內容： 二、自治事項：指地方自治團體為維持其存在之固有事務，或依憲法或本法，得自為立法並執行，或依法律規定應由該團體辦理之事務，而負政策規劃及行政執行責任之事項。 三、委辦事項：指地方自治行政機關依法律、上級法規或規章規定，在上級政府指揮監督下，執行上級政府交付辦理之非屬該團體事務，而負其立法並執行責任之事項。	1. 對於自治事項區分為固有事項及法定自治事項二種。 2. 對於委辦事項則將地方自治團體，改為地方行政機關，以符合現行狀況。 3. 將委辦事項亦賦予訂定委辦規則之權責。

（續）表 8-1　地方制度法的修正

原本條文	修正條文	備註
2.地方制度法第二十五條： 　　直轄市、縣（市）、鄉（鎮、市）得就其自治事項或依法律及上級法規之授權，制定自治法規。自治法規經地方立法機關通過，並由各該行政機關公布者，稱自治條例；自治法規由地方行政機關訂定，並發布或下達者，稱自治規則。	2.修訂條文內容： 　　直轄市、縣（市）、鄉（鎮、市）得就其自治事項或依法律及上級法規之委辦事項，制定自治法規。自治法規經地方立法機關通過，由各該行政機關公布者，稱自治條例；自治法規由行政機關訂定，並發布或下達者，稱自治規則。	將我國地方自治法規僅劃分為二種： 1.自治條例。 2.自治規則。
3.地方制度法第二十六條第二項： 　　自治條例應分別冠以各該地方自治團體之名稱，在直轄市稱直轄市法規，在縣（市）稱縣（市）規章，在鄉（鎮、市）稱鄉（鎮、市）規約。	3.修訂條文內容： 　　自治條例應分別冠以地方自治團體之名稱，在直轄市、縣（市）、鄉（鎮、市），均定名自治條例。	將原有直轄市稱法規，縣（市）稱規章，鄉（鎮、市）稱規約，一律修改為自治條例。
4.地方制度法第二十七條第二項： 　　前項自治規則應分別冠以各該地方自治團體之名稱，並得依其性質，定名為規程、規則、細則、辦法、綱要、標準或準則。	4.修訂條文內容： 　　前項自治規則應分別冠以地方自治團體名稱，並依自治事項或委辦事項定名為自治規則、委辦自治規則。	刪除原本規程、規則、細則、辦法、綱要、標準、準則名稱修訂為： 1.自治規則。 2.委辦自治規則。
5.地方制度法第七十五條： 　　省政府辦理第八條事項違背憲法、法律、中央法令或逾越權限者，由中央各該主管機關報行政院予以撤銷、變更、廢止或停止其執行。 　　直轄市政府辦理自治事項違背憲法、法律或基於法律授權之法規者，由中央各該主管機關報行政	5.修訂條文內容： 　　直轄市政府辦理自治事項違背憲法、法律或基於法律授權之法規者，由中央各該主管機關報行政院予以撤銷、停止其執行。 　　直轄市政府辦理委辦事項違背憲法、法律、中央法令或逾越權限者，由中央各該主管機關報行政	1.對自治事項之監督修正為撤銷、停止執行。 2.對委辦事項之監督方式，則予維持。 3.刪除行政院對省政府監督之規定，因省政府為行政院之派出機關，屬於內部監督，並非自治監督。

地方自治與自治立法權

（續）表 8-1　地方制度法的修正

原本條文	修正條文	備註
院予以撤銷、變更、廢止或停止其執行。 　直轄市政府辦理委辦事項違背憲法、法律、中央法令或逾越權限者，由中央各該主管機關報行政院予以撤銷、變更、廢止或停止其執行。 　縣（市）政府辦理自治事項違背憲法、法律或基於法律授權之法規者，由中央各該主管機關報行政院予以撤銷、變更、廢止或停止其執行。 　縣（市）政府辦理委辦事項違背憲法、法律、中央法令或逾越權限者，由委辦機關予以撤銷、變更、廢止或停止其執行。 　鄉（鎮、市）公所辦理自治事項違背憲法、法律、中央法規或縣規章者，由縣政府予以撤銷、變更、廢止或停止其執行。 　鄉（鎮、市）公所辦理委辦事項違背憲法、法律、中央法令、縣規章、縣自治規則或逾越權限者，由委辦機關予以撤銷、變更、廢止或停止其執行。 　第二項、第四項及第六項之自治事項有無違背憲法、法律、中央法規、縣規章發生疑義時，得聲請司法院解釋之；在司法院解釋前，不得予以撤銷、變更、廢止或停止其執行。	院予以撤銷、變更、廢止或停止其執行。 　縣（市）政府辦理自治事項違背憲法、法律或基於法律授權之法規者，由中央各該主管機關報行政院予以撤銷、停止其執行。 　縣（市）政府辦理委辦事項違背憲法、法律、中央法令或逾越權限者，由委辦機關予以撤銷、變更、廢止或停止其執行。 　鄉（鎮、市）公所辦理自治事項違背憲法、法律、中央法規或縣規章者，由縣政府予以撤銷、停止其執行。 　鄉（鎮、市）公所辦理委辦事項違背憲法、法律、中央法令、縣規章、縣自治規則或逾越權限者，由委辦機關予以撤銷、變更、廢止或停止其執行。 　第二項、第四項及第六項之自治事項有無違背憲法、法律、中央法規、縣規章發生疑義時，得聲請司法院解釋之；在司法院解釋前，不得予以撤銷、停止其執行。	

（續）表 8-1　地方制度法的修正

原本條文	修正條文	備註
6.地方制度法第七十六條第一項： 　　直轄市、縣（市）、鄉（鎮、市）依法應作為而不作為，致嚴重危害公益或妨礙地方政務正常運作，其適於代行處理者，得分別由行政院、中央各該主管機關、縣政府命其於一定期限內為之；逾期仍不作為者，得代行處理。但情況急迫時，得逕予代行處理。	6.修訂條文內容： 　　直轄市、縣（市）、鄉（鎮、市）對法定自治事項或委辦事項依法應作為而不作為，致嚴重危害公益或妨礙地方政務正常運作，其適於代行處理者，得分別由行政院、中央各該主管機關、縣政府命其於一定期限內為之；逾期仍不作為者，得代行處理。但情況急迫時，得逕予代行處理。	應明訂代行處理之標的為法定自治事項及委辦事項。
7.地方制度法第七十七條： 　　中央與直轄市、縣（市）間，權限遇有爭議時，由立法院院會議決之；縣與鄉（鎮、市）間，自治事項遇有爭議時，由內政部會同中央各該主管機關解決之。 　　直轄市間、直轄市與縣（市）間，事權發生爭議時，由行政院解決之；縣（市）間，事權發生爭議時，由內政部解決之；鄉（鎮、市）間，事權發生爭議時，由縣政府解決之。	7.修訂條文內容： 　　中央與直轄市、縣（市）間，權限遇有爭議時，由中央與地方權限爭議處理委員會調解之。 　　縣與鄉（鎮、市）間，自治事項遇有爭議時，由內政部會同中央各該主管機關解決之。 　　直轄市間、直轄市與縣（市）間，事權發生爭議時，由行政院解決之；縣（市）間，事權發生爭議時，由內政部解決之；鄉（鎮、市）間，事權發生爭議時，由縣政府解決之。 　　對前項之調解或解決不服，得依行政救濟程序依法提出救濟。	1.將中央與地方權限爭議由立法院解決之規定刪除，改由中央與地方權限爭議處理委員會解決。 2.明訂前項調解及解決後得提出行政爭訟之救濟。

參考書目

一、中文

(一)專書論著

朱諶，《中華民國憲法——兼述國父思想》，五南，1994 年 11 月
　　初版。

李惠宗，《「省、縣、鄉（鎮、市）自治事項之研究」》，台灣
　　省政府經濟建設及研究考核委員會，1997 年 6 月。

李惠宗，《「中央與地方權限劃分之研究」》，內政部委託研究
　　報告，1997 年 6 月。

李惠宗，《行政法要義》，五南，2000 年 11 月初版。

李惠宗，《憲法要義》，元照，2001 年 8 月初版。

蘆部信喜，李鴻禧譯，《憲法》，元照，1995 年 1 月初版。

吳庚，《行政法之理論與實用》，作者自刊，2000 年 9 月，增訂
　　6 版。

吳庚，《行政法之理論與實用》，作者自刊，2001 年 8 月增訂 7
　　版。

吳庚，《行政爭訟法論》，作者自刊，1999 年 5 月修訂版。

林紀東，《行政法》，三民，1992 年 9 月再修訂初版。

林紀東，《中華民國憲法逐條釋義第四冊》，三民，1988 年 1 月
　　第 4 版。

林紀東，《中華民國憲法逐條釋義（一）》，三民，1993 年 1 月

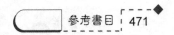

修訂 7 版。

卓播英,《均權制度研究》,國父遺教研究會,1975 年 6 月初版。

紀俊臣,《精省與新地方制度——始末、設計、發展系論》,時英出版社,1999 年 9 月初版。

施嘉明譯,《日本地方自治法暨地方財政法》,內政部編印,1993 年 12 月出版。

Hartmut Maurer 著,高家偉譯,《行政法學總論》,元照,2002 年 9 月初版。

城仲模,《行政法之基礎理論》,三民,1991 年 10 月增訂初版。

翁岳生,《行政法與現代法治國家》,台大法學叢書(二),1990 年 9 月 10 版。

許志雄、許宗力等著,《地方自治研究》,業強,1992 年 8 月初版。

許志雄,《現代憲法論》,元照,1999 年 9 月初版。

許志雄,《憲法秩序之變動》,元照,2000 年 10 月初版。

許志雄主持,〈強化台北市立法權及人事權之研究〉,台北市政府研考會委託,1998 年 6 月。

許宗力,《法與國家權力》,月旦出版,1994 年 10 月 2 版。

許宗力,《憲法與法治國行政》,元照,1999 年 3 月初版。

許新枝,《現代民主政治與地方自治》,正中書局,1992 年 7 月初版。

陳敏,《行政法總論》,神州圖書出版,2003 年 1 月 3 版。

陳敏,《行政法總論》,作者自刊,1998 年 5 月初版。

陳清秀,《行政訴訟法》,作者自刊,1999 年 6 月初版。

陳新民,《行政法學總論》,作者自刊,1995 年 4 月修訂 5 版。

陳新民,《憲法基本權利之基本理論(上冊)》,三民,1992 年 1 月初版。

陳慈陽，《憲法規範性與憲政實現性》，憲法學基礎理論，翰蘆，
　　1997 年 9 月出版。

陳慈陽，《人權保障與權力制衡，憲法學基礎理論（三）》，作
　　者自刊，2001 年 3 月初版。

陳慈陽，《行政法總論、基本原理、行政程序及行政行為》，神
　　州圖書出版，2001 年 10 月初版。

黃異，《行政法總論》，三民，1990 年 3 版。

黃鈺華、蔡佩芳、李世棋合著，《政府採購法解讀 —— 逐條釋
　　義》，元照，2001 年 1 月初版。

黃錦堂，《地方制度法基本問題之研究》，翰蘆，2002 年 8 月初
　　版。

黃錦堂，《地方自治法制化問題之研究》，月旦出版，1995 年 3
　　月初版。

黃錦堂主持，《中央與地方權限劃分暨相關法制調整之研究》，
　　行政院經濟建設委員會委託，2000 年 6 月。

張正修，《地方制度法理論與實用（一）》，學林文化，2000 年
　　9 月 1 版。

張正修，《地方制度法理論與實用（二）》，學林文化，2000 年
　　9 月 1 版。

張家洋，《行政法》，三民，1993 年 4 月 6 版。

張君勱，《國議論》，台灣商務印書館，1970 年。

董翔飛，《地方自治與政府》，五南，1990 年 11 月 3 版。

趙永茂，《中央與地方分權理論之架構與整合》，五南，1991 年
　　3 月初版。

趙永茂，《中央與地方權限劃分的理論與實際》，翰蘆，1998 年
　　9 月再版。

管歐，《中華民國憲法論》，三民，1990 年 1 月修訂 5 版。

管歐，《地方自治》，三民，1996 年 4 月初版。

管歐，《地方自治新論》，五南，1987 年 5 月 8 版。

蔡志方，《行政救濟法新論》，元照，2000 年 1 月初版。

蔡志方，〈論擬制行政處分與訴之利益〉，收於氏著，《行政救濟與行政法學》，三民，1993 年 3 月初版。

蔡茂寅，《地方自治之理論與地方制度法》，學林文化，2003 年 2 月 1 版。

蔡茂寅、李建良、林明鏘、周志宏合著，《行政程序法實用》，學林文化，2000 年 11 月 1 版。

劉文仕，《地方立法權——體系概念的再造與詮釋》，學林文化，2001 年 8 月 1 版。

劉宗德，《行政法基本原理》，學林文化，1998 年 8 月 1 版。

劉慶瑞，《中華民國憲法要義》，作者自刊，1976 年 6 月。

劉瓊，《比較地方政府》，第一冊，三民，1980 年 2 月再版。

羅志淵，《地方自治的理論體系》，台灣商務印書館，1970 年 4 月初版。

薄慶玖，《地方政府與自治（上）》，華視文化，1987 年 8 月初版。

薄慶玖，《地方政府與自治》，五南，1995 年 2 月 2 版。

薩孟武，《中華民國憲法新論》，三民，1990 年 11 月 9 版。

(二)學位論文

博士論文

仉桂美，〈我國各級政府間行政監督之研究〉，國立政治大學政治研究所博士論文，1994 年。

陳德新，〈我國中央與地方權限劃分之研究〉，中國文化大學中山學術研究所博士論文，1994 年 6 月。

碩士論文

田黎麗，〈我國現行地方自治行政監督之研究〉，國立政治大學公共行政研究所碩士論文，1980 年 6 月。

李文郎，〈台灣地方議會立法權之研究〉，國立政治大學中山人文社會科學研究所碩士論文，2000 年 12 月。

李漢祥，〈台灣省縣間監督關係之研究〉，國立台灣師範大學三民主義研究所碩士論文，1987 年 6 月。

吳明孝，〈地方自治法規與司法審查之研究──以憲法解釋為中心〉，國立中山大學中山學術研究所碩士論文，2001 年 6 月。

游慶忠，〈日本廣域行政之研究──以市村町合併為中心〉，中國文化大學日本研究所碩士論文，2001 年 6 月。

蔡碧真，〈地方自治監督之研究〉，私立輔仁大學法律學研究所碩士論文，1993 年。

謝碩駿，〈地方法規定位與監督之研究〉，國立政治大學法律研究所碩士論文，2002 年 5 月。

賴仁輝，〈地方自治權內涵之研究〉，東海大學法律學研究所碩士論文，1996 年 6 月。

羅秉成，〈從地方自治事項與委辦事項之區分論地方自治權之保障〉，國立台灣大學法律研究所碩士論文，1994 年 5 月。

(三)期刊或單篇論文

丘昌泰，〈台灣地方自治研究典範的變遷〉，收錄於《地方政府論叢──祝賀薄慶玖教授榮退論文集》，五南，1999 年 10 月初版，頁 61-65。

李建良，〈地方自治規章與中央法律的關係〉，《國家政策雙週刊》，第 14 期，1996 年 11 月，頁 9-10。

李建良，〈論學術自由與大學自治之憲法保障〉，《人文及社會

科學集刊》，第 8 卷，第 1 期，1996 年 3 月，頁 273。

李建良，〈論環保標章制度之法律問題〉，收錄於《行政法爭議
　　問題研究（下）》，五南，2000 年 12 月初版，頁 1535-1536。

李建良，〈論公益概念具體化在立法及法律適用上之原則〉，《憲
　　政時代》，第 12 卷，第 3 期，1987 年，頁 75。

李建良，〈行政命令與國會監督〉，《台灣本土法學》，第 6 期，
　　2000 年 1 月，頁 159-161。

李建良，〈法律制度與社會制度：法治國家中法律控制能力及其
　　界限問題初探〉，林繼文主編。《政治制度》，2000 年 4 月。

李建良，〈公法契約與私法契約之區別問題〉，收錄於《行政契
　　約與新行政法》，台灣行政法學會主編，台灣行政法學會出
　　版，2002 年 6 月初版，頁 167-203。

李惠宗，〈日本地方自治之新發展——地方分權推進法簡介〉，
　　《台灣省政府研考報導》，第 37 期，1996 年 12 月，頁 35。

李惠宗，〈地方自治之本質及地方自治團體法律地位之研究〉，
　　《憲政時代》，第 23 卷，第 1 期，1997 年 7 月，頁 6-8。

李惠宗，〈地方自治立法監督之研究〉，《研考雙月刊》，第 26
　　卷，第 3 期，2006 年 6 月，頁 77-80。

李惠宗，〈地方自治之監督〉，收錄於《地方自治法 2001》，台
　　北市政府法規會編印，2001 年 10 月初版，頁 298。

李震山，〈行政法意義下之法律明確性原則〉，《月旦法學》，
　　第 57 期，2000 年 2 月，頁 14。

法治斌，〈職權命令與司法審查〉，《台灣本土法學》，第 11
　　期，2000 年 6 月，頁 101 以下。

吳信華，〈行政計劃與計劃確定程序〉，收錄於《行政法爭議問
　　題研究（上）》，台灣行政法學會主編，五南圖書，2000 年
　　12 月初版，頁 537-553。

吳庚，〈行政契約之基本問題〉，《台大法學論叢》，第 7 卷，
　　第 2 期，1978 年 6 月，頁 16-20。

林子儀，《行政檢查業務委託民間辦理法制之研究》，行政院研
　　考會編印，1998 年，頁 95-127。

林明鏘，〈論地方立法權——以台北市建築管理法規為例〉，刊
　　載於台灣省政府法規委員會主辦，《「地方自治與行政法學」
　　學術研討會記錄暨論文專輯》，1998 年，頁 124-125。

林明鏘，〈論地方自治團體負擔健保保費合憲性問題〉，《月旦
　　法學》，第 93 期，2003 年 2 月，頁 270。

林明鏘，〈行政契約〉，收錄於翁岳生編，《行政法 2000
　　（下）》，翰蘆，2000 年 3 月 2 版，頁 273。

林明鏘，〈行政契約與私法契約之劃分——以全民健保契約關係
　　為例〉，收錄於《行政契約與新行政法》，台灣行政法學會
　　主編，台灣行政法學會出版，2002 年 6 月初版，頁 207。

林明鏘，〈公權力委託與行政程序——以委託執行違規停車拖吊
　　為例〉，收錄於《政府業務委託民間辦理相關法制問題學術
　　研究會論文集》，2002 年 4 月，頁 20-81。

林明鏘，〈論行政委託私人——其基本概念、法律關係及限制監
　　督〉，《憲政時代》，第 19 期，第 2 卷，1993 年，頁 15。

林清淇，〈地方政府怠權行為代行處理之探討〉，收錄於《地方
　　自治論述專輯（二）》，內政部編輯，1996 年 1 月出版，頁
　　331。

林國彬，〈論行政自我拘束原則〉，城仲模主編，《行政法之一
　　般法律原則》，三民，1994 年 8 月初版，頁 249-250。

周繼祥，〈直轄市自治法暨省縣自治法通過後的省思〉，《立法
　　院院聞》，第 23 卷，第 5 期，1995 年 5 月，頁 27-28。

周志宏，〈誰負擔健保補助？〉，《月旦法學》，第 87 期，2002

年 8 月，頁 8。

洪貴參，〈台北市里長延任案之適法性評議〉，《自由時報》，
　　2002 年 5 月 3 日，第 5 版。

高永光，〈地方地府研究的理論與重構：地方立法權的分析〉，
　　收錄於《中央與地方關係學術研討會論文集》，政大中山科
　　學研究所，2002 年 2 月，頁 51。

翁岳生，〈行政的概念與種類〉，收錄於《行政法 2000（上
　　冊）》，翁岳生編，翰蘆，2000 年 7 月 2 版，頁 20-22。

許志雄，〈日本地方分權推進法評述〉，《國家政策雙周刊》，
　　第 140 期，1996 年 11 月，頁 11-12。

許志雄，〈制度性保障〉，《月旦法學》，第 8 期，1995 年 12
　　月，頁 40。

許志雄，〈地方自治的觀念與理念〉，收錄於許志雄、許宗力等
　　著，《地方自治之研究》，業強出版，1992 年 8 月初版，頁
　　3-4。

許志雄，〈地方自治的普遍化與國際化〉，《律師雜誌》，第 244
　　期，2000 年 1 月，頁 92-102。

許志雄，〈地方自治權的基本課題〉，收錄於《憲法秩序之變
　　動》，元照，2000 年 1 月初版，頁 92-105。

許志雄，〈地方自治權的基本課題〉，《月旦法學》，第 1 期，
　　1995 年 5 月，頁 13-14。

許宗力，〈地方立法權相關問題之研究〉，《地方自治論述彙
　　編》，台北市政府法規委員會編，1998 年 11 月，頁 30。

許宗力，〈從政府再造看民營化的法律問題〉，收錄於《政府業
　　務委託民間辦理相關法制問題學術研究會論文集》，2002 年
　　4 月，頁 23-24。

許宗力，〈地方自治監督〉，收錄於許志雄等著，《地方自治之

研究》，業強出版，1992 年 8 月初版，頁 152-154。

許宗力，〈基本權利對國庫行為之限制〉，收錄於《輔仁法學》，
　　　第 7 期，1998 年，頁 173。

黃茂榮，《行政業務委託民間辦理之可行性及範圍探討》，行政
　　　院研考會編印，1991 年，頁 9-297。

黃錦堂，〈行政契約法主要適用問題之研究〉，收錄於《行政契
　　　約與新行政法》，台灣行政法學會主編，台灣行政法學會出
　　　版，2002 年 6 月初版，頁 6-43。

黃錦堂，〈地方法規定位之研究〉，行政院研考會編印，1997 年
　　　8 月，頁 40。

黃錦堂，〈省市政治體制之研究〉，《地方自治論述專輯
　　　（二）》，內政部編輯，1996 年 1 月，頁 95。

黃錦堂、李建良，〈日本之中央與地方權限劃分之法制分析〉，
　　　《中國地方自治雜誌》，第 611 期，第 53 卷，第 7 期，2000
　　　年 7 月，頁 8-17。

黃錦堂，〈北市里長延選案的法理分析〉，《中國時報》，2002
　　　年 4 月 25 日，第 15 版。

黃錦堂，〈行政法的概念、起源與體系〉，收錄於《行政法 2000
　　　（上冊）》，翁岳生編，翰蘆，2000 年 7 月 2 版，頁 34-95。

黃錦堂主持，〈地方制度法有關中央代行處理地方事務之研究〉，
　　　行政院經濟建設委員會委託專案研究計劃，2000 年，頁 112。

黃錦堂，〈行政契約法主要適用問題之研究〉，《行政契約與新
　　　行政法》，台灣行政法學會主編，台灣行政法學會出版，2002
　　　年 6 月初版，頁 6-43。

黃錦堂，〈自治事項與委辦事項之研究〉，內政部編印，《地方
　　　自治論述專輯（一）》，1995 年，頁 93-99。

湯德宗，〈行政程序法〉，收錄於翁岳生編，《行政法（下

冊）》，翰蘆，2000 年 3 月 2 版，頁 916 以下。

郭介恆，〈行政契約在我國法制上之運用〉，吳森田編，《台灣永續發展研討會論文集》，1997 年，頁 278。

張正修，〈人民和地方政府的參與〉，鄭先祐編，《核四決策與輻射傷害》，前衛出版社，1994 年 10 月，頁 112-113。

張世賢，〈當前地方自治團體監督機制之評析〉，《中國地方自治》，第 616 期，第 53 卷，第 12 期，2000 年 12 月，頁 9。

陳春生，〈司法院大法官解釋中關於制度保障概念意涵之探討〉，《憲法解釋之理論與實務（第二輯）》，中央研究院中山人文社會科學研究所，1999 年 3 月，頁 3。

陳敏，〈課予義務訴訟之制度功能及適用可能性〉，行政救濟法學研討會書面報告，中華民國行政法學會，1999 年，頁 16。

陳清秀，〈依法行政與法律的適用〉，翁岳生編，《行政法（上冊）》，翰蘆，2000 年 7 月 2 版，頁 152-155。

陳清秀，《「地方立法權」，行政法爭議問題研究（下）》，台灣行政法學會主編，五南，2000 年 12 月初版，頁 1432-1449。

陳清秀，〈地方制度法問題之探討〉，《公務員法與地方制度法》，台灣行政法學會出版，2003 年 1 月初版，頁 315 以下。

陳淳文，〈比例原則〉，收錄於《行政法爭議問題研究（上）》，台灣行政法學會主編，五南，2000 年 12 月初版，頁 113-115。

陳淳文，〈公法契約與私法契約之劃分——法國法制概述〉，收錄於《行政契約與新行政法》，台灣行政法學會主編，台灣行政學會出版，2002 年 6 月初版，頁 134。

陳愛娥，〈公營事業民營化之合法性與合理性〉，《月旦法學》，第 36 期，1998 年 5 月，頁 36-43。

陳愛娥，〈行政法所運用契約之法律歸屬——實務對理論之挑戰〉，《行政契約與新行政法》，台灣行政法學會主編，台

灣行政法學會出版，2002 年 6 月初版，頁 116-126。

陳慈陽，〈論地方之立法權及其界限〉，《台灣行政法學會學術研討會論文集》，台灣行政法學會，元照，2000 年 12 月初版，頁 365-373。

陳樹村，〈地方自治監督與行政救濟〉，收錄於《地方自治法學專輯（上）》，台北市政府法規委員會出版，1999 年 6 月初版，頁 397-400。

陳樹村，〈日本地方自治法規與國家法令之關係〉，《憲政時代》，第 23 卷，第 4 期，1997 年 12 月，頁 48-57。

陳耀祖，〈英國地方政府職權取得方式之研究〉，《中國地方自治》，第 16 卷，第 8 期，頁 11-14。

陳櫻琴，〈論地方立法權與執行中央政策之爭議——以拜耳案為例〉，《月旦法學》，第 42 期，1998 年 11 月，頁 65-66。

彭鳳至，〈德國行政訴訟制度及訴訟實務之研究〉，行政法院八十七年度研究發展項目研究報告，1998 年 6 月，頁 86。

Jöhn 著，董保城譯，〈地方自治行政與地方自治之監督——可能界限〉，《政大法學評論》，第 54 期，頁 164。

董保城，〈本土化職權命令法理建構之嘗試〉，《台灣本土法學》，第 11 期，2000 年 6 月，頁 94-97。

董保城譯，〈德國地方自治機關法規〉，收錄於內政部編印之《德法地方自治法規》彙編，1995 年 4 月出版，頁 3。

葉俊榮，〈行政命令〉，收錄於翁岳生編，《行政法（上）》，翰蘆，2000 年 7 月 2 版，頁 490-491。

葉俊榮，〈論比例原則與行政裁量〉，《憲政時代》，第 1 卷，第 3 期，頁 79。

趙永茂，《地方自治立法監督之研究》，台灣省政府經建會及研考會編印，1999 年出版，頁 15。

趙永茂，《地方政府層級簡化及其組織型態之研究》，內政部委
託財團法人國家政策研究基金會，1997 年，頁 10-21。

趙永茂，〈台灣縣級政府的自治監督及其檢討〉，收錄於陳文俊
編，《海峽兩岸地方政府與政治》，國立中山大學政治研究
所，1999 年 12 月初版，頁 173-181。

蔡立文，〈初探地方自治團體之行政訴訟權能〉，《律師雜誌》，
第 235 期，1999 年 4 月，頁 63。

蔡志方，〈論公權力之授與、委託及其行政救濟（上、下）〉，
《植根雜誌》，第 9 卷，第 3 期，1993 年。

蔡志方，〈訴願制度〉，收錄於《行政法 2000（上）》，翁岳生
編，翰蘆，2000 年 3 月 2 版，頁 1062-1081。

蔡宗珍，〈公法上比例原則初論——以德國法的發展為中心〉，
《政大法學評論》，第 62 期，頁 75。

蔡秀卿，〈日本中央與地方及地方間爭議處理制度〉，收錄於《公
務員法與地方制度法》，台灣行政法學會編著，台灣行政法
學會出版，2003 年 1 月初版，頁 233-254。

蔡秀卿，〈自治事項與委辦事項〉，《行政法爭議問題研究
（下）》，台灣行政法學會主編，五南，2002 年 12 月初版，
頁 1463-1492。

蔡茂寅，〈論比例原則的界限與問題性〉，《月旦法學》，第 59
期，2000 年 4 月，頁 31。

蔡茂寅，〈地方自治〉，《月旦法學》，第 53 期，1999 年 10 月，
頁 156。

蔡茂寅，〈地方自治之理論基礎〉，《台灣本土法學》，第 11
期，2000 年 6 月，頁 7。

蔡茂寅，〈主權與地方自治〉，《月旦法學》，第 20 期，1997 年
1 月，頁 39。

蔡茂寅，〈日本之地方自治——以自治立法權之介紹為中心〉，收錄於《地方自治法 2001》，台北市政府法規會編印，2001年 10 月初版，頁 65-87。

蔡茂寅，〈地方立法權之界限〉，《地方自治法 2001》，台北市政府法規委員會，2001 年 10 月初版，頁 116-117。

蔡茂寅，〈地方財政法與全民健保補助費爭議〉，《月旦法學》，第 87 期，2002 年 8 月，頁 205 以下。

蔡茂寅，〈行政委託與自治法規〉，《政府業務委託民間辦理相關法制問題學術研討會論文集》，2002 年 4 月，頁 51-52。

蔡茂寅，〈地方制度法之特色與若干商榷〉，《律師雜誌》，第 244 期，2000 年 1 月，頁 43。

蔡震榮，〈管轄權之意義〉，《行政法爭議問題研究（下）》，台灣行政法學會主編，五南，2000 年 12 月初版，頁 15。

劉文仕，〈自治法規的類別、定位與法律〉，《律師雜誌》，第 244 期，2000 年 1 月，頁 19。

劉華美，〈德國地方自治代行處理之研究——兼論對台灣的啟示〉，《台北大學法學論叢》，第 47 期，2000 年 12 月，頁 367-382。

劉淑惠，〈英國之地方自治〉，收錄於《地方自治之研究》，業強出版，1992 年 8 月初版，頁 54。

蕭文生，〈地方自治之監督〉，收錄於《行政法爭議問題研究（下）》，五南，2000 年 12 月初版，頁 1496-1497。

蕭文生，〈地方自治團體之自主組織權〉，收錄於《公務員法與地方制度法》，台灣行政法學會著，台灣行政法學會出版，2003 年 1 月初版，頁 267-300。

蘇永欽，〈職權命令的合憲性問題——地方自治是否創造了特別的合憲存在基礎〉，《台灣本土法學》，第 11 期，2000 年 6

月，頁 118 以下。

蘇詔勤，〈從地方的觀點評論司法院釋字三六三號解釋〉，《中
　　國地方自治月刊》，第 57 期，1996 年 12 月，頁 3。

(四)政府出版品

國家發展會議總結報告，國家發展會議秘書處，1996 年，頁 10。
日本國憲法判例譯本第五輯，司法院秘書處發行，1983 年 6 月。
日本國憲法判例譯本第八輯，司法院秘書處發行，1984 年 6 月。
地方制度法及解釋彙編，內政部編印，2002 年 6 月。
立法院法律案專輯，第二百五十四輯（上），地方制度法案，2000
　　年 8 月初版。
司法院公報，司法院秘書處編印，第 44 卷，第 11 期，2002 年 11
　　月。
2001 年全國行政革新會議議題報告，行政院研究發展考核委員會。

二、外文（依作者姓氏排列）

(一)英文

Bealey, Frank, *The Blackwell Dictionary of Political Science*, MA:
　　Blackwell Publishers Inc, 1999.

Maass, Arthur, ed., *Area and Power——A Theory of Local Government*,
　　Illinois: The Free Press, 1959.

Schmandt, Herry J., & Steinbicker, Paul G., *Fundamentals of Govern-
ment*, Milwaukee: The Bruce publishing company, 1994.

Sharpe, L.J. ed., *Decentralist Trends in Western Democracies*, London:
　　Sage Publication, 1979.

Thornhill, W., *The Growth and Reform of English Local Government*,
　　London: printed by C. Tinling & Co. Ltd, 1971.

(二)日文

小林孝輔、芹澤齊編，《基本法コンメンータル（別冊法學セミナー憲法）》，評論社，1997 年 5 月第 4 版。

小高剛、原野翹、阿部泰隆、村上武則著，《地方自治法入門》，有斐閣，1989 年 12 月初版。

大橋洋一，《行政法——現代行政過程論》，有斐閣，2001 年 1 月。

千葉勇夫，〈中央政府與地方公共團體的關係〉，阿部照哉等編，《地方自治大系Ⅱ》，嵯峨野書院，1989 年 2 月第 1 版。

久世公堯，《地方自治法》，學陽書房，1971 年 4 月 6 版。

北野弘久，〈自治體的財政權——憲法的基礎〉，室井力編，《日本國憲法文獻選集》，三省堂，1980 年 1 月。

北野弘久，〈自治體的財政權——憲法的基礎〉，室井力編，《日本國憲法文獻選集》，三省堂，1980 年 1 月第二刷。

老川祥一編著，《地方自治》，日本株式會社法學書院，1997 年 6 月 1 版。

有倉遼吉，《地方自治的本旨》，日本國憲法講座，第 12 卷，三省堂，1982 年 2 月初版。

吉田善明，《憲法學 5——權力の分立》，地方自治保障講座，評論社，1994 年 12 月 1 版。

成田賴明，《現代社會與自治制度之改革》，學陽書房，1974 年 7 月初版。

成田賴明，〈法律與條例〉，室井力編，《地方自治》，三省堂，1989 年 9 月再版。

西尾勝、大森彌編著，《自治行政要論》，地方公務員のたあの法律講座 3，第一法規出版社，1986 年 8 月。

杉村章三郎，《逐條解說自治要覽》，光文書院，1960 年 2 月再版。

杉原泰雄，《地方自治的本質》，日本國憲法文獻選集，三省堂，1982 年 12 月初版。

村田浩一、澤田嘉貞，《地方自治概說》，晃洋書房，1995 年 5 月初版。

佐藤司、小林弘人，《行政法各論 I》，評論社，1978 年 2 月初版。

長谷部恭男編，《リーディングズ現代の憲法》，日本評論社，1995 年 3 月。

阿部照哉等著，《地方自治大系 I》，嵯峨野書院，1989 年 2 月 1 版。

阿部照哉等著，《地方自治大系 II》，嵯峨野書院，1989 年 2 月 1 版。

秋田周，《條例與規則》，現代地方自治全集 6，ぎよラせい發行，1989 年 9 月再版。

南博方、原田尚彥、田村悅一編，《新版行政法（3）》，有斐閣，1990 年 5 月。

室井力、原野翹編，《現代地方自治法入門》，法律文化社，1990 年 3 月第 4 刷。

室井力，《現代行政法的原理》，勁草書房，1981 年 3 月。

原田青司，《地方自治法》，評論社，1982 年 9 月。

原田尚彥，《行政法要論》，學陽書房，2000 年 3 月 4 版。

原田青司、三浦隆，《地方自治法》，評論社，1982 年 9 月初版。

兼子仁，《地方自治法》，岩波書局，1984 年 2 月。

兼子仁，《條例をめぐる法律問題》，學陽書房，1982 年 3 月 4 刷。

兼子仁，礒野彌生編著，《地方自治法》，學陽書房，1989 年 4
　　月初版。

時岡弘，《地方行政法》，現代法學講義 10，評論社，1988 年 3
　　月初版。

俵靜夫，《地方自治法》，法律學全集 8，有斐閣，1990 年 3 月。

野中俊彥，《憲法 II》，有斐閣，1997 年新版。

鹿兒島重治，《地方自治體法》，ぎようらせい，1984 年 9 月。

雄川一郎、塩野宏、園部逸夫，《現代行政法大系》，第 8 卷，
　　有斐閣，1989 年 8 月初版。

渡邊宗太郎，《地方自治的本質》，清水弘文堂書房，1968 年 1
　　月復古版。

新井隆一，《行政法》，成文堂，1989 年 3 月 4 版。

園部逸夫，《地方自治法》，地方公務員のための法律講座 4，
　　第一法規，1986 年 10 月。

園部逸夫、田中館照橘著，《セミナー地方自治法》，ぎようせ
　　い發行，1989 年 8 月 3 版。

碓井光明，《地方財政之法律問題》，《公法研究》第 43 號，有
　　斐閣，1981 年 2 月。

鴨野幸雄，〈地方自治論的動向與問題點〉，《公法研究》第 56
　　號，1994 年。

蘆部信喜，《憲法新版》（補訂），岩波書局，2000 年 5 月第 5
　　刷。

塩野宏，《行政法 I》，有斐閣，1995 年 2 月 2 版。

地方自治與自治立法權　　　　　　　　　　Polis 27

著　　　者／林文清
出 版 者／揚智文化事業股份有限公司
發 行 人／葉忠賢
總 編 輯／林新倫
執行編輯／張何甄
登 記 證／局版北市業字第 1117 號
地　　　址／台北市新生南路三段 88 號 5 樓之 6
電　　　話／(02)2366-0309
傳　　　真／(02)2366-0310
E-mail／service@ycrc.com.tw
網　　　址／http://www.ycrc.com.tw
郵撥帳號／19735365
戶　　　名／葉忠賢
印　　　刷／鼎易印刷事業股份有限公司
法律顧問／北辰著作權事務所　蕭雄淋律師
初版一刷／2004 年 2 月
定　　　價／新台幣 550 元
ＩＳＢＮ／957-818-591-X

國家圖書館出版品預行編目資料

地方自治與自治立法權 / 林文清 著. -- 初版.
　-- 台北市：揚智文化, 2004[民 93]
　　面；　公分. --（Polis；27）
參考書目：面
ISBN　957-818-591-X（平裝）

1. 地方自治 – 法規論述　2. 立法

575.19023　　　　　　　　　　　92022167